Reclams Lexikon
der antiken Götter und Heroen
in der Kunst

Reclams Lexikon der antiken Götter und Heroen in der Kunst

Von Irène Aghion, Claire Barbillon
und François Lissarrague

Übersetzung und Bearbeitung von Klaus Fräßle

Mit 372 Abbildungen, zum Teil in Farbe

Philipp Reclam jun. Stuttgart

Titel der französischen Originalausgabe:
Irène Aghion / Claire Barbillon / François Lissarrague:
Héros et dieux de l'antiquité. Guide iconographique.
Paris: Flammarion, 1994.

Aghio, Irène:
Reclams Lexikon der antiken Götter und Heroen in der Kunst / Irène Aghio ;
Claire Barbillon ; François Lissarrague. Bearb.: Klaus Frässle. – Ditzingen : Reclam, 2000
Einheitssacht.: Héros et dieux de l'antiquité ⟨dt.⟩
ISBN 3-15-010467-X

Umschlaggestaltung: Werner Rüb, Bietigheim-Bissingen
unter Verwendung des Gemäldes »Apoll und Daphne«
von Giovanni Battista Tiepolo, 1743/44 (vorn) und einem Detail der Bemalung
einer lakonischen Schale »Blendung des Kyklopen Polyphemos durch Odysseus und
seine Gefährten«, 560 v. Chr. (hinten) (siehe Farbtafeln XI und XVIII)
Satz: Reclam, Ditzingen
Druck und buchbinderische Verarbeitung: Kösel, Kempten
Printed in Germany 2000
RECLAM ist eine eingetragene Marke
der Philipp Reclam jun. GmbH & Co., Stuttgart
ISBN 3-15-010467-X

Inhalt

Zur Einführung

Dem passionierten Kunstfreund oder dem nur neugierigen Betrachter von Bildern einen Zugang zu Themen der antiken Mythologie und Geschichte zu eröffnen, denen er in Werken der Malerei und Skulptur in Museen und Ausstellungen oder bei der Lektüre begegnet, ist Zweck und Ziel dieses Führers. Gewiß, der Gehalt eines Bildes erschöpft sich nicht in dem, was es erzählt. Vielmehr besteht ein Gemälde, um ein Wort von Maurice Denis aufzunehmen, vor allem aus »Farben und Formen in einer bestimmten geordneten Zusammenstellung«. Doch werden eben in dem, was ein Werk zeigt und erzählt, in seiner Ikonographie, oft Themen vorgestellt, die lange Zeit eine Grundlage klassischer Bildung waren, uns heute aber nicht mehr geläufig sind. Daher der vorliegende Versuch, die literarischen Quellen, aus denen unendlich viele Künstler ihre Inspiration für die Darstellung des antiken Mythos geschöpft haben, knapp und angemessen in Erinnerung zu bringen.

Dabei schien den Autoren die alphabetische Ordnung der Stichwörter für die Suche nach einer ganz bestimmten Information die bequemste. Die antiken Götter und Helden sind in dieser deutschen Ausgabe unter ihrem griechischen Namen aufgeführt. Der Einheitlichkeit wegen ist dieses Prinzip auch in den Artikeln selbst möglichst beibehalten, es sei denn, der Sinnzusammenhang verlange die lateinische Namensform (welche die französische Originalausgabe – in der Tradition der romanischen Sprachen und Kulturen – bevorzugte). Weichen die lateinischen Namen von den griechischen völlig ab, wie Minerva von Athena und Bacchus von Dionysos, wird der Leser zum Stichwort verwiesen. Aussprachehilfen werden gegeben (ein Punkt unter kurzem, ein Strich unter langem Vokal), wenn die Akzentuierung nicht auf der vorletzten Namenssilbe liegt. Die Betonung richtet sich dabei nicht immer nach dem griechischen Originalakzent, sondern nach der heute üblichen, meist auf die latinisierten Namen zurückgehenden Form.

Bei denjenigen Göttern und Heroen, deren Mythos mehrere Nebenhandlungen und einen größeren Personenkreis umfaßt, werden die entsprechenden Episoden jeweils im Artikel der Sekundärperson behandelt. So aus dem umfangreicheren Zusammenhang gelöst, sind sie schneller zu erfassen. Auf diese Weise wurden z. B. Adonis von Aphrodite getrennt und die Liebschaften des Zeus zwar in dem ihm gewidmeten Artikel erwähnt, eingehender jedoch unter dem Namen der einzelnen Geliebten (Antiope, Danae, Europa, Ganymedes usw.) beschrieben. Einige Artikel betreffen nicht Personen, sondern dienen der Erläuterung von Bild gewordenen lateinischen Zitaten (z. B. »Quos ego«) oder von Sachwörtern (»Jagd«, »Metamorphose« u. a.), mit Verweisungen auf die betreffenden

Personenartikel. Über die entsprechenden Begriffe gibt eine Aufstellung im Anhang Auskunft.

Jeder Artikel enthält einleitend eine kurze Zusammenfassung der mythischen oder historischen Überlieferung zur behandelten Person. Die Fakten, die dem Verständnis der im darauf folgenden Abschnitt nach Antike und Neuzeit getrennt aufgeführten Kunstwerke dienen, wurden darin besonders berücksichtigt. Unter »Neuzeit« sind hier, wie üblich, die Epochen von der Renaissance bis zur Gegenwart zu verstehen. Alle mythologischen Figuren – Götter, Heroen und gewöhnliche Sterbliche – werden so unter einem doppelten Aspekt betrachtet, was sich lediglich bei jenen historischen Figuren verbietet, von denen eine gesicherte antike Bildüberlieferung fehlt und Darstellungen beispielsweise erst seit dem Mittelalter, als man sie zu vorbildhaften Tugendhelden erhob, bekannt sind. Am Schluß eines Artikels finden sich Angaben zu literarischen Quellen sowie bibliographische Hinweise.

Unter den literarischen Quellen sind nicht alle Texte zur behandelten Person zitiert – der Leser wird sie in den einschlägigen Fachlexika finden –, sondern hauptsächlich diejenigen Autoren, deren Schriften nachweislich den Kunstwerken der Neuzeit zugrunde liegen. Wie die Beispiele zeigen, folgen darin antike und neuzeitliche Bilddarstellungen nicht der gleichen Logik. Es geht ja nicht an, die Bilder lediglich als Illustrationen von Texten auszugeben, vielmehr müssen die Korrelationen zwischen Bild und Text dargelegt werden. Achilleus z. B. erscheint auf vielen antiken Kunstwerken, ohne daß seine Darstellung textgetreu Homers ›Ilias‹ entspräche, die nach unserem Verständnis heute das »klassische« Achilleus-Heldenepos ihrer Zeit ist. Über diese Quelle hinaus besaßen die Künstler des Altertums Kenntnisse des Achilleus-Mythos auch aus anderen Überlieferungen, die verlorengegangen sind. Zudem folgten sie in den Bilderzählungen seiner Heldentaten der eigenen Eingebung. Erst mit Beginn der Renaissance wurde die antike Kultur eine Kultur der schriftlichen Überlieferung und alles Antike über ein vornehmlich philologisches, an Texte gebundenes Wissen vermittelt. Um bei Achilleus zu bleiben: Von nun an griffen die Künstler ausdrücklich auf die ›Ilias‹ zurück, weit mehr, als es ihre griechischen und römischen Vorgänger getan hatten. Im übrigen wurden diese »Sagenerzählungen« jetzt von zeitgenössischen Autoren bearbeitet und für die aufgeklärte Lektüre neu eingerichtet. So dienten Werke wie Boccaccios 1472 im Druck erschienene ›Genealogie der Götter‹ (›Genealogia deorum gentilium‹) und Chomprés ›Kleines Wörterbuch der Mythologie‹ (›Dictionnaire abrégé de la fable‹) von 1759, in Deutschland der u. a. von Goethe vielbenutzte ›Hederich‹ (Benjamin Hederich, ›Gründliches mythologisches Lexikon‹, 1770), um nur drei der wichtigsten zu nennen, über viele Auflagen hinweg den bildenden Künstlern und Schriftstellern vom 15. bis in das 19. Jahrhundert hinein als verbindliche Textgrundlage, als »Bibeln«. Daraus erklären sich die Vorzüge, die der Vergleich antiker mit neuzeitlichen Darstellungen bietet; die

Fruchtbarkeit eines Themas des Mythos und die Vielfalt seiner Interpretationen lassen sich daran ermessen.

Die bibliographischen Angaben am Schluß der Artikel enthalten den Nachweis von selbständigen Publikationen und von Aufsätzen, die die Ikonographie der betreffenden Figur eingehender behandeln. Die wichtigsten Nachschlagewerke dagegen findet der Leser in der allgemeinen Bibliographie am Schluß des Bandes.

Im Anhang des Bandes erlaubt ein Register der Nebenpersonen den gezielten Zugriff auch auf diejenigen mythologischen Figuren, die eng mit dem Mythos einer anderen Person verbunden sind und deshalb keinen eigenen Artikel erhalten haben. Ein weiteres Register erschließt die in den Personenartikeln erwähnten Attribute und Kennzeichen (sie sind im Text kursiv hervorgehoben). Der Begriff »Attribut« ist heikel. Gewöhnlich versteht man darunter ein bestimmtes Bildelement, das eine Person kennzeichnet, wie der Heroldstab den Hermes oder die Lyra den Apollon. Doch im Gegensatz zu den Heiligendarstellungen in der christlichen Kunst wurden den antiken Figuren solche Attribute nicht durchweg beigegeben; so gibt es in der Kunst des Altertums kaum welche, auf die dieser Begriff im strengen Wortsinn zutrifft, weshalb eine entsprechend systematische Erfassung von Attributen dieser Art nicht möglich ist. Bei der Identifizierung von Personen wird sich dieses Verzeichnis aber als nützliches Hilfsmittel erweisen.

Der Umfang dieses Führers erforderte Einschränkungen sowohl bei der Zahl der Stichwörter als auch im Umfang der erklärenden Texte. Bei den Bilderläuterungen konnten deshalb nicht alle Sachverhalte berücksichtigt werden. Vollständigkeit wurde in keiner Hinsicht angestrebt. Den Autoren war es wichtig, die Werke mit Entstehungsdaten (ersatzweise Lebensdaten der Künstler) und Standort anzugeben und dabei je nachdem allgemein bekannte oder seltenere Beispiele zu nennen, ein Prinzip, das auch die Auswahl der Illustrationen bestimmt hat, bei denen sich Antikes mit Neuzeitlichem mischt, Unbekanntes mit Vertrautem. Als unaufwendige und praktikable Orientierungshilfe in Mythologie und Geschichte des Altertums, wie sie von bildenden Künstlern interpretiert wurden, erhebt dieses Buch nicht den Anspruch einer Geschichte oder Wesensbestimmung des Mythos, es soll lediglich Augen öffnen, Sehhilfe anbieten und damit den Weg zu einer Interpretation weisen.

Ein Beispiel: Mantegnas »Parnaß«

Die Erschließung eines Bildes beschränkt sich selbstverständlich nicht auf die Identifizierung seines Themas, und die Aufschlüsselung seiner Ikonographie, so unerläßlich sie immer ist, erschöpft den Reichtum der Inhalte eines Kunstwerks bei weitem nicht. Davon kann man sich am Beispiel von Andrea Mantegnas im Auftrag der Isabella d'Este ausgeführtem und 1497 vollendetem ›Parnaß‹ im Louvre leicht ein Bild machen.

Auf den ersten Blick handelt es sich um eine Anzahl von Göttern. Über einem Felsentor in der Mitte der Komposition stehen, alles überragend, Mars und Venus Seite an Seite vor einem Ruhelager. Ein kleiner Amor zu ihren Füßen zielt mit einem Blasrohr auf Vulkan, der links in seiner Schmiedehöhle zu erkennen ist. Im Vordergrund rechts steht Merkur, neben ihm das geflügelte Pegasuspferd. Im Zentrum des Bildes, unter dem Götterpaar, tanzen die neun Musen zu den Klängen der Lyra, die Apollo, ganz links auf einem Baumstumpf sitzend, schlägt. Eine solche Szene hat, obwohl sie ausschließlich antike Götter zeigt, keine Entsprechung in der Antike. Die Zusammenstellung dieser Gottheiten – Mars, Venus, Vulkan, Merkur, Apollo und die Musen – folgt vielmehr einem Konzept, das sich nur erschließt, wenn man es in seinen historischen Kontext einordnet: das ausgehende 15. Jahrhundert, Mantua, den Hof der Gonzaga.

Isabella d'Este, die Gemahlin des Herzogs Gian Francesco Gonzaga, hatte dieses Gemälde zur Ausschmückung ihres Mantuaner Studiolo bestellt, eines privaten Kabinetts für Studien und Betrachtungen, wie es sie an den Höfen in Isabellas heimatlichem Ferrara und in Urbino bereits gab. Bei der Gestaltung dieser Gemächer, die oft Sammlungen von Antiken und anderen Kostbarkeiten enthielten, wurde eine gewisse harmonische Übereinstimmung zwischen ihrer Bestimmung und den Themen ihrer Ausstattung, den darin aufbewahrten Sammlungsstücken und der Person ihres Besitzers angestrebt. Isabellas Studiolo bietet den Musterfall dieser besonderen Art eines Privatkabinetts. Zum besseren Verständnis von Mantegnas Bild ist es daher unerläßlich, es gedanklich an seinen ursprünglichen Platz zurückzuversetzen, soweit das nur möglich ist, und es in Relation zur Auftraggeberin Isabella d'Este zu sehen, zu ihrer Antikenkollektion und zum gesamten Bildprogramm des Studiolo, in dem es ein konstitutives Element bildete.

Die Wahl des Themas aus der Mythologie war für die den Wissenschaften leidenschaftlich zugewandte und in lateinischer Literatur versierte Isabella, die selbst auch Tanz und Musik ausübte, eine Selbstverständlichkeit. Zu ihrer Sammlung gehörten antike Reliefs, darunter ein Sarkophag mit den Figuren von Pluto, Proserpina, Merkur und Zerberus, ferner Kleinbronzen und Repliken bedeutender Statuen, die Roms ganzen Stolz ausmachten, so des Apolls vom Belvedere. Es war also durchaus folgerichtig, daß sie das zu diesen Werken passende Bildprogramm aus der Antike wählte.

In Wahrheit ist Mantegnas ›Triumph von Mars und Venus‹ alias ›Der Parnaß‹ jedoch eine Allegorie des Hofes von Mantua, das Bild verherrlicht die eheliche Verbindung Isabellas d'Este mit Gian Francesco Gonzaga. In der Gestalt des Mars erscheint hier selbstverständlich der Herzog, ein renommierter Heerführer, als Venus folgerichtig seine Gemahlin, aber als züchtige, himmlische Venus, Schutzherrin der Künste, wie die zu Füßen des Paares tanzenden Musen bezeugen.

»Der Parnaß« / Triumph von Mars und Venus
Andrea Mantegna, vor 1497
(Paris, Louvre)

Das eheliche Dilemma des Vulkan bleibt ausgespart – den Schmiedegott, ganz im Hintergrund, hält Amor in Schach –, dafür rückt eine Sicht des Mythos in den Vordergrund, die Mars und Venus zu Eltern der Harmonia werden läßt. Das Paar umgeben Früchte und Blumen von sprechender Symbolik: Die Myrte als Blüte der Venus, die Hochzeitsfrüchte Quitten und Zitrone, der den Musen und der Siegesgöttin eigene Lorbeer. Mehr noch: Die Farben des Tuches auf dem Brautbett, Blau, Rot und Weiß, sind die Farben sowohl der Planeten Venus, Mars und Merkur als auch der Familien Este und Gonzaga. Die auf den ersten Blick fremd wirkende Erscheinung von Merkur und Pegasus erklärt sich als Darstellung der Planeten- und Sternbildkonstellation, unter der die Vermählung im Jahre 1490 stattgefunden hatte. Es lassen sich also über die Allegorese des Hofes und die Präsentation des fürstlichen Paares in der Gestalt antiker Götter hinaus weitere Bezugssysteme entdecken – ein Farbencode, ein Pflanzencode, ein astrologischer Code –, die in diesem Bild dazu beitragen, die besondere Bedeutung der hier verherrlichten beiden Personen und des festlichen Anlasses herauszustellen.

Wirft man einen Blick auf die anderen für das Studiolo in Auftrag gegebenen Gemälde, wird man die Mythologie im gleichen Sinn allegorisch ausgedeutet finden. Das Ensemble bestand aus sieben Bildern (die übrigens alle – auf verschiedene Weise – den Weg in den Louvre fanden): Als Gegenstück zum ›Parnaß‹ malte Mantegna ›Minerva vertreibt die Laster aus dem Garten der Tugend‹, eine Darstellung, in der Isabella mit der Göttin der Weisheit gleichgesetzt wird. Von Perugino stammt ein ›Streit der Liebe mit der Keuschheit‹. Von Mantegna begonnen und von Lorenzo Costa vollendet wurde ›Das Reich des Comus‹, ein Sujet aus dem Versepos ›Dionysiaka‹ des Nonnos, eines Autors des 5. Jahrhunderts n. Chr. Costa allein malte eine Allegorie des Hofes der Isabella, in deren Mittelpunkt eine vornehme Dame mit einem Kranz gekrönt wird. Zu diesen fünf Bildern kamen später zwei Gemälde von Correggio hinzu, eine ›Allegorie der Tugenden‹ und eine ›Allegorie der Laster‹. Auf diese Weise erhob der ganze von Mythologie durchdrungene Zyklus Isabella zu einer Göttin des Geistes und der Sittsamkeit, Minerva und Venus zugleich. Bilder erhöhten die allegorische Bedeutung derer, die sich damit umgaben. Man bediente sich der Mythologie nicht, um die sagenhaften Begebenheiten von einst nachzuerzählen, sondern um etwas auszusagen über die Welt und über die, die sie regierten, die Fürsten. Der Mythos erwies sich so als ein Themenrepertoire, aus dem man einerseits nach Belieben schöpfen, das man andererseits in einem unendlichen Spiel von Assoziationen und Kombinationen frei vermehren konnte.

Halten wir zu guter Letzt fest, daß der allgemein übliche Titel ›Der Parnaß‹ aus dem 19. Jahrhundert stammt. Wenig spricht dafür, daß dies wirklich das Thema dieses Mantegna-Gemäldes ist. Zu dieser Deutung verleitete möglicherweise der Pegasus, von dem es heißt, er habe die im Hintergrund als Kaskade sichtbare Quelle Hippokrene, aus der sich die Musen labten, mit einem Schlag seines Hufes gegen einen Felsen zum Sprudeln gebracht – einen Felsen des Helikon übrigens, keineswegs des Parnassos –, sein Erscheinen im Bild erklärt sich, wie wir sahen, jedoch anders. Der Reigen der Musen, neun an der Zahl, reicht allein nicht aus, das Bild in die lange Reihe der Parnaß-Darstellungen, in denen ja Apollon das Regiment führt, einzubeziehen. So läßt der Titel, den das Bild heute trägt, ›Triumph von Mars und Venus‹, es uns mit anderen Augen sehen.

Was hier in aller Kürze an einem Beispiel aufgezeigt wurde, kann natürlich nicht formelhaft zur Nutzanwendung dienen. Jede Bildanalyse hat von vornherein ihren eigenen Durchführungsrahmen abzustecken. Und jedes Kunstwerk sollte in sein historisches Umfeld zurückversetzt und im wechselseitigen Verhältnis zu Auftraggebern und Betrachtern gesehen werden – »es ist alles immer noch komplizierter«, wie Ernst Gombrich, der große Londoner Kunsthistoriker aus Wien, einmal scherzhaft im Gespräch zu verstehen gab.

Acheloos, ein Flußgott, war vor allem durch seinen Kampf mit → Herakles um → Deianeira, die Tochter des Oineus, bekannt. In diesem Kampf Mann gegen Mann nutzten ihm seine Künste, sich in eine *Schlange*, einen *Stier* oder ein *Meeresungeheuer* zu verwandeln, nichts. Herakles besiegte ihn, indem er eines seiner *Hörner* brach.

Mit *Tierohren* an seinem *Menschenkopf*, *langbärtig* und *gehörnt*, haben ihn etrusk. Bronzebildner und Goldschmiede des 5. und 4. Jh. v. Chr. als Schmuckmotiv wiedergegeben. Sein Bild findet sich als Ritzzeichnung auf einer Reihe von etrusk. Bronzespiegeln, als Relief an den Henkelansätzen von Bronzevasen und auf goldenen Collieranhängern, in einfacher Form auf Appliken aus Terrakotta. Im Profil ist er auf griech. Marmorreliefs der gleichen Zeit (mehrere in Athen, AM) dargestellt, als Einzelfigur kommt er hin und wieder auf griech. Vasen vor, z. B. als Herausforderer des Herakles (schwarzfigurige att. Vasen, Ende 6. – Anfang 5. Jh.). Ein vorzüglicher rotfiguriger Stamnos des Oltos (um 510 v. Chr.; London, BM) zeigt, wie dem A. in der Gestalt eines menschenköpfigen Ungeheuers von Herakles das Horn ausgerissen wird, das dann als *Füllhorn* zum Sinnbild des Überflusses und guter Gaben geworden ist (›Amaltheia tränkt den kleinen Zeus aus dem Füllhorn‹, röm. Relief, um 130 n. Chr.; Vatikan). Steinschnitte und Münzen aus Sizilien (Gela) und Unteritalien tragen vom Ende des 6. bis in das 3. Jh. v. Chr. nicht selten das Bild des A. In der Neuzeit finden sich nur wenige Beispiele außerhalb Italiens. Auf einem Gemälde G. Renis (›Herakles im Kampf mit A.‹, 1620/21; Louvre) erscheint A. in menschlicher Gestalt. In der Galerie des Pariser Palais Royal hing einst ein A.-Bild Pordenones aus den ersten Jahrzehnten des 16. Jh.

Acheloos im Kampf mit Herakles
Attischer Stamnos des Oltos, um 510 v. Chr. (London, British Museum)

Quelle: Ovid, Metamorphosen 9,1–97.
Lit.: H. P. Isler, Acheloos, 1970.

Achilleus, röm. **Achilles.** Der »Beste der Achäer«, eine Hauptfigur der ›Ilias‹, war der Sohn einer Göttin, → Thetis, und eines Sterblichen, → Peleus, des Königs von Phthia. Um ihn unverwundbar zu machen, tauchte ihn seine Mutter in die Fluten des Styx; dabei faßte sie ihn an der Ferse, die so als einzige Stelle verletzbar blieb. Nach anderen Versionen hielt sie ihn ins Feuer. Der erschrockene Vater Peleus entzog ihr das Kind und vertraute es dem Kentauren → Cheiron an, der es die Kunst des Jagens und der Musik lehrte. Wie die ›Ilias‹ überliefert, bewogen → Odysseus, → Nestor und → Patroklos den A. zur Teilnahme am Feldzug gegen → Troja, an der Spitze einer thessal. Kriegerschar, der Myrmidonen. Thetis warnte ihn, er habe nur zwischen einem kurzen, aber ruhmvollen und einem langen, aber unbedeutenden Leben zu wählen. A. entschied sich für den Ruhm. Laut einer späteren Quelle sollen ihn die besorgten Eltern als Mädchen gekleidet dem König von Skyros, Lykomedes, zur Erziehung im Kreis seiner Töchter übergeben haben, weil sie wußten, daß er fallen würde, wenn er nach Troja zöge – eine vergebliche List, denn Odysseus, dem der Seher Kalchas prophezeit hatte, Troja könne nur mit der Hilfe des A. erobert werden, trat am skyr. Hof als Kleiderhändler auf und bot *Stoffe* und *Stickereien* an, unter die er *Waffen* versteckt hatte, nach denen A. sofort griff, so seine wahre Natur verratend. Die ›Ilias‹ berichtet u. a. vom »Zorn des A.«, einer Episode im zehnten Jahr der Belagerung von Troja: Die Griechen hatten bei einem Beutezug Chryseis, die Tochter des Apollonpriesters Chryses, entführt; sie war dem → Agamemnon zugefallen. Weil das Lager der Griechen darauf von einer Seuche befallen wurde, die, wie Kalchas wußte, → Apollon als Rache für den Raub der Chryseis geschickt hatte, zwang A. den Agamemnon, die junge Frau ihrem Vater zurückzugeben. Im Gegenzug verlangte Agamemnon die Beute, die A. zugefallen war: die schöne Briseis. Diese Forderung erregte den Zorn des A. so sehr, daß er sich in sein Zelt zurückzog und sich weigerte, ferner am Kampf teilzunehmen. Die Trojaner gewannen die Oberhand, das Lager der Griechen geriet in Gefahr, doch nichts, auch nicht die Versöhnungsangebote Agamemnons und die Vermittlung des Odysseus, konnte A.' Zorn besänftigen. Lediglich seinem treuen Freund Patroklos gelang es, A. im Augenblick der höchsten Gefahr das Zugeständnis abzuringen, ihm seine Waffen zu leihen. In dieser Rüstung hielten die Trojaner Patroklos für A., und so konnte er die Gefahr abwenden, doch fiel er gegen → Hektor, der ihm die Waffen raubte. Außer sich vor Schmerz rief A. seine Mutter Thetis an, die ihm neue Waffen bei → Hephaistos besorgte. A. versöhnte sich mit Agamemnon und nahm seinen Platz im Kampf wieder ein. Die Trojaner schlug er zurück und rächte Patroklos, indem er Hektor tötete und dessen Leichnam schimpflich an seinem *Streitwagen* siebenmal um Troja schleifte. Er richtete Patroklos ein feierliches Leichenbegängnis aus, weigerte sich dagegen, den Leichnam Hektors dessen Eltern zu überlassen, so lange, bis ihn die Furcht vor dem Zorn der Götter zum Nachgeben bewog. Er tauschte die Leiche gegen

Aias trägt den Leichnam des Achilleus vom Kampffeld
Attischer Krater des Kleitias, um 570 v. Chr. (Florenz, Museo Archeologico)

Die Erziehung des Achilleus
Rosso Fiorentino, um 1534–37
(Schloß Fontainebleau, Galerie François I)

ein hohes Lösegeld in Form von *Kostbarkeiten*, die ihm → Priamos, Hektors Vater, persönlich überbrachte. Andere Quellen berichten vom Kampf des A. gegen die → Amazonen, die den Trojanern zu Hilfe geeilt waren, und von seiner Liebe zu → Penthesileia, die im gleichen Augenblick entbrannte, als er die Amazonenkönigin mit dem Schwert durchbohrte. Seinen eigenen Tod fand A. durch → Paris, der seine Ferse mit einem Pfeil verwundet hatte. Über seinem Grab wurde nach dem Fall von Troja die von A. geliebte Tochter des Priamos, → Polyxena, geopfert.

Antike A.-Bilder gibt es in Fülle und in vollständiger Darstellung seiner Lebensbeschreibungen. Einige späte Zeugnisse bilden komplette Bildzyklen, z. B. die Marmoreinfassung eines Brunnens vom Kapitol in Rom (4. Jh. n. Chr.) und ein Silberteller aus Kaiseraugst (Mitte 4. Jh. v. Chr.) mit nicht weniger als elf Szenen zur Kindheit und Erziehung des A. (Augst, Mus.). Das Bad im Styx schildert ein Mosaik des 5. Jh. n. Chr. aus Xanthos (Antalya, Mus.), häufig begegnet die Übergabe des Kindes an den Kentauren Cheiron in der att. Vasenmalerei, so auf einer Amphora (um 520 v. Chr.) im Museum von Boulogne-sur-Mer. Die Unterweisung des A. im Lyraspiel durch Cheiron ist ein Thema der pompejan. Wandmalerei. Mehrere röm. Denkmäler zeigen, wie A. die Waffen unter den Waren des Odysseus entdeckt und seine männlich-kriegerische Gesinnung offenbart; meist sieht man ihn im Vordergrund nach einem Schild greifen, manchmal in Mädchenkleidung (Sarkophag, 2. Viertel 3. Jh. n. Chr.; Louvre). Viele att. Vasen zeigen A. beim Anlegen der Waffen, entweder beim Abschied von Phthia mit Thetis und einigen die Rüstung tragenden Nereiden (Hydria, um 550 v. Chr.; Louvre) oder später, wenn Thetis die neuen Waffen des Hephaistos bringt (Amphora des Amasis, um 540 v. Chr.; Boston, MFA). Zwei Themen nehmen einen besonderen Platz in der Bilderwelt der Vasenmalerei ein. Zum einen die

Verfolgung des Troilos, des jüngsten Priamos-Sohnes, in mehreren Szenen: Der griech. Held lauert ihm hinter dem Brunnen, an dem Troilos seine Pferde tränkt, auf (Dinos aus Lakonien, um 560 v. Chr.; Louvre); auf der Flucht mit Troilos läßt seine Schwester Polyxena ihren Krug fallen (Hydria der Leagros-Gruppe, um 520 v. Chr.; London, BM); A. ist im Begriff, Troilos am Altar des Apollon, zu dem er sich geflüchtet hat, zu töten (tyrrhen. Amphora, um 560 v. Chr.; Florenz, MA). Zum andern, als zweites besonderes Thema, die Darstellung des A. beim *Brettspiel* mit → Aias (Amphora des EXEKIAS, um 540 v. Chr.; Vatikan). Ausführlich sind auch die zahlreichen Darstellungen des »Zorns des A.«. Als der Held im Wortwechsel mit Agamemnon (den ein verlorenes pompejan. Wandbild zeigte) sein Schwert zieht, hält ihn → Athena zurück. Auf einem Skyphos des MAKRON (um 480 v. Chr.; Louvre) reißt A. die Briseis mit sich fort, verfolgt von Talthybios und Eurybates, den Gefolgsleuten des Agamemnon. Als Odysseus bei ihm erscheint, um zwischen den beiden zu vermitteln, verharrt A. schweigend, in seinen Mantel gehüllt, mit gesenktem Haupt (Hydria des KLEOPHRADESMALERS, um 480 v. Chr.; München, Ant.). Der KLEOPHRADESMALER hat auch den Moment festgehalten, da Patroklos in den Waffen des A. von ihm Abschied nimmt zum Aufbruch in den Kampf (Stamnos, um 480 v. Chr.; Rom, VG). Oft findet der Zweikampf des A. mit Hektor im Beisein der Götter statt (Krater des BERLINER MALERS, um 490 v. Chr.; London, BM): Athena steht dem A., Apollon dem Hektor bei. Noch häufiger als dieses Thema ist in der Vasenmalerei die Schändung von Hektors Leichnam am Wagen des A. Auf einer Hydria der Leagros-Gruppe (um 510 v. Chr.; Boston, MFA) schwebt die Seele des so gerächten Patroklos über dem Wagen. Die Sze-

Agamemnons Abgesandte vor dem Zelt des Achilleus
Jean-Dominique Ingres, 1801
(Paris, École des Beaux-Arts)

ne findet sich auch auf röm. Sarkophagen, auf Lampen und z. B. auf einem Silbergefäß des 1. Jh. n. Chr., der sog. Oinochoe von Berthouville (Paris, BN, Cabinet des médailles). Die Auslösung des toten Hektor hat der BRYGOSMALER in einer Szene wiedergegeben, in der Priamos bittend vor dem auf einer Kline über dem Leichnam seines Feindes tafelnden A. erscheint (um 490 v.Chr.; Wien, KM). Auf einem röm. Sarkophag (3. Jh. n. Chr.; Louvre) kniet Priamos, als Barbar gekleidet, vor A., ebenso auf einem röm. Stuckrelief (um 160 n. Chr.; Rom, Grab der Pancratier an der Via Latina). Spätere Schilderungen, aus der Zeit nach Homer und seiner ›Ilias‹, beziehen sich auf den Kampf des A. mit Penthesilea und mit → Memnon, dem Sohn der → Eos und des Tithonos, eines Bruders des Priamos. Eos und Thetis, die göttlichen Mütter der beiden Kämpfenden, flehten Zeus um Rettung ihrer Söhne an. Der Göttervater wies → Hermes an, das Schicksal der beiden Heroen auf einer Waage abzuwägen. Diesen »Psychostasie« genannten Vorgang zeigt eine Schale des EPIKTETOS (um 510 v. Chr.; Rom, VG); die Waage neigte sich zugunsten des A. Der Tod des A. durch einen Pfeil des Paris in die Ferse ist schon recht früh, um 680 v. Chr., auf einem protokorinth. Aryballos wiedergegeben, sonst aber selten. Dagegen findet sich oft das Bild des Aias, der den toten A. auf der Schulter vom Schlachtfeld trägt (Armschiene eines Schildes, um 560 v. Chr.; Olympia, AM · Krater des KLEITIAS, um 570 v. Chr.; Florenz, MA). In der Neuzeit diente das Leben des A. einige Male als Vorlage für Bildzyklen. Bedeutendstes Beispiel ist die Folge des ›Lebens des A.‹ von RUBENS (vor oder um 1630), Entwürfe für Wandteppiche, von denen sich sieben Ölskizzen in Rotterdam (MBB), eine weitere in Detroit (Priv.) und drei bzw. zwei größere Entwurfsgemälde im Prado bzw. in Pau (MBA) befinden. Die Themenauswahl von Rubens entspricht den in der überlieferten Ikonographie im allgemeinen üblichen Bildgegenständen. Das erste Thema, das Bad im Styx, ist nachzuweisen in einer GIULIO ROMANO zugeschriebenen Zeichnung; es wird hauptsächlich innerhalb des kompletten Zyklus behandelt, wie z. B. in einer Gemäldefolge des D. CRETI (frühes 18. Jh.; Bologna, PN). Nicht selten ist die Erziehung des A. durch Cheiron, wie bei ROSSO FIORENTINO (um 1534–37; Galerie François I in Fontainebleau) und in einer Vier-Bilder-Folge von J.-B. DE CHAMPAIGNE (1666–71; zwei im Louvre, zwei im Schloß Maison-Lafitte). Hier wie in einem weiteren Bild des gleichen Sujets von G. M. CRESPI (um 1695; Wien, KM) liegt der Sinn in der Vergegenwärtigung einer vorbildhaften Fürstenerziehung in der Verbindung von Jagdwesen, Kampf mit der Waffe und Musik. Die List des Odysseus zur Entlarvung des als Mädchen verkleideten A. illustriert ein Cassone (eine bemalte Truhe) des N. GIOLFINO (frühes 16. Jh.; Verona, Mus. di Castelvecchio). Das Thema erscheint nicht selten in der Malerei des Barock: Die Ausbreitung der Schätze des Odysseus, der *Schmuckwaren* und Stoffe, bot die Möglichkeit, die Vielfalt eines üppigen Stillebens mit dem Spiel der Leidenschaften und dem doppelsinnigen Reiz des Gegensatzes von Männlich und Weiblich zu verbinden. Bei C. CIGNANI (1628–1719) schickt sich A. eben an, das Schwert prüfend aus der Scheide zu ziehen. POUSSIN hat das Sujet mehrmals behandelt. Er gruppierte die Töchter des Lykomedes um einen Kasten und A. abseits, einen Helm bereits auf dem Kopf und einen Spiegel in der Hand, in seinen eigenen neuen Anblick versunken (1656; Richmond, MFA), oder er zeigte A. beim Griff nach dem Schwert (um 1651; Boston, MFA). Die späteren Episoden wurden nicht so oft dargestellt. Auf einem Fresko TIEPOLOS im Ilias-Zimmer der Villa Valmarana in Vicenza (das im übrigen auch die Erscheinung der Thetis vor A. und die Zuführung der Briseis zu Agamemnon enthält) packt Athena den auf Agamemnon eindringenden A. am Schopf, um ihn zurückzuhalten (1757). Die Schändung des toten Hektor nahm J.-L. DAVID in sein ›Leichenbegängnis des Patroklos‹ (1779; Dublin, NG) auf: A. weist sozusagen dem toten Patroklos die Leiche Hektors als Beweis der vollzogenen Sühne vor.

Quellen: Apollodor, Bibliothek 3,13,6.8, Epitome 3, passim, 4,6–5,7; Homer, Ilias, passim, Odyssee 11,465–540, 24,15–97; Ovid, Metamorphosen 12,580–611; Statius, Achilleis.
Lit.: E. Haverkamp-Begemann, The Achilles Series, in: L. Burchard (Hrsg.), Corpus Rubenianum, Bd. 10, 1975; D. Kemp-Lindemann, Darstellungen des Achilleus in griech. und röm. Kunst, 1975; K. Schefold / F. Jung, Die klassischen und hellenistischen Bilder der Sagen von den Argonauten, von Theben und von Troja, 1989.

Actaeon → Aktaion

Adonis und Venus Pompejanisches Wandbild, 1. Jh. n. Chr. (Neapel, Museo Archeologico Nazionale)

Adonis, Gottheit des Wachstums in der Natur, von asiat. Herkunft, war die Frucht einer inzestuösen Verbindung. Entweder hatte Theias, der König von Assyrien (nach anderen der zypr. König Kinyras von Paphos), damit geprahlt, seine Tochter Myrrha sei schöner als → Aphrodite, oder Myrrha hatte Aphrodite nicht angemessen verehrt, jedenfalls machte die Göttin Myrrha zur Strafe verliebt in ihren Vater. Das Mädchen vereinigte sich mit ihm, ohne daß er sie zunächst erkannte. Als Theias merkte, wer sie war, wollte er sie töten, doch sie entfloh; die Götter verwandelten sie in einen *Myrrhenbaum*, aus dem sie den A. gebar. Von den → Nymphen aufgenommen und schön wie ein Liebesgott, zog er die Liebe der Aphrodite auf sich. Sie wurde seine Begleiterin bei seinem Hauptvergnügen, der Jagd, ihn dabei besorgt vor den wildesten Tieren warnend. Dennoch fand er den Tod durch einen *Eber*. Aphrodite beweinte ihn und begründete einen Kult zu seinen Ehren. Aus Nektar und seinem Blut ließ sie eine neue Blume entstehen, die *Anemone*. Nach anderer Überlieferung soll A. auf Geheiß des → Zeus (oder anderer Götter) ein Drittel des Jahres mit Aphrodite, ein Drittel mit → Persephone und das restliche Drittel allein verbracht haben, doch habe ihn Aphrodite überredet, zwei Drittel des Jahres bei ihr zu bleiben.

A. erscheint im Gefolge von Aphrodite, Liebesgöttern und → Nymphen auf att. Vasen vom Ende des 5. Jh. v. Chr. Aus der gleichen Zeit stammt eine kleine Reihe von Vasenbildern mit den eigens zu seinen Eh-

Verwundung und Tod des Adonis
Römischer Sarkophag, 2. Jh. n. Chr. (Paris, Louvre)

ren angelegten »Adonisgärten«, in denen der dahingeschiedene Gott von Frauen verehrt und gefeiert wurde. Die »Aufteilung« des A. zwischen Aphrodite und Persephone zeigt eine apul. Pelike aus der Mitte des 4. Jh. v. Chr. (Neapel, MN); die beiden Göttinnen stehen zu seiten des thronenden Zeus, in einem Feld darunter liegt A. ausgestreckt auf einer Bahre. Die Geburt des A. zeigt in der röm. Kunst ein pompejan. Wandbild (63 n. Chr.; Haus der Dioskuren), ein anderes seinen Tod (zw. 68 u. 79 n. Chr.; Haus des A.). Mehrere Sarkophage des 2. Jh. n. Chr. (einer davon im Louvre) erzählen die ganze Geschichte des jungen Jägers, mit dem Abschied von Aphrodite, seiner Verwundung am Bein durch den Eber, seiner Pflege und Beweinung durch Aphrodite. Aus nachantiker Zeit sind die Venus-und-A.-Bilder außerordentlich zahlreich. Die Geburt des A. haben GIORGIONE (nach dem Zeugnis Ridolfis, 1648) in einem – verlorenen – Bild, im 17. Jh. GUERCINO (Dresden, AM) und im frühen 18. Jh. M. FRANCESCHINI (drei Bilder: Genua, Mus. · 1692/93; Wien, Gartenpalais Liechtenstein · Dresden, AM) behandelt. Eine Zeichnung POUSSINS (1623, Schloß Windsor) für Marino, der ein Gedicht darauf schrieb, belegt sein besonderes Interesse an diesem Sujet, das um 1760 auch BOUCHER behandelt hat (in einem nur aus Nachstichen bekannten Bild). Myrrha wird in solchen Darstellungen von Nymphen umgeben, die Geburtshilfe leisten, manchmal hält die Jagdgöttin → Artemis/Diana das Neugeborene im Arm. Häufigstes Bildmotiv ist der Versuch Aphrodites, A. von der Jagd abzuhalten, wobei die kleinen Liebesgötter mit den *Hunden* des jungen Gottes es ihr gleichtun wollen. Im Spiel der Blicke und Berührungen liegt meist ganz der Reiz dieser Werke, für die TIZIAN das große Vorbild gegeben haben dürfte (1553/54; Prado; andere Fassungen in Rom, GB, und London, NG). Das Thema wurde ferner aufgegriffen von VERONESE (eines von mehreren Bildern im Prado, um 1580), C. VAN HAARLEM (mehrere Bilder, eines davon, 1603, in Stockholm, NM), RUBENS (um 1610; Düsseldorf, KM · um 1635; New York, MM), POUSSIN (um 1625; Rhode Island). In der französischen Malerei führt die Traditionslinie weiter zu N. MIGNARD (um 1650; Minneapolis), L. BOULLOGNE D. Ä. (1668; Schloß Versailles) und F. LEMOYNE (1729; Stockholm, NM). Der Tod des A., den Aphrodite am Boden liegend auffindet, ist nicht ganz so oft dargestellt worden. POUSSIN hat ihn in sein ›Reich der Flora‹ (1631;

Tod des Adonis
Stich von Louis Surugue nach F. Boucher, 18. Jh. (Paris, Bibliothèque Nationale, Cabinet des estampes)

Dresden, AM), das Ovidische Metamorphosen vereinigt, aufgenommen, samt der Entstehung der Anemone aus des A. Blut. Ein Fresko des Rosso Fiorentino (um 1536; Galerie François I in Fontainebleau) zeigt Aphrodite in ihrem Wagen vom Himmel herabkommen, sich vor Schmerz die Haare raufend, während drei geflügelte → Chariten den Leichnam des A. emportragen. Eine Version Veroneses ist weniger dramatisch, aber ergreifender: ein Amor stützt das Haupt des A., und die Göttin hält seine Hand (›Venus und der sterbende A.‹, um 1580; Stockholm, NM). Poussin gibt die Göttin weinend neben dem Leichnam wieder (um 1627; Caen, MBA). N. B. Lépicié macht deutlich die Schöpfung der Anemone zum Thema (1769; Versailles, Petit Trianon); das Gegenstück gilt der Entstehung der Narzisse durch den Tod des → Narkissos.

Quellen: Bion von Smyrna, Epitaphios Adonidos; Ovid, Metamorphosen 10, 298–518 (Myrrha), 10,503–559.705–739; Apollodor, Bibliothek 3,14,3, gibt eine von Ovid abweichende Version.

Lit.: W. Atallah, Adonis dans la littérature et l'art grecs, 1966; Ausst.-Kat. Les Amours des Dieux, Paris, 1991.

Aegeus → Aigeus

Aeneas → Aineias

Aeolus → Aiolos

Aesculapius → Asklepios

Agamemnon, Sohn des Atreus und Bruder des Menelaos (nach anderen waren die beiden Atriden Söhne des Atreus-Sohnes Pleisthenes), herrschte in Mykene. Mit Klytaimnestra hatte er vier Kinder, die Töchter → Iphigenie, Elektra, Chrysothemis und den Sohn → Orestes. Im Trojanischen Krieg spielte er eine bedeutende Rolle als König der Könige und Anführer der Griechen. Weil er einmal bei der Jagd eine der → Artemis heilige Hirschkuh erlegt hatte, hinderte die erzürnte Göttin die Flotte der Griechen in Aulis am Auslaufen gen → Troja, indem sie die Winde zurückhielt, und forderte Iphigenie als Sühneopfer. Daß A. seine Tochter wirklich opferte, trug ihm den Haß Klytaimnestras ein. Im neunten Jahr der Belagerung Trojas kam es zur Auseinandersetzung mit → Achilleus: Die Griechen hatten die auf einem Beutezug entführten Troerinnen Chryseis und Briseis den beiden Helden überlassen, worauf ihr Lager von → Apollon mit einer Seuche heimgesucht wurde, denn der Vater der A. zugesprochenen Chryseis, Chryses, war ein Priester des Gottes. Zur Rückgabe seiner schönen Beute gezwungen, verlangte A., daß Achilleus ihm Briseis als Ersatz gebe. Der empörte Achilleus zog sich in sein Zelt zurück und weigerte sich, weiter am Kampf teilzunehmen. Erst als die Trojaner das griech. Lager zu überwältigen drohten, gab A. nach und überließ Briseis dem Achilleus. Nach dem Krieg kehrte A. mit der trojan. Königstochter Kassandra als Kriegsbeute heim. Kaum in Mykene

Briseis wird Agamemnon zugeführt
Giovanni Battista Tiepolo, Fresko, 1757 (Vicenza, Villa Valmarana)

zurück, wurde er von Klytaimnestra und ihrem Geliebten Aigisthos umgebracht. Auch Kassandra wurde ein Opfer Klytaimnestras. In Orestes erwuchs der Rächer seines Vaters an Klytaimnestra und Aigisthos.

Auf einem apul. Krater (350 v. Chr.; London, BM) verfügt A., ein *Zepter* und ein *Messer* in Händen, die Opferung Iphigenies, auf einem pompejan. Wandbild (1. Jh. v. Chr.; Haus des Tragischen Dichters) sieht man ihn mit verhülltem Haupt sich von der Opferszene abwenden. Als Bildmotive bedeutungsvoll wurden der Disput mit Achilleus und die Ermordung durch Klytaimnestra. Auf einem Krater des MALERS DER DOKIMASIE (um 460 v. Chr.; Boston, MF) wird die Ermordung A.s auf der einen, die des Aigisthos (durch Orestes) auf der anderen Seite gezeigt. In weiteren Szenen des Trojan. Krieges erscheint A. auf Vasenbildern als einer unter vielen, so beim Tod des → Aias und beim Raub des trojan. Palladions (Kultbildes). Den Streit mit Achill und die Übergabe der Briseis an ihn hat RUBENS in seinen Entwürfen für eine Wandteppichfolge mit dem Leben des Achilleus behandelt (um oder vor 1630; Prado). Auf einem Fresko TIEPOLOS in der Villa Valmarana nahe Vicenza (1757) bedeckt A. sein Angesicht, um die Opferung Iphigenies nicht mitansehen zu müssen, auf einem anderen an gleicher Stelle wird ihm Briseis zugeführt. Bei J. JOUVENET (›Die Opferung Iphigenies‹, 1685; Troyes, MBA) ist sein Blick flehend auf → Artemis gerichtet; die Göttin weist den bekümmerten Vater mit dem Finger auf die Hirschkuh hin, die statt Iphigenie geopfert werden wird.

Quellen: Aischylos, Agamemnon; Euripides, Iphigenie in Aulis; Homer, Ilias, passim, Odyssee 4, 11; Seneca, Agamemnon.

Agdistis → Kybele

Aglauros verwehrt Hermes den Zutritt zu Herse
Paolo Veronese, um 1579 (Cambridge, Fitzwilliam Museum)

Aglauros (auch *Agraulos*), Tochter (nach anderen: Frau) des Königs Kekrops von Athen, Schwester der Pandrosos und der Herse (nach anderen: Mutter von Herse, Erysichthon, Agraulos und Pandrosos). → Athena vertraute den drei Schwestern die Obhut des *Korbes* an, in dem sie den kleinen → Erichthonios verbarg. Aus Neugier setzte sich A. über das Verbot, den Korb zu öffnen, hinweg. Darüber sollen alle drei den Verstand verloren oder Selbstmord begangen haben. Nach Ovid verliebte sich → Hermes in Herse und bat A. um ihre Vermittlung, doch A. wurde von Athena mit Eifersucht geschlagen und versuchte die Vereinigung der beiden zu verhindern. Zur Strafe verwandelte Hermes sie in Stein.

Antike Darstellungen beschränken sich meist auf die Szene der Geburt des Erichthonios in Gegenwart der Kekrops-Töchter. So auf einer Schale des KODROSMALERS (um 440 v. Chr.; Berlin, Ant.), welche die das Kind Athena darreichende Erdmutter Gaia, → Hephaistos, Kekrops und Herse zeigt, auf der anderen Seite A., den athen. König Erechtheus (einen Nachkommen des Erichthonios), Pandrosos, → Aigeus (einen weiteren König von Athen) und dessen Bruder Pallas; alle Personen sind namentlich bezeichnet. In der jüngeren Bildtradition findet sich die Begegnung des Hermes mit den drei Schwestern auf einem Gemälde von J. BOCKHORST (um 1650–55; Wien, KM); die Szene, in der die eifersüchtige A. den Gott und Herse belauscht, dann Hermes den Zutritt zu Herses Gemach verwehrt und schließlich von ihm zu Fall gebracht und versteinert wird, bei VERONESE (um 1579; Cambridge, FM) und J.-B. PIERRE (1763; Louvre).

Quellen: Apollodor, Bibliothek 3, 14, 3 und 6; Ovid, Metamorphosen 2,552–561.711–832.

Aias/Aiax. Von den beiden A. der Homerischen Überlieferung ist dieser der Sohn des Königs Telamon von Salamis. Der andere, ein Sohn des Königs Oileus von Lokris, spielt in der Bildwelt der Kunst lediglich als der Grieche, der nach der Einnahme → Trojas Kassandra vom Altar der → Athena zerrte und zu vergewaltigen versuchte, eine gewisse Rolle; er gilt als der »kleine A.«. Der »große A.« war der Anführer der salamin. Truppen im Trojanischen Krieg und nach → Achilleus der ranghöchste Heerführer der Griechen. A. gehörte zu der Gesandtschaft, die Achilleus nach seinem Zwist mit → Agamemnon zur erneuten Teilnahme am Kampf umzustimmen versuchte. Er bot den kühnsten Trojanern die Stirn, vor allem → Aineias und → Hektor. Nach dem Tod des Achilleus, dessen Leichnam er vom Schlachtfeld trug, stritt er sich mit → Odysseus um die *Waffen* des toten Helden. Die Griechen sprachen sie Odysseus zu. Wahnsinnig vor Wut metzelte A. eine Widderherde nieder, im Glauben, sie seien die Griechen, die ihm die Waffen abgesprochen hatten. Als er zu sich kam und seinen Irrtum begriff, brachte er sich um. Aus seinem Blut entsprang eine Blume, der *Rittersporn*, aus deren Blütenblätter man AI herauslesen kann, die ersten Buchstaben seines Namens und zugleich ein Wehruf.

A. taucht oft in der Vasenmalerei auf, besonders der attischen. Man kennt Darstellungen des Zweikampfs mit Aineias (Schale des OLTOS, um 510 v. Chr.; Berlin, Ant.) und mit Hektor (Amphora des KLEOPHRADES-MALERS, um 480 v. Chr.; Würzburg, WM). Seine enge Verbundenheit mit Achilleus ist oft das Thema, eine bedeutende Reihe von Vasenbildern zeigt beide Heroen beim *Brettspiel* in einer Kampfpause (Amphora des EXEKIAS, um 540 v. Chr.; Vatikan). Auf der sog. François-Vase (um 570 v. Chr.; Florenz, MA) trägt A. den Leichnam des Achilleus. Die Zuweisung der Waffen des Achilleus an Odysseus schildert eine Schale des DURIS (um 490 v. Chr.; Wien, KM). Ein altes Bildthema ist schließlich auch der Selbstmord des A., der sich in sein *Schwert* stürzt (Schildarmbügel, Anfang 6. Jh. v. Chr.; Olympia, Mus. · Amphora des EXEKIAS, um 540 v. Chr.; Boulogne-sur-Mer, Mus. Municipal); der berühmte ›Torso vom Belvedere‹ des Bildhauers APOLLONIOS (um 150 v. Chr.; Vatikan) konnte als Skulptur des A., der sich in sein Schwert stürzt, gedeutet und ergänzt werden. Die Entstehung der Blume aus dem Blut des A. ist eine der

Metamorphosen in POUSSINS ›Reich der Flora‹ (1631; Dresden, AM). Den Streit mit Odysseus malte L. BRAMER (um 1625–30; Delft, Prinsenhof). Als Einzelfigur erscheint A. in der Skulptur des 19. Jh. bei CANOVA (Marmorstatue, 1811/12; Venedig, Palazzo Treves) und THORVALDSEN (Marmorrelief, um 1832/33; Kopenhagen, TM).

Quellen: Apollodor, Bibliothek 3,10,8, 3,12,7; Homer, Ilias, passim; Ovid, Metamorphosen 12,220–13,398; Sophokles, Aias.
Lit.: M. Davies, Ajax at the Bourne of Life, in: Eidolopoiia, 1985 (Berichte eines Colloquiums in Lourmarin).

Aias/Aiax, der »kleine A.«. Dieser A. war der Sohn des Königs Oileus von Lokris und führte vierzig lokr. Schiffe gegen → Troja. Weniger bedeutend als der Telamon-Sohn gleichen Namens, kämpfte er oft an des-

Der Schiffbruch des Aias
Rosso Fiorentino, 1536
(Schloß Fontainebleau, Galerie François I)

sen Seite. Nach dem Fall Trojas versuchte er Kassandra Gewalt anzutun. Dabei stürzte das *Palladion*, das *Kultbild* der → Athena, zu dem sich Kassandra geflüchtet hatte, um. Nach anderen soll er die junge Frau wirklich entehrt haben. Um ihn dafür zu bestrafen, bediente sich Athena des Königs Nauplios von Euboia, den sie zur Rache an den Griechen aufstachelte, die seinen Sohn Palamedes – auf eine heimtückische Intrige des → Odysseus hin – gesteinigt hatten. Nauplios entzündete ein Leuchtfeuer über Riffen, an denen die irregeleiteten Schiffe des A. zerschellten. Homer beschreibt allerdings den Untergang des A. als Werk allein der Athena und des → Poseidon.

An die hundert att. Vasenbilder schildern die Zudringlichkeit des A. gegenüber der zum Standbild der Athena geflüchteten Kassandra. Auf den ältesten Bildern erscheint die Statue lebend, sie richtet ihre Lanze gegen A., während eine winzige Kassandra zu ihren Füßen Schutz sucht. In der rotfigurigen Vasenmalerei ab etwa 500 v. Chr. wird Kassandra meist nackt und so der erotische Aspekt der Szene unverhüllt gezeigt (Hydria des KLEOPHRADESMALERS, gegen 490 v. Chr.; Neapel, MN). Die gleiche Szene findet sich in der pompejan. Malerei, auf einem etrusk. Spiegel und auf verschiedenen Kameen wieder. In der nachantiken Malerei kommt der »kleine A.« selten vor. Auf einem RUBENS-Bild (um 1616; Vaduz, SL) greift er nach Kassandra, ein Fresko des ROSSO FIORENTINO (1536) in der Galerie François I in Fontainebleau zeigt den *Schiffbruch* des A., zweifellos eine Anspielung auf das unglückliche Schicksal dieses frz. Königs.

Quellen: Apollodor, Epitome 5,22–23, 6,6; Euripides, Troerinnen 48–97; Andromache 293–300; Homer, Ilias 2,527–535 und passim, Odyssee 4,499–511.

Aigeus, röm. **Aegeus,** war König von Athen. Als sein Sohn → Theseus, von dessen Existenz er nichts wußte, nach Athen kam, versuchte seine Frau → Medeia ihn zu vergiften, doch da erkannte ihn Ai. an dem Schwert, das Theseus trug, und vereitelte den Anschlag.

Darstellungen des Ai. sind fast nur aus der Antike bekannt. Eine dem KODROSMALER zugeschriebene att. Schale (um 440 v. Chr.; Berlin, Ant.) zeigt Ai., der Überlieferung Plutarchs folgend, bei der Befragung der delph. Orakelgöttin Themis, wie er zu Nachkommen gelangen könne. Als Randfigur taucht er auf Vasenbildern neben Theseus und dem von diesem gefangenen Stier von Marathon auf (Krater der POLYGNOT-GRUPPE, um 440 v. Chr.; New York, MM). Im Kreis att. Helden läßt ihn der KODROSMALER auf einer Schale mit der Geburt des → Erichthonios auftreten (um 440 v. Chr.; Berlin, Ant.). Die Aufnahme des Theseus durch Ai. in Athen enthält eine Tafel P. UCELLOS mit den Taten des Theseus (um

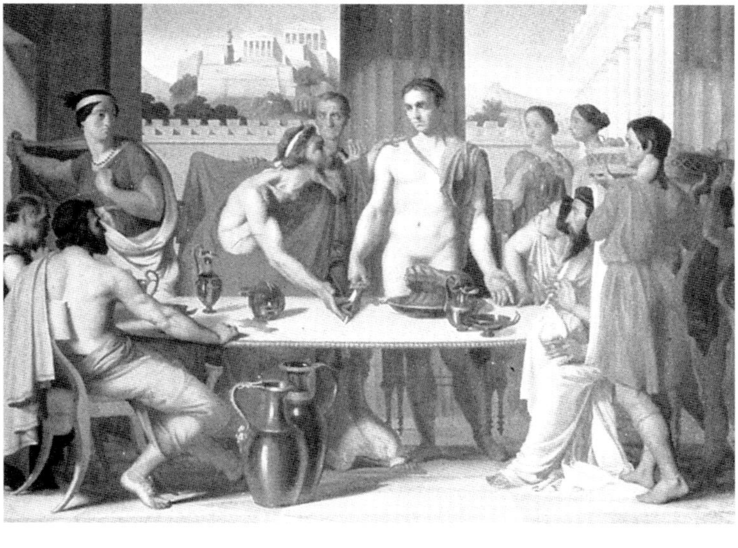

Aigeus erkennt seinen Sohn Theseus
Hyppolite Flandrin, 1832
(Paris, École des Beaux-Arts)

1460; Seattle, Art Mus.). 1832 lautete die Preisaufgabe für den Prix de Rome der frz. Académie des Beaux-Arts: »Theseus wird von seinem Vater erkannt«; den Wettbewerb gewann H. FLANDRIN (Paris, EBA).

Quellen: Apollodor, Bibliothek 1,9,28, 3,15,5–16,1, Epitome 1,5–11; Ovid, Metamorphosen 7,402–458; Plutarch, Theseus 3,5.

Aineias, röm. **Aeneas.** Der trojan. Heerführer war der Sohn der → Aphrodite und des → Anchises, verheiratet mit Kreusa, der Tochter des Königs von → Troja, → Priamos. Er begleitete → Paris nach Sparta beim Raub der → Helena und erwies sich als kühner Held im Kampf gegen die Griechen. Nach dem Fall Trojas floh er mit seinem Vater, seinem Sohn Askanios/Ascanius (auch Iulus genannt) und den Kultbildern der Hausgötter Trojas, was ihm den Ehrennamen »der fromme Ai.« einbrachte. Mit einer Schar Trojaner erreichte er nach langer Irrfahrt auf See und vielen Verzögerungen, u. a. einem langen Aufenthalt bei Königin → Dido in Karthago, Latium. Dort bezwang er den Rutulerkönig Turnus, nahm Lavinia, die Tochter des Latinerkönigs, zur Frau und gründete die Stadt Lavinium. Durch seine Nachkommen → Romulus und Remus, die Gründer Roms, wurde er, nach → Vergils Überlieferung, zum Stammvater des röm. Volkes. Nach seinem Tode nahmen ihn die Götter in ihren Kreis auf.

In der röm., aber auch schon in der griech. Kunst ist Ai. oft dargestellt worden. So als Gefährte des Paris bei der Entführung der Helena (att. Skyphos des MAKRON, um 490 v. Chr.; Boston, MFA) oder im Kampf mit → Achilleus (homerische Schalen, um 150–125 v. Chr.; Athen, NM). Eine bedeutende Reihe von Vasen zeigt die Flucht des Ai. mit Anchises auf seinem Rücken (Oinochoe, um 510 v. Chr.; Louvre); das Motiv erscheint auch auf Gemmen, pompejan. Wandgemälden (sogar als Karikatur, wie in Herculaneum), im 5. Jh. v. Chr. auf Münzen der chalkidik. Stadt Ainaia, die Ai. als ihren Gründer betrachtete, auf röm. Münzen dann seit → Caesar, der zur Gens Iulia gehörte, die sich von Ai. ableitete. Die Wiederverwendung dieses Typs auf verschiedenen Münzen der Kaiserzeit bedeutet eine Huldigung an die Stadt Rom. Die Begegnung mit Dido in Karthago und die Jagdszene, in der Dido ihn bestrickt, schildern Mosaiken und Sarkophage (ein Exemplar in Rom, MNR, um 150 v. Chr.). Die Entdeckung einer mächtigen *Bache* als Vorzeichen für reiche Nachkommenschaft und das darauf folgende Opfer des Ae. erscheinen auf mehreren Reliefs, z. B. auch an der Ara Pacis in Rom, dem Friedensaltar des Augustus aus den Jahren 13–9 v. Chr. Die Verbreitung des Ae.-Mythos sicherte Vergils ›Aeneis‹; auf sie gehen die Schilderungen der einzelnen Episoden im Leben des Halbgotts zurück, also die gesamte Ikonographie, schon der Textillustrationen, welche die ganze Abfolge seiner Erlebnisse bis zum Kampf mit Turnus erfassen (vgl. das Manuskript des ›Vergilius Vaticanus‹ aus dem frühen 5. Jh. n. Chr. im Vatikan). In der Kunst der Neuzeit bevorzugte man die Dido-Erzählung in Vergils Version, oft in Zyklen von Tafel- oder Wandbildern: Gemälde des NICCOLO DELL'ABBA-

Aeneas bringt Opfergaben dar
Relief von der Ara Pacis, 13–9 v. Chr. (Rom, Via di Ripetta)

TE (vor 1552; Modena, GE); Fresken des L. CARRACCI (1584; Bologna, Palazzo Fava), des PIETRO DA CORTONA (1651–54; Rom, GDP), TIEPOLOS (1757; Vicenza, Villa Valmarana). A. COYPEL hat für den Regenten Philipp von Orléans 1716/17 eine Folge von sieben Bildern (heute im Louvre und in den Mus. von Montpellier und Arras) gemalt: ›Ae. erscheint vor Dido‹, ›Ae. trägt Anchises aus dem brennenden Troja‹, ›Didos Tod‹, ›Ae. in der Unterwelt‹ (wo ihm Anchises die Gründung Roms voraussagt und Dido, immer noch voll Gram, weil er sie verlassen hatte, sich von ihm abwendet), ›Zeus erscheint dem Ae.‹, ›Euander beklagt den Tod seines Sohnes Pallas‹ (den er Ae. zur Unterstützung im Kampf gegen die Latiner geschickt hatte), ›Der von Ae. getötete Turnus‹. In den ›Emblemata‹ des Alciat (1531) steht die Rettung des Anchises als Emblem für die Kindesliebe. Das Motiv findet sich oft in der Malerei der Neuzeit; A. ELSHEIMER inszenierte es um 1600 dramatisch vor dem nächtlichen Feuerherd Trojas (München, AP), L. SPADA gab etwa zur gleichen Zeit Ae., Anchises, Kreusa und Ascanius als geschlossene Familiengruppe (Louvre). Berühmtestes Beispiel ist die Darstellung von Vater und Sohn in RAFFAELS Fresko des Borgo-Brandes in der Stanza dell'Incendio im Vatikan (1514–17). In Skulpturen haben u. a. BERNINI (um 1619; Rom, GB) und P. LEPAUTRE (1696–1716; Paris, Tuilerien) das Thema gestaltet. Der Kampf mit den → Harpyien, Windgeistern in Vogelgestalt, die Ae. und seinen Gefährten die Speisen verunreinigten, wird selten gezeigt (F. PERRIER, um 1646; Louvre), öfter dagegen die Vereinigung von Dido und Ae. in einer Höhle, in der sie Zuflucht vor einem Unwetter gesucht hatten (G. DUGHET, 1664–68; London, NG), ebenso der Gang in die Unterwelt mit einer → Sibylle als Führerin des Ae., wie in einem Gemälde

Aeneas berichtet Dido vom Untergang Trojas
Charles Guérin, 1815
(Paris, Louvre)

von G. M. CRESPI (1665–1764), auf dem → Charon den Vordergrund beherrscht (Wien, KM). Von manchen wurde dafür eine Landschaft als Schauplatz gewählt, z. B. die Gefilde des Elysiums bei S. CONCA (1680–1764) in Florenz (Galleria Feroni) oder das Ufer des Avernersees, wo Ae. den goldenen Eichenzweig bricht, mit dem er in die Unterwelt gelangen kann (W. TURNER, ›Ae. und die Sibylle am Avernersee‹, 1798; London, TG). Nicht selten ist Aphrodites Beschaffung der Waffen für Ae. aus der Schmiede des → Hephaistos das Thema (GIULIO ROMANO, 1525; Mantua, Palazzo Ducale · Brüder LE NAIN, 1641; Reims, Mus. St-Denis · VAN DYCK, um 1630–32; Wien, KM · POUSSIN, 1635; Toronto, Art Gallery · G. DE LAIRESSE, 1668; Antwerpen, Mus. Mayer van den Bergh). Daß dabei Eroten die Göttin begleiten, wenn sie ihren rechtmäßigen Gatten zu becircen versucht, unterscheidet diese Szene von der selteneren Darstellung der für Achilleus um Waffen bittenden → Thetis. Das erotische Moment in der Beziehung zwischen Aphrodite/Venus und Hephaistos/Vulkan haben BOUCHER (1732; Louvre) und C.-J. NATOIRE (1734; Montpellier, MF) deutlich ins Bild gebracht. Aphrodites darauf folgende Übergabe der wie Trophäen am Fuß eines Baumes ausgebreiteten Waffen an Ae. stellte u. a. POUSSIN (1639; Rouen, MBA) dar. Die Apotheose des Ae. schließlich wird beim Bad im Fluß Numicius vollzogen; Aphrodite salbt ihn, mit Nektar und Ambrosia wird er zum Gott gemacht. Die Szene nimmt sich oft wie eine profane Taufe aus, z. B. bei C. DE LA FOSSE (um 1690–1700; Nantes, MBA) und J. RESTOUT (1749; Straßburg, MBA). TIEPOLO hat sie 1766 als Himmelfahrt in Szene gesetzt (Madrid, Palacio Real, Deckenfresko in der Sala de los Alabarderos).

Quellen: Homer, Ilias, passim; Ovid, Metamorphosen 13,623-726, 14,72-157.441–622; Vergil, Aeneis.

Lit.: Ausst.-Kat. Les Amours des Dieux, Paris, 1991; H. Bardon, L'Enéide et l'art. 16e–18e siècles, in: Gazette des Beaux-Arts 37,2 (1950); J.-M. Moret, L'Ilioupersis dans la céramique italiote. Les mythes et leur expressions figurées au IVe siècle, 1975; E. Rosenthal, The illuminations of the Vergilius Vaticanus, 1972; M. Scherer, The Legends of Troy in Art and Literature, 1963.

Aiolos, röm. **Aeolus,** König des Eilands Aiolia, nach manchen ein Sohn des → Poseidon, war der Hüter der Winde, die er in einer Höhle verwahrte und nach Belieben freiließ. Er nahm → Odysseus gastfreundlich auf und überließ ihm alle Winde in einem *Schlauch*, → Zephyros, den Westwind, ausgenommen, der ihn eigentlich nach Ithaka zurückbringen sollte. Doch die Gefährten des Odysseus öffneten den Schlauch, weil sie Wein darin vermuteten, und entfesselten so einen widrigen Sturm.

Einige Gemmen zeigen einen Gefährten des Odysseus beim Hantieren mit einem Schlauch. Damit sind die Vorkehrungen gemeint, um den Kyklopen → Polyphemos mit Wein zu berauschen. Wenn außerdem eine Windbewegung angedeutet wird oder ein Kopf mit aufgeblasenen Backen aus dem Schlauch auftaucht, handelt es sich um das Lösen der

Aiolos entfesselt die Winde (›Der Winter‹) Jean-Jacques Lagrenée, 1775 (Paris, Louvre, Galerie d'Apollon)

Ai.-Winde (etrusk. Skarabäus, Paris, BN, Cabinet des médailles). Die Macht des Ai. hat J.-J. LAGRENÉE im Deckenbild der Galerie d'Apollon des Louvre vor Augen geführt (›Der Winter, oder Ai. entfesselt die Winde‹, 1775): Auf Geheiß der → Hera, die → Aineias an der Landung in einem sicheren Hafen hindern will, entfesselt Ai. die Winde zum Sturm; erst das Eingreifen Poseidons läßt die Schiffe des Aineias am Strand von Karthago landen (→ Quos ego). Auf einem Gemälde F. ALBANIS (1578–1660) wendet sich Hera in ihrem Wagen, mit → Iris an ihrer Seite, vom Himmel herab dem Ai. zu, der aus einer Pforte *pausbäckige Putten*, die Winde, entläßt (Turin, Galleria dell'Accademia Albertina).

Quellen: Homer, Odyssee 10,1–76; Vergil, Aeneis 1,50–172.

Aktaion, röm. **Actaeon.** Den Sohn des Aristaios, einer Gottheit des Ackerbaus, und der theban. → Kadmos-Tochter Autonoe zog der Kentaur → Cheiron auf und unterwies ihn in der Jagdkunst. A. überraschte unfreiwillig → Artemis und ihre → Nymphen beim Bad in einer Quelle. Von der tief verletzten Göttin zur Strafe in einen *Hirsch* verwandelt, wurde er von seinen eigenen *Hunden* zerrissen.

Aktaion wird von seinen Hunden zerrissen Metope vom Tempel E in Selinunt, um 465 v. Chr. (Palermo, Museo Archeologico)

In der antiken Kunst war dieser Tod das eindringlichste A.-Motiv. Jung, bartlos und als *Jäger* gekleidet, versucht er mit einer Keule die Hundemeute abzuwehren. Die Verwandlung wird nicht gezeigt; allein die Hunde halten ihren Herrn nun für ein Wild. Auf einer Metope vom Tempel E in Selinunt (um 465 v. Chr.; Palermo, MA) trägt er ein *Tierfell* locker über die Schultern gelegt, nichts weiter. Neben ihm steht die die Hunde hetzende Göttin. Auf Vasen wird er meist im Rückwärtsfallen gezeigt, mit einem Knie sich auf dem Boden abstützend. Der PANMALER wählte zwei Versionen; auf einem Krater (um 470 v. Chr.; Boston, MFA) ist A. ein einfacher Jäger, dem ein Hund an die Gurgel springt, während Artemis mit dem Pfeil auf ihn zielt, auf Bruchstücken eines Kraters in Athen

Aktaion und Artemis/Diana
Lukas Cranach d. Ä., um 1520 (Hartford, The Wadsworth Atheneum)

(NM) ist sein ganzer Körper vom Tierfell bedeckt. Die italiot. und pompejan. Vasenmaler zeigten seit dem 4. Jh. v. Chr. die Verwandlung durch ein *Hirschgeweih* an dem noch menschengesichtigen A. an. Unzählig sind die nachantiken Darstellungen seit dem 15. Jh., vor allem die italienischen (G. CESARI, ›Diana und Aktäon‹, 1603/04; Louvre). TIZIAN schilderte sowohl A.s Erschrecken beim Anblick der Göttin und ihrer Gefährtinnen (um 1556–59; Edinburgh, NG) als auch die Verfolgung des jungen, von den Hunden angefallenen Jägers durch Artemis/Diana (um 1559; Harewood/Yorkshire, Harewood House). Bei F. ALBANI hat die Verwandlung in seinen beiden Versionen des Themas (Dresden, AM · um 1617; Louvre) noch kaum begonnen. Daß im allgemeinen die Überraschung der Göttin im Bad als Sujet bevorzugt wurde, versteht sich: Unter dem Vorwand, die Schamhaftigkeit der Artemis zu preisen und Abscheu vor dem Voyeur zu erregen, wurde dem Betrachter Gelegenheit gegeben, selbst (ungestraft) den Voyeur zu spielen. Oft sind es Artemis und ihre badenden Nymphen selber, die ihren Abscheu vor dem ungebetenen Gast zum Ausdruck bringen, wie auf mehreren Varianten des Cavalier d'Arpino genannten G. CESARI (1568–1640; sieben Gemälde, darunter das genannte im Louvre, eines in Budapest, NM). Im 18. Jh. spitzt sich das Spiel zwischen dem Vergehen des A. und dem Voyeurismus des Betrachters zu, das Geschehen erhält eine ausgesprochen erotische Dimension, Artemis erscheint weniger scheu (J. F. DE TROY, ›Diana, von Aktäon überrascht‹, 1734; Basel, KM); die Göttin scheint sogar die Metamorphose des A. in den Hirsch und seine Entfernung aus dem Kreis der Nymphen mit Bedauern wahrzunehmen.

Quelle: Ovid, Metamorphosen 3,138–252.

Lit.: E. W. Leach, Metamorphoses of the Actaeon Myth in Campanian Painting, in: Mitteilungen des Dt. Archäologischen Instituts, Röm. Abt. 88 (1981); S. Z. Levine, Voir ou ne pas voir. Le mythe d'Actéon et Diane au XVIIIe siècle, in: Ausst.-Kat. Les Amours des Dieux, Paris, 1991; F. Willemsen, Aktaionbilder, in: Jb. des Dt. Archäologischen Instituts 71 (1956).

Alexander, griech. **Alexandros,** als A. III. 336–323 v. Chr. König von Makedonien. Der Name A. mit dem Beinamen »der Große« ist zum Synonym für den Helden schlechthin geworden, auch für den Typus des Eroberers und bisweilen den des Zerstörers. Von seinem 13. Lebensjahr an, als den 356 Geborenen → Aristoteles zu unterweisen begann, bis zu seinem Tode reihte er Erfolg an Erfolg, auf militärischem Gebiet wie mit seinen intellektuellen Fähigkeiten. Einem Eroberungszug folgte der nächste, dabei äußerten sich neben Zügen der Brutalität auch Beweise seiner Großmut. A.s Expeditionen galten zwei Hauptzielen: der Eroberung Asiens (334–327), das damals von Dareios III. beherrscht wurde, und der Unterwerfung Indiens (327–325). Die beiden Jahre, die ihm danach noch blieben, verbrachte er in den Hauptstädten Persiens. Er starb bei der Vorbereitung eines Arabien-Feldzuges. Herausragende Ereignisse seines grandiosen Heldenlebens sind gleichermaßen Schlachten wie außergewöhnliche Taten voll symbolischer Bedeutung, mit denen A. seinen Vorbildern, den Heroen des Trojanischen Krieges, nachzueifern suchte. Den ersten Sieg über die pers. Truppen errang er im Frühjahr 334 am Fluß Granikos, einen großen zweiten, gegen Dareios, 333 bei Issos in Kilikien. Nach der Einnahme der griech. Städte an der Südküste Kleinasiens folgte die Eroberung von Lykien, Pamphylien und Phrygien. 332 belagerte er sechs Monate lang erfolgreich Tyros an der syr. Küste und besetzte danach Ägypten, wo er Alexandria gründete. Sich nach Osten wendend, errang er einen weiteren entscheidenden Sieg in offener Feldschlacht gegen Dareios bei Gaugamela 331 und eroberte die Residenzen des pers. Königs: Babylon, Susa, Persepolis, Pasagardae. Auf der Flucht vor Alexander fand Dareios den Tod in Medien durch pers. Verschwörer mit dem Satrapen Bessos an der Spitze. A. gab sich nun als Rächer und politischen Erben des Dareios. Er richtete dessen Begräbnis aus und ließ Bessos verfolgen, verurteilen und 329 hinrichten. A. übernahm das pers. Hofzeremoniell und heiratete 327 Roxane, die Tochter seines einstigen Gegners Oxyartes aus Sogdiana. Jeden in seinem makedon. Heer, der die Gleichstellung der Perser mit Argwohn betrachtete, wies er scharf zurecht.

Alexander der Große
Kamee, um 320 v. Chr. (Paris, Bibliothèque Nationale, Cabinet des médailles)

Im Frühjahr 327 brach seine Armee zur Eroberung Indiens auf. Ein Jahr später überschritt sie den Indus. Von den Lokalfürsten unterwarfen sich einige sofort – A. gewährte ihnen in Taxila Audienz –, andere dagegen, wie der ind. König Poros, weigerten sich, seine Souveränität anzuerkennen. Nach einer ungewöhnlich blutigen Feldschlacht 326 am Fluß Hydaspes, in der Poros 300 Streitwagen und 200 Elefanten aufbot, geriet der ind. König in Gefangenschaft. A. erkannte den Mut seines Gegners an und fragte ihn, wie er sich behandelt wissen wolle, worauf er zur Antwort erhielt: »Königlich!« A. handelte danach und überließ Poros als Satrapie ein größeres Gebiet, als er zuvor besessen hatte. In diesem Sommer 326 verweigerten die erschöpften Soldaten zum ersten Mal den Gehorsam. A. sah sich gezwungen, seinen Plan, noch den Ganges zu überschreiten, aufzugeben und den Rückzug einzuleiten. Mit etwa 1000 Flößen und Ruderfahrzeugen fuhr er im Winter des gleichen Jahres den Indus hinab, unterwarf oder vernichtete dabei alle Völker am Lauf des Flusses. 325 setzte er sich im Indus-Delta fest und ordnete die Rückkehr nach Persien in mehreren Kolonnen an: einer durch das Landesinnere, einer zweiten entlang der Küste des Pers. Golfes, einer dritten auf dem Seeweg, d. h. über den Golf. Nach der Rückkehr in die Hauptstädte Persiens erwartete A. die Aufgabe, einiger neu aufgekommener Revolten und Verschwörungen Herr zu werden. 324 heiratete er, den polygamen Gewohnheiten der Perser entsprechend, in Susa Stateira, eine Tochter des Dareios (nach anderen: zwei achämenid. Prinzessinnen) in einer prunkvollen Hochzeitsfeier, bei der er eine große Zahl seiner Kampfgefährten mit vornehmen Perserinnen oder Mederinnen vermählte. Diese Politik der kulturellen Assimilation mißfiel manchen im makedon. Heer, man fühlte sich dadurch bedroht. A. beruhigte sie und erwog einen neuen Feldzug, diesmal nach Arabien. Unterwegs in Babylon fiel er in ein böses Fieber und starb dort am 13. Juni 323.

Seine Nachfolge erwies sich als schwierig. Auf eine entsprechende Frage, wem er sein Reich überlasse, soll er geantwortet haben: »Dem Würdigsten«. Die Bestürzung seiner nächsten Freunde war um so schmerzlicher, als A. keinen direkten Erben hinterließ; es gab lediglich einen nicht gerade mit Geistesgaben gesegneten Halbbruder und ein ungeborenes Kind, das Roxane erwartete. Ptolemaios setzte durch, daß seine sterbliche Hülle nach Alexandria gebracht und dort beigesetzt wurde.

A. selbst hat darauf geachtet, daß sein Bild in erwünschter Weise überliefert würde, indem er offizielle Porträtisten berief: den Bildhauer Lysipp (Bronze in Neapel, MN), den Maler → Apelles und den Gemmenschneider Pyrgoteles (Kamee; Paris, BN, Cabinet des médailles). Sein Bild ist ferner auf vielen Münzen überkommen. Er erscheint wie ein (ägypt.) Zeus Ammon, als dessen Sohn er verehrt wurde, wie → Herakles oder in eine *Elefantenhaut* gehüllt. A.-Münzen waren in der mittelmeerischen Welt und bis an die Grenzen Indiens und Zentralasiens verbreitet und bald die bedeutendsten Prägungen in der gesamten griech. Welt.

Leben und Taten A.s bieten einen der inhaltsreichsten Bilderschätze. Aus ihm haben Künstler von der Antike bis in das 18. Jh. kontinuierlich, ohne Unterbrechung durch das Mittelalter etwa, geschöpft, weit über das Abendland hinaus. Seine Porträts (Büsten, Stand- und Reiterfiguren) in allen Formen und Materialien (Medaillen, Bronzen, Gemmen, Marmore usw.) sind in der hellenistischen Welt Legion. Daneben gibt es eine Fülle von Themen, welche die Künstler über alle Zeiten und Zonen hinweg tradiert haben. Unter den außerordentlich reichen Funden von

1977/78 in den Königsgräbern von Vergina befand sich ein Porträt des jugendlichen A. (Elfenbeinschmuck von einem hölzernen Bett, um 350–325 v. Chr.; Thessaloniki, Mus.); der kleine Kopf vereinigt alle für A. charakteristischen Züge: volle, runde Wangen, kräftiger Hals, eine ziemlich niedrige, aber vorspringende Stirn mit Falten, Adlernase, tief in die Höhlen eingesunkene Augen, kleiner Mund mit vollen Lippen, ausgeprägtes Kinn und das Haar, soweit es intakt ist, mit einer einzelnen, in die Stirn gerückten Locke. So erscheint A. auch in einer Marmorbüste vom Ende des 3. / Anfang des 2. Jh. v. Chr. nach einem Prototyp des 3. Jh. (Boston, MFA).

Von den Schlachten der makedon. Eroberungsfeldzüge sind die vier bedeutendsten unzählige Male dargestellt worden: In ausgedehnten Kompositionen als gewaltiges Durcheinander von Waffen und Reitern boten sie Vorlagen für Gruppenbewegungsstudien von oft grandios verwickelter Form. Die erste, am Granikos, wird kenntlich gemacht durch die Personifikation des namengebenden Flusses. Auf der berühmtesten Darstellung – vermutlich der Schlacht bei Issos –, einem Mosaik vom Ende des 2. Jh. v. Chr. aus dem Haus des Fauns in Pompei (Neapel, MN), werden A. und Dareios als gegensätzliches Paar gezeigt, der eine schlicht als Reiter, der andere im Wagen und auf der Flucht. So findet man die beiden Protagonisten auch in der Schlacht bei Gaugamela, die den gleichen Ausgang nahm (Niederlage und Flucht des Dareios). In der Schlacht gegen Poros werden die Elefanten des geschlagenen ind. Königs gezeigt; meist auch im Vordergrund die Kapitulation des tapferen Poros, nicht ohne Hinweis auf seinen kühnen Stolz, den A. zu achten wußte. Von den unzähligen Bildern dieser Schlachten im 17. Jh., oft Bildzyklen, ist die Gemäldefolge C. LE BRUNS für Ludwig XIV. (1665–71; Louvre) die

Die Hochzeit von Alexander und Roxane
Sodoma, 1512
(Rom, Villa Farnesina)

berühmteste, von den Einzeldarstellungen nachantiker Zeit die Tafel ALTDORFERS mit dem Kampf bei Issos (›Alexanderschlacht‹, 1529; München, AP). Eine unbestimmte Schlacht geben die Reliefszenen des sog. ›Alexandersarkophags‹ aus Sidon wieder (4. Jh. v. Chr.; Istanbul, Archäologisches Mus.).

Die Berichte von den Heldentaten A.s nährten seine Legende und den Bilderschatz der darstellenden Künste seit hellenistischer Zeit. Seinen Mut schon in jungen Jahren illustrieren die Erzählungen vom Abrichten des als unbezähmbar geltenden Pferdes Bukephalos und von seinen kühnen Jagden (Löwenjagdmosaik, 3. Jh. v. Chr.; Pella, Archäologisches Mus.), seine pragmatische Entschlossenheit die Episode, wie er in Gordion (Phrygien) den Knoten, dessen Auflösung die Weltherrschaft verhieß, mit dem Schwert durchhieb; PERINO DEL VAGA malte diesen *gordischen Knoten* 1545–47 in seinem A.-Freskenzyklus der Engelsburg, Rom, als geflochtene Krone, J. S. BERTHÉLEMY 1767 als Seilknäuel (Paris, EBA). Mit der Welt der Homerischen Helden wird A. durch die Darstellung als verehrungsvoller Besucher am Grab des → Achilleus in Verbindung gebracht (T. BLANCHET, um 1647–53; Louvre).

A.s philosophische Interessen, die Anhänglichkeit, die er gegenüber seinem Lehrer Aristoteles bewies, haben die Künstler keineswegs übersehen (J. B. DE CHAMPAIGNE, ›A. bringt fremde Tiere zu Aristoteles, damit er sie wissenschaftlich erfasse‹, 1673; Versailles, Mus.). Die Begegnung A.s mit → Diogenes, der nur um die Gunst bat, der König möge ihm aus der Sonne gehen, diente der Gegenüberstellung der Prächtigkeit des jungen Fürsten auf dem Gipfel seines Ruhms und der offen zur Schau getragenen Geringschätzung irdischer Güter durch den kynischen Philosophen. Szenen mit dem Maler Apelles sollen A.s Hochschätzung der Künste dartun. Seine Hochzeit mit Roxane gab Gelegenheit zur Darstellung aufwendiger Interieurs, z. B. in einem Fresko des SODOMA (1512; Rom, Villa Farnesina). Beliebt waren die Triumphszenen, die Siegesfeiern und Demonstrationen seiner Macht; eine berühmte Komposition schuf LE BRUN im Zyklus der Wandteppich-Kartons für Versailles. Die Tradition reicht bis in das 19. Jh. (G. MOREAU, ›Der Triumph A.s‹, um 1885; Paris, MM).

Die Großmut A.s: Vor allem im 17. und 18. Jh. entfalteten die europ. Höfe eine eigene A.-Ikonographie, die den Fürsten nur dazu diente, sich in seiner Gestalt selbst zu verherrlichen. Ludwig XIV. lieferte dafür das berühmteste Beispiel, übrigens ganz in der Tradition der röm. Kaiser. Alle die genannten Themen konnten dafür herhalten, dazu einige weitere, welche die Großmut des Eroberers A. dartun. Dazu gehören die Darstellungen von Frauen der Besiegten, die er wahrhaft edelmütig behandelt hat. Timokleia, eine theban. Heldin, verdankt ihm ihre Befreiung aus einer ehrverletzenden Situation mit einem befehlswidrig auf sie eindringenden Soldaten (DOMENICHINO, um 1615; Louvre). Die Achtung, mit der A. der Familie des Dareios begegnete, eine Haltung, die seinen politischen Intentionen entsprach, haben SODOMA 1512 (Rom, Villa Farnesina) und VERONESE um 1565 in ›Die Familie des Dareios vor A.‹ (London, NG) geschildert, später, 1680, J. JOUVENET (Paris, Lycée Louis-le-Grand): A.s Tugenden der Großmut und Enthaltsamkeit, die sich in der Zurückweisung der angebotenen Tochter des unterlegenen Feindes äußern, sind hier das Thema, in gleicher Weise auch in P. MIGNARDS ›Die Königinnen von Persien zu Füßen A.s‹ (1669; Eremitage). Das demütige Flehen der Frauen und Kinder in ihrer tiefen Betrübnis korrespondiert mit der teilnahmsvollen Fürsorglichkeit des jungen, schönen und zuvorkommenden Fürsten. Die Schilderung als »Bittflehende« ist eine moderne, gerade im 18. Jh. verbreitete Interpretation der antiken Quellentexte, die auf solche Akzentuierungen des Themas weniger Wert legen. A. erweist den Männern die gleiche Ehrerbietung, so den besiegten Königen, denen er ihre Würde wiedergibt, z. B. dem alten Abdolonymos, den er von der Feldarbeit weg zu sich rufen läßt (J. RESTOUT, ›Abdolonymos vor A.‹, 1738; Orléans, Mus. Municipal), oder seinem Leibarzt Philippos, über den ihm hinterbracht wurde, er wolle ihn mit vergifteter Medizin umbringen, dem A. aber sein Vertrauen bewies, indem er die Medizin ungerührt zu sich nahm (und geheilt wurde). Diese Szene ist besonders im 18. Jh. oft gemalt worden, sie wurde so etwas wie eine antikische Genredarstellung zum Thema Freundestreue.

Die Maßlosigkeit A.s: Zu den Bildern der Verherrlichung A.s treten einige mit Handlungen des Herrschers, die eher zu Tadel Anlaß geben: Um das Orakel des → Apollon in Delphi zu erfahren, zwang er die Priesterin Pythia ins Heiligtum, und als sie ausrief, ihm könne man sich nicht widersetzen, sagte er nur, das genüge ihm als Antwort (J. F. L. LAGRENÉE, ›A. befragt das Orakel des Apollon‹, 1789; Montpellier, Rathaus). Die Grausamkeit A.s evoziert LAGRENÉES Bild ›Die Treue eines Satrapen des Dareios‹ (1787; Aurillac, Mus.), auf dem der Vertraute des Perserkönigs, weil er alle Drohungen A.s schweigend hinnimmt, an einen Wagen gebunden und geschleift wird – eine Kritik am despotischen monarchischen System im 18. Jh. durch das Medium des Bildes. Als Symbol der Hybris hat das Mittelalter schon die als Vergöttlichung aus der pers. Herrschermythologie bekannte Himmelfahrt A.s gedeutet. Oft tragen ihn → *Greifen* und andere *Fabeltiere* empor (um 1200; Freiburg i. Br., Münster, Kapitell).

Quellen: Arrianos, Geschichte Alexanders; Curtius Rufus, Historia Alexandri Magni; Diodor, Bibliothek; Plutarch, Leben Alexanders; Pseudo-Kallisthenes, Der Alexanderroman.
Lit.: Ausst.-Kat. Alexander the Great. History and Legend in Art, Thessaloniki, 1980; Ausst.-Kat. The Search for Alexander, Washington, 1980–81; D. O. A. Klose, Von Alexander zu Kleopatra. Herrscherporträts der Griechen und Barbaren, 1992. Zur Ikonographie Ludwigs XIV. als Alexander vgl. C. Grell/C. Michel, L'École des princes ou Alexandre disgracié. Essai sur la mythologie monarchique de la France absolutiste, 1988; O. und P. Ranum, The Century of Louis XIV, 1972.

Alexandros → Paris

Alkestis
Apulische Lutrophoros, um 340 v. Chr. (Basel, Antikenmuseum)

Herakles geleitet Alkestis zu Admetos zurück
Antoine Coypel, Zeichnung, um 1700 (Privatsammlung)

Alkestis. Die schönste und frommste Tochter des Königs Pelias von Iolkos war die einzige unter ihren Schwestern, die sich nicht an der – von → Medeia angezettelten und als Verjüngungskur angepriesenen – Ermordung ihres Vaters beteiligt hat. Sie wurde die Frau des Admetos, des ebenso frommen Königs von Pherai in Thessalien, der, um ihre Hand zu erlangen, einen von Pelias geforderten Mutbeweis erbrachte: Mit → Apollons Hilfe spannte er zwei wilde Tiere, einen Löwen und einen Eber, vor einen Wagen und lenkte ihn zu Pelias, dann mit A. nach Pherai. Als er im Sterben lag, ging sie an seiner Stelle in den → Hades. → Herakles, der Gast im Trauerhaus war, kämpfte aber Thanatos, den Tod, nieder und gewann sie zurück (nach anderen war es → Persephone, die A. zur Erde zurückkehren ließ). So wurde A. als Inbegriff der ehelichen Hingabe gefeiert, wie von Euripides in seiner Tragödie ›Alkestis‹.

Die Vorbereitung der Hochzeit im Brautgemach schildert ein att. Epinetron (halbzylindrische liegende Vase) des Eretriamalers (um 420 v. Chr.; Athen, NM), den Abschied von ihren Kindern eine apul. Lutrophoros (um 340 v. Chr.; Basel, Ant.) und ein röm. Sarkophag (um 180 n. Chr.; Rom, GA). Die Rückführung der A. zu Admetos, in der nachantiken Malerei ein seltenes Thema, hat N. Coypel Ende des 17. Jh. behandelt (Grenoble, MBA), ebenso A. Coypel Anfang des 18. Jh. (sein Gemälde ist allerdings nur durch einen Nachstich von L. Desplaces, 1715, und durch eine eigenhändige Entwurfsskizze bekannt) und L. Galloche 1711 in seiner Aufnahmearbeit für die Académie (Paris, EBA).

Quellen: Apollodor, Bibliothek 105–106; Euripides, Alkestis; Hygin, Fabeln 50–51.

Amazonen. Das mythische Volk kriegerischer Frauen stammte von → Ares ab. Es lebte am Kaukasus oder, je nach Überlieferung, in Thrakien oder Skythien. Männer duldeten die A. nicht bei sich. Sie vereinigten sich mit Fremden und behielten nur die weibliche Nachkommenschaft; männliche Kinder wurden getötet, verkauft oder verstümmelt. Um *Pfeil und Bogen* gut führen zu können, schnitten sie sich die rechte Brust ab. Einige Heroen haben sich mit ihnen im Kampf gemessen, u. a. → Bellerophon, → Herakles, der den Gürtel der A.-Königin Hippolyte raubte und sie tötete, sein Kampfgefährte → Theseus, der die Amazone → Antiope entführte, worauf die A. in Attika einfielen und den Areshügel (Areopag) von Athen einnahmen. Im Trojanischen Krieg kamen sie den belagerten Troern zu Hilfe, wurden aber von → Achilleus zurückgeschlagen; dabei entflammte er in Liebe zu ihrer Königin → Penthesilea, und zwar im gleichen Augenblick, als er ihr den Todesstoß versetzte.

In der antiken Kunst werden die A. im allgemeinen als Reiterinnen wiedergegeben. Ihre Bewaffnung unterscheidet sich beträchtlich von der

der Hopliten: Bogen, *Streitaxt* und leichte, *halbmondförmige Schilde* kennzeichnen das Fremdartige. A.-Bilder gibt es in großer Zahl, die meisten in der att. Vasenmalerei, in der auch die Episoden mit Herakles und Theseus auftauchen, dann in der Bauskulptur, als ausgedehnte Kampfszenenfolgen auf Metopen und Friesen, z. B. des Zeustempels von Olympia (um 470–460 v. Chr.; Olympia, Mus.), des Parthenon (447–438 v. Chr.) und des Apollontempels von Bassae-Phigalia (um 420 v. Chr.; beide London, BM). Nach Auffassung der Athener bedeutete der Kampf mit den in Attika einfallenden A. eine mythische Präfiguration ihres Kampfes gegen die Barbaren. Auf röm. Sarkophagen dominiert das Geschehen vor → Troja: wie Achilleus die tote Penthesilea aufhebt oder, weniger oft, die Ankunft der A. in Troja nach → Hektors Tod. In vielen röm. Repliken (u. a. in Berlin, PM · Kopenhagen, CG · New York, MM · Louvre · Rom, MC) sind die Statuen der verwundeten A. überliefert, die nach dem Bericht des älteren Plinius die Bildhauer PHIDIAS, POLYKLET, KRESILAS, KYDON und PHRADMON in einem Wettbewerb für den Artemistempel in Ephesos geschaffen haben (der Preis wurde Polyklet zuerkannt). Das Aufeinandertreffen von Theseus und den A. hat in der Renaissance CARPACCIO, der ›Teseida‹ Boccaccios folgend, dargestellt (1500; Paris, Mus. Jacquemart-André). Aus dem Barock kennt man die großen Schlachtenbilder (RUBENS, um 1615; München, AP), die noch im 19. Jh. (A. FEUERBACH, 1856/57; Oldenburg, Landesmus.) und sogar im 20. Jh. (M. BECKMANN, 1911; Beverly Hills, R. Gore Rifkind Coll.) Nachfolge fanden.

Quellen: Homer, Ilias 3,189–190; Plinius d. Ä., Naturgeschichte 34,53; Plutarch, Theseus 1,27.
Lit.: D. v. Bothmer, Amazons in Greek Art, 1957.

Amazonen im Kampf gegen Herakles
Volutenkrater des Euphronios, um 510 v. Chr. (Arezzo, Museo Archeologico)

Amazonenschlacht
Stich nach dem Gemälde von Rubens (München, Alte Pinakothek, um 1615)

Amor → Eros

Amphiaraos, ein Seher und Krieger, herrschte über Argos. Nach einem Streit mit seinem Vetter Adrastos heiratete er zur Versöhnung dessen Schwester Eriphyle. Beide Männer kamen überein, bei einem neuerlichen Streit Eriphyle entscheiden zu lassen. Adrastos hatte sich bereit gefunden, Polyneikes bei der Rückeroberung des Throns von Theben beizustehen, den ihm sein Bruder Eteokles genommen hatte. Weil A. voraussah, daß dieser Feldzug scheitern würde, weigerte er sich, daran teilzunehmen. Von Polyneikes mit einem Halsband bestochen, entschied nun aber Euriphyle zugunsten des Adrastos, A. war also zur Teilnahme gezwungen. Bei der Flucht des tatsächlich geschlagenen Heeres der »Sieben gegen Theben« wurde A. mitsamt seinem *Wagen* auf Geheiß des → Zeus von der Erde verschlungen. Zu seinen Ehren errichtete man ein Heiligtum, das eine gesuchte Orakelstätte wurde.

Amphiaraos
Domenico Fiorentino (Domenico del Barbiere), Stich, 16. Jh.

Auf att. Vasen kommt einige Male die Szene der Bestechung der Eriphyle mit dem Halsband vor (Oinochoe, um 440 v. Chr.; Louvre), öfter sieht man die Vorbereitung zum Zug der Sieben, mit dem Wagen des A. beim Aufbruch (Amphora, um 520 v. Chr.; Chiusi, Mus. Archeologico). Die Verschlingung des Wagens erscheint auf einem att. Krater (um 450 v. Chr.; Ferrara, MA) und auf etrusk. Urnen des 1. Jh. v. Chr. (Volterra, ME). Auf einem apul. Grabkrater des BALTIMOREMALERS (um 330/320 v. Chr.; Basel, Ant.) empfängt → Hades den A. in der Unterwelt. Mehrere Reliefs aus dem A.-Heiligtum in Oropos zeigen A. bei Krankenheilungen (Athen, NM). Moderne Darstellungen sind selten. In einem Stich von DOMENICO FIORENTINO (geb. um 1506) aus der Schule von Fontainebleau ist die Verschlingung des Wagens als Thema wiederaufgenommen. Ein Relief von CREMER schildert den Aufbruch des A. (1906; Paris, MO).

Quellen: Apollodor, Bibliothek 3,6,2–3, 3,10,8; Homer, Odyssee 15,224–248; Philostrat, Imagines 1,27.

Amphion. Der Sohn des → Zeus und der → Antiope, Gemahl der → Niobe, Zwillingsbruder des Zethos – beide regierten über Theben –, galt als Musiker, wie Zethos als Jäger und Bauer. Zusammen rächten sie ihre von Lykos, dem Vorgänger auf dem theban. Thron, gedemütigte Mutter durch den Tod; seine Frau Dirke banden sie an einen *Stier*, der sie über Felsen hinweg zu Tode schleifte. Beim Bau der theban. Stadtmauer setzte Zethos seine Kraft ein, A. dagegen zwang die Steine allein durch die Macht seiner Musik, sich selbst zu versetzen. Nach der Ermordung seiner Kinder, der Niobiden, gab A. sich selbst den Tod.

Auf einem röm. Relief aus der Zeit Kaiser Hadrians (Rom, Palazzo Spada) stehen sich die Brüder gegenüber, genau voneinander unterschieden: der eine mit der *Lyra*, der andere mit einem Jagdhund. Die an Dirke vollzogene Strafe zeigt eine imponierende, 1545 in Rom gefundene Statuengruppe aus Marmor, der sog. ›Farnesische Stier‹ (Neapel, MN; das röm. Werk wohl aus der Mitte des 2. Jh. n. Chr. wiederholt ein von Plinius erwähntes Original der Bildhauerbrüder APOLLONIOS und TAURISKOS aus Tralleis, um 150 v. Chr.): Die beiden jungen Männer bändigen den Stier, an den Dirke gebunden werden soll. Die Maler der Neuzeit beschäftigten sich mehr mit A.s Fähigkeit, durch die Macht der Musik Steine zu versetzen (PRIMATICCIO, um 1540; Schloß Fontainebleau). Auch TIEPOLO bediente sich der A.-Legende vom wunderbaren Bau des Stadtwalls von Theben, um – auf → Orpheus anspielend – ›Die Macht der Beredsamkeit‹ darzustellen (1724/25; Venedig, Palazzo Sandi). In einer Folge der vier mythischen Musiker figuriert A. neben → Pan, Musaios und → Marsyas in einem Gemäldeensemble aus einem Pariser Stadthotel des 17. Jh. (heute im Louvre).

Quellen: Apollodor, Bibliothek 3,5,5–6; Homer, Odyssee 11,260–265; Hygin, Fabeln 7–9; Ovid, Metamorphosen 6,271–272; Philostrat, Imagines 1,10; Plinius d. Ä., Naturgeschichte 36,34.

Amphitrite. Die → Nereide A., eine der fünfzig Töchter des Meeresgottes Nereus, wurde von → Poseidon verfolgt und schließlich zur Gattin genommen. Mit ihm lebte sie in den Weiten des Ozeans. Für die antiken Dichter genügte allein die Nennung ihres Namens zur Bezeichnung des Meeres. → Triton war der Sohn dieser Gottheit.

In der Götterversammlung hat A. ihren Platz an der Seite Poseidons (Schale des SOSIAS, um 510 v. Chr.; Berlin, Ant. · Schale des KODROSMALERS, um 440 v. Chr.; London, BM). Meistbehandeltes Bildthema ist die als Triumphzug gestaltete Hochzeit von Poseidon und A. Auf einem Mosaik aus Constantine (3. Jh. n. Chr.; Louvre) steht A. hoch aufgerichtet neben Poseidon in einem von Hippokampen, Pferden mit dem Hinter-

Der Triumph der Amphitrite
Giovanni Battista Tiepolo, 1740 (Dresden, Gemäldegalerie Alte Meister)

leib eines Fisches, gezogenen Wagen. Auch in der nachantiken Kunst ist A. immer dem Poseidon/Neptun beigesellt. In POUSSINS ›Triumph der A.‹ (1634; Philadelphia, MA) bildet sie in ihrem Wagen das Zentrum der Komposition. Ein 1943 in Berlin zerstörtes Bild von RUBENS (1615) zeigte sie auf den Wellen stehend und sich auf Poseidon stützend. Das Thema wurde besonders gern für Skulpturen an Wasserbecken und Wasserspielen adaptiert (›Bassin der A.‹ bzw. ›Bassin des Neptun‹ von L.-S. ADAM, 1740; Versailles).

Quellen: Apollodor 1,2,2, 1,2,7, 1,4,5, 3,13,4; Hesiod, Theogonie 243, 254.

Amymone war eine der → Danaiden, der fünfzig Töchter des Königs Danaos von Argos. Sie kamen nach Argos, als es Opfer einer Dürre war, die → Poseidon geschickt hatte, weil er bei der Verlosung des Universums die Argolis nicht zu seinem Anteil bekommen hatte. Ihr Vater schickte A. auf Wassersuche. Nach langem Weg schlief sie erschöpft ein und wurde von einem zudringlichen → Satyr geweckt (nach anderen hatte A. auf der Jagd nach einem Reh mit ihrem Speer den Satyr getroffen,

Poseidon und Amphitrite retten Amymone vor dem Satyr
Carle Van Loo, 1757 (Gemäldeausschnitt) (Nizza, Musée des Beaux-Arts Jules-Chéret)

der sie nun verfolgte). Poseidon trat dazwischen und verjagte den Satyr mit einem Stoß seines Dreizacks, der aus einem Felsen eine Quelle hervorsprudeln ließ. A. gab sich dem Gott hin und empfing von ihm den Nauplios.

In der antiken Kunst findet sich sowohl die Szene mit dem Satyr (Krater des DINOSMALERS, um 420 v. Chr.; Wien, KM) als auch die Begegnung mit Poseidon (Krater des MALERS DER NEKYIA, um 450 v. Chr.; Wien, KM). Manchmal schwebt ein Erot über der Szene (Mosaik aus Paphos,

Zypern, 3. Jh. n. Chr.). BOUCHER zeigte die Intervention Poseidons beim Angriff des Satyrs (1764; Versailles, Grand Trianon).

Quellen: Apollodor, Bibliothek 2,1,4; Philostrat, Imagines 1,8.
Lit.: S. Kaempf-Dimitriadou, Die Liebe der Götter in der att. Kunst, 1979.

Anchises, König des zu → Troja gehörigen Dardanos, war ein Nachkomme des Tros, der Troja den Namen gegeben hatte, gehörte also zur Familie der Fürsten von Troja. → Aphrodite verliebte sich in ihn und näherte sich ihm in Menschengestalt, als Tochter des Königs von Phrygien. Aus ihrer Verbindung ging → Aineias hervor. Um dem Zorn des → Zeus über die Vereinigung einer Göttin mit einem Sterblichen zu entgehen, verbot Aphrodite dem A., jemals die Abkunft des Sohnes preiszugeben. Aber eines Tages brüstete sich A. in betrunkenem Zustand doch seines Liebesverhältnisses und wurde von Zeus mit einem Blitz zum lahmenden Krüppel geschlagen, nach anderen Quellen mit Blindheit gestraft oder sogar getötet. Beim Fall Trojas trug Aineias seinen alten Vater auf den Schultern aus der Stadt. Laut → Vergil starb A. auf der Irrfahrt des Aineias bei Drepanum in Sizilien.

Anchises und Aphrodite
Jean-Baptiste Paulin-Guérin, 1822
(Nizza, Musée des Beaux-Arts Jules Chéret)

Eine Reihe att. Vasenbilder zeigt A. auf den Schultern des Aeneas, in ihrem Gefolge Kreusa und Askanios, Frau und Sohn des Aineias, manchmal noch einen oriental. Bogenschützen (Oinochoe, um 510 v. Chr.; Louvre). Die Begegnung von A. und Aphrodite malte ANN. CARRACCI im Palazzo Farnese in Rom (1597–1600); das begleitende Vergil-Zitat »genus unde latinum« (»von denen das Geschlecht der Lateiner seinen Ausgang nahm«) spielt auf den sagenhaften Ursprung Roms und der Lateiner durch die Nachkommen des Aineias, → Romulus und Remus, an. Eine mehr galante Version der Szene gab J.-B. PAULIN-GUÉRIN (1822; Nizza, Mus. Jules Chéret). Die Flucht aus Troja, vielfach mit Kreusa und Askanios, ist als Exempel der Sohnesliebe so oft wie kein anderes A.- oder Aineias-Thema gezeigt worden, häufig in einer nächtlichen Landschaft vor dem Anblick der brennenden Stadt (J. BRUEGHEL D. Ä., um 1595 · A. ELSHEIMER, um 1600; beide München, AP). Auf Vater und Sohn allein konzentriert ist das Motiv bei L. SPADA (Anfang 17. Jh.) und C. VAN LOO (1729; beide Louvre), ebenso in Skulpturen BERNINIS (1618; Rom, GB) und F. GIRARDONS (vor 1715; Troyes, MBA).

Quelle: Vergil, Aeneis 2,635–654.707–789.

Andrǫmache war die Tochter des Königs Aetion von Theben in Kilikien und die Frau des trojan. Helden → Hektor. Im Kampf um → Troja tötete → Achilleus ihren Vater, sieben Brüder und den Gatten. Nach der Eroberung der Stadt fand ihr kleiner Sohn → Astyanax den Tod durch → Odysseus oder durch jenen Achilleus-Sohn Neoptolemos, dessen Beute A. wurde, dem sie später drei Söhne gebar und der sie zuletzt Hektors Bruder Helenos schenkte. So wurde sie zur musterhaften Figur der Gattin und schwergeprüften Mutter als Opfer des Krieges.

Andromaches Klage an der Leiche Hektors
Jacques-Louis David, 1783 (Gemäldeausschnitt) (Paris, École des Beaux-Arts)

Vasenbilder mit dem geläufigen Bild des Abschieds eines Kriegers sind durch Inschriften bisweilen als Hektor-und-A.-Darstellungen gekennzeichnet (chalkidik. Krater, um 530 v. Chr.; Würzburg, WM); Astyanax fehlt hier. Dem Bericht der ›Ilias‹ folgend, haben dann A. COYPEL (1717; Gemälde in Tours, MBA; Karton für einen Gobelin im Louvre), P. BATONI (1761; Northampton Castle), A. KAUFFMANN (1768; Devon, Saltram Park · um 1772; London, TG), J.-M. VIEN (1786; Louvre) und, in einem Marmorrelief, THORVALDSEN (1836/37; Kopenhagen, TM) das gleiche Thema behandelt, dabei den kleinen Astyanax immer bedeutungsvoll ins Bild rückend. Die trauernde A. an der Leiche Hektors schilderte J.-L. DAVID (1783; Paris, EBA). L. SYLVESTRE D. J. hat 1708 den Augenblick festgehalten, in dem Odysseus das Astyanax-Kind seiner Mutter entreißt (Stich von J. AUDRAN nach einem ehemals in Prag befindlichen Gemälde).

Quellen: Euripides, Andromache; Homer, Ilias 6,394–496, 24,723–745; Vergil, Aeneis 3,294–348.
Lit.: I. Spotorno, Andromaca nella letteratura e nell'arte greca e latina, 1930.

Herakles erdrückt Antaios
Antoine-Jean Gros, Zeichnung, 19. Jh. (Paris, École des Beaux-Arts)

Antaios, röm. **Antaeus.** Der Riese A., Sohn des → Poseidon und der Gaia, galt als unbezwingbar im Ringkampf, zu dem er jeden herausforderte, der ihm begegnete. Die Schädel seiner Opfer verwendete er als Ziegel am Tempel seines Vaters in Libyen. → Herakles aber bezwang ihn und brach ihm alle Knochen: Er hob ihn hoch, denn A. verlor seine Kraft, sobald er die Erde, seine Mutter, nicht mehr berührte.

Gemmen und Vasen zeigen das Bild der beiden Ringkämpfer; wie zwei Strebebogen stemmen sie sich auf einem Krater des EUPHRONIOS (um 510 v. Chr.; Louvre) gegen den Boden. Herakles und A. waren ein beliebtes

Antaios ringt mit Herakles
Krater des Euphronios, um 510 v. Chr. (Paris, Louvre)

Thema der Renaissance, in der Malerei (A. Pollaiuolo, um 1478; Uffizien · H. Baldung Grien, um 1530; Kassel, SM · L. Cranach d. Ä., 1530; Wien, KM) wie in der Skulptur (J. Alari-Bonacolsi, genannt Antico, Bronze, um 1519; Wien, KM).

Quellen: Apollodor, Bibliothek 2,5,11; Ovid, Metamorphosen 9,182–183.

Antinoos, röm. **Antinous.** Seinem jungen, aus Bithynien stammenden Sklaven und Geliebten A. errichtete Hadrian nach dessen rätselhaftem, vom Kaiser heftig beklagtem Freitod (?) im Jahr 130 n. Chr. – er ertrank im Nil – im ganzen röm. Reich Tempel und Ehrenstatuen und ließ ihm göttliche Ehren erweisen. Der Name des A. wurde zum Synonym für vollendete männliche Schönheit.

Antinoos
Römisches Relief, um 130 n. Chr. (Rom, Galleria Albani)

In vielen Büsten und Porträts scheint etwas vom individuellen Charakter des A. festgehalten zu sein, wenngleich manche Bildhauer ihn, seiner Erhebung zum Gott entsprechend, idealisiert haben mögen. Die beiden bekanntesten Statuen sind der A. des Belvedere (Vatikan), dessen athletische Formen in nachantiker Zeit als Proportionsmodell bewundert wurden, und der in der Villa Hadriana in Tivoli gefundene, feingliedrigere und im 18. und 19. Jh. nicht weniger bewunderte kapitolinische A. (Rom, MC). Ein monumentales Relief (um 130 n. Chr.; Rom, GA) zeigt den Jüngling in Halbfigur als Gott des Ackerbaus und der Wälder, Silvanus, mit einem *Kranz* auf dem Haupt, einem zweiten in der Hand. Auf einer Denkmünze aus Tios in Bithynien sitzt er, als Heros gekleidet, auf einem Panther, ist also wohl als → Dionysos aufgefaßt. In Ägypten wurde er als Osiris dargestellt (Vatikan).

Lit.: C. Clairmont, Die Bildnisse des Antinous, 1966; H. Meyer, Antinoos, 1991.

Antiochos und Stratonike. A. I. Soter (324–261 v. Chr.), Sohn des Königs Seleukos I. Nikator von Syrien (355–280 v. Chr.), verzehrte sich in Liebe zu seiner Stiefmutter S., suchte aber seine verbotene Leidenschaft zu verbergen. Der Arzt Erasistratos beobachtete ihn beim Erscheinen der S. und erkannte, woran A. litt. In der Erkenntnis, daß dies der einzige Weg zur Gesundung seines Sohnes sei, trat Seleukos seine junge Frau dem Sohn ab. Auch überließ er ihm einen Teil seines Reiches. Die antiken Geschichtsschreiber berichten mit starker Anteilnahme von diesem Beweis väterlicher Liebe. Sozusagen im Gegenzug hat Petrarca den Triumph der Liebe des A. verherrlicht.

Seit dem Ende des 15. und bis in das 19. Jh. wurde A. auf dem Krankenlager, auf das ihn seine unerfüllte Liebe geworfen hatte, in der Malerei Italiens und Europas nördlich der Alpen vielfach dargestellt. PIETRO DA CORTONA hat verschiedene Elemente der Geschichte so kombiniert, daß ihr Bezug zur eigenen Zeit hervortritt (um 1645; Florenz, PP, Saal der Venus): schweigend, den Blick voll Liebe der Sohn, mit wissender Miene der Arzt, gelassen die Mitteilung aufnehmend der Vater. In einem Bild A. BELLUCCIS (um 1700; Kassel, SM) scheint S. die Liebe des A. zu erwidern, wie zur Einwilligung verneigt sie sich vor dem Kranken. Das Thema war besonders im Klassizismus beliebt. J.-L. DAVID (Rompreis-Gemälde, 1774; Paris, EBA) und INGRES (1840; Chantilly, MC) pointierten das Geschehen auf die Entdeckung der Krankheitsursache durch Erasistratos in Anwesenheit S.s, die mit gesenktem Blick hereingetreten ist. Bei David weist der Arzt auf sie als die »Schuldige«.

Quellen: Lukian, De dea Syria 17, 18; Plutarch, Demetrius 38.
Lit.: W. Stechow, The Love of Antiochos with Faire Stratonica in Art, in: Art Bulletin 27 (1945) S. 221–237.

Antiochos und Stratonike
Jacques-Louis David, 1774
(Paris, École des Beaux-Arts)

Zeus/Jupiter und Antiope
Jean-Antoine Watteau, 1715/16
(Gemäldeausschnitt)
(Paris, Louvre)

Antiope war die Tochter des Königs Nykteus von Theben, nach anderen des Flußgottes Asopos. Ihre ungewöhnliche Schönheit riß → Zeus dazu hin, sich in Gestalt eines → Satyrs mit ihr zu vereinigen. Sie floh vor ihrem Vater aus Theben (zu König Epopeus von Sikyon, wie manche berichten) und gebar die Zwillinge → Amphion und Zethos.

Wie sich Zeus ihr als Satyr näherte, wurde in der Antike nicht dargestellt. Das Thema fand erst im Laufe der Renaissance einigen Anklang, und zwar im Zusammenhang mit den vielen anderen Verwandlungen des Zeus bei seinen Liebesabenteuern. Es erlaubte die ungeschminkte Zurschaustellung sexuellen Verlangens sogar in äußerst roher Form. Beispiele finden sich bei TIZIAN (um 1535–40; Louvre) und RUBENS (1616/17; London, Buckingham Palace). Meist ist der Satyr, der die entblößte Frau bewundert, hinter ihr plaziert, um sie dem Blick des Betrachters freizugeben (WATTEAU, 1715/16; Louvre). Und gewöhnlich ist der zum Satyr gewordene Zeus mit einem mehr oder weniger diskret beigefügten Attribut, Blitz oder Adler, gekennzeichnet (VAN DYCK, 1615/16; Gent, Mus. voor Schone Kunsten), um nicht mit Darstellungen der Aphrodite mit einem Satyr oder von ›Nymphe und Satyr‹ (CORREGGIO, um 1524/25; Louvre) verwechselt zu werden.

Quellen: Ovid, Metamorphosen 6,111; Pausanias, Periegesis 2,6,1–4, 9,17,6.
Lit.: A. de Mirimonde, La prétendue Antiope d'Antonio Allegri, dit le Corrège, in: Gazette des Beaux-Arts 95 (1980) S. 107–120.

Apelles, der berühmteste Maler des Altertums – er stammte aus Kolophon –, lebte um die Mitte des 4. Jh. v. Chr. in Sikyon. Von dort wurde er von König Philipp, den er dann mehrmals porträtierte, an den makedon. Hof berufen. Er war auch der bevorzugte Maler → Alexanders und seiner

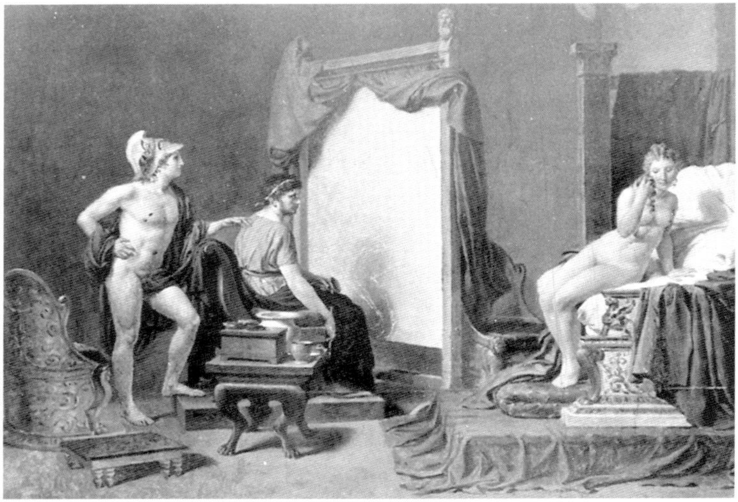

Apelles malt Kampaspe
Jacques-Louis David, 1819
(Lille, Musée des Beaux-Arts)

Generäle. Nach dem Tod seines Gönners lebte A. einige Zeit u.a. in Ephesos, Alexandria und zuletzt auf Kos. Die Schilderungen seiner Lebensgeschichte enthalten mehr Legendäres als historisch Beglaubigtes, sind aber von gewisser Bedeutung, weil sie über Grundzüge der antiken Auffassung von Kunst und Künstlern Aufschluß geben. Unabhängig davon wurden sie im übrigen als selbständige kleine Lehrstücke verstanden. In einer ersten Anekdote tritt A. neben seinem Malerkollegen Protogenes auf. A. war zu ihm nach Rhodos gereist, hatte ihn aber nicht vorgefunden. Zum Zeichen seiner Anwesenheit hinterließ er auf einer Tafel eine mit der Pinselspitze freihändig gemalte gerade Linie, die Protogenes bei der Rückkehr sogleich als Meisterleistung erkannte, wie sie nur A. vollbringen könne. Protogenes zog mit einer zweiten Farbe eine noch feinere Linie in die des A., der wiederkam und beschämt sah, daß er geschlagen war, weshalb er eine dritte Linie von höchster Feinheit (»linea summae tenuitatis«, wie Plinius d. Ä. schreibt) durch die beiden anderen zog, so daß für eine noch feinere kein Platz mehr war. Protogenes bekannte sich als besiegt, und die Tafel wurde berühmter als jedes Kunstwerk. Handelt es sich auch nur um die Erzählung von einem Geschicklichkeitswettbewerb, so lieferte diese Anekdote doch im ästhetischen Denken der Renaissance einen Ansatzpunkt zur Reflexion über den Vorrang des Disegno, der Zeichnung und des zeichnerischen Entwurfs, vor den anderen Gattungen der bildenden Kunst. Ein Ansatz zur Erörterung von Wert und Wesen der Kunstkritik und des Realismus in der Malerei liegt in der komödienreifen Geschichte von A. und dem Schuster, der vor einem Bild getadelt hatte, daß auf der Innenseite der Schuhe einer Figur eine Öse zu wenig gemalt sei. A. folgte dem Rat des Spezialisten und korrigierte dieses Detail. Als sich der Schuster aber erdreistete, seine kritischen Einwände auf das ganze Bein auszuweiten, bremste ihn A. mit dem berühmt gewordenen Ausspruch: »ne supra crepidam sutor iudicaret«, d.h., der Schuster solle nicht höher als bis zur Sandale urteilen, oder: »Schuster, bleib bei deinem Leisten«. Das Verhältnis zu Alexander illustrieren zwei Episoden. In der einen wird berichtet, Alexander habe während einer Sitzung gewagt, einige laienhafte Bemerkungen über dies und das zu äußern, worauf ihm A. freundlich geraten habe, stille zu sein, seine Bemerkungen brächten sogar des Malers farbenreibende Knaben zum Lachen. Weit schmeichelhafter für den König ist die berühmte Erzählung von Alexander und seiner Geliebten Kampaspe, in die sich A. verliebte, als er sie für Alexander malen sollte, worauf der König sie ihm schenkte. Dieser Anekdote legte die Nachwelt einen doppelten Sinn bei, einen sozialen und einen allegorischen. Einerseits nämlich hob sie die der Kunst eigene hohe Würde – und Alexanders Hochachtung vor ihr – hervor, andererseits sah sie darin eine Bestätigung des Satzes, wonach die Schönheit denen gebührt, die sich ihr weihen. Zwei andere Episoden, beide in Alexandria spielend, handeln von den Gefahren der Mißgunst, denen der Künstler ausgesetzt ist: Der Maler Antiphilos war eifersüchtig auf A. wegen der besonderen Gunst, die König Ptolemaios ihm erwies, und klagte ihn der Teilnahme an einer Verschwörung an. Schon im Begriff, den Maler zum Tode zu verurteilen, wurde der König von seinem Verdacht durch das entlastende Geständnis eines der Verschwörer befreit. Er schenkte A. hundert Talente und überließ ihm Antiphilos als Sklaven. Dieses Erlebnis gab dem Maler das Thema für sein Bild der ›Verleumdung des A.‹, wie es durch die Beschreibung Lukians überliefert ist: Die Allegorien des Neides, der Unwissenheit, des Argwohns, der Verleumdung, der Hinterhältigkeit und des Betrugs, aber auch der Reue bzw. Buße und der Wahrheit treten einer Person mit Eselsohren wie König

Die Verleumdung des Apelles
Antoine Caron, Zeichnung, Ende 16. Jh.
(Paris, Louvre, Cabinet des dessins)

→ Midas gegenüber – womit kein anderer als Ptolemaios gemeint ist. Plinius erzählt, A. sei durch eine von seinen Nebenbuhlern angezettelte Bosheit von einem eingeweihten Spaßmacher des Ptolemaios an den Hof eingeladen worden. Als er dort zur Tafel erschien, wurde der ahnungslose König unwillig und forderte ihn auf, ihm den Tischgenossen zu zeigen, der ihn eingeladen habe. A. nahm ein Stück Kohle aus dem Feuerbecken und skizzierte ein Porträt an die Wand, in dem der König sofort seinen Spaßmacher erkannte. Mit hohem Lob wird in der antiken Literatur eine ganze Reihe seiner Werke (die sämtlich verloren sind) genannt, neben der ›Verleumdung‹ die in Kopien bekannte Geburt der → Aphrodite aus dem Meer (Aphrodite Anadyomene), für die eine Hetäre namens → Phryne, die von einigen auch als Geliebte Alexanders bezeichnet wird, Modell gestanden haben soll, ferner → Artemis in einem Kreis opfernder Mädchen und ein Porträt Alexanders mit den Blitzen des → Zeus.

Alle die genannten Episoden sind in der Renaissance künstlerisch gestaltet worden, einzeln und in Zyklen, in Wand- und Staffeleibildern. In G. Vasaris Haus in Arezzo hat der Maler 1548 in einer Grisaille die Überlassung der Kampaspe geschildert, in einem Fresko seines Florentiner Hauses um 1570 die Schusteranekdote. Zeichnungen Mantegnas (um 1490; London, BM) und Raffaels (Louvre) sowie ein Botticelli-Gemälde (1495; Uffizien) geben, getreu nach Lukian, die beiden Hauptszenen der ›Verleumdung‹ wieder, die im übrigen kein seltenes Thema in der italien. Renaissancemalerei war, erlaubte sie doch unmittelbar die Übertragung des Vorfalls auf die nicht eben seltenen Rivalitäten unter den von Höfen und einzelnen Potentaten abhängigen Künstlern der Zeit. Die Geschichte von Alexander und Kampaspe erwies sich als meistgeschätztes Malereithema um A., weil sich darin sowohl des Königs Beherrschung der Leidenschaft als auch seine Liebe zur Kunst rühmend hervorheben ließen. Auf dieses Vorbild hat sich Franz I. von Frankreich berufen, als er bei Primaticcio ausdrücklich diese Szene in einem Alexander-Zyklus für das Zimmer der Duchesse d'Étampes in Schloß Fontainebleau in Auftrag gab (1541–44; das Bild ist verschollen). Bis in das 18. Jh. blieb das Thema eine Quelle der Inspiration für die italien. Malerei (Tiepolo, 1725/26; Montreal, MFA · C. Carlone, Entwurfsskizze; Stuttgart, SG · danach ausgeführtes Fresko, 1731–33; Schloß Ludwigsburg). Die Kampaspe-Erzählung bot außerdem den Malern eine bildhafte Vergegenwärtigung ihrer eigenen Kunst. Als Allegorie der Malerei fand sich dieses Sujet als Bild im Bilde in den Kabinetten der fläm. Kunstliebhaber zu Beginn des 17. Jh. Zu seiten des A. taucht nicht selten Cupido auf; er fehlt indessen in J.-L. Davids berühmtem Gemälde von 1819 (Lille, MBA), das die Fülle der menschlichen Leidenschaften zum Thema hat: zur Schamhaftigkeit der Kampaspe kontrastiert die Eindringlichkeit der Blicke Alexanders und des Malers, der von ihrer idealen Schönheit stärker ergriffen zu sein scheint als von ihrer sinnlichen Verlockung. Die ›Schule des A.‹ wird manchmal ohne direkten Bezug zu den übrigen Ereignissen, von denen in den Ruhmesblättern des Malers zu lesen ist, dargestellt. Sie dient einfach als Vorlage für Atelierdarstellungen mit Studien nach dem lebenden Modell; den Meister umgeben dann wohl zahlreiche Schüler, wie in einem Gemälde J. Brocs (1800; Louvre).

Quellen: Lukian, Peri tu me rhadios pisteuein diabole (Calumniae non temere credendum); Plinius d. Ä., Naturgeschichte 35,79–97.
Lit.: D. Cast, The Calumny of Apelles. A Study in the Humanist Tradition, 1981; P. Georgel / A.-M. Lecoq, La Peinture dans la peinture II: Fables et héros, 1987; J.-M. Massing, La calomnie d'Apelle, 1990; P. Schulz, Lukian in der Literatur und Kunst der Renaissance, 1906.

Aphrodite, röm. **Venus,** war eine der zwölf großen olympischen Gottheiten. Um ihre Person haben sich ganz verschiedene Legenden gebildet. Laut Homer war sie das Kind des → Zeus, nach Hesiod die Schaumgeborene aus den Wellen des Meeres, in welches das durch → Kronos abgetrennte Zeugungsglied des Uranos gefallen war. Der Windgott → Zephyros habe sie zur Insel Zypern getrieben, wo sie aufgewachsen sei. A. spielt eine wesentliche Rolle in der ›Ilias‹. Sie war es, die → Paris die Hand der Menelaos-Gattin → Helena versprach, wenn sie aus seinen Händen den Apfel als Siegespreis für ihre überragende Schönheit erhalten würde – das auslösende Moment für den Trojanischen Krieg, in dessen Verlauf A. unverbrüchlich auf der Seite der Trojaner stand, ohne doch ihre Niederlage verhindern zu können. Wenigstens gelang es ihr, ihrem Sohn → Aineias das Leben zu bewahren; sie kam ihm in seinem ungewöhnlich erbitterten Kampf mit → Diomedes zu Hilfe und wurde dabei selbst verwundet. Am Ende sicherte sie Aeneas die Flucht aus der brennenden Stadt und die Mitnahme der Penaten von → Troja über die Meere hin bis nach Italien. So schützte sie auch die Nachkommen des Aeneas, im besonderen die Gens Iulia, der Iulius → Caesar angehörte, wofür sie in Rom seit dem 1. Jh.

Die Geburt der Aphrodite
Relief vom sog. ›Ludovisischen Thron‹, um 460 v. Chr. (Rom, Museo Nazionale Romano)

Aphrodite von Knidos
Römische Replik,
2. Jh. n. Chr.
(Rom, Vatikanische Museen)

Kapitolinische Venus
Römische Replik,
2. Jh. n. Chr. (Rom,
Musei Capitolini)

Venus von Milo/Melos
Griechische Skulptur,
Ende 2. Jh. v. Chr.
(Paris, Louvre)

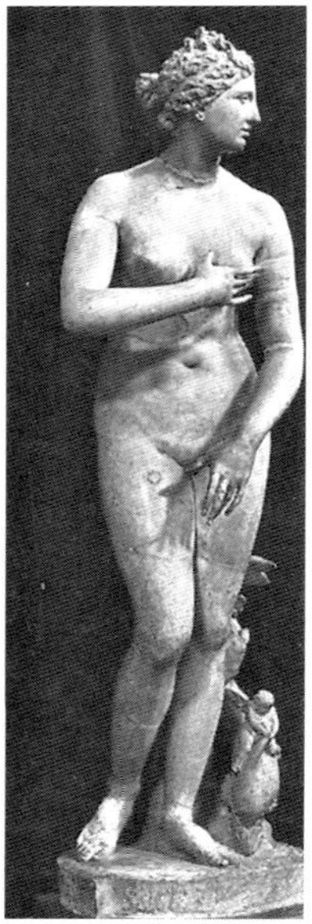

Venus Medici
Römische Replik,
1. Jh. v. Chr.
(Florenz, Uffizien)

Kauernde Venus
Römische Replik,
2. Jh. n. Chr.
(Paris, Louvre)

v. Chr. hohes Ansehen genoß. In der ›Odyssee‹ ist nachzulesen, wie oft sie ihrem Mann untreu war, dem häßlichen → Hephaistos, den ihr Zeus zur Strafe dafür gegeben hatte, daß es ihm nicht gelungen war, ihr Interesse auf ihn selbst zu lenken. Die Göttin liebte u. a. → Ares, mit dem sie in flagranti ertappt und von Hephaistos dem Gespött aller olympischen Götter preisgegeben wurde. Harmonia war ihre Tochter mit Ares; → Eros, Deimos (Schrecken) und Phobos (Furcht) hießen beider Söhne. Von → Hermes empfing sie den → Hermaphroditos (nach einigen war Hermes auch der Vater des Eros), von Dionysos den → Priapos. A. liebte auch mehrere Sterbliche, besonders → Adonis, dessen Tod sie nicht verhindern konnte, und → Anchises, mit dem sie Aineias zeugte. Vor allem galt A. als Göttin der Liebe und der Schönheit. Wo sie die Erde berührte, sprossen *Blumen* hervor. Die antiken Schriftsteller haben bestimmte Körperpartien und Eigenschaften von ihr rühmend hervorgehoben: ihr »liebliches Lächeln«, ihren »zärtlichen und wollüstigen« Blick, das »Gold ihres Haares« und intimere Teile wie das »Silberweiß« ihres Fußes und den Schwung ihrer Lenden. Ferner ist A. die Schutzgöttin des Vollzugs der Ehe und der Fruchtbarkeit; sie »ist den Brautleuten zugetan«, »bereitet ihnen das Brautbett«, »wacht über die Hochzeitsgemächer« und »lenkt die Geburten«. Der offene Widerspruch – ein und derselben Göttin werden von rechtmäßigen Ehegattinnen wie von den

Kurtisanen kultische Ehren erwiesen – erklärt vielleicht, weshalb die antiken Autoren zwischen mehreren A./V.-Göttinnen unterschieden haben. Platon stellte einer A. Urania (röm.: V. coelestis) als Göttin der reinen und keuschen (himmlischen) Liebe eine A. Pandemos (V. vulgaris) als Protektorin der körperlichen (irdischen) Liebe gegenüber. Pausanias fügte eine dritte hinzu, die A. apostrophia, die Unreines in Reines verwandelt. Die antike Literatur schreibt ihr auch eine Menge sekundärer Eigenschaften zu: Als Göttin aus dem Meer ist sie eine Schutzgottheit der See und der Schiffahrt, und als V. victrix, sieghafte V., rief man sie im Kampf an. In Rom bot sie das Doppelgesicht einer Göttin voll zauberhaftem Reiz (»venia«) und einer Göttin voll zauberischer Macht der Unterwerfung (»venenum«). Als Beschützerin der Nachkommenschaft des Aeneas und somit der Römer, als die sie Lukrez im Proömium seines Poems ›De rerum natura‹ anruft, lenkt sie die Regungen des Sexualtriebs und das öffentliche Wohl der Stadt, beides bildet eine untrennbare Einheit. A./V. dürfte diejenige antike Gottheit sein, die in der Literatur, besonders in der abendländischen Lyrik zwischen Renaissance und Romantik, den größten Widerhall gefunden hat.

Auch in der bildenden Kunst ist sowohl die Zahl der Werke als auch die Vielfalt der A./V.-Themen unübersehbar. Von der griech. Antike bis zum Ende der gegenständlichen Kunst im 20. Jh. bildete der Mythos dieser Göttin eine unerschöpfliche Inspirationsquelle für Künstler, gleichermaßen in erzählenden Bildern aus ihrer Legende wie unabhängig davon in der Entwicklung vom Abbild der A./V. zum Inbild des weiblichen Aktes an sich. Frühe Kultbilder zeigen sie mit einem *Spiegel*, einem *Granatapfel*, einer *Taube* oder *Sphinx* in der Hand (Bronzeskulptur, um 540 v. Chr.; München, Ant.). Als Göttin der Schönheit, nackt oder halbbekleidet, tritt sie erst in der griech. Kunst des 4. Jh. v. Chr. in Erscheinung.

A. Urania/V. coelestis (»himmlische V.«). Aus antiken Beschreibungen geht hervor, daß sie mit Attributen wie *Apfel*, *Mohnblüte* und dem zylindrischen *Polos* auf dem Kopf dargestellt wurde. Ferner

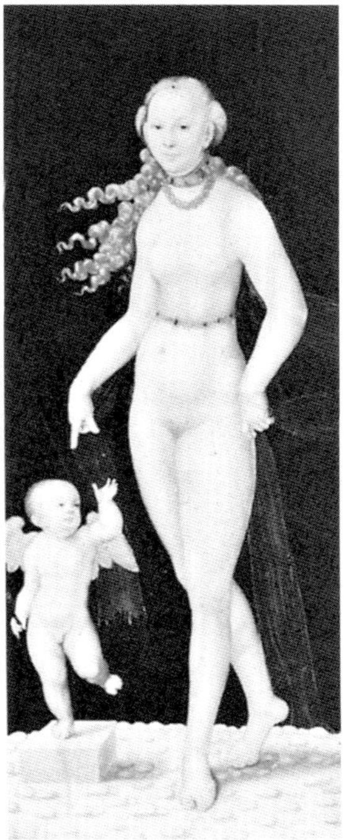

Venus und Amor
Lukas Cranach d. Ä., um 1530 (München, Alte Pinakothek)

Venus auf der Meeresmuschel
Römisches Wandbild, 1. Jh. v. Chr. (Pompei, Haus der Venus)

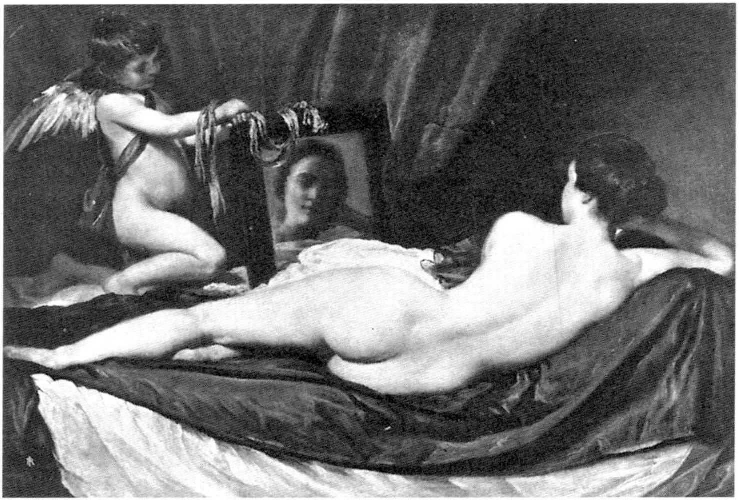

Venus mit dem Spiegel (›Rockeby-Venus‹)
Diego Velázquez, um 1644–48 (London, National Gallery)

gehörte zu ihr der magische *Gürtel*, der ihre erotische Kraft ausstrahlte. *Zepter* und *Sterne* bilden ebenso Teile der Ausstattung der manchmal mit *Flügeln* versehenen Göttin. Ein pompejan. Wandgemälde (1. Jh. v. Chr.; Neapel, MN) zeigt sie mit mehreren Attributen: sie trägt eine *Krone* auf ihrem Haupt und stützt sich auf ein *Ruder*, in der Hand hält sie einen *Speer*, der oben in einen Schiffsmast ausläuft.

A. Pandemos / V. vulgaris (»irdische V.«): Die Göttin der triebhaften Liebe reitet mitunter auf einem *Ziegenbock* oder faßt ihn an den Hörnern (korinth. Bronzespiegel, um 370 v. Chr.; Louvre).

V. victrix (»sieghafte V.«). »V. victrix!« war der Kriegsruf, den Caesar seinen Soldaten für die Schlacht von Pharsalos (48 v. Chr.) ausgab. Das Bild der sieghaften V. ist in der antiken Glyptik und Münzkunst oft zu finden; der ikonographische Typus ist die V. als Rückenfigur. Geflügelt oder behelmt, gewöhnlich nur halbbekleidet, kann sie – der → Nike/Victoria entsprechend – mit einem *Kranz* oder einer *Trompete* in der Hand dargestellt sein, hält aber meist einen *Helm* oder/und einen *Palmzweig*, dazu Speer und *Schild*. Über die Antike hinaus findet sich V. victrix als Porträt einer europ. Fürstin, beispielsweise der Pauline Bonaparte (als Skulptur von A. Canova, 1804–08; Rom, GB) – ganz in antiker Tradition: als V. hatte sich schon Faustina, die Frau des Kaisers Antoninus Pius, porträtieren lassen.

Die Toilette der V. Unter diesem Titel läßt sich eine Anzahl von Darstellungen fassen, die V. beim Verlassen des Bades bzw. des Meeres zeigen. Sie trocknet sich ab und schützt dabei schamhaft gewisse Körperpartien (wobei sie andere entblößt). So sucht die berühmte ›Kapitolinische V.‹ (2. Jh. n. Chr.; Rom, MC) ihre linke Brust mit der rechten Hand und ihre Scham mit der linken vor dem Blick des Betrachters zu verbergen, eine kanonisch gewordene Geste, die viele Nachfolgewerke übernommen haben. Nicht weniger vorbildlich war die auf Praxiteles zurückgehende ›A. von Knidos‹ (um 340 v. Chr.; Kopien u. a. in Rom, MC, und im Vatikan). Der den Schoß schützende Gestus hatte ursprünglich eine hinweisende Bedeutung. Unter der Vorgabe dieses A./V.-Themas konnten sich die Künstler die Wiedergabe konturenreicher und gefälliger Stellungen ihres Modells erlauben, die dessen Reize vorteilhaft zur Geltung brachten. Ein weiterer, nicht weniger berühmter Typus ist die ›Kauernde V.‹ nach einem Werk des Doidalsas von Bithynien (um 250 v. Chr.; Kopien in Rom, MNR, und in den Uffizien), bekannt auch die ›A. Kallypigos‹ (»mit dem schönen Hintern«), eine hellenistische Schöpfung (Kopie in Neapel, MN). Als notwendige Standstützen dieser meist auf griech. Bronzeoriginale (die solche Stützen nicht brauchten) zurückgehenden röm. Marmorskulpturen dienen Badeutensilien wie bestimmte Kleidungsstücke, Wassergefäße und Draperien. In der Neuzeit ist die A./V. im Bade von weiteren Accessoires dieser Art umgeben; bei Tizians V. (1555; Washington, NG) und der ›Rockeby-V.‹ von Velázquez (um 1644–48; London, NG) ist es ein Spiegel, bei anderen sekundieren kleine Eroten der Göttin bei ihrer Toilette.

A./V. Anadyomene (»aus dem Meer«). Eine stattliche Reihe von Darstellungen illustriert die durch Hesiod überlieferte Geburt der A. aus dem Meer. Das wohl bekannteste antike Werk mit der aus den Wellen auftauchenden ›A. Anadyomene‹ gehört zum sog. ›Ludovisischen Thron‹ (um 460 v. Chr.; Rom, MNR). Andere schildern den Triumph der A./V. als Fahrt auf den Wellen, wieder andere fügen nur einige symbolische Meereselemente zur Figur der Göttin hinzu. So sind der ›V. Medici‹, einer röm. Kopie nach einer griech. Bronze aus dem 3. Jh. v. Chr. im Typus der ›Kapitolinischen V.‹, ein auf einem Delphin reitender Eros/Amor und eine *Muschel* beigegeben. Die am weitesten verbreitete Darstellungs-

Venus von Urbino
Tizian, 1538
(Florenz, Uffizien)

Geburt der Venus
Sandro Botticelli,
um 1488
(Florenz, Uffizien)

form der A.-Geburt zeigt sie nackt den Fluten entstiegen, oft auf einer Muschelschale stehend; bildbestimmende Elemente können Eroten, → Naiaden, → Tritone oder andere Meerwesen sein. Als Ort der Geburt wird das Meer bei Zypern angenommen, was der Göttin besondere Verehrung auf dieser Insel eintrug. Dieses Thema der dem Meer entstiegenen A. fand in allen Kunstepochen größten Anklang, jeweils mit Variationen. Auf dem Griff einer röm. Silberschale (2./3.Jh.; Louvre) sitzt die Göttin in den beiden von zwei Tritonen gehaltenen Schalen einer Muschel. Auf Botticellis berühmtem Gemälde der ›Geburt der V.‹ (um 1488; Uffizien) bewegt ein Hauch des mit Flora im Arm herbeifliegenden → Zephyros das lange Haar der Göttin auf ihrer Muschel. Sehr viel später, 1863, zeigte A. Cabanel in seiner ›Geburt der V.‹ (Paris, MO) die Göttin auf den Kamm einer Schaumwoge hingestreckt, dem Geschmack einer Epoche entsprechend, in der die Zahl der liegenden weiblichen Akte Legion war.

Die schlafende oder ruhende A./V. Bilder dieses Typus gibt es erst seit der Renaissance. Die Person des Mythos diente offensichtlich nur als Vorwand zur Wiedergabe blühender weiblicher Akte in Ruhepose. Sie bot das denkbar beste Sujet und die anschaulichste Grundlage zum rein formalen Studium des Idealschönen. Giorgiones (und Tizians) ›Schlafende V.‹ (Anfang 16. Jh.; Dresden, AM) und Tizians ›V. von Urbino‹ (1538; Uffizien) verkörpern zwischen geistiger und sinnlicher Liebe die beiden Pole der symbolischen Bedeutung, die der Göttin beigelegt wurde. In der Folgezeit dominierte allerdings die zweite Bedeutung: die liegenden A.n und V.se des 18. und 19. Jh. bieten ihre üppigen Reize in galanten Posen voll vielsagender Zweideutigkeit dar.

Quellen: Hesiod, Theogonie 188–206; Homer, Ilias 5,311–459 und passim, Odyssee 8,266–366; Homerischer Hymnus auf Aphrodite; Lukrez, Naturgeschichte 1,1–43; Platon, Gastmahl 180 e.

Lit.: K. Clark, The Nude. A Study of Ideal Art, 1956; P. Friedrich, The Meaning of Aphrodite, 1978; A. Pasquier, La Vénus de Milo, 1991; E. Simon, Die Geburt der Aphrodite, 1959.

Apollon ist der auf Delos geborene Sohn des → Zeus und der → Leto, Zwillingsbruder der → Artemis. Er ist der Gott mit *Pfeil* und *Bogen*, zugleich der Gott mit der *Lyra*; beides deutet auf seine Aufgaben hin: Er hat zu strafen, Krankheiten mit seinen Pfeilen auszusenden, doch auch zu heilen, zu läutern, die Gründung von Städten zu leiten. Als Gott der Musik ist er, Anführer der → Musen (A. Musagetes), der Meister der Harmonie. A. hat Macht über die Orakel, zumal über das Delphische, das er von der Python*schlange* befreite und dann mit → Dionysos abwechselnd leitete; → Herakles gelang es nicht, ihm diese Position streitig zu machen. Manchmal sind ihm die → Sibyllen beigeordnet. Als Vater des → Asklepios ist er mit der Heilkunst verbunden. Dem Dionysos gegenüber verkörpert er das Prinzip der Vernunft, das rationale griech. Denken. Doch tritt er oft auch als Rachegott in Erscheinung, grausam und todbringend; er schoß den Riesen → Tityos mit seinen Pfeilen nieder, weil dieser Leto zu vergewaltigen versucht hatte, und tötete die Kinder der → Niobe, die Leto verspottet hatten. Den Satyr → Marsyas brachte er zu Tode, weil der ihn zum musikalischen Wettstreit herausgefordert hatte. A. wurde auch dem Sonnengott Helios gleichgesetzt (wie Artemis der Mondgöttin Selene) und »Phoibos«, der Strahlende, Reine, Glänzende genannt, ein Aspekt, der in Verbindung mit seiner Verkörperung der musikalischen Harmonie in nachantiker Zeit vorherrschte. Seine Schönheit brachte ihm in der Liebe nicht immer Glück: → Daphne entwand sich ihm durch die Verwandlung in einen Lorbeerbaum, Koronis, die Mutter des Asklepios, zog ihm einen Sterblichen vor, weshalb er sie mit einem tödlichen Pfeil strafte; den schönen Epheben → Hyakinthos tötete A. versehentlich selbst.

Apoll vom Belvedere
Römische Skulptur, 2. Jh. n. Chr. (Rom, Vatikanische Museen)

In der archaischen griech. Kunst erscheint A. in der Gestalt des nackten stehenden Kuros (Jünglings) mit langem Haar als der schöne junge Mann schlechthin. Unter den Statuen ist der Typ des mit ausgestrecktem Arm vorwärtsschreitenden ›A. vom Belvedere‹, einer röm. Kopie nach einem griech. Original (des LEOCHARES?) aus dem 4. Jh. v. Chr. (seit 1509 im Besitz des Vatikans), die berühmteste. Sehr bekannt auch der ›A. Sauroktonos‹, der auf einen Baumstamm gestützte *Eidechsen*töter, in Kopien (u. a. Vatikan) nach einer Bronze des PRAXITELES (4. Jh. v. Chr.). Im Ensemble der Götter und im Kreis von Hirten wird A. oft mit der Lyra gezeigt, ebenso als Anführer der Musen auf dem → Parnassos oder Helikon (Hydria des VILLA-GIULIA-MALERS, um 460 v. Chr.; Vatikan). Oft begleiten ihn Artemis und Leto. Eine *Palme* bezeichnet den Baum auf Delos, unter dem Leto mit A. und Artemis niederkam, ein *Dreifuß* seine Gabe der Wahrsagung oder lediglich das Gerät, auf dem er sich Opfergaben weihen ließ. Der delph. Dreifuß ist

Apollon und Daphne
Dosso Dossi, um 1520–25 (Gemäldeausschnitt) (Rom, Galleria Borghese)

Apollon und Diana
Lukas Cranach d. J., um 1580 (Brüssel, Musées Royaux)

das Streitobjekt zwischen A. und Herakles (Giebelskulpturen vom Schatzhaus der Siphnier, um 530 v. Chr.; Delphi, Mus.). Manchmal hält A. eine Phiale, eine *Opferschale*, als bringe er ein Trankopfer dar. Ein *Lorbeerkranz* im Haar ist ein bezeichnendes Symbol der Gabe der Weissagung. Ein *Schwan* weist auf das Tier, welches das Kind A. von Delos in das Land der Hyperboreer trug, wo es aufwuchs, ein *Damhirsch* auf den Gott als Jäger. In der neuzeitlichen Malereitradition behielt A. den Charakter des jugendlichen, strahlenden griech. Gottes, der Verkörperung idealer Schönheit, verlor dagegen seine dunklen Züge. Er wird unmittelbar mit dem Sonnengott gleichgesetzt (vgl. die Parkgestaltung und die Galerie d'Apollon in Versailles und insgesamt die Selbstdarstellung Ludwigs XIV. als zweiten A.) und lenkt dessen *Wagen*. Seine Erscheinung im Kreis der Musen dient wesentlich jeder Art von Allegorie der Künste und der Musik, deren Schutzherr er ist; auf einem Gemälde von M. DE VOS (Ende 16. Jh.; Brüssel, MR) hält jede der Musen ein anderes Instrument. A. spielt auf einem Saiteninstrument, Lyra, *Kithara* oder *Geige*, wie bei DOSSO DOSSI (um 1520–25; Rom, GB), im Gegensatz zur Flöte der → Satyrn und der Syrinx des → Pan, und thront auf dem Parnaß als Lehrer der Dichtkunst, als Quelle der dichterischen Inspiration (RAFFAEL, 1510/11; Vatikan, Stanza della Segnatura · POUSSIN, um 1625–30; Prado · A. R. MENGS, 1761; Rom, GA). Im 19. Jh. ist A. das Thema der Ausstattung fast aller repräsentativen Opern- und Balletthäuser, in Paris der 1875 eröffneten Opéra von Garnier und des 1913 inaugurierten Théâtre des Champs Élysées (Deckenmalerei von M. DENIS). Die Tradition wurde im 20. Jh. fortgesetzt, u. a. mit der bildnerischen Ausstattung des Pariser Palais Chaillot (monumentale A.-Statuen von H. BOUCHARD, 1937). So blieb A. d i e emblematische Figur der Poesie und aller anderen Künste, noch und gerade für die Symbolisten (O. REDON, ›Der Wagen A.s‹, 1905–14; Paris, MO), und sah man immer in ihm, aus allem erzählerischen Kontext gelöst, das Urbild männlicher Schönheit.

Quellen: Homer, Ilias, passim; Homerischer Hymnus auf Apollon; Ovid, Metamorphosen, passim.
Lit.: K. A. Pfeiff, Apollon. Die Wandlung seines Bildes in der griech. Kunst, 1943; R. Schapire, Der Apoll vom Belvedere und seine Nachbildungen im 19. Jh., in: Monatsberichte über Kunstwissenschaft und Kunsthandel (1902); E. Schröter, Die Ikonographie des Themas Parnaß vor Raffael, 1977.

Apotheose. Das Wort bezeichnet die Aufnahme eines Sterblichen unter die Götter, seine Vergöttlichung. Dies widerfuhr u. a. → Herakles, einem Schützling der → Athena, der sterblich durch seine Mutter Alkmene, göttlich durch seinen Vater → Zeus war, ferner dem → Aineias, Sohn des Trojaners Anchises und der → Aphrodite. In anderer Weise geschah dies → Homeros, dessen ausschließlich irdische Herkunft ebensowenig zweifelhaft ist wie die göttliche Gabe seiner Inspiration.

Aquilo → Boreas

Arachne. Die junge Frau aus Lydien galt als so geschickt im Weben, daß es von ihr hieß, → Athena selbst habe sie das Handwerk gelehrt. Doch A. wies eine solche Hilfestellung von oben weit von sich und forderte die Göttin zum Zweikampf am *Webstuhl* heraus. Jede wob ein anderes Motiv: Athena die Götter des → Olymp und die Bestrafung der Menschen, die sich mit ihnen zu messen wagen; A. die schamlosen Verwandlungen von → Zeus und → Poseidon aus Liebe zu einer Sterblichen. Erbittert über die außerordentlich gelungene Arbeit der A., warf Athena mit dem Weberschiffchen nach ihr. A. fühlte sich so sehr gekränkt, daß sie sich erhängte, doch die Göttin verwandelte sie in eine am eigenen Faden hängende *Spinne* (griech. *arachne*).

Das Thema scheint selten in der antiken Kunst. Ein Marmorrelief vom Nerva-Forum in Rom (97 n. Chr.) zeigt die zu Boden gestürzte A. vor Athena. Die Bestrafung der A. hat um 1565 T. ZUCCARI im Palazzo Farnese in Caprarola in einem Fresko verewigt: Athena steht vor dem in Stücke gehauenen Webstuhl, A. hängt bereits halb verwandelt an der Decke. Eine Ölskizze von RUBENS (1636–38; Richmond/Virginia, MFA) zeigt A. im Vordergrund, vor Athena fliehend. In den Spinnerinnen von VELÁZQUEZ (1657; Prado) gibt ein Gobelin im Hintergrund die Szene wieder. Als Warnung vor Anmaßung gegenüber den Herrschenden ließ Herzog Ludwig X. von Bayern eine Saaldecke seiner Landshuter Stadtresidenz mit der A.-Geschichte durch H. BOCKSBERGER und L. REFINGER ausmalen (1542/43).

Quelle: Ovid, Metamorphosen 6,5–145.
Lit.: M. L. Welles, Arachne's Tapestry. The Transformation of Myth in Seventeenth-Century Spain, 1986.

Archimedes, der größte Mathematiker des Altertums (287–212 v. Chr.), verbrachte fast sein ganzes Leben in Syrakus, das er als junger Mann nur einmal verließ, um in Alexandria bei Euklid zu studieren. Im Dienst seiner Vaterstadt bot er sein ganzes Wissen auf, um sie gegen die zahlreichen Angriffe der Römer zu verteidigen. Als dem Feldherrn Claudius Marcellus nach langer Belagerung die Eroberung doch gelang, drang ein röm. Soldat bei A. ein und forderte ihn auf, ihm zu folgen. Da A. zögerte, weil ihn ein geometrisches Problem fesselte, streckte ihn der Römer mit dem Schwert nieder. A. soll ihn mit den berühmt gewordenen Worten gebeten haben: »noli turbare circulos meos«, »störe meine Kreise nicht«. Marcellus bedauerte den Verlust dieses großen Geistes und ließ ihm ein Grabmal errichten, bekrönt von einer einem Zylinder einbeschriebenen Kugel, dazu allen Verhältniszahlen dieser beiden Körper, wie A. selbst es sich gewünscht hatte. Während seiner Amtszeit als Quästor in Sizilien hat Cicero das unter Gestrüpp verborgene Grab wiederentdeckt.

A. erscheint oft in der Reihe antiker Gelehrter und Philosophen, wie sie die Renaissance als Porträtgalerie anzulegen liebte, oder in die Antike verherrlichenden Bildprogrammen. So fehlt er nicht in einem Fresko des Perino del Vaga (1511) in der Stanza della Segnatura des Vatikans und einem Wandbild B. Carduchos (1592) in der Bibliothek des Escorial. Dieser Bildtypus lebte im 17. Jh. weiter und wurde fortgeführt in Bildprogrammen wie Delacroix' Zyklus (1844–47) in der Bibliothek des Pariser Palais Bourbon, in dem Barbarei und Zivilisation in den Gestalten von Attila und → Orpheus – und neben diesem A. – einander gegenübergestellt sind. Der Tod des A. diente den Malern zur Darstellung der Gegensätze im Ausdruck des brutalen Soldaten und des erschreckten alten Mannes, der im Augenblick, da ihn das Schwert trifft, ganz in seine wissenschaftliche Arbeit versunken ist. In einem Gemälde (Rimini, Pinacoteca) von G. B. Langetti (1625–76) scheint A., am Tisch sitzend, mit weit ausholender Geste seine *Manuskripte* nicht weniger als sich selbst schützen zu wollen. Die Entdeckung des A.-Grabes durch Cicero schließlich lieferte auch der Landschaftsmalerei ein erhabenes Motiv (P. H. de Valenciennes, 1787; Toulouse, MA · B. West, 1804; New Haven, Art Gallery).

Quellen: Cicero, Gespräche in Tusculum 5,64–65; Plutarch, Leben des Marcellus 14–19.

Lit.: G. L. Hersey, Delacroix' Imagery in the Palais Bourbon Library, in: Journal of the Warburg and Courtauld Institutes 31 (1968) S. 383–403; D. L. Simms, The Trail for Archimedes Tomb, in: Journal of the Warburg and Courtauld Institutes 53 (1990) S. 281–285.

Ares, röm. **Mars,** ist der (einzige) Sohn des → Zeus und der → Hera, mit → Apollon und → Hermes gehört er zur zweiten Generation der olympischen Götter. Begleitet von seinen Söhnen (mit → Aphrodite) Deinos (Furcht) und Phobos (Grauen), verkörpert er den Ungeist des Krieges, ist aggressiv und grausam. Im Trojanischen Krieg steht er auf der Seite der Troer und gegen → Athena, die ihm durch → Diomedes eine Wunde

Mars, Venus und Amor
Piero di Cosimo, um 1500
(Berlin, Gemäldegalerie)

Der Triumph des Mars
Antoine Caron,
um 1570
(New Haven,
Yale University
Art Gallery)

schlagen läßt. Athena stellt die gute Seite des Krieges dar, sie verteidigt die Künste und Listen dieses Handwerks, während A. fast nur Gewalt kennt. Seinem Sohn Kyknos, einem Wegelagerer, der Delphi-Pilger auszuplündern pflegte, suchte er vergeblich gegen → Herakles beizustehen, der unter Athenas Schutz stand; dabei wurde A. nochmals von der Göttin verwundet. Seine *Waffen* legte er nur zu Liebesgeschäften ab, vorzüglich bei Aphrodite, in deren Armen ihr Mann → Hephaistos ihn überraschte; Hephaistos warf ein Netz über die beiden und gab sie so dem Gelächter der Olympier preis. In Rom galt der Gott als Vater von → Romulus und Remus, den Gründern der Stadt. Eine gewisse Verbindung bestand mit dem Frühjahr (Monat März!, lat. *mars*), der Jahreszeit, in der die Kriege wieder aufflammen.

In der griech. Kunst sind A.-Darstellungen selten. Neben Aphrodite erscheint er auf einem Krater des Sophilos im Gefolge der Götter bei der Hochzeit von → Peleus und → Thetis (um 580 v. Chr.; London, BM). Ebenso begegnet man ihm mit den anderen Olympiern im Kampf gegen die → Giganten (Fries vom Schatzhaus der Siphnier, um 530 v. Chr.; Delphi, Mus.). Beim Kampf des Kyknos gegen Herakles leistet A. seinen Beistand mit starker Hand (Schale des Kleophradesmalers, um 485 v. Chr.; London, BM), während Athena dem Herakles zur Seite steht (att. Oinochoe, um 560 v. Chr.; Berlin, Ant.). Diese Szene hat dann auch J.-L. David in einem Gemälde (1771; Louvre) behandelt. Auf griech. Originalwerke zurück gehen die röm. Skulpturen des sog. ›A. Borghese‹, einer stehenden Figur aus der Villa Hadriana in Tivoli (nach Alkamenes, um 400 v. Chr.; heute u. a. im Louvre), und des sitzenden ›A. Ludovisi‹ aus der Zeit um 150 n. Chr., mit Ergänzungen Berninis (Rom, MNR), nach einer Bronze des späten 4. Jh. v. Chr. (von Skopas?). A. ist hier, wie meistens, nackt, mit *Helm*, *Schild* und *Schwert* dargestellt. Ein pompejan. Wandgemälde aus dem Haus der Venus und des M. (Anfang 1. Jh. n. Chr.; Neapel, MN) zeigt das Liebespaar A. und Aphrodite von Eroten umgeben und von → Helios beobachtet – das göttliche Paar ist später, seit der Renaissance, ein oft behandeltes Sujet, u. a. bei BOTTICELLI (1483; London, NG) und PIERO DI COSIMO (um 1500; Berlin, GG). Die beiden Liebenden finden sich auch bei VERONESE (1580; New York, MM). Die Szene, in der Hephaistos sie überrascht und ein Netz über sie fallen läßt oder wirft, hat unter vielen anderen TINTORETTO geschildert (um 1555; München, AP). Die Entwaffnung des Gottes durch Amoretten – oder seine Zügelung durch Athena bzw. Aphrodite – bedeutet dabei eine Allegorie des Friedens. Für die Barockmalerei gab die Ertappung der beiden auf dem Liebeslager einen galanten Vorwurf, so für L. GIORDANO im 17. Jh. (Wien, Akademie) und, im 18. Jh., besonders für BOUCHER (um 1750; London, WC). Die Demütigung des Paares durch Hephaistos hat DAUMIER in einer Karikatur parodiert. Bei RUBENS, in seinen ›Folgen des Krieges‹ (1638; Florenz, PP), versucht Aphrodite vergeblich, den von einer Furie mitgerissenen A. zurückzuhalten.

Quellen: Homer, Ilias 5,825–909, Odyssee 8,266–366; Ovid, Metamorphosen 4,171–189.
Lit.: J. Beck, Ares in Vasenmalerei, Relief und Rundplastik, 1984.

Arethusa. Die auf der Peloponnes und in Sizilien heimische → Nymphe ist eine Gefährtin der → Artemis. Als sie eines Tages im Fluß Alpheios badete, verliebte sich dieser Sohn des → Okeanos und der → Thetis in sie, nahm menschliche Gestalt an und verfolgte sie. Artemis kam ihr zu Hilfe und verwandelte sie in eine *Quelle*. Doch Alpheios wurde wieder zum Fluß und folgte ihr unter der Erde von der peloponnes. Landschaft Elis bis nach Sizilien. Dort trat sie auf der Insel Ortygia vor Syrakus ans Licht, und er vereinigte seine Wasser mit den ihren.

Das Haupt der A., von → *Delphinen* umgeben, zeigen syrakusan. Münzen. Die Verfolgung durch Alpheios und das Eingreifen der Artemis werden in einer L. BOULLOGNE d. J. (1654–1733) zugeschriebenen Skizze (Budapest, Priv.) und in einem Gemälde von J. RESTOUT (1720; Rouen, MBA) geschildert.

Quellen: Ovid, Metamorphosen 5,571–641; Pausanias, Periegesis 5,7,2–4.

Die Argonauten
Dem Niobidenmaler zugeschriebener Krater, um 460 v. Chr. (Paris, Louvre)

Argonauten. Um das *Goldene Vlies* zu erobern, ließ → Iason das *Schiff* Argo (»das Schnelle«) bauen. Seine Besatzung, etwa fünfzig mehr oder weniger berühmte griech. Helden, hießen danach die A. Ihre Namen differieren; jedenfalls gehörten Argos, Baumeister der Argo, später ein zweiter Argos, Sohn des Phrixos, dazu, ferner → Orpheus, zu dessen Aufgaben es gehörte, mit seinem Gesang die → Sirenen zu übertönen, → Amphiaraos, die beiden Söhne des → Boreas namens Zetes und Kalais, die Dioskuren → Kastor und Polydeukes, → Herakles und → Hylas. Die A.-Sage ist eines der ältesten und inhaltsreichsten griech. Heldengedichte, das leider von keinem Homer überliefert wurde; die Sage liegt lediglich in einer späten Fassung des Apollonios von Rhodos (›Argonautika‹)

aus dem 3. Jh. v. Chr. vor, sieht man einmal ab von den Berichtteilen in Pindars ›Pythischer Ode‹.

Die Argo ist, mit Orpheus und den Dioskuren an Bord, auf einer Metope des Schatzhauses von Sikyon in Delphi dargestellt (um 560 v. Chr.; Delphi, Mus.). Ein dem NIOBIDENMALER zugeschriebener Krater (um 460 v. Chr.; Louvre) zeigt zweifellos die A. vor der Abreise. Die Abreise selbst findet sich in der Malerei der Renaissance z. B. auf einem Cassone von E. ROBERTI (Ende 15. Jh.; Padua, Mus.) und einem Gemälde von DOSSO DOSSI (um 1520; Washington, NG). Die sonst recht selten wiedergegebene Argo erscheint in G. MOREAUS ›Rückkehr der A.‹ (1897; Paris, MM) mit dem triumphierend das Goldene Vlies schwingenden Iason als Hauptperson. Eine ganz persönliche Interpretation fand das Thema in BECKMANNS Triptychon ›Die A.‹ (1949/50; Washington, NG).

Quelle: Apollonios, Argonautica.

Lit.: K. Schefold / F. Jung, Die klassischen und hellenistischen Bilder der Sagen von den Argonauten, von Theben und Troja, 1989; M. Vojatzi, Frühe Argonautenbilder, 1982.

Argos. Von A. wird erzählt, er habe ein *Auge* (oder *vier* oder *hundert Augen*) besessen, das sich niemals schloß. Diesem nimmermüden Wächter vertraute → Hera die Bewachung der → Io an, die → Zeus in eine Kuh verwandelt hatte. → Hermes sollte diese Kuh für den Göttervater stehlen; mit Erzählungen und Flötenspiel gelang es ihm, A. einzuschläfern und dann zu enthaupten. Hera bewahrte das Andenken des A., indem sie

Argos und Hera/Juno
Peter Paul Rubens, 1610/11
(Köln, Wallraf-Richartz-Museum)

Argos und Io
Oinochoe,
um 460 v. Chr.
(Neapel, Museo Archeologico Nazionale)

das Gefieder des ihr beigegebenen *Pfaus* mit seinen hundert Augen schmückte.

In der antiken Bilderwelt erscheint A. mit Augen über den ganzen Körper bedeckt (att. Amphora, um 480 v. Chr.; Hamburg, Mus. für Kunst und Gewerbe) oder mit *doppeltem Antlitz* (att. Amphora, um 540 v. Chr.; London, BM). Als normale menschliche Figur ist er in einem röm. Wandbild (um 30 v. Chr.; Rom, Haus der Livia) und auf einer griech. Kleeblattkanne (nach 400 v. Chr.; Berlin, PM) dargestellt. Vorherrschendes Bildmotiv ist die Tötung des A. durch Hermes. Die italien. Maler der Renaissance haben den antiken Stoff mehrfach aufgegriffen, dann vor allem die fläm. Meister des Barock die Szene als Landschaftsidylle geschildert: So lullt bei J. JORDAENS Hermes mit dem Zauber seiner Musik die Wachsamkeit des A. ein (um 1620; Lyon, MBA). FRAGONARD hat um 1760 (Louvre) ein solches fläm. Werk der 1. Hälfte des 17. Jh. kopiert. Die Schmückung des Pfauengefieders mit den A.-Augen ist das Thema bei RUBENS (1610/11; Köln, WRM).

Quelle: Ovid, Metamorphosen 1,624–723.

Ariadne. Die Tochter des kret. Königspaars Minos und → Pasiphae verliebte sich in → Theseus, als er zur Rettung der zum Opfer des → Minotauros bestimmten jungen Athener nach Kreta gekommen war. Dank A. entkam er dem Labyrinth mit Hilfe eines *Fadenknäuels*, das er schon beim Betreten abzuwickeln begonnen hatte, ihrem Rat getreu. Er floh mit ihr von Kreta, ließ sie aber bei der Zwischenlandung in Naxos zurück – ob aus schnödem Verrat oder auf Geheiß der Götter, die Quellen widersprechen sich. Die Verlassene wurde von → Dionysos gefunden und in einem prunkvollen Fest geheiratet (nach anderen beging sie Selbstmord). Eine *Krone*, die er ihr zum Geschenk gemacht hatte, schleuderte der Gott als Sternbild an das Firmament.

Wie A. dem Theseus das Garnknäuel übergibt, ist in der Antike einige Male dargestellt worden, öfter aber die schlafende oder von Dionysos entdeckte A., z. B. in einem Wandbild aus Pompei (um 70 n. Chr.; Neapel, MN), während sich Theseus unter den Augen des → Hermes davonmacht (att. Schale, um 480 v. Chr.; Tarquinia, MN) oder von → Athena fortgewiesen wird (Hydria des SYLEUSMALERS, um 475 v. Chr.; Berlin, PM). Die schlafende A. ist wahrscheinlich in einer Sitzenden (Kopie des 2. Jh. n. Chr.; Vatikan) dargestellt, einer röm. Skulptur, die mehrfach in Bildern G. DE CHIRICOS erscheint (z. B. ›Die schweigende Statue‹, 1913; Düsseldorf, KNW). Auf unzähligen Vasenbildern tritt Dionysos in Begleitung einer Frau auf, die manchmal als A. bezeichnet ist (Schale des MELEAGERMALERS, um 400 v. Chr.; London, BM). Eine vielfigurige Szene ist die Entdeckung von Dionysos/Bacchus und A. durch Hermes auf dem sog. ›Sarkophag Casali‹ (um 200 n. Chr.; Kopenhagen, CG). Mehr als das Thema der verlassenen A. (C. SARACENI, vor 1608; Neapel, MC) interessierte die Maler seit TIZIAN (1522/23; London, NG) die Begegnung von Dionysos und A. laut den Schilderungen Philostrats und Catulls. Auf einem Bild von A. Coypel (Philadelphia, MA) ist der Hochzeitsgott Hymen zwischen Dionysos und A. getreten. Der Triumph der A. ist das Thema von Ann. Carraccis Deckenbild (um 1597–1600) im Palazzo Farnese, Rom. Eine Skulptur der A., auf einem dem Dionysos heiligen *Panther* sitzend, hat J. H. Dannecker (1813/14; Frankfurt a. M., Liebieghaus) in der Tradition Thorvaldsens (1798; Kopenhagen, TM) geschaffen.

Quellen: Catull, Carmina 64,50–201; Ovid, Metamorphosen 8,169–182; Philostrat, Imagines 1,15; Plutarch, Theseus 19–20.

Lit.: T. B. L. Webster, The Myth of Ariadne from Homer to Catullus, in: Greece and Rome 13 (1966) S. 22–31.

Arion. Dem Dichter und Sänger aus Methymna auf Lesbos wird die Erfindung des Dithyrambos, eines Gesangs zu Ehren des → Dionysos, zugeschrieben. Herodot erzählt, auf der Rückfahrt von Tarent nach Korinth habe ihn die Schiffsbesatzung ins Meer werfen wollen. Er bat sie, ein letztes Mal singen zu dürfen, und lockte dann mit seinem Gesang → *Delphine* an, die ihn sicher und unversehrt an Land trugen.

Antike Münzen aus Methymna tragen sein Bild als *Lyra*spieler auf dem Rücken eines Delphins. A. erscheint auch in einem Mosaik (1. Hälfte 4. Jh. n. Chr.) in Piazza Armerina, Sizilien. In nachantiker Zeit tritt A. als einer der legendären Sänger neben → Orpheus auf (Mantegna, Camera degli sposi im Palazzo Ducale von Mantua, 1474 vollendet). Statt auf der Lyra spielt er manchmal auf einem modernen Instrument, z. B. auf einer *Viola* oder *Gambe*. Aus dem Jahr 1870 stammt eine Skulptur A.s von dem Bildhauer E. E. Hiolle (Paris, MO).

Quellen: Herodot, Historien 1,23–24; Ovid, Fasti 2,79–118.

Arion
Andrea Riccio,
Bronze, 1507–16
(Paris, Louvre)

Aristoteles. Der griech. Philosoph, 384 v. Chr. im makedon. Stageira geboren und 322 in Chalkis auf Euböa gestorben, kam in jungen Jahren nach Athen und war dort etwa zwanzig Jahre lang Schüler Platons. Er ließ sich später auf Lesbos nieder und wurde 342 von Philipp von Makedonien zum Erzieher des jungen → Alexander berufen. Der König soll ihm die Geburt seines Sohnes mit den berühmt gewordenen Worten mitgeteilt haben: »Wisse, daß ich einen Sohn habe. Ich danke den Göttern nicht so sehr dafür, daß sie ihn mir geschenkt haben, als vielmehr dafür, daß sie ihn zu Lebzeiten des Aristoteles auf die Welt kommen ließen.« Der Philosoph widmete dieser denkwürdigen Erziehungsaufgabe zwölf Jahre. Dann ging er nach Athen zurück, gründete seine eigene philosophische Schule, das Lykeion, und verfaßte hier den größten Teil seiner Schriften. Alexander blieb seinem Präzeptor treu und ließ ihm für die Erforschung der Natur *exotische Pflanzen* und *Tiere* der Länder, die er bereiste, zukommen. Seiner Freigiebigkeit verdankten A. und seine Schüler

Aristoteles betrachtet die Büste Homers
Rembrandt, 1653
(New York, Metropolitan Museum)

eine eigene Bibliothek für ihre Studien. Nach Alexanders Tod hatte A. unter dem aufkommenden Haß gegen die Makedonier zu leiden. Vom Areopag zum Tode verurteilt, floh er in das Exil nach Chalkis, wo er wenig später starb.

Im ›Lai d'Aristote‹, einem von einer arab. Erzählung inspirierten Lied des Minnesängers Henri d'Andelys, wird wie in anderen erzählenden Dichtungen des 13. Jh. über A. die spöttische Anekdote berichtet, er habe einmal Alexander getadelt, weil dieser sich bis zum Verlust seines Ansehens in eine junge Inderin verliebt hatte. Der Prinz habe sich diese Ermahnung zu Herzen genommen und sich von dem Mädchen getrennt, das aber voll Verdruß dem Philosophen Rache geschworen habe. Mit listigen und verführerischen Beweisen ihrer Gunst soll sie ihn so weit gebracht haben, daß kein einziger seiner moralischen Grundsätze ihrem Liebeszauber gewachsen war. Zur Krönung ihres Triumphes und ihrer Rache habe sie ihn gezwungen, ihr gezäumt und gesattelt als Reittier zu dienen, ihn so in die schmähliche Stellung eines Vierfüßlers herabwürdigend. Von dieser Anekdote stammt ein in französischen Gesellschaftsspielen gern gebrauchter Ausdruck: »faire le cheval d'Aristote«.

I **Achilleus greift nach dem Schatten des Patroklos.** Heinrich Füssli, 1803 (Zürich, Kunsthaus)

II **Der verwundete Aeneas.** Römisches Wandbild aus Pompei
(Neapel, Museo Archeologico Nazionale)

III **Aeneas trägt seinen Vater Anchises aus dem brennenden Troja.** Carle Van Loo, 1729 (Paris, Louvre)

IV **Die Alexanderschlacht.** Albrecht Altdorfer, 1529 (München, Alte Pinakothek)

V **Venus.** Pietro Perugino, 1496 (Perugia, Collegio del Cambio)

VI **Geburt der Venus.** Odilon Redon, um 1912
(Paris, Musée des Beaux-Arts de la Ville de Paris – Petit Palais)

VII **Bellerophon, auf dem Pegasos reitend, tötet die Chimaira.** Peter Paul Rubens, Ölskizze, um 1635 (Bayonne, Musée Bonnat)

VIII **Boreas entführt Oreithyia.** Giovanni Pellegrini, 1720/21
(Paris, Louvre)

In mehreren antiken Texten ist von Porträts und Büsten des A. die Rede; rund fünfzehn Büsten nach verlorenen griech. Originalen sind auch in röm. Kopien bekannt geworden; die beste stammt aus der Zeit des Kaisers Claudius (41–54 n. Chr.; Wien, KM). Im Mittelalter erscheint A. im Kreis der Sieben Weisen des Altertums und in der Reihe der Sieben Freien Künste als Repräsentant der Dialektik (Archivolte des Westportals der Kathedrale von Chartres, Mitte 12. Jh.). Später findet er sich in großen Bildzusammenhängen, wie RAFFAELS ›Schule von Athen‹ (1508–11) in den Stanzen des Vatikans und der ›Apotheose Homers‹ von INGRES (1826/27; Louvre); in beiden tritt A. neben dem anderen Großen der griech. Philosophie, Platon, auf. Von der Biographie dieses »Fürsten der Philosophie« ließen sich die Maler indessen selten anregen, es sei denn in der eigentlich mit der Alexander-Ikonographie verbundenen Szene, da A. von seinem berühmten Schüler Tiere aus Asien zur zoologisch-naturwissenschaftlichen Beobachtung erhält (J.-B. DE CHAMPAIGNE, 1673; Versailles, Mus.). Der Selbstbetrachtung dienen A.-Darstellungen wie REMBRANDTS Gemälde von 1653, auf dem der betagte Philosoph nachdenklich die Hand auf den Kopf einer Homer-Büste legt (New York, MM). Die als Warnung vor der »Weibermacht« zu verstehende Demütigung des »Minnesklaven« A. durch die auf ihm reitende, meist Phyllis genannte Frau ist ein bevorzugtes Thema des 15. und des 16. Jh. in der Buchmalerei, auf Elfenbeinen, in Zeichnungen, Holzschnitten (H. BALDUNG GRIEN, 1513) und Stichen (U. GRAF, 1521) usw., war aber bereits im Mittelalter beliebt (Reliefs der Kathedrale von Lyon, 13. Jh. · sog. ›Malterer-Wandteppich‹, um 1320; Freiburg i. Br., Augustinermus.).

Aristoteles und Phyllis
Hans Baldung Grien,
Holzschnitt, 1513

Quelle: Diogenes Laertios, De clarorum philosophorum vitis.

Arkadien inmitten der Peloponnes ist eine wilde, vor allem von Hirten bevölkerte Gebirgsgegend, die dem Gott → Pan heilig war. Es galt als eine unberührte Idylle. Auf einem Bild GUERCINOS mit dem Titel ›Der Tod in A.‹ betrachten zwei Hirten einen Totenschädel (nach 1617; Rom, PB), und in zwei Gemälden POUSSINS (›Die Hirten Arkadiens‹, um 1630; Chatsworth · 1638; Louvre) entziffern ebenfalls zwei Hirten die lat. Inschrift auf einem Grab »Et in Arcadia ego«. Sie wurde häufig als Ausdruck der Sehnsuchtserfüllung gedeutet: »Auch ich war [glücklich] in Arkadien«, wobei A. als ideale Landschaft der (Hirten-)Poesie und eines erhöhten Daseins galt. Die Inschrift bedeutet aber: »Auch in Arkadien bin ich [der Tod] gegenwärtig«; so verstand es J. REYNOLDS in seiner eigenen Version des Themas (1769; Crowe Hall). Weitere Fassungen des gleichen Sujets finden sich u. a. im Werk L. DE LA HIRES (Mitte 17. Jh.; Orléans, MBA) und A. F. OESERS (um 1767–77; Hannover, NL).

Lit.: E. Panofsky, Et in Arcadio ego. Poussin und die Tradition des Elegischen, in: E. P., Sinn und Deutung in der bildenden Kunst (Meaning in the Visual Arts), 1975, S. 351–377.

Et in Arcadia ego
Guercino, nach 1617 (Rom, Galleria Nazionale d'Arte Antica, Palazzo Barberini)

Arria und Paetus. Der Magistrat Caecina P. war in die Verschwörung des Camillus Sribonianus gegen Kaiser Claudius im Jahre 42 n. Chr. verwickelt und wurde deshalb zum Tode verurteilt. Als seine Frau A. sah, daß diesem Urteil nicht zu entkommen war und daß ihr Mann nicht den Mut hatte, sich selbst den Tod zu geben, stach sie sich den *Dolch* in die Brust. Sie zog dann die Waffe heraus und hielt sie ihm hin mit den Worten: »Paete, non dolet« (»Paetus, es tut nicht weh«).

Im 19. Jh. hat man in einer antiken Skulpturengruppe der Zeit um 220 v. Chr. aus der Villa Ludovisi (Rom) A. und P. erkennen wollen; sie erwies sich jedoch als Bild zweier Gallier, denn entgegen der röm. Überlieferung ist die männliche Person hier die handelnde: der gall. Held tötet seine Frau und dann sich selbst, um nicht lebend dem Feind in die Hände zu fallen. In der neuzeitlichen Skulptur und Malerei ist der Moment des »Paete, non dolet« festgehalten, oft auch im Titel. Der gelassene Ausdruck der mutigen Heldin kontrastiert mit der gequälten Miene ihres Gatten. Bildhauer stellten im allgemeinen das Paar ganz für sich dar (P. Lepautre, 1691; Louvre) oder lediglich mit einer Dienerin, die voll Entsetzen die schwankende A. stützt, auf deren Leib die offene Wunde klafft (F.-A. Vincent, 1785; Amiens, MBA).

Quellen: Dio Cassius 60,16,5–6; Plinius d. J., Briefe 3,16,2–13.

Artemis, röm. **Diana,** die jungfräuliche Jägerin, Göttin der wilden Tiere und der Jagd, der Geburt und der Fruchtbarkeit, gehörte als Tochter von

→ Zeus und → Leto und auf Delos geborene Zwillingsschwester → Apollons zum Kreis der olympischen Götter. Sie lebte in Wäldern und unbehausten Gegenden mit ihren ungebundenen Gefährtinnen, den → Nymphen, und ließ keinen Mann in ihrer aller Nähe. → Aktaion, der sie unfreiwillig beim Baden überraschte, bekam ihre grausame Rache zu spüren, und die von → Zeus verführte → Kallisto wurde aus ihrem Kreis verbannt. Sie rächte ihre Mutter an → Niobe, die Leto mit der Prahlerei beleidigt hatte, sie verdiene mit ihren vierzehn Kindern eher göttliche Ehren als Leto mit nur zwei; zusammen mit Apollon tötete A. die Niobiden mit ihren *Pfeilen*. Doch nicht immer war ihr Eingreifen von gleicher Unerbittlichkeit: Als → Iphigenie von → Agamemnon geopfert werden sollte, verwandelte A. sie in eine *Hindin*. Sie galt als Schutzgöttin der jungen Mädchen in allen Angelegenheiten vor ihrer Heirat.

In den ältesten Darstellungen erscheint A. im Typus der Herrin über die wilden Tiere, frontal und mit einem Tier an jeder Hand. Im kleinasiat. Ephesus gab es den ganz anderen, von oriental. Vorbildern geprägten Typus der starr aufgerichteten Figur in engem, reich geschmücktem Gewand, mit vielen Brüsten oder an ihr Kultbild gehefteten Hoden von Opferstieren in mehreren Reihen übereinander zum Zeichen ihrer Fruchtbarkeit. Das »klassische« Griechenland stellte sie oft zusammen mit Leto und Apollon als Delische Trias vor. Nicht immer ist sie von ihrer Mutter leicht zu unterscheiden, außer wenn sie den *Jagdbogen* hält. In der Skulptur der antiken Klassik trägt sie als Jägerin, die ein *Hund* oder *Hirsch* begleitet, den kurzen Chiton, *Köcher* und Bogen. Ihre Taten, mit Apollon, schildert ein Fries im Theater von Hierapolis in Phrygien (205/206 n. Chr.). Im Mittelalter bildete A./D. mit Aphrodite/Venus al-

Artemis von Ephesos
Römische Alabaster- und Bronzeskulptur, 2./3. Jh. n. Chr. (Neapel, Museo Archeologico Nazionale)

Diana im Bade
François Boucher, 18. Jh. (Amiens, Musée des Beaux-Arts)

Artemis/Diana
Schule von Fontainebleau, um 1550–60 (Paris, Louvre)

legorisch ein Gegensatzpaar wie Castitas (Keuschheit) und Luxuria (Ausschweifung). Seit der Renaissance wurde sie gern als Jägerin wiedergegeben. Eines der Vorbilder war die sog. ›A. von Gabii‹ im Louvre, eine röm. Statue wohl nach einem Original des PRAXITELES (4. Jh. v. Chr.); vgl. das Gemälde aus der Schule von Fontainebleau (um 1550–60; Louvre), das zugleich ein idealisiertes Porträt der Diane de Poitiers, Mätresse Heinrichs III., ist – eine von den Malern dieser Schule gern, z. B. bei der Ausgestaltung des Schlosses Anet, hergestellte, über die Namensgleichheit hinausgehende Beziehung. Ihre Keuschheit, die sie unnahbar erscheinen und die Gesellschaft von Männern fliehen ließ, ist das Thema der Episoden mit Aktaion und Kallisto (beide als Pendants z. B. von TIZIAN, 1556–59; Edinburgh, NG) und, durchaus doppelsinnig, des ›Bades der D.‹ (WATTEAU, 1715, und BOUCHER, 1747; beide Louvre) sowie der ›Ruhenden D.‹ (J. JORDAENS, um 1640–50; Paris, Petit Palais). Als belebendes Element oder einfach als Staffagefigur tritt die Göttin in Landschaftsbildern auf, im 19. Jh. z. B. bei COROT (›Die Lichtung, Erinnerung an Avray‹, 1872) und BÖCKLIN (›Die Jagd der D.‹, 1869; beide Paris, MO). Die gelegentliche Gleichsetzung der A. mit der Mondgöttin Selene/Luna wird oft mit einer *Mondsichel* als Diadem in ihrem Haar bezeichnet.

Quellen: Homer, Ilias 24,602–609 und passim; Kallimachos, Hymne auf Artemis; Ovid, Metamorphosen 6,148–266, 12,28–38 und passim.

Artemisia
Griechische Skulptur, 4. Jh. v. Chr. (London, British Museum)

Artemisia empfand beim Tod ihres Bruders und Gatten Mausolos, des 377–353 regierenden Satrapen von Karien, so tiefen Schmerz, daß sie sein Andenken für ewige Zeiten festzuhalten suchte. Sie ließ von überallher Künstler kommen und betraute sie mit Werken der Dichtung und der Bildhauerei zu seinen Ehren. Das Grab, das sie für ihn errichten ließ, das sog. Mausoleum, wurde in seiner Pracht und Größe zu den Sieben Weltwundern gezählt. Doch leitete die Liebe zu ihrem Gatten A. zu einer noch außergewöhnlicheren Tat: Sie mischte ein Getränk mit seiner Asche und nahm es zu sich. Untröstlich in ihrem Schmerz, überlebte sie ihn nur um zwei Jahre.

Eine Statue der A. schmückte neben der des Mausolos das Mausoleum von Halikarnassos, das u. a. die Bildhauer SKOPAS, BRYAXIS und LEOCHARES (nach Plinius d. Ä.) gestaltet haben (4. Jh. v. Chr.; Fragmente in London, BM). Erste nachantike Darstellungen treten im 16. Jh. auf, ausschließlich in der Szene, da sie sich in einem äußersten Liebesakt anschickt, das Getränk mit der Asche einzunehmen, die *Schale* in der Hand oder an den Lippen (F. SALVIATI, 1. Hälfte 16. Jh.; Uffizien · D. FETI, um 1610–20; Wien, KM · RUBENS, um 1615; Potsdam, Neues Palais · P. SUBLEYRAS, 1. Hälfte 18. Jh.; Bologna, PN). In Gobelinentwürfen von A. CARON tragen Mausolos und A. die Züge von Heinrich II. von Frankreich und Maria von Medici (1562–75; Paris, BN, Cabinet des estampes). Hier ist die Figur der A. verschmolzen mit einer zweiten gleichen Namens, die ebenfalls Herrscherin von Karien war und sich beim Kampf der

Perser unter Xerxes gegen die Griechen durch Tapferkeit wie durch Besonnenheit auszeichnete. Eine der wenigen historischen Personen unter den vielen Versailler Gartenfiguren ist die A. von A. LEFÈVRE und M. DESJARDINS (1687–94).

Quellen: Cicero, Gespräche in Tusculum 3,75; Gellius, Noctes Atticae 10,18,3; Valerius Maximus, Facta et dicta 4,6, ext. 1.

Asklepios, röm. **Aesculapius,** der Gott der Heilkunst, war der Sohn → Apollons und der Königstochter Koronis von Epidauros (nach anderen der Leukippos-Tochter Arsinoe). Die von Apollon schwangere Koronis soll indessen der Liebe eines Sterblichen den Vorzug gegeben haben, weshalb der Gott sie tötete; den kleinen A. vertraute er dem Kentauren → Cheiron an, der ihn in der Heilkunst unterwies. A. gelang es sogar, den Hippolytos, einen Sterblichen, vom Tode zu erwecken. → Zeus machte diesem Eingreifen in die Weltordnung ein Ende, indem er A. mit seinem Blitz erschlug. Apollon seinerseits übte an den → Kyklopen, Söhnen des Zeus und Schmieden seiner Blitze, tödliche Rache für seinen Sohn.

Asklepios
Stich nach einer Bronze des 1. Jh. v. Chr. aus Herculaneum

Antike Votivreliefs zu Ehren des A. zeigen ihn in Begleitung seiner Tochter (oder Gattin) Hygieia, der Göttin der Gesundheit. Oft hält er einen *Stab*, um den sich eine *Schlange* als Symbol der Lebenserweckung windet (»Äskulapstab«). Im Ballsaal des Schlosses Fontainebleau hat ihn NICCOLO DELL'ABBATE in einem Fresko dargestellt (1551–56). Ein Kupferstich von H. GOLTZIUS (um 1590) zeigt die Übergabe des A.-Kindes in die Obhut Cheirons. Auf einem Gemälde L. GIORDANOS (1655–60; Braunschweig, AUM) empfängt A. Abgesandte der Römer, die während einer Epidemie seine Hilfe erbitten. Den Tod seiner Mutter Koronis schilderte A. ELSHEIMER (um 1607/08; Liverpool, WG; wird auch als Tod der Prokris gedeutet) in einem Gemälde, M. CORNEILLE (1641–1708) in einer Zeichnung (Louvre), auf der ein Rabe Apollon die Todesnachricht überbringt (dieser weiße Rabe wurde dafür von Apollon in einen schwarzen verwandelt, wie Ovid überlieferte). Bei DOMENICHINO liegt Koronis tot am Boden, durchbohrt von dem Pfeil, den Apollon hoch aus den Lüften auf sie abgeschossen hat (1616–18; London, NG). Weitere A.-Darstellungen, oft mit Hygieia, von RUBENS (um 1614; Prag, NG), P. N. GUÉRIN (1802; Louvre) u. a.

Quellen: Ovid, Metamorphosen 2,533–547.599–632 (Tod der Koronis), 15,624–744; Pausanias, Periegesis 2,26,3–10.

Astyanax war der Sohn → Andromaches und → Hektors, als dessen Erbe und letzter Sproß des trojan. Königshauses er eine Gefahr für die Griechen darstellte, weshalb sie, angestiftet von → Odysseus, nach dem Fall → Trojas beschlossen, ihn verschwinden zu lassen: Odysseus selbst oder Neoptolemos warf das Kind von den Mauern der Stadt.

In den Bildern zur Iliupersis, dem Fall Trojas, wird das grausame Massaker an A. nicht ausgespart. Entweder schleudert ihn Neoptolemos an einem Bein seinem in den Schutz des Zeusaltars geflüchteten Großvater → Priamos vor die Füße (Schale des BRYGOSMALERS, um 480 v. Chr.; Louvre), oder sein blutender Leib liegt beim Altar bzw. auf den Knien des Priamos (Hydria des KLEOPHRADESMALERS, um 490 v. Chr.; Neapel, MN). In der Neuzeit, zumal seit dem 17. Jh., ist A. in die Szene des Abschieds Hektors von Andromache einbezogen (J. M. VIEN, 1786; Louvre). Mit seiner Mutter beweint er den toten Hektor (J.-L. DAVID, 1783; Paris, EBA). Mitunter wurde der Moment gewählt, in dem Odysseus das Kind seiner Mutter entreißt (Stich von S. BERNARD nach S. BOURDON, 17. Jh.).

Quellen: Euripides, Troerinnen 1133–1250; Homer, Ilias 6,394–496, 22,484–506, 24,726–735.

Atalante und Meleager
Laurent de La Hire,
Stich, 17. Jh.

Atalante. Die Tochter eines Königs von → Arkadien (oder Böotien), der sie nach der Geburt ausgesetzt hatte, wurde von Jägern aufgezogen und weihte sich der → Artemis. Sie nahm an der Jagd auf den Kalydonischen *Eber* teil und war die erste, die ihm eine Wunde zufügte. → Meleager schenkte ihr dessen *Fell.* Sie soll auch am Zug der → Argonauten teilgenommen und bei der Leichenfeier zu Ehren des Pelias den → Peleus im Ringkampf besiegt haben. Nach böot. Überlieferung hat ihr ein Orakel geraten, sich vor einer Heirat zu hüten. Sie erklärte, nur den zum Mann zu nehmen, der sie im Wettlauf, einer Disziplin, in der sie glänzte, besiege, und jeden, der ihr unterliege, zu töten. Dem jungen Hippomenes gelang es mit Hilfe der → Aphrodite, diese Herausforderung zu bestehen: er ließ, sobald ihn A. eingeholt hatte, dreimal einen der *goldenen Äpfel* fallen, die ihm die Göttin gegeben hatte. A. blieb zurück, um sie aufzulesen. Doch nach der Heirat versäumte Hippomenes, Aphrodite dafür zu danken. Sie rächte sich, indem sie das Paar dazu verleitete, sich in einem Tempel des → Zeus (oder der → Kybele) zu lieben – eine Entweihung, für die sie in *Löwen* verwandelt wurden; Löwen, so glaubte man, könnten sich nicht untereinander, sondern nur mit Leoparden paaren.

In der Antike war die Jagd auf den Kalydonischen Eber, mit A. und Meleager vornean, ein höchst beliebtes Bildthema, auf etrusk. Spiegeln und Urnen, auf griech. Vasen, röm. Mosaiken und Sarkophagen (um 25 n. Chr.; Rom, MC). Als Schicksalsgemeinschaft sind beide auf einem bedeutenden etrusk. Spiegel (um 320 v. Chr.; Berlin, Ant.) dargestellt, zusammen mit Aphrodite, → Adonis und der Moira Atropos. Als ruhendes Paar, den Kopf des Ebers zu Meleagers Füßen, erscheinen sie in einem Wandbild aus Pompei (Neapel, MN). A.s Ringkampf mit Peleus zeigt bereits eine chalkidik. Hydria (um 540 v. Chr.; München, Ant.). Der Barock griff das Thema der Jagd häufig wieder auf. C. LE BRUN hat um 1658 als Teil eines verschollenen Zyklus von sechs oder sieben Bildern zur Meleager-Geschichte, die als Gobelinvorlagen für die Teppichmanufaktur von

Atalante und Hippomene
Guido Reni, 1618/19 (Neapel, Museo Nazionale di Capodimonte)

Nancy bestimmt waren, die Jagd von Meleager und A., mit der jungen Jägerin beim Pfeilschuß auf den von Hunden angegriffenen Eber, gemalt. Nicht weniger oft begegnet man der Ovid entnommenen Szene mit den goldenen Äpfeln beim Wettlauf (RUBENS, 1637/38; Prado · G. RENI, 1618/19; Neapel, MC).

Quellen: Apollodor, Bibliothek 1,8,2–3, 3,9,2; Hygin, Fabeln 99, 174, 185; Ovid, Metamorphosen 8,316–444, 10,560–707.
Lit.: G. Daltrop, Die Kalydonische Jagd in der Antike, 1966.

Athena, röm. **Minerva,** ist eine der zwölf olympischen Gottheiten, Tochter der Okeanide Metis, die → Zeus während ihrer Schwangerschaft verschlungen hatte, weil er fürchtete, das Kind würde ein Sohn werden und ihn vom Thron stürzen. So wurde A. ohne Mutter geboren: erwachsen und in voller Rüstung entsprang sie dem Haupt des Zeus, das → Hephaistos (oder → Prometheus) gespalten hatte. Sie galt als jungfräuliche Göttin (A. Parthenos), die keine Verbindung mit einem Mann einging. Nur Hephaistos soll sich ihr zu nähern versucht haben, und als sie ihn zurückstieß, sei aus seinem auf die Erde getropften Samen der König → Erichthonios von Athen geboren worden. Als Göttin des klug geführten Krieges, die oft mit der Siegesgöttin → Nike gleichgesetzt wird, nahm A. am Kampf der Götter gegen die → Giganten teil. Diese A. Promachos (Vorkämpferin) trägt fast immer einen *Helm* und die *Aigis*, einen Brustpanzer aus Drachenhaut (oder aus Fell) mit dem Haupt der Medusa, dem *Gorgoneion*, in der Mitte, das → Perseus ihr geschenkt hatte, dazu *Speer* und *Schild* (auf dem sie das Gorgoneion oft auch trägt). A. ist die Schutzherrin vieler griech. Städte und die Hauptgöttin Athens – das ihr seinen Namen verdankt –, seit ihr die anderen Götter im Wettbe-

Athena Parthenos
Römische Kopie (sog. ›Varvakion-Statuette‹) nach dem Kultbild von Phidias im Parthenon, 2./3. Jh. n. Chr. (Athen, Nationalmuseum)

Sinnende Athena
Griechische Stele, um 460 v. Chr. (Athen, Akropolismuseum)

werb um die Würde der Schutzgottheit von Attika den Sieg über → Poseidon zugesprochen hatten: Sie ließ den nutzbringenden *Ölbaum* wachsen, Poseidon nur eine nutzlose Salzwasserquelle entspringen. Die Athener Akropolis, zumal der ihr geweihte Parthenon, ist ihr zweiter Sitz nach dem → Olymp. A. war eine der drei Göttinnen, die sich dem Urteil des trojan. Prinzen → Paris stellten. Weil sie den Schönheitspreis nicht erhielt, schlug sie sich wie die ebenfalls unterlegene → Hera im Trojanischen Krieg auf die Seite der Griechen. Oft griff sie zugunsten des → Odysseus ein, im Kampf wie während seiner Irrfahrt auf der Rückkehr nach Ithaka. → Iason und → Theseus waren zwei weitere Helden, die ihre Protektion genossen, dann vor allem → Herakles, den sie bei seiner Apotheose in den Olymp geleitete. Ferner ist A. die Göttin des erfinderischen Handwerks; sie verkörpert Weisheit und Klugheit zugleich. Die ihr als Attribut beigegebene *Eule* soll vielleicht ihre Gabe der weisen Voraussicht anzeigen. Als solche ist sie seit der Epoche → Alexanders d. Gr. den → Musen verbunden, auch wenn ihr die musische Kunst der Musik nicht lag: Nach der Enthauptung der Medusa erfand sie zwar die Flöte, den *Aulos*, der den Klageruf der Gorgonen nachahmt, aber als sie merkte, daß ihr Gesicht beim Spielen dieses Instruments häßlich entstellt wurde, warf sie es von sich, und der Satyr → Marsyas holte es sich. A. ist außerdem die Schutzherrin der Künste und sachkundig zumal im Weben: mit → Arachne ließ sie sich in einen Wettstreit ein, als diese behauptet hatte, sie könne die Göttin auf diesem Gebiet übertreffen; zur Strafe für ihren Hochmut wurde Arachne in eine Spinne verwandelt.

A.-Darstellungen gibt es seit der Antike überall in großer Zahl. Vor allem aus Athen kennt man ihr Bild auf Münzen und Vasen, in Reliefs und Skulpturen, bei der Geburt aus dem Haupt des Zeus (Pyxis des C-Malers der Sianaschalen, um 560 v. Chr.; Louvre · Pelike des Malers der Athena-Geburt, um 460 v. Chr.; London, BM), beim Kampf mit den Giganten (Schale des Brygosmalers, um 490 v. Chr.; Berlin, Ant.), bei der Geburt des Erichthonios (Hydria des Malers der Oinanthe, um 470 v. Chr.; London, BM), beim Urteil des Paris (Pyxis, um 440 v. Chr.; Kopenhagen, NM). Im Ostgiebel des Parthenon war A.s Geburt, im Westgiebel der Wettstreit mit Poseidon (448–431 v. Chr.) dargestellt. Eines der berühmtesten Bildwerke der Antike war die ›A. Parthenos‹ des Phidias im Parthenon (um 440 v. Chr.), eine kolossale Gold-Elfenbein-Statue, die nur aus verkleinerten Repliken, hauptsächlich einer mittelmäßigen, aber getreuen röm. Kopie des 2./3. Jh. n. Chr. (sog. ›Varvakion-Statuette‹; Athen, NM), bekannt ist: Die aufrecht stehende behelmte Göttin hat ihren Schild auf den Boden abgesetzt, ihre rechte Hand hält eine kleine Nike-Figur. Andere Bildtypen zeigen A. mit der zum Stoß erhobenen Lanze in Kampfstellung (›A. Promachos‹, eine riesige Bronzestatue des Phidias, als Weihgeschenk ehemals auf der Athener Akropolis · Fragment einer att. weißgrundigen Schale, um 500 v. Chr.;

Maria Medici als Athena, Göttin der Künste
Stich nach Rubens, um 1625

Athena vertreibt die Laster aus dem Garten der Tugend
Andrea Mantegna, um 1504 (Gemäldeausschnitt) (Paris, Louvre)

Eleusis, Mus.) oder nachdenklich auf ihre Lanze gestützt (›Sinnende A.‹, Reliefstele, um 460 v. Chr.; Athen, AM). Der Typus der Promachos kehrt regelmäßig auf panathenäischen Amphoren wieder, die das als Siegerpreis bei den zu Ehren A.s veranstalteten Panathenäischen Spielen verliehene Öl enthielten. Die röm. Kunst griff auf die gleichen Formtypen zurück, fügte dabei A. mit Zeus/Jupiter und Hera/Juno zur Kapitolinischen Trias. In der Neuzeit wurde A. vor allem zum Sinnbild der Weisheit. So zeigt sie MANTEGNA, wie sie die Laster aus dem Garten der Tugend verjagt (›Triumph der Tugend‹, um 1504; Louvre), und B. SPRANGER stellt sie in seinem ›Triumph der Weisheit‹ (1591; Wien, KM) groß in den Vordergrund. Im Barock erscheint sie vornehmlich als Schutzgöttin der Wissenschaften und Künste (A. ELSHEIMER, ›Das Reich der Minerva‹, um 1607/08; Cambridge, FM · J. JORDAENS, um 1675; Amsterdam, RM). Aus dem 17. und 18. Jh. begegnet man Herrscherporträts von Frauen als Minerva (z. B. J.-P. TASSARDS Marmorbüste der Zarin Katharina II., 1774; Eremitage). Auch der Wettstreit mit Poseidon um Attika wird gelegentlich gezeigt, so in einer eher statischen Gruppe von GAROFALO (1512; Dresden, AM) und, etwas schwungvoller, von N. HALLÉ (1748; Louvre).

Quellen: Hesiod, Theogonie 886–900.924–929; Ovid, Metamorphosen, passim; Pausanias, Periegesis 1,24,1–7 und passim.

Lit.: H. Hager / H. v. Heintze, Athene-Minerva. Ihr Bild im Wandel der Zeiten, in: Jb. der Max Planck Gesellschaft 1 (1961) S. 36–127; R. Pfeiff, Minerva in der Sphäre des Herrscherbildes. Von der Antike bis zur Französischen Revolution, 1990; R. Wittkower, Transformation of Minerva in Renaissance Imagery, in: Journal of the Warburg and Courtauld Institutes 2 (1938/39) S. 194–205; Ders., Allegory and the Migration of Symbols, 1977.

Atlas war einer der → Titanen, Vater der → Pleiaden, der → Kalypso und vielleicht der Hesperiden. Nach der mißglückten Revolte gegen die Götter verurteilte ihn → Zeus dazu, das Himmelsgewölbe zu tragen. Als → Herakles die goldenen Äpfel der Hesperiden zu erlangen versuchte, zeigte sich A. bereit, sie für ihn zu holen, wenn Herakles in der Zwischenzeit seinen Platz einnähme. Nach der Rückkehr weigerte sich der Riese, den Himmel wieder auf seine Schultern zu nehmen. Herakles bat

Atlas bringt Herakles die goldenen Äpfel der Hesperiden
Metope vom Zeustempel in Olympia, um 460 v. Chr. (Olympia, Museum)

ihn listig, es noch einmal kurz zu tun, damit er sich ein Kissen auflegen könne, und zwang ihm so die alte Last wieder auf. Nach Ovid verwandelte →Perseus den A. in ein Gebirge, indem er ihn einen Blick auf das Haupt der Medusa werfen ließ.

Auf einer lakon. Schale (um 560 v. Chr.; Vatikan) erscheint der Himmelsträger A. als Gegenüber seines Bruders → Prometheus, dem ein Adler die Leber heraushackt; auf einer Metope des Zeustempels von Olympia (um 460 v. Chr.; Olympia, Mus.) reicht A. dem mit → Athenas Hilfe den Himmel tragenden Herakles die goldenen Äpfel. Eine Marmorstatue (Neapel, MN), röm. Kopie nach hellenistischem Original, zeigt A. unter dem Gewicht eines Himmels*globus* mit den Sternbildern gekrümmt. ANN. CARRACCI hat den die Welt tragenden A. (um 1600) im Palazzo Farnese, Rom, verewigt; P. PUGET hat ihn als Motiv für eine Portalrahmengestaltung am Rathaus von Toulon (1656/57) verwendet.

Quellen: Hesiod, Theogonie 507, 744, 938; Ovid, Metamorphosen 4,628–662.

Attis (auch *Atys*). Die Überlieferung ist widersprüchlich. Nach Ovid wird der phryg. Hirte A. keusch von der Göttin → Kybele geliebt. Sie macht ihn zum Wärter ihres Tempels, mit dem Gebot, enthaltsam zu bleiben. Als er sich in eine → Nymphe verliebt, straft ihn die Göttin mit solchem Wahnsinn, daß er sich selbst entmannt. Sie verwandelt ihn schließlich in eine *Pinie*. Nach Pausanias war er der Sohn der Flußgott-Tochter Nana, die befruchtet wurde von einer Mandel des Baums, der aus dem abgeschlagenen männlichen Genitale der ursprünglich zweigeschlechtlichen Kybele entsprossen war.

Attis
Donatello, Bronze, um 1440 (Florenz, Museo Nazionale del Bargello)

In der hellenistischen und röm. Welt waren A.-Statuetten, kleine Figuren eines Kindes mit einer *Syrinxflöte*, einer *Fackel* oder einem *Tamburin* in den Händen, ziemlich weit verbreitet. Es trug eine *phryg. Mütze* und ein sonderbares *Barbarenkostüm*, eine Art Hemd, am Hals geknüpft, und eine von Agraffen gehaltene Hose, die Rumpf und Unterkörper freiließ. Auf Reliefs erscheint A. gelegentlich lang ausgestreckt (2./3. Jh. n. Chr.; St-Rémy-de-Provence). Nachantike Darstellungen sind selten. Eine Bronze von DONATELLO, der sog. ›Atys-Amorino‹ (um 1440; Florenz, MB) verrät das antike Vorbild, dem der Künstler *Flügel* gab (und den Hintern entblößte).

Quellen: Ovid, Fasti 4,221–244; Pausanias 7,17,9–12.
Lit.: M. Vermaseren, The Legends of Attis in Greek and Roman Art, 1966.

Augustus. Den Beinamen A. legte sich Gaius Octavianus, der 63 v. Chr. geborene Großneffe und Adoptivsohn → Caesars, erst im Jahr 27 v. Chr., nach Erlangung der Kaiserwürde, zu. Bei Caesars Tod 44 v. Chr. hatte er sich zu dessen politischem Erben aufzubauen begonnen. Er geriet bald in Rivalität mit Antonius, was dazu führte, daß beide sich die Herrschaft über das Röm. Reich teilten: den Westen erhielt Octavian, den Osten Antonius, der dann zuließ, daß → Kleopatra, die Königin von Ägypten und seine Geliebte, große Teile der röm. Besitzungen sich selbst zuschlug. Nachdem Octavian, dessen Popularität in Rom unaufhörlich wuchs, ihr den Krieg erklärt hatte – die Ägypter wurden 31 v. Chr. bei Actium vernichtend geschlagen – und Antonius Selbstmord begangen hatte, festigte sich seine Alleinherrschaft. Ohne die republikanischen Institutionen förmlich außer Kraft zu setzen, errichtete er allmählich sein auf das Gleichgewicht der Kräfte von Senat und eigener Position gegründetes Prinzipat. Es folgten tiefgreifende Reformen in Politik, Religion und Verwaltung des Röm. Reiches. Seine Eroberungszüge dienten eher der Sicherung der Grenzen als der Befriedigung seines persönlichen Ehrgeizes. Das brachte ihm bei den antiken Autoren den Ruf dessen ein, »der die Pforten des Janustempels schloß«, d. h. des Friedensstifters. Er war der große Schutzherr der Wissenschaften und der Künste, die einen solchen Aufschwung nahmen, daß die Ära des A. zu einem Goldenen Zeitalter röm. Klassik wurde. Der Kaiser starb im Jahr 14 n. Chr.

Augustus
Römische Büste,
1. Jh. n. Chr.
(Paris, Louvre)

In Büsten und Statuen ist A. vielfach in der Antike schon verewigt worden, oft mit den seine Ämter und Würden bezeichnenden Attributen. So erscheint er mit verhülltem Haupt in der religiösen Würde des Pontifex maximus, mit der *Ährenkrone* als Zeichen des Überflusses, den Rom ihm verdankte, oder mit einem *lorbeer*geschmückten Band um das Haupt (Beispiele für alle drei Typen in Rom, MNR). Als Feldherr und Sieger von Actium gibt ihn die berühmte Statue des ›A. von Primaporta‹ (Vatikan) wieder. Selbstverständlich enthalten Münzen, Medaillen und Gemmen in Fülle sein Bild. Mit seiner Familie tritt A. in den Reliefs des Weihezugs an der ›Ara Pacis‹ (Friedensaltar) in Rom (13–9 v. Chr.) in Erscheinung. In der christlichen Kunst spielt A. als der Kaiser, der das Josef und Maria nach Bethlehem führende Edikt zur Volkszählung erließ, seit dem 11. Jh. eine Rolle. Weil die → Sibylle von Tibur ihm die Ankunft Christi als des neuen Königs prophezeit und sich ihm Maria mit dem Kind in einer Erscheinung offenbart habe, wie u. a. die ›Legenda aurea‹ vom Ende des 13. Jh. erzählt, wird er in Verehrung der Gottesmutter z. B. von Rogier van der Weyden (›Bladelin-Altar‹, um 1460; Berlin, GG) und von D. Ghirlandaio (um 1485; Florenz, S. Trinita) gezeigt. Als Friedensfürst ist A. vorbildlich, im Mittelalter und noch in der Neuzeit (P. Tibaldi, Fresko im Palazzo Malavezzi, Bologna, nach Mitte 16. Jh.; zwei Gemälde von B. Boullongne, 1681, und C. Van Loo, 1765; beide Amiens, MBA). Für ›Tu Marcellus eris‹, eine Szene, in der Vergil aus seiner ›Aeneis‹ vor A., dessen Frau Livia und dessen Schwester Octavia liest, griff Ingres (1812, die kompletteste von drei Versionen in Toulouse, MA) auf verschiedene röm. A.-Büsten zurück. Bei dem Vers »Tu eris Marcellus …« fällt Octavia in Ohnmacht, denn sie bezieht des → Anchises prophetische Klage über den allzu frühen Tod eines Nachfahren, der Ruhm wie ein gegen → Hannibal erfolgreicher Römer namens Marcellus hätte erwerben können, auf ihren Sohn Marcellus, der mit

Augustus
Kamee, 1. Jh. n. Chr.
(Paris, Bibliothèque
Nationale, Cabinet
des médailles)

neunzehn Jahren plötzlich starb – vermutlich durch einen Anschlag der Livia, die ungerührt zuhört. Am Grab → Alexanders meditierend zeigte u. a. S. BOURDON (um 1640–50) den A. (Louvre).

Quellen: Appianos, Bella civilia 2,492–5,602; Augustus, Res gestae; Dio Cassius, Römische Geschichte 46–56; Jacobus de Voragine, Legenda aurea: Von der Geburt des Herrn; Sueton, De vita Caesarum: Augustus.
Lit.: H. Marx, Augustus am Grabe Alexanders, in: Dresdner Kunstblätter 13 (1969) S. 22–30; A.-K. Massner, Bildnisangleichung. Untersuchungen zur Entstehung und Wirkungsgeschichte des Augustusporträts (43 v. Chr. – 68 n. Chr.), 1982; E. Simon, Augustus. Kunst und Leben in Rom um die Zeitenwende, 1986; P. Zanker, Augustus und die Macht der Bilder, 1987.

Aurora → Eos

Bacchae/Bakchai → Mainaden

Bacchantinnen → Mainaden

Bacchus → Dionysos

Baubo. Auf der Suche nach ihrer von → Hades geraubten Tochter → Persephone kam → Demeter nach Eleusis, wo sie vom König und seiner Frau, die nach orphischer Überlieferung Dysaules und B., im Homerischen Hymnus an Demeter aber Keleos und Metaneira heißen, aufgenommen wurde. Um sie in ihrer Betrübnis aufzuheitern, schürzte B. mit einer unzüchtigen Geste ihr Gewand und brachte die Göttin damit zum Lachen. (In der älteren Homerischen Tradition war es eine Dienerin namens Iambe, die mit ihren obszönen Scherzen Demeter aufheiterte.)

Eine Reihe von hellenistischen Terrakotten aus dem Demeterheiligtum im kleinasiat. Priene (Berlin, Ant.) zeigt eine Frau mit vorn hochgehobenem Rock. Gesicht und Bauch gehen ineinander über, wie in einem Bild von MAGRITTE.

Quellen: Clemens Alexandrinus, Protrepticus 2,20,3; Homerische Hymnen 2,202.

Belisarios. Der byzantin. Feldherr (um 490 Thrakien – 565 Byzanz) war die hervorragendste Kraft bei der Verwirklichung der Ambitionen Kaiser Justinians, das Erbe Konstantins mit dem des → Augustus zu vereinen. Seine Feldzüge führten ihn zu vielen Schlachten gegen die Perser, er vertrieb die Vandalen 534 aus Afrika und besiegte die Ostgoten in Italien (am 9. Dezember 537 betrat er Rom). Doch erwiesen sich diese brillanten Erfolge als trügerisch; die Gegner eroberten die verlorenen Gebiete bald zurück. Obwohl vom Mißtrauen des Kaisers zur Rückkehr nach Byzanz gezwungen – B. wurde der Untreue verdächtigt –, rief ihn das Reich bei jeder neuen Gefahr wieder zu den Waffen. Schließlich kam trotz all seiner Loyalität eine Verschwörung gegen ihn zum Ziel. Er ging seiner Ämter verlustig und wurde gefangengesetzt. Diese beiden Schläge hat er nicht lange überlebt. Zuverlässigste Quelle für seine Biographie ist die ›Geschichte der Kriege des Kaisers Justinian‹ von Prokop von Caesarea, B.' Sekretär und Berater, der darin alle seine Großtaten verzeichnete. Die Legende, nach der B., ohne Aussicht auf weitere Verwendung im Dienste Justinians, zum Bettler in den Straßen von Byzanz herabgesunken sei, hat ein griech. Mönch und Kompilator des 12. Jh., Johannes Tsetses, in die Welt gesetzt. Sie hielt sich so hartnäckig, daß man noch im 19. Jh. den »Belisarturm« in Istanbul zeigte, wo B. gefangen gesessen und den Vorübergehenden seinen Almosenbeutel hinausgestreckt habe. Aus dem Beutel hat die Überlieferung dann einen vornehmen und ansprechenderen *Helm* gemacht. Die B.-Legende hat zahlreiche literarische Werke angeregt, so einen 1763 erschienenen Roman von Marmontel, dessen Erfolg der Hauptfigur B. zu beträchtlicher Beliebtheit verhalf.

Der geschichtlichen Wahrheit hat sich die Legende so sehr bemächtigt, daß die Bildtradition schließlich nur noch die Legende bewahrte. Im 16. Jh. benannte man eine bestimmte antike Statue, früher in der Sammlung Borghese, die jetzt als eine die Nemesis anrufende Augustus-Figur identifiziert ist, als ›Bettelnden B.‹. In der Malerei wurde fast ausschließlich diese Statue als B. dargestellt. Ein lange Zeit VAN DYCK zugeschriebenes Gemälde fand im 18. Jh. weite Verbreitung durch Stichreproduktionen: B., auf der Erde sitzend, Helm und Schild neben sich, in der einen

Belisar bettelt um Almosen
Jacques-Louis David, 1781
(Lille, Musée des Beaux-Arts)

Hand einen *Stock*, streckt die andere Hand einer Frau entgegen, die, neben anderen, ihm ein Almosen gibt. Ein Soldat im Harnisch beobachtet nahebei mit gefalteten Händen und schmerzerfüllt diese Szene. Ein berühmtes Bild von J.-L. DAVID, ›B. bettelt um Almosen‹ (Lille, MBA), 1781, also nach Erscheinen des Romans von Marmontel, der manchem Maler die Sujets lieferte, gemalt, fügt zu den Hauptpersonen ein *Kind*, das den blinden Greis B. führt und der Almosen spendenden Frau den Helm entgegenhält. Das Bild ist nicht nur bezeichnend für den Sentimentalismus der Zeit, sondern kündigt auch eindringlich den Klassizismus an. Das Motiv des den greisen B. führenden Kindes hat F. GÉRARD aufgegriffen (1795; ehem. München, Leuchtenberg-Palais), wich im übrigen aber von der herkömmlichen Darstellung ab, indem er den alten, blinden, auf einen Stock gestützten Feldherrn mit dem anscheinend sterbenden Kind im Arm zeigte; eine Schlange ringelt sich um seine Beine. Nach der Revolution und Napoleons Konsulatszeit verlor das Thema seine Aktualität.

Quelle: Prokop von Caesarea, Hyper ton polemon (Geschichte der Kriege des Kaisers Justinian).

Bellerophon tränkt den Pegasos
Hellenistisches Relief, 2. Jh. n. Chr. (Rom, Palazzo Spada)

Bellerophon. Der Sohn des korinth. Königs Glaukos (oder des → Poseidon) mußte wegen Totschlags ins Exil nach Tiryns. Dort verliebte sich die Frau des Königs Proitos in ihn. Weil er ihre Liebe nicht erwiderte, machte sie ihrem Mann vor, B. habe sie vergewaltigen wollen. Um ihn loszuwerden, ohne die Gesetze der Gastfreundschaft zu verletzen, schickte Proitos ihn nach Lykien mit einer Botschaft an den König Iobates, er möge den Überbringer beseitigen. Iobates übertrug B. mehrere gefährliche Aufgaben, darunter den Kampf gegen die Chimaira, ein feuerspeiendes Ungeheuer, »vorn ein Löwe, hinten eine Schlange und in der Mitte eine Ziege«. Mit Hilfe des → Pegasos, eines dem Hals der → Gorgo Medusa entsprungenen *geflügelten Pferdes*, das er einst in Korinth zu zähmen vermochte, bestand B. alle Prüfungen siegreich und erhielt die Tochter des Iobates zur Frau. Hochmütig versuchte er später, auf dem Pegasos in den → Olymp zu fliegen. Eine von → Zeus geschickte Stechfliege machte aber den Pegasos scheu, so daß sich B. mit zerschmetterten Gliedern auf der Erde wiederfand.

Die Ankunft des B. mit der todbringenden Botschaft in Tiryns zeigt ein apul. Stamnos (um 400 v. Chr.; Boston, MFA). Der Kampf mit der Chimaira ist schon aus protokorinth. Vasenbildern bekannt (Aryballos, um 650 v. Chr.; Boston, MFA), auch aus att. und süditalien., später aus pompejan. Wandgemälden. Auf einem von der Insel Melos stammenden Terrakottarelief (um 450 v. Chr.; London, BM) ist Pegasos ungeflügelt. B. figuriert auch auf korinth. Münzen, in röm. Zeit auf Sarkophagen, im 5. Jh. n. Chr. auf einem berühmten Elfenbein (London, BM). In der Neuzeit findet sich das Thema selten. Eine kleine, von den Pferden am Quirinal in Rom abgeleitete florentin. Bronze von BERTOLDO DI GIOVANNI (um 1480; Wien, KM) zeigt die Bändigung des Pegasos durch B. Auf einer Skizze von Rubens fällt B. vom Rücken des Pegasos auf die Erde, dem aufgerissenen Rachen der Chimaira entgegen (um 1635; Bayonne, MB).

Quellen: Apollodor, Bibliothek 2,3; Homer, Ilias 6,155–205; Pindar, Olympische Hymnen 13,60–91.
Lit.: S. Hiller, Bellerophon. Ein griech. Mythos in der röm. Kunst, 1970; J.-M. Moret, Le départ de Bellérophon sur un cratère campanien de Genève, in: Antike Kunst 15 (1972) S. 95–106; K. Schefold, Die Urkönige Perseus, Bellerophon, Herakles und Theseus in der klassischen und hellenistischen Kunst, 1981.

Boreas, röm. **Aquilo.** Der in Thrakien beheimatete Gott des Nordwindes ist ein Abkömmling des Titanensohns Astraios und der → Eos, Bruder der Winde → Zephyros und Notos. Er entführte Oreithyia, die Tochter des Athenerkönigs Erechtheus, und knüpfte so ein Band zwischen Thrakien und dem zuvor feindlichen Athen. Zum Dank für seine Hilfe bei der Vernichtung der pers. Flotte schufen die Athener 480 v. Chr. einen Kult zu seinen Ehren. In Homers ›Odyssee‹ bringt B. den → Odysseus auf Geheiß → Poseidons vom Kurs ab. Seine Söhne Zetes und Kalais, die Boreaden, waren Teilnehmer des Argonautenzugs.

B. ist *bärtig*, mit *wirrem Haar*, und *geflügelt*. Auf einer böot. Vase (um 440 v. Chr.; Oxford, AM) bläst er *mit vollen Backen* das Floß des Odysseus aus dem Kurs. Als Verfolger der Oreithyia erscheint der struppige, oft an der Kleidung als Thraker kenntliche Gott in der att. Keramik mehrfach (Krater des Boreasmalers, um 470 v. Chr.; Bologna, Mus. Archeologico · Hydria des Niobidenmalers, um 460 v. Chr.; Basel, Ant.), als ihr Entführer sie umfassend auf einer Spitzamphora des Oreithyiamalers (um 470 v. Chr.; München, Ant.) und auf einem silbernen Rhyton (um 410 v. Chr.; Triest, Mus. di Storia ed Arte) sowie in einer Skulptur, dem Fragment eines Akroters vom Apollontempel in Delphi (Mus.; um 425 v. Chr.). Das Motiv der Entführung wurde im Barock aufgegriffen,

Boreas treibt das Floß des Odysseus vom Kurs ab
Böotischer Skyphos, um 440 v. Chr. (Oxford, Ashmolean Museum)

u. a. von ANN. CARRACCI (um 1600; Grisaille im Pal. Farnese, Rom), von RUBENS (um 1615; Wien, Akademie) und F. SOLIMENA (drei Fassungen, davon eine in Rom, Palazzo Spada, eine zweite, vor 1729, in Wien, KM). Es eignete sich besonders gut für Deckenbilder (G. PELLEGRINI, 1720/21; Louvre), die dann oft auf eine stürzende Diagonale ausgerichtet sind.

Quelle: Ovid, Metamorphosen 6,681–721.
Lit.: K. Neuser, Anemoi, 1982.

Brutus. Lucius Iunius B. – nicht zu verwechseln mit Marcus Iunius B., dem Caesar-Mörder – war ein Neffe des röm. Königs Tarquinius Superbus und im 6. Jh. v. Chr. die maßgebliche Kraft bei der Ablösung der tarquinischen Könige und der Etablierung der Republik. Er war es, der den Dolch aus der Brust der → Lucretia zog, den mit ihrem Selbstmord verbundenen Skandal aufdeckte und so die Revolte und den Sturz des Regimes auslöste. Bis dahin hatte er den Idioten gespielt (*brutus:* »Dummkopf«), um vor der Schreckensherrschaft der Tarquinier sicher zu sein. Neben Collatinus, dem Gemahl der Lucretia, wurde B. Konsul der 508 begründeten Republik. Als man nach einer gescheiterten Verschwörung zur Wiedereinführung der Monarchie erkannte, daß B.' eigene Söhne Titus und Tiberius daran beteiligt waren, leitete er selbst als Konsul ihre Hinrichtung.

Ein Idealporträt des B. zeigen Denare, die 59 v. Chr. M. I. Brutus, der sich für seinen Nachkommen hielt, als der für das Münzwesen zuständige Magistrat schlagen ließ. B. kommt hin und wieder in Darstellungen des Todes der Lucretia vor, sei es nur als Zeuge ihres Selbstmordes, sei es als derjenige, der mit ihrem letzten Seufzer ihre Bitte um Vergeltung vernimmt, oder einfach mit dem blutigen Dolch in der Hand. BOTTICELLI

Liktoren bringen Brutus die Leichen seiner Söhne
Jacques-Louis David, 1789
(Paris, Louvre)

(›Geschichte der Lucretia‹, 1500; Boston, GM) zeigt zwischen dem Verbrechen an Lucretia und ihrem Selbstmord die politischen Folgen auf: B. weist den Soldaten den Leichnam der jungen Frau vor, um sie zur Revolte anzustacheln. Zweites bildwürdiges Thema aus dem Leben des B. ist der Tod seiner Söhne. Ein Gemälde von G. Léthière (1812; Louvre) behandelt ihre Hinrichtung auf dem Forum, mit einem ungerührt die allseits geäußerten Bitten um Begnadigung überhörenden B. und seinem in demütiger Haltung verharrenden zweiten Sohn, während der Leichnam des ersten bereits weggeschafft wird. Das darauf folgende Geschehen hat J.-L. David geschildert: ›Die Liktoren bringen B. die Leichen seiner Söhne‹ (1789; Louvre); Zeugen sind seine von Entsetzen und Verzweiflung ergriffene Frau und zwei Töchter. In beiden Bildern kommt das Exemplum virtutis zwischen der Vaterliebe und der altröm. Tugendliebe, die das politische Handeln des B. leitete, zum Ausdruck.

Quelle: Livius, Ab urbe condita 59–60.

Lit.: O. Bätschmann, Das Historienbild als »Tableau« des Konflikts. Jacques-Louis Davids ›Brutus‹ von 1789, in: Wiener Jb. für Kunstgeschichte 39 (1986) S. 145–162; R. L. Herbert, David, Voltaire, ›Brutus‹ and the French Revolution. An Essay in Art and Politics, 1972.

Busiris. Dieser ägypt. König pflegte, um das Ende einer quälenden Dürre zu erwirken, den Göttern die durchreisenden Fremden zu opfern. So kam es, daß auch → Herakles, von Libyen einreisend, zum Opferaltar geführt wurde. Als er merkte, wozu er ausersehen war, zerriß er seine Fesseln und metzelte die Ägypter samt ihrem Pharao nieder.

Auf einer Reihe von att. Vasen ist die Opferszene als Moment großer Verwirrung wiedergegeben: die Opfergeräte fallen zu Boden, und Herakles greift sich die Knechte der Ägypter, um sie als Waffe zu benutzen, während der Pharao zum Altar der Götter flieht. Das Thema ist um 510–500 v. Chr. zweimal vom Vasenmaler Epiktetos behandelt worden, mit Abweichungen nur im Detail (London, BM, und Rom, VG). In der Neuzeit scheint es niemand aufgegriffen zu haben.

Quelle: Apollodor, Bibliothek 2,5,11.

Butades. Eine von Plinius d. Ä. überlieferte Legende über die Entstehung der *Zeichnung* berichtet von einem Mädchen aus Korinth (dessen Name andere mit »Dibutades«, Tochter des B., überliefern), es habe, als sein Geliebter vor einer langen Reise stand, dessen vom Schein einer Lampe auf die Wand geworfenen *Schatten* im Umriß nachgezeichnet. Ihr Vater B., ein Töpfer, soll den Umriß mit Ton gefüllt und ein Relief des jungen Mannes in Terrakotta gefertigt haben.

Butades (›Die Erfindung der Zeichnung‹) Robert Tournières, 1716 (Gemäldeausschnitt) (Paris, École des Beaux-Arts)

Vor dem 17. Jh. ist diese Legende nie im Bild dargestellt worden. Die Renaissance hatte ihr eine etwas allgemeinere Überlieferung vorgezogen, in Leonardos Worten: »Die erste Malerei war die Umrißlinie des Schattens eines Menschen, den die Sonne auf eine Wand warf.« Zwei graphische Blätter mit dem im Schein einer Lampe zeichnenden Mädchen (beide Wien, A) belegen das Interesse der Maler an dem Plinius-Bericht, das eine, ein Stich von 1675 nach J. SANDRART, das andere eine fast ein Jahrhundert jüngere Zeichnung von B. CALAU (1724–85). Im 18. Jh. wurde das Liebenswürdig-Galante des Themas hervorgehoben, z. B. im Gemälde ›Die Erfindung der Zeichnung‹ von R. TOURNIÈRES (1716; Paris, EBA); hier ist Amor, über dem Mädchen schwebend, ihm beim Aufweisen des Schattens behilflich und führt ihm die Hand. Ihre größte Verbreitung fand die Legende in den Jahren zwischen 1770 und 1820; man sah in ihr ein Sinnbild der Liebe als Quelle der Kunst.

Quelle: Plinius d. Ä., Naturgeschichte 35,151.
Lit.: P. Georgel / A.-M. Lecoq, La Peinture dans la peinture, 1987, S. 100–103.

Cacus und Herakles
Etruskischer Spiegel, 5. Jh. v. Chr. (London, British

Cacus, ein Sohn des → Hephaistos/Vulcanus, lebte in einer Grotte des Aventin in Rom und trieb dort sein Unwesen als feuerspeiender Riese. Als → Herakles mit der Rinderherde, die er Geryones gestohlen hatte, am Ufer des Tibers haltmachte, stahl ihm C. seinerseits einen Teil der Herde; er zog die Rinder rückwärts an den Schwänzen in seine Höhle, um keine verräterischen Spuren zu hinterlassen. Doch eine der Kühe begann in der Höhle zu brüllen, Herakles bemerkte die List, erwürgte C. und schleifte seine Leiche an den Füßen aus der Höhle.

Wie die Römer dem Herakles ihren Dank für die Befreiung von dem Monster bezeugen, das im Hintergrund tot vor seiner Höhle liegt, zeigt ein antoninisches Medaillon (um 140–143 n. Chr.), eine der wenigen C.-Darstellungen in der röm. Kunst. Der Kampf von Herakles und C. ist das Thema einiger nachantiker Skulpturen, u. a. der Marmorgruppe von B. BANDINELLI auf der Piazza della Signoria in Florenz (zw. 1525 u. 1534). DOMENICHINOS Landschaft mit Herakles, der den C. aus seiner Räuberhöhle zerrt (um 1621; Louvre), bildet das Gegenstück zu seiner Landschaft mit Herakles im Kampf mit → Acheloos in Tiergestalt (Louvre), einem zweiten wilden Monster also. POUSSIN hat Herakles und C. ebenfalls in einer Landschaft geschildert (um 1660; Moskau, PM). Entschieden dramatischer gab F. LE MOYNE das Geschehen wieder (›Herakles erschlägt C.‹, um 1718; Paris, EBA, sein Aufnahmestück für die Akademie, Skizze dazu im Louvre): Die zu voller Wucht gesteigerte Kraft des Herakles kommt über den schon geschlagen am Boden liegenden, sichtlich von Schrecken gezeichneten C.

Quellen: Ovid, Fasti 1,543–578; Vergil, Aeneis 8,184–267.

Caeneus/Caenis → Kaineus

Caesar. Der aus der Patrizierfamilie der Iulier stammende Politiker und Feldherr Gaius Iulius C. (100–44 v. Chr.) war mit der »Volkspartei« der Popularen verbunden und gehörte somit in das Parteilager der Sulla-Gegner Marius und Cinna. Nach Studienjahren auf Rhodos kehrte er im

Jahr 73 nach Rom zurück. Er wurde bald Senator und bekleidete dann mehrere hohe Ämter. 67 heiratete er in zweiter Ehe in die Familie des Pompeius ein, mit dem – und Crassus – er 60 das erste Triumvirat schließen sollte. 65 wurde er zum Ädil gewählt, als der er sich durch seine Freigiebigkeit beliebt machte, 62 wurde er Prätor, 59 Konsul, 58 Statthalter von Dalmatien, Gallia Cisalpina (Norditalien) und Gallia Transalpina (Südfrankreich). Zwischen den Jahren 58 und 51 eroberte er das Keltenland als röm. Provinz Gallia, wie in ›De bello gallico‹ von ihm selbst beschrieben. Im Jahr 49 überschritt er den Rubicon, den Grenzfluß von Gallia Cisalpina, und marschierte mit seinem Heer auf Rom, statt, wie der Senat ihm befohlen hatte, es aufzulösen. Die Folge war ein vierjähriger Bürgerkrieg (›De bello civile‹). Das Heer des entflohenen Pompeius schlug er in Spanien und, entscheidend, bei Pharsalos in Griechenland im Jahr 48. Pompeius entkam nach Ägypten, wo er auf Befehl eines Ministers des Königs Ptolemaios XIII. ermordet wurde. C., dem man den Kopf seines Gegners bringen ließ, bestrafte die Mörder und entledigte sich bis zum Jahr 46 der letzten Anhänger des Pompeius; den ägypt. Thron machte er für → Kleopatra frei. Als Beherrscher der mittelmeerischen Welt feierte er dann in Rom seinen fünften Triumph. 49 schon ein erstes Mal zum Dictator gewählt, wurde er jetzt wieder und für zehn Jahre dazu bestimmt. Damit war seine absolute Herrschaft bestätigt, ohne daß nach außen die republikanische Staatsordnung außer Kraft gesetzt worden wäre. Die Widersprüche, die sich daraus ergaben, waren dann aber immer schwieriger zu überbrücken, und um die Fülle seiner Macht für alle Zukunft zu sichern, adoptierte C. seinen Großneffen Octavianus. Schließlich wünschte er seinen Titeln eines Dictators und Censors noch den eines Königs hinzuzufügen. In der Senatssitzung an den Iden des März (15. März) im Jahr 44, in der er ihn erhalten sollte, trafen ihn aus einer Verschwörergruppe um Marcus Iunius Brutus die tödlichen Dolchstöße.

Iulius Caesar
Römische Büste, 1. Jh. v. Chr. (Neapel, Museo Archeologico Nazionale)

Das Porträt des Iulius C. ist in zeitgenössischen und späteren Büsten, Statuen und Münzbildern überliefert, z. B. in einer Statue in Rom (MC), die ihn im Brustharnisch und Paludamentum mit einem Apfel in der rechten Hand zeigt, und in einem kolossalen Seitenstück dazu im Louvre (Marmor) mit ganz ähnlichem (ergänzten) Kopf. Eine Büste in Neapel (MN) und zwei weitere in den Uffizien stimmen weitgehend mit Münzbildern überein. Im Mittelalter wurde C. meist als einer der Neun (→ Tugend-)Helden gezeigt, in der Neuzeit figuriert er in der Reihe der Imperatorenbilder. Manche Souveräne ließen sich, wie noch Napoleon III., gern als C. darstellen, mit den antiken Insignien seiner Würde (*Toga*, *Lorbeerkranz* usw.). Im 15. Jh. entwickelte sich eine bedeutende C.-Ikonographie. Eines ihrer lange Zeit vorbildlichen Hauptwerke ist der für den Herzogspalast der Gonzaga in Mantua bestimmte Triumph C.s (um 1484 – um 1492) von MANTEGNA (heute in Schloß Hampton Court bei London). Die neun großformatigen Leinwände bilden einen Bilderfries des prozessionsartigen Triumphzugs C.s, in dem die röm. Antike in allen

Einzelheiten des militärischen Geräts, der Rüstung, Kleidung usw. detailgetreu vergegenwärtigt wird. Unter den Einzelszenen aus C.s vor allem durch Plutarch überlieferter Biographie findet sich zwischen dem 16. und 18. Jh. häufig die Szene, in der ihm das Haupt des Pompeius gezeigt wird. Ohne ein Zeichen des Hasses wendet er sich von diesem Objekt des Schreckens ab, so seinen Abscheu vor den Methoden der ägypt. Barbaren demonstrierend (M. Fogolino, 1532; Trient, Castello del Buonconsiglio, neben drei weiteren C.-Szenen · L. J. Lagrenée, 1767; Rouen, MBA). In einem Bild von A. Zanchi (1631–1722) in der Casa Marchesi Gravisi von Capo d'Istria zeigt C. mit der Hand auf das blutige Haupt seines Feindes und richtet dabei den Blick zum Himmel, als wolle er die Götter als Zeugen für sein Bedauern über diese schändliche Tat anrufen. Von den herausragenden Kriegstaten C.s bot das Überschreiten des Rubicon Gelegenheit zu einigen ikonographischen Besonderheiten: der nachdenkliche Feldherr zu Pferd am Fluß, im Moment seines historischen Entschlusses. Die historisierende Malerei des 19. Jh. hat sich mehrfach dieses Themas angenommen (R. C. Boulanger, Gemälde im Salon von 1857 · P.-M.-J. Chenavard, Kartons zu unausgeführten Wandgemälden im Pariser Panthéon, 1848–51; Lyon, MBA). Ein seit dem 15. Jh. ergiebiges Sujet war die Ermordung C.s (Jacopo del Sellaio, Tafeln mit der Vorbereitung und Ausführung des Mordes; ehemals Berlin, Kaiser-Friedrich-Mus., 1945 vernichtet); es gehört auch zu L. Laguerres C.-Bildern in Schloß Chatsworth (1692–94) und wurde noch im 19. Jh. u. a. von G. Rochegrosse (1887; Grenoble, Mus. de Peinture et de Sculpture) und K. von Piloty (1865; Hannover, NL) behandelt. Manche zeigten die Momente danach, den Abzug der Verschwörergruppe und den von ihnen zurückgelassenen Leichnam (J. L. Gérôme, 1867; Baltimore, WG) oder den auf dem Forum aufgebahrten C. (J. D. Court, 1827; Louvre).

Quellen: Caesar, De bello gallico, De bello civile; Lukan, Bellum civile (Pharsalia); Plutarch, Caesar; Sueton, De vita Caesarum 1.

Lit.: A. Martindale, The Triumphs of Caesar by Andrea Mantegna, 1979; A. Weese, Die Caesarteppiche im Historischen Museum zu Bern, 1911; R. L. Wyss, Die Caesarteppiche und ihr ikonographisches Verhältnis zur Illustration der ›Faits des Romains‹ im 14. und 15. Jh., Diss. Bern 1957; Z. Yavetz, Julius Caesar and his Public Image, 1983.

Camillus. Der republikanische Feldherr Marcus Furius C. nahm an der Spitze der röm. Truppen 396 v. Chr. nach zehnjähriger Belagerung die etrusk. Stadt Veji ein. Als Staatsmann bewährte er sich in den Ämtern eines Censors, eines Tribunen und des Dictators. Man nannte ihn den zweiten Gründer Roms, weil er die Stadt 387 v. Chr. von den Galliern befreit hatte. Viele seiner Taten hinterließen in der legendären Geschichte Roms ihre Spuren. Als ihm bei der Belagerung von Falerii, einer etrusk. Stadt nordöstlich von Rom, ein Lehrer seine Schüler, die Kinder der vornehmsten Familien der Stadt, mit den Worten zuführte, er gebe Falerii in

Camillus und der Falerner Schulmeister
Nicolas Poussin, 1637 (Gemäldeausschnitt) (Paris, Louvre)

die Hände der Römer, indem er ihnen die Söhne der Stadtoberen ausliefere, schickte C. die Kinder samt ihrem Schulmeister empört zurück; er ließ den Buben *Ruten* geben, mit denen sie ihren nackt ausgezogenen Lehrer auf dem ganzen langen Rückweg nach Hause peitschen sollten. Bei der Besetzung Roms durch die Gallier unter Brennus glaubten die Römer, das Kapitol nicht länger halten zu können, und kauften sich mit einer bedeutenden Summe Gold frei. Einem röm. Tribunen, der dagegen protestiert hatte, daß Brennus sein Schwert zum Gewicht noch in die Waagschale gelegt hatte, schleuderte Brennus den berühmten Ausspruch »Vae victis!« (»Wehe den Besiegten!«) entgegen. C. erklärte die Abmachung für null und nichtig, stürzte sich in neuformierter Schlachtlinie auf die Gallier und hieb die ihre auseinander. Einem jungen Heerführer, Lucius Furius, der sich übereilt in eine Schlacht eingelassen und sie verloren hatte, bewies C. großmütige Nachsicht; er bestrafte ihn nicht und betraute ihn mit weiteren Kommandos.

Im Palazzo Vecchio von Florenz hat F. Salviati 1543–45 einen C.-Freskenzyklus mit u. a. seinem Triumph als Feldherr gemalt. Die Großmut, die er Lucius Furius entgegenbrachte, schildert ein Fresko vom Anfang des 15. Jh. in der Anticappella des Sieneser Palazzo Pubblico. Der Vorfall mit dem Schulmeister von Falerii ist im 16. und 17. Jh. einige Male dargestellt worden, so von B. Breenbergh (›Die Bestrafung des Schulmeisters von Falerii‹, um 1633–35; Kassel, SM) und Poussin (1637; Louvre). Poussin suchte die Milde des röm. Feldherrn hervorzuheben und zugleich die Verurteilung des Täters und seine Bestrafung einsichtig zu machen. Das »Vae victis!« des Brennus findet sich in einem Fresko der Villa Thiene bei Vicenza (A. Canero, Mitte 16. Jh.) und in einem Gemälde von S. Ricci (um 1715–20; Ajaccio auf Korsika, Mus.), auch bei Perino del Vaga (›Brennus, von der Ankunft des C. überrascht‹, um 1530; Genua, Palazzo Doria).

Quellen: Livius, Ab urbe condita 5,27.47–49; Plutarch, Camillus; Valerius Maximus, Facta et dicta 5,3,2.

Castor → Kastor

Cato. Der Urenkel des als Gegner der Karthager bekannten Cato Censorius (»Ceterum censeo Carthaginem esse delendam«, »im übrigen bin ich der Meinung, daß Karthago zerstört werden muß«, war seine Schlußformel in jeder öffentlichen Rede), Marcus Porcius C., genannt C. der Jüngere oder C. Uticensis (95–46 v. Chr.), war u. a. Quaestor, Volkstribun und Praetor. Er erwirkte die Todesstrafe für Catilina als Aufrührer und Staatsfeind. Als konservativer Republikaner wechselte er als politischer Gegner Iulius → Caesars zur Partei des Pompeius. Er war berühmt für seine Tugend und Integrität. Stoiker, der er war, zog er es vor, sich eher selbst den Tod zu geben als den Niedergang der Republik miterleben zu müssen. Als Stadtkommandant von Utica in Numidien Caesar unterlegen, nahm er Platons ›Phaidon‹ über den Tod des → Sokrates und die Unsterblichkeit der Seele zur Hand und stieß sich dann einen *Dolch* in den Leib. Als man ihm zu Hilfe kommen wollte, vergrößerte er die Wunde und starb.

Laut Plutarch stand am Strand von Utica eine Statue des C. mit dem *Schwert* in der Hand. Verschiedene antike Büsten sind als C.-Porträts bezeichnet worden (u. a. Vatikan), doch nur ein Bronzekopf aus Volubilis in Marokko (Rabat, Archäologisches Mus.) gilt als beglaubigtes Bildnis. In der Neuzeit erscheint er nicht selten in der Reihe berühmter Männer (Anfang 15. Jh.; Siena, Anticappella des Palazzo Pubblico), zugleich wurde der Tod des C. ein Bildthema (D. Beccafumi, um 1525; Siena, Palazzo Bindi Sergardi). Bei Guercino (1637; Marseille, MBA · um 1640; Genua, Palazzo Rosso) durchbohrt er sich mit einem Schwert, C. Le Brun (um 1645; Arras, Mus. de l'Ancienne Abbaye St-Vaast) zeigt ihn in den letzten Zügen; ein offenes *Buch* erinnert an die für seinen Freitod maßgebliche stoische Philosophie. Entsprechend den republikanischen Tugendidealen, wie sie die Französische Revolution ihren Bürgern als vorbildlich vor Augen zu führen pflegte, lautete das Thema für den Rompreis der Pariser Akademie 1797: »Der Tod des C. Uticensis«. Die Teilnehmer an der Konkurrenz mußten den Moment darstellen, da der von eigener Hand tödlich Verletzte alle Hilfsbemühungen zurückweist. Den Preis erhielten ausnahmsweise drei Kandidaten (P. Guérin, P. Bouillon und L. A. G. Bouchet). Alle drei hatten die Szene unpersönlicher als alle ihre Vorgänger interpretiert: Mit schmerzverzerrtem Gesicht und theatralischer Geste weist C. den Arzt zurück; sein Sohn und die Dienerschaft bringen ihr Entsetzen deutlich zum Ausdruck.

Quelle: Plutarch, Cato der Jüngere.

Lit.: G. Oberreuter-Kronabel, Der Tod des Philosophen. Untersuchungen zum Sinngehalt eines Sterbebildtypus der frz. Malerei in der 2. Hälfte des 18. Jh., 1986.

Cerberus → Kerberos

Ceres → Demeter

Chariten/Grazien. Die Ch. sind Göttinnen der Schönheit, welche die Menschen mit lieblichen Gaben beschenken. Im → Olymp gehören sie zur Begleitung der → Aphrodite oder der → Musen und → Apollons, des → Hermes oder des → Eros. Im allgemeinen betrachtet man sie als Töchter des → Zeus, doch variieren die Angaben über ihre Herkunft, Namen und Zahl. Nach Hesiod sind es in klassischer Zeit drei namens Aglaia (die Strahlende), Euphrosyne (die Fröhliche) und Thalia oder Thaleia (die Blühende). In der bildenden Kunst erscheinen die Ch. im Gefolge der Götter, die an der Hochzeit von → Thetis und → Peleus teilnehmen (›François-Vase‹, um 570 v. Chr.; Florenz, MA); auf einem spätarchaischen Relief aus Thasos (um 480 v. Chr.; Louvre) treten sie bekleidet vor Hermes. Seit dem 4. Jh. v. Chr. findet der Typus der drei nackten, sich an der Schulter fassenden Ch. weite Verbreitung; die mittlere Figur ist dabei in Rückansicht, die beiden äußeren sind in wechselndem Profil gegeben. Nach → Seneca entsprechen ihre Stellungen dem dreifachen Aspekt einer Gabe: Schenken, Annehmen, Danken. Als berühmteste Beispiele ihrer Gattung gelten eine Skulpturengruppe im Mus. dell'Opera Metropolitana des Doms von Siena (röm. Replik nach hellenistischem Original) und ein Fresko des 1. Jh. v. Chr. aus Pompei (Neapel, MN). Die Humanisten der Renaissance haben dieses Motiv aufgegriffen und erweitert, indem sie ihm eine dreifache Bedeutung der Liebe – Schönheit, Verlangen, Erfüllung – oder eine dreifache Allegorese – Keuschheit, Schönheit, Liebe – beilegten. In BOTTICELLIS ›Frühling‹ (1477/78; Uffizien) tanzen die drei – hier bekleideten – Grazien als Wollust, Keuschheit und Schönheit einen Reigen neben Venus. RAFFAEL (um 1505; Chantilly, MC) und CORREGGIO (1519; Parma, Camera di S. Paolo) griffen auf die Stellung der antiken Figurengruppe zurück. Eine deutliche Analogie zu den drei Ch. äußert sich in manchen Darstellungen der drei Göttinnen beim → Paris-Urteil (CRANACH D. Ä., ›Das Urteil des Paris‹, 1527; Stockholm, SM). Daß dieses Motiv Gelegenheit bot, statt eines einzigen weiblichen Akts gleich drei zu zeigen, sicherte ihm den Erfolg. RUBENS hat es in vier, BOUCHER in fünf Versionen verwendet. Bildhauer, z. B. G. PILON (1561; Louvre) und CANOVA (1813; Eremitage), haben das Thema selbstverständlich auch aufgegriffen. Canova kehrte die Stellung der Ch. um und zeigte die mittlere von vorn. Ganz so auch THORVALDSEN (1817–19; Kopenhagen, TM), der den dreien einen kleinen Amor mit Lyra beigesellte.

Quellen: Hesiod, Theogonie 905; Seneca, De beneficiis 1,3,2.

Lit.: E. Wind, Seneca's Graces; in: E. W., Pagan Mysteries in the Renaissance, [2]1968, S. 26–52.

Die drei Grazien
Pompejanisches Wandbild, 1. Jh. v. Chr. (Neapel, Museo Archeologico Nazionale)

Die drei Grazien
Sandro Botticelli, 1477/78 (Gemäldeausschnitt aus ›Der Frühling‹) (Florenz, Uffizien)

Charon
Attische Lekythos, um 440 v. Chr. (Paris, Louvre)

Charon ist der Fährmann, der in seiner *Barke* die Toten über den Acheron oder die Styx, Grenzflüsse zur Unterwelt, in den → Hades führt. Alt und häßlich, trägt Ch. eine *spitze Mütze* und einen kurzen Bart. Sein Boot steuert er mit einer langen Stange.

Auf att. Grabvasen vom Ende des 5. Jh. erscheint er oft zusammen mit → Hermes, der ihm die Toten zuführt. In der etrusk. Bilderwelt wirkt er noch furchterregender, als *geflügelter* Dämon mit Hakennase und einem Hammer in der Hand (Ende 4. – Anfang 3. Jh. v. Chr.; Tarquinia, Tomba dell'Orco). In der Kunst der Neuzeit mußte er mit den christlichen Totengeleitern konkurrieren und tauchte daher selten auf. J. PATINIR schilderte ihn 1524 (Prado) bei der Überquerung der Styx in einer weiten Landschaft, in der sich das christliche, von Engeln bewohnte Paradies und die heidnische, von → Kerberos bewachte Unterwelt gegenüberstehen. P. SUBLEYRAS (1699–1749) gab im 18. Jh. das Thema als Aktstudie (Louvre); die in weiße Gewänder gehüllten Menschenschatten kontrastieren zur nackten Rückenfigur des Fährmanns. Als literarische Quellen dienten Vergils ›Aeneis‹ und Dantes ›Divina Commedia‹, so in G. M. CRESPIS Gemälde ›Aeneas und die Sibylle von Cumae besteigen Ch.s Nachen‹ (um 1700; Wien, KM) und in Dante-Illustrationen seit dem Mittelalter, vgl. J. A. KOCHS Fresken (1824–29) im Dante-Zimmer des Casino Massimo in Rom.

Quellen: Aristophanes, Frösche 138–140, 180–269; Dante, Divina Commedia: Inferno 3,82–129; Vergil, Aeneis 6,295–330.384–416.

Cheiron (auch *Chiron*) war ein → Kentaur, Sohn der Philyra und des → Kronos, folglich unsterblich. Um seine wachsame Gattin Rhea zu täuschen, soll Kronos bei Philyra die Gestalt eines Pferdes angenommen haben, woher die Doppelnatur des Ch. rührte. Doch im Unterschied zu den anderen, den gewalttätigen und ungebärdigen Kentauren war Ch. weise und gelehrt. Er kannte die geheimen Heilkräfte der Pflanzen und beherrschte die Kunst der Medizin, des Jagens, der Bildhauerei und der Musik. Ihm wurden mehrere griech. Helden zur Erziehung in seiner Höhle am Pelion anvertraut, u. a. → Achilleus, → Aktaion, → Iason und → Asklepios. Er wurde unglücklich durch einen Giftpfeil des → Herakles verwundet und soll nur deshalb durch den Tod von seinen Schmerzen erlöst worden sein, weil → Prometheus seine Unsterblichkeit auf sich nahm. Als Sternbild wurde Ch. unter dem Namen Centaurus berühmt.

In der antiken Kunst Griechenlands, vor allem in der att. Vasenmalerei, hat Ch. bis in klassische Zeit einen vollständigen menschlichen Körper, dem der *Hinterleib eines Pferdes* angefügt ist (Amphora des OLTOS, um 510 v. Chr.; Louvre). Oft ist er wie ein Mensch gekleidet; so empfängt er Peleus, der den kleinen Achilleus auf seinen Armen zu ihm bringt (weißgrundige Oinochoe aus Vulci, um 510 v. Chr.; London, BM). Auf zwei Wandgemälden aus Pompei und Herculaneum lehrt er den Achilleus das Kitharaspiel, nun in Pferdegestalt mit menschlichem Oberkörper (beide um 70 n. Chr.; Neapel, MN). Als Erzieher vor allem wieder des Achilleus erscheint Ch. in der Renaissancemalerei; die entsprechenden Wandgemälde von Rosso Fiorentino in Schloß Fontainebleau (1535–40) bezeugen indessen vor allem die Vorlieben des Königs Franz I.: Fechten, Schwimmen, Jagen und Turnierkampf. Im Achilleus-Zyklus von Rubens (um 1631; Prado) reitet der junge Achilleus auf dem Kentauren, in einem Gemälde G. M. Crespis (um 1700; Wien, KM) wird ihm das Bogenschießen beigebracht. Den sterbenden Ch. malte Filippino Lippi (um 1500; Oxford, Christ Church College).

Quellen: Apollodor, Bibliothek 1,2,4, 2,5,4, 2,5,11, 3,10,3, 3,13,3–6; Statius, Achilleis 2,381–452.

Cheiron
Attische Oinochoe, um 510 v. Chr. (London, British Museum)

Chloris → Flora

Cincinnatus (um 520–439 v. Chr.), ein Nationalheld der Römer, war Staatsmann und Bauer zugleich. Als Patrizier wurde Lucius Quinctius C. zweimal in prekären Situationen der Stadt zum Dictator gewählt, das erste Mal im Jahr 458 während des Krieges gegen die Aequer und Sabiner, das zweite Mal 439, als in Rom soziale Unruhen ausgebrochen waren. Wenn er von öffentlichen Verpflichtungen frei war, kehrte er auf das Land zurück und führte selbst den *Pflug*, den er eines Tages nur unwillig stehenließ, als die Lictoren ihm die Insignien seiner Dictatorenwürde überbrachten. C. verkörperte die Tugenden des alten Rom: Er war Bauer, Staatsmann und Soldat zugleich, seine hervorragendsten Eigenschaften beruhten auf der Schlichtheit seiner Lebensführung und der Uneigennützigkeit seines Charakters.

Seit der Renaissance erscheint C. oft in der Reihe berühmter Männer neben anderen illustren Persönlichkeiten der Antike, z. B. → Scipio Africanus und Perikles (Perugino, Fresko im Collegio del Cambio in Perugia, 1497), oder als Pendant eines anderen Römers, des für seine Unbestechlichkeit gerühmten → Curius Dentatus (J. H. Tischbein, 1788), hier bei der Berufung durch Abgesandte des Senats vom Pflug weg, dem zwischen 16. und 19. Jh. meistbehandelten Sujet in Staffeleibildern, wie z. B. einem Gemälde von A. Cabanel (1823–89; Montpellier, MF), und, öfter

Cincinnatus, Perikles, Scipio, Horatius Cocles, Leonidas, Lucius Licinius (von rechts)
Pietro Perugino ›Fortitudo und Temperantia mit sechs Helden der Antike‹, 1497 (Freskenausschnitt) (Perugia, Collegio del Cambio)

noch, in meist höchst ambitionierten Wandgemälden, wie DELACROIX' Ausmalung der Kuppel in der Bibliothek des Palais Luxembourg in Paris (1840–46).

Quellen: Livius, Ab urbe condita 3,26, 4,13–16 und passim; Valerius Maximus, Facta et dicta 4,1,4.

Circe → Kirke

Claudia Quinta. Dieser röm. Vestalin – sie lebte in der 2. Hälfte des 3. Jh. v. Chr. bzw. um die Wende zum 2. Jh. – wurden Eitelkeit und Gefallsucht nachgesagt, was zu bösen Verleumdungen hinsichtlich ihrer Sittenreinheit führte. Als im Jahr 204 → Hannibal Rom bedrohte, verkündete die um Rat gebetene → Sibylle von Cumae folgendes Orakel: Um über die Karthager die Oberhand zu gewinnen, müßten sich die Römer eine bestimmte *Kybele-Statue* (oder einen der Göttin heiligen Stein) aus dem Besitz des phryg. Königs Attalos beschaffen. Das gelang. Bei seiner Ankunft strandete indessen das *Schiff* mit dem Kultobjekt in der Tibermündung bei Ostia. In dieser Situation bat C. Q. die Göttin → Kybele, mit ihrer Hilfe eine Gelegenheit zum Beweis ihrer Keuschheit zu bekommen. So gelang es ihr, das Schiff an einem *Tau* (oder mit ihrem *Gürtel*) ins Fahrwasser zurückzuziehen. Augustinus erwähnt in seinem ›Gottesstaat‹ diese Tat der jungfräulichen Vestalin, die dann in christlicher Deutung ein Gleichnis der Jungfräulichkeit Marias wurde. Auch in Boccaccios ›Berühmte Frauen‹ wird C. Q. als röm. Tugendheldin genannt.

Es gab eine Statue der C. Q. im 191 v. Chr. geweihten (und mehrmals zerstörten) Kybeletempel auf dem Palatin in Rom, der göttliche Ehren erwiesen wurden. Ein Relief, das C. Q. bei ihrer Wundertat zeigt, blieb in Rom (MC) erhalten (Mitte 1. Jh. n. Chr.); es trägt die Inschrift »navis salvia«, »Schiffsretterin«. Die gleiche Szene findet sich auf Darstellungen aus Mittelalter und Renaissance, z. B. von GIROLAMO DA CARPI (1501–56; Rom, PC). MANTEGNA zeigte C. Q. bei der Einholung der Kultbüste inmitten der röm. Abordnung, die auf Betreiben des → Scipio Africanus von dessen Vetter Scipio Nasica angeführt wurde (sog. ›Triumph des Scipio‹, um 1505/06; London, NG). Das Bild eines anonymen Malers in der Pinakothek von Siena stellt Königin Elisabeth I. von England als C. Q. dar. Neben C. Q. erscheint manchmal eine zweite, von Au-

Claudia Quinta
Andrea Mantegna (›Der Triumph des Scipio‹), um 1505/06 (Gemäldeausschnitt) (London, National Gallery)

gustinus auch erwähnte Vestalin, Tuccia, die im Jahr 230 v. Chr. ebenfalls beschuldigt worden war, das Gebot der Keuschheit mißachtet zu haben; zum Beweis ihrer Unschuld trug sie mit Vestas Hilfe Wasser in einem Sieb (A. Riccio, um 1520–30; London, VA).

Quellen: Augustinus, Gottesstaat 10,16,2; Livius, Ab urbe condita 29,14; Ovid, Fasti 4,247–348; Silius Italicus, Punica 17,1–47.

Cloelia. Im Legendenschatz des alten Rom gehört C. zu einer Gruppe röm. Mädchen, die im Jahr 509 v. Chr. während der Belagerung der Stadt durch die Etrusker als Geiseln zu Porsenna gebracht wurden. Vom heldenhaften Mut der Römer, besonders von der Tat des → Mucius Scaevola beeindruckt, hatten sich die Etrusker ein Stück weit zurückgezogen. C. gelang es mit einigen anderen Mädchen, aus dem Lager der Feinde zu entkommen und auf ihrem *Pferd* den Tiber durchschwimmend Rom zu erreichen. Gemäß den Vereinbarungen mit den Römern forderte Porsenna die Geiseln zurück, doch voll Bewunderung für ihre Tat ließ er sie wieder frei. Er erlaubte ihnen sogar, das Lager mit wem sie wollten zu verlassen. Dionysios von Halikarnass und Valerius Maximus haben den Bericht des Livius modifiziert; sie lassen C. allein entkommen, um so ihrer heldenhaften Tat noch mehr Gewicht zu verleihen.

An der Via Sacra in Rom wurde C. eine Reiterstatue errichtet – eine ungewöhnliche Ehrung für eine Frau. Nach dem Zeugnis Plutarchs stand diese Statue noch zu seinen Lebzeiten (um 46–um 120 n. Chr.). Im übrigen ist keine Darstellung von ihr aus der Antike bekannt. C.s mutige Tat gab aber in der Malerei der Neuzeit ein gern verwendetes Motiv ab: Zu Pferd, wie eine Amazone, auf der Flucht oder wieder im etrusk. Lager vor Porsenna. Neben Mucius Scaevola, → Marcus Curtius und → Hora-

Cloelia und ihre Gefährtinnen fliehen aus dem Lager Porsennas
Pietro da Milano, Stich, um 1550

tius Cocles erscheint sie u.a. als Randfigur an FILARETES Bronzetür von St. Peter in Rom (1433–45), neben → Artemisia und der für ihren Kampfesmut berühmten Mithridates-Tochter Rhodogune (diese von C. VIGNON gemalt) in A. PAILLETS Deckenbildern in der Antichambre de la Reine des Schlosses Versailles (1673).

Quellen: Dionysios von Halikarnass 5,32,3–35,2; Livius, Ab urbe condita 2,13,6–11; Plutarch, Virtutes mulierum 14.

Coriolanus. Der röm. Feldherr Gnaeus Marcius (5. Jh. v. Chr.) verdankt seinen Beinamen C. der Eroberung der Volskerstadt Corioli im Jahr 493. Er war ein entschiedener Verteidiger des Patriziats, der Aristokratie, gegen die Plebeier, die ihm das Konsulat verweigert hatten. In seinem Ärger darüber ließ er sich dazu hinreißen, das geheiligte Amt des Volkstribunen in Frage zu stellen und während einer Hungersnot dafür zu plädieren, daß die Verteilung von Getreide an das Volk von der Auslieferung der Volkstribunen und der Abschaffung ihres Amtes als Volksvertretung abhängig gemacht würde. Der Senat verurteilte ihn dafür mit knapper Mehrheit zur Strafe des Exils. C. ging darauf zu den Volskern, die er so oft besiegt hatte. Mit deren Armeechef Tullus teilte er sich das Oberkommando und zog vor die Tore Roms zur Belagerung der Stadt. Wie Livius berichtet, begaben sich daraufhin seine Mutter Veturia (von anderen, z. B. Plutarch, Volumnia genannt) und seine Frau Volumnia (bei Plutarch Vergilia) mit den Kindern des C. und anderen Frauen in das Lager der Volsker, und Veturia bat C. in einer eindrucksvollen Rede, seine Heimatstadt zu verschonen. Tief bewegt antwortete er ihr, daß sie allein ihn damit besiegt habe, und verzichtete auf weitere Rache; die Volsker zogen auf seinen Befehl ab. Tullus wiegelte danach einige Leute gegen ihn auf, die bei einer Volksversammlung, in der sich C. verteidigte, über ihn herfielen und ihn niederstachen.

Der von den Bitten seiner Mutter und seiner Frau tief gerührte C. war seit dem 15. Jh. ein oft behandeltes Thema der Malerei (P. LASTMAN, 1625; Dublin, Trinity College · GUERCINO, 1643; Caen, MBA). Die Szene lebt von den in den Hauptpersonen verkörperten Gegensätzen: Hier die bittflehenden Frauen, dort der waffenstarrende Feldherr in seinem rachedurstigen Furor. Die Haltung der mehr oder weniger zahlreichen Nebenfiguren, der röm. Frauen um die beiden Wortführerinnen und der Soldatengruppe hinter C., entspricht jeweils dem Gestus ihrer Protagonisten. Schauplatz des Geschehens ist meist eine Landschaft vor Rom, wie es den antiken Berichten entspricht; in einem Gemälde von JAN. ZICK (1791; Ulm, Städtisches Mus.) spielt die Szene jedoch in Rom selbst. Die Anwesenheit beider feindlichen Heere steigert in diesem Falle die Dramatik der Begegnung. Da halten röm. Frauen ihre Kinder hoch, scheinen sich Volumnia und C. in die Arme fallen zu wollen und hat die ganz in Schwarz gehüllte Veturia den Blick von ihrem Sohn abgewendet, um kniend ein Gebet zu sprechen. Wie bei POUSSIN (um 1650–55; Les Ande-

Coriolanus und die Frauen von Rom
Nicolas Poussin, um 1650–55
(Les Andelys, Rathaus)

lys bei Rouen, Rathaus) werden manchmal ein oder zwei Kinder des C. in den Armen ihrer Mutter oder neben ihr mit flehenden Gebärden zu ihrem Vater hin gezeigt. Poussin hat der Szene eine → Athena als Beobachterin aus dem Hintergrund beigegeben. Die diesem Geschehen verwandte Szene des Abschieds des C. von seiner Familie vor dem Übertritt zu den Volskern hat J. H. Tischbein d. Ä. thematisiert (1775; Kassel, SM): Die tränenüberströmte Volumnia scheint in den Armen ihres Mannes ohnmächtig geworden zu sein, zwei Dienerinnen und zwei kleine Kinder stehen dabei, und die zweite der tief bekümmerten Frauen in Trauerkleidung, Veturia, hat ihr Gesicht verhüllt.

Quellen: Livius, Ab urbe condita 2,33–40; Plutarch, Coriolanus.

Croesus → Kroisos

Curius Dentatus. Der 270 v. Chr. gestorbene Manius C. mit dem Beinamen D., »der Bezahnte« (weil er schon mit Zähnen auf die Welt gekommen war), ist dreimal Konsul gewesen, 290, 275 und 274, und als solcher ein erfolgreicher Heerführer. Die Samniten, ein Bergvolk aus den Abruzzen, die der Taktik der Römer lange widerstanden hatten, zwang er zur Bitte um Frieden, siegreich war er auch über die Sabiner und Pyrrhus von Epirus. Eine Abordnung der Samniter fand ihn eines Tages in seinem Landhaus auf einem Holzstuhl beim Rübenessen. Sie boten ihm Gold und Geschenke an, um seinen aufrechten Sinn zu beugen, doch er antwortete ihnen, daß er es vorzöge, über die, die Gold haben, zu befehlen, als selbst welches zu besitzen.

Die Zurückweisung der Geschenke der Samniter ist in der Malerei des 16. bis 18. Jh. besonders in Deutschland und den Niederlanden ein durchaus nicht seltenes Thema, oft in öffentlichen Gebäuden und in Verbindung mit anderen Themen, die die vorbildliche Tugendstrenge und Unbestechlichkeit der ersten Römer und anderer antiker Helden wie → Alexanders d. Gr. demonstrieren (z. B. → Cincinnatus und Abdalonymos, ein von Alexander in seine Rechte wiedereingesetzter König von Sidon). HOLBEIN D. J. hat in der Großratsstube des Basler Rathauses 1521/22 und 1530 C. D. neben anderen Tugendhelden auf (nicht erhaltenen) Wandgemälden dargestellt. G. FLINCK malte ihn für das Amsterdamer Rathaus (1656), J. STEEN zeigte ihn beim Rübenessen vor den Samnitern (um 1680; Amsterdam, RM). J. H. TISCHBEIN D. Ä. behandelte das gleiche Thema, dazu als Gegenstück die Berufung des C. D. zum Konsul (1785; Kassel, SM).

Quellen: Plutarch, Cato der Ältere 2, Pyrrhus 25; Valerius Maximus 4,3,5.

Curtius → Marcus Curtius

Daidalos formt die Kuh der Pasiphae
Stich nach einem hellenistischen Relief des 2. Jh. n. Chr. (Rom, Palazzo Spada)

Daidalos, röm. **Daedalus,** aus Athen – Architekt, Bildhauer, Erfinder – war in erster Linie ein mit technischer Intelligenz und Schlauheit begabter Künstler. Im Exil auf Kreta stand er im Dienst des Königs Minos. Er baute eine künstliche *Kuh*, worin sich die Königin → Pasiphae mit dem Stier vereinigen konnte, in den sie sich verliebt hatte, und dachte sich das Labyrinth als Gefängnis für den → Minotaurus aus. Er brachte → Ariadne auf die List mit dem Faden, an dem → Theseus heil aus dem Labyrinth zurückfand. Als D. dann selber von Minos gefangengesetzt wurde, flog er samt seinem Sohn → Ikaros mit selbsterfundenen *Flügeln* davon. Sein Zufluchtsort wurde Sizilien.

Aus archaischer Zeit gibt es nur wenige D.-Darstellungen. Anscheinend genoß er in Etrurien einige Berühmtheit, von dort sind Gemmen und Ritzzeichnungen auf Bronzespiegeln mit seinem Bild bekannt. Auf zwei röm. Reliefs (2. Jh. n. Chr.; Rom, GA) sieht man ihn bei der Anfertigung der Flügel; Ikaros, selbst schon mit Flügeln gegürtet bzw. die Flügel haltend, schaut ihm dabei zu. Auf einem weiteren Relief (2. Jh. n. Chr.; Rom, Palazzo Spada) und einem Wandbild im Haus der Vettier in Pompei (1. Jh. n. Chr.) wird er neben der Kuh für Pasiphae gezeigt. Auf der Südseite des Florentiner Dom-Campanile ist er in einem Relief als erster Kunsthandwerker dargestellt (Werkstatt des ANDREA PISANO, um 1340; Original heute im Mus. dell'Opera del Duomo). RUBENS hat sowohl das Labyrinth als auch die Kuh der Pasiphae gemalt (1636; ehemals La Coruña, Mus. de Bellas Artes).

Quellen: Apollodor, Bibliothek 3,1,4, 3,15,8, Epitome 1,8–9; Diodorus Siculus, Bibliothek 4,46,2–3, 4,76–79; Ovid, Metamorphosen 8,159–169.183–262.
Lit.: P. H. v. Blanckenhagen, Daedalus and Icarus on Pompeian Walls, in: Mitteilungen des Dt. Archäologischen Instituts, Röm. Abt. 75 (1968) S. 106–143; F. Frontisi-Ducroux, Dédale. Mythologie de l'artisan en Grèce ancienne, 1975.

Danae. Dem argiv. König Akrisios war durch ein Orakel geweissagt worden, ein Enkel werde ihn einst vom Thron stoßen. Er befahl deshalb, seine einzige Tochter D. in einem ehernen Turm (oder in einem ebensolchen Gemach unter der Erde) einzuschließen. → Zeus verwandelte sich in

Danae
Tizian, 1545/46 (Neapel, Museo Nazionale di Capodimonte)

einen Goldregen und drang so zu ihr; sie empfing von ihm den → Perseus. Weil Akrisios an eine göttliche Intervention nicht glauben mochte, sperrte er Mutter und Kind in einen Kasten und warf sie ins Meer. Doch beide wurden an die Ufer der Insel Seriphos gespült und von dem Fischer Diktys gerettet. Dessen Bruder, der König Polydektes, bemühte sich dann lange erfolglos um D.; er hielt sie auf der Insel fest, bis der erwachsene Perseus sie befreite und nach Argos zurückbrachte. Später tötete Perseus wirklich seinen Großvater Akrisios, wenn auch aus Versehen.

In der griech. Vasenmalerei und Kleinkunst wurde D. auf einem Ruhebett liegend oder in einem Stuhl sitzend in voller Bekleidung beim Empfang des Goldregens dargestellt (Krater des TRIPTOLEMOSMALERS, um 490–480 v. Chr.; Eremitage · Spiegelrelief, um 370 v. Chr.; London, BM). Manchmal streckt sie die Arme aus und öffnet ihr Gewand, um den Goldregen zu empfangen (Lekythos, um 350 v. Chr.; London, BM). Die pompejan. Maler zeigten sie nackt (um 70 n. Chr.; Pompei, Haus des G. Rufus); hier sitzen D. und Zeus nebeneinander, ein Amor schüttet das Gold aus einer Amphora. Der genannte Krater des Triptolemosmalers zeigt auch den Kasten mit D. und ihrem kleinen Sohn Perseus. Auf kaiserzeitlichen röm. Mosaiken ist D. neben weiteren Geliebten des Zeus zu sehen: → Leda, → Antiope, → Europa, → Ganymed (Mosaik aus Oued Agla, Anfang 4. Jh. v. Chr.; Algier, Mus.). In christlicher Zeit galt D. einerseits den Kirchenvätern als Inbegriff käuflicher Liebe, im Mittelalter andererseits als Symbol der Schamhaftigkeit und als Präfiguration der Jungfrau Maria, da sie ohne Gatten empfangen hatte. Diese zweite Vorstellung ist noch lebendig in J. GOSSAERTS Bild von 1527 (München, AP), auf dem D. in das für Maria kanonische Blau gekleidet ist. Öfter jedoch wurde D. als die Frau betrachtet, die der Versuchung des Goldes verfiel, mit dem man alles kaufen kann. Wie alle Liebschaften des Zeus war auch

D. ein bevorzugtes Thema der europ. Malerei seit der Renaissance bis in das 19. Jh. Der Empfang des Goldregens bot Gelegenheit zur eindeutig lustbetonten Wiedergabe eines weiblichen Aktes. In CORREGGIOS Bild von 1531 (Rom, GB) ruht D., wie oft, ausgestreckt auf ihrem Lager; ihr ist ein → Eros-Cupido beigegeben. Nicht selten beleben kleine Amoretten, die für sie die *Goldstücke* einsammeln oder sie sogar auf ihren Wert prüfen, die Szene. Eine Erfindung der Maler ist die Dienerin, die manchmal bei D. wacht, den Bettvorhang beiseite hebt (REMBRANDT, 1636; Eremitage) oder ihre Schürze lüpft, um den Goldsegen einzufangen (TIZIAN, 1553; Prado). Dieser Goldregen wird mal mehr, mal weniger genau gezeigt: Das Spektrum reicht von der exakten Angabe jedes einzelnen Goldstücks (TINTORETTO, 1517/18; Lyon, MBA) bis zu seiner Auflösung in Licht oder einen Sonnenstrahl (Rembrandt) als reine Metapher. Für seinen Perseus-Zyklus, der einer poetischen Neufassung des Mythos durch W. Morris (›Earthly Paradise‹, 1868) folgt, plante E. BURNE-JONES ursprünglich sieben Illustrationen der D.-Geschichte ein (Notebook; Cambridge, FM), darunter als erste ›D. sieht vom Garten aus dem Bau des Bronzeturms zu‹, in dem ihr Vater sie einschließen wird (1872; Cambridge, Fogg Art Mus.). Eine besonders elegante Erscheinung ist CELLINIS Bronzefigur der D. am Sockel seiner Perseusstatue in der Loggia dei Lanzi in Florenz (1545–54).

Quellen: Apollodor, Bibliothek 2,2, 4,1–2, 4,3–4; Ovid, Metamorphosen 4,611–613.

Danaiden hießen die fünfzig Töchter des argiv. Königs Danaos, des Herrschers über Libyen und Arabien. Als sein Zwillingsbruder Aigyptos, der König von Ägypten, die D. drängte, seine eigenen fünfzig Söhne zu heiraten (um so in den Besitz des Danaos-Reiches zu gelangen), flohen die D. mit ihrem Vater nach Argos. Dort wurden sie jedoch von den Söhnen des Aigyptos eingeholt. Danaos tat nun so, als sei er mit der Heirat einverstanden, gab aber jeder Tochter einen Dolch, mit dem sie ihren

Sisyphos und Danaiden in der Unterwelt
Attische Amphora, um 510 v. Chr. (München, Antikensammlungen)

Gatten in der Hochzeitsnacht töten sollte, was alle auch taten, bis auf Hypermnestra; sie verschonte ihren Gatten Lynkeus, weil er sie nicht berührt hatte. Über das weitere Schicksal der D. gehen die Berichte weit auseinander. Nach Apollodor bot sie ihr Vater als Siegespreise für Wettkämpfe aus und verheiratete sie so mit Argivern. Lynkeus soll, nach anderen, seine Brüder gerächt haben, indem er alle D. und ihren Vater umbrachte. Die D. wurden in der Unterwelt zu der Strafe verdammt, ewig Wasser in *Krügen* ohne Boden zu tragen.

Einige wenige Vasenbilder, alle nicht vor dem 6. Jh. v. Chr., zeigen die D. beim Füllen eines Kruges oder Pithos (Volutenkrater, um 340 v. Chr.; Karlsruhe, Landesmus.), ebenso zwei Reliefs (um 350 v. Chr.; München, G, und Vatikan; hier läuft das Wasser sichtlich aus einem Gefäß heraus), schließlich erscheint das Motiv auch in einer Unterweltlandschaft, einem Wandgemälde des 1. Jh. v. Chr. in der Vatikanischen Biblioteca Apostolica (vier D. an einem Brunnen). Unter den wenigen neuzeitlichen Darstellungen findet man eine Zeichnung von C. LEBRUN (um 1690; Frankfurt a. M., SK) und zwei Gemälde von M. J. SCHMIDT (1785; Ljubljana, Mus.) bzw. J. W. WATERHOUSE (1906; Aberdeen, Art Gallery). RODIN hat das Thema in einem Relief für sein Höllentor behandelt (1885; Paris, MO).

Quellen: Apollodor, Bibliothek 2,1,4–2,2,1; Pausanias, Periegesis 2,19,3; Pindar, Pythische Oden 9,112ff.

Daphne. Die Nymphe war eine Tochter des thessal. Flußgottes Peneios. Weil sich → Apollon über den → Erosknaben lustig gemacht hatte (der Kleine solle das Bogenschießen ihm und überhaupt den Männern überlassen), revanchierte sich der Liebesgott mit einem goldenen Pfeil, der Apollon in D. glühend verliebt machte. D. aber traf er mit einem Pfeil aus Blei, der alle Liebesgefühle vertreibt. Als Apollon nun in seiner Verliebtheit sich D. zu nähern suchte, floh sie davon und rief ihren Vater um Hilfe. Im gleichen Augenblick, da Apollon sie einholte, wurde sie in einen *Lorbeerbaum* (griech. *daphne*) verwandelt, mit dessen Zweigen sich Apollon fortan bekränzte.

Apollon und Daphne
Giovanni Lorenzo Bernini, 1622–25 (Rom, Galleria Borghese)

Für die Künstler war der Augenblick der Ergreifung und Verwandlung der D. das interessanteste Motiv: wenn sie mit erhobenen Armen die Form eines Baumes anzunehmen beginnt, ihre Finger schon zu Zweigen ausgewachsen sind, ihr Haar zu dichtem Laub wird (Tiepolo, 1743/44; Louvre). Die Ovid-Illustrationen des Mittelalters machten aus D. mitunter einen wandelnden Baum. A. POLLAIUOLO ersetzte ihre Arme durch zwei dichtbelaubte Bäume (um 1460; London, NG). Bei POUSSIN (um 1627; München, AP) hat der Erosknabe eben seinen Pfeil auf Apollon abgeschossen; der Gott umfängt D. im Augenblick ihrer Metamorphose und pflückt sich von dem aufsprießenden Laub einen Zweig. Sein Haupt ist bereits mit Lorbeer geschmückt. Im Vordergrund sieht man D.s klagenden Vater Peneios. In einer zweiten, unvollendeten Fassung des Themas (1664; Louvre) arrangierte POUSSIN die Szene viel statischer und figurenreicher: Apollon betrachtet in gelassener Ruhe, wie D. hilfesuchend ihren Vater umarmt. Das Eroskind vor ihm zielt mit Pfeil und Bogen auf sie, während → Hermes, nicht ohne Ironie, aus Apollos Köcher einen Pfeil stibitzt. Eine der berühmtesten Skulpturen von BERNINI zeigt die Verwandlung der D. vor dem Zugriff des Gottes (1622–25; Rom, GB). Auch im Werk O. ZADKINES findet sich dieses Thema (1950; Priv.).

Quelle: Ovid, Metamorphosen 1,452–567.

Lit.: Y. F. A. Giraud, La fable de Daphné. Essai sur un type de métamorphose végétale dans la littérature et dans les arts jusqu' à la fin du 17e siècle, 1968; P. A. Riedl, Gian Lorenzo Bernini. Apoll und Daphne, 1960; W. Stechow, Apollo und Daphne, ^{2}1965.

Daphnis und Chloe
Pierre Bonnard,
Lithographie, 1902

Daphnis und Chloe. D. war ein sizil. Hirte, Sohn des → Hermes und einer → Nymphe. Laut Diodor galt er als der Schöpfer der bukolischen Dichtung, sein Halbbruder → Pan brachte ihm das Spiel auf der *Syrinx* bei. Nach diesem D. ist ein anderer benannt, die Hauptfigur eines griech. Romans von einem gewissen Longos, der in der Hadrianischen Zeit des 2. Jh. n. Chr. oder um 200 n. Chr. gelebt haben könnte. Sein kleiner, auf Lesbos spielender Schäferroman erzählt, wie D. mit Ch. die unschuldige Freude an der Liebe entdeckt. Alles geht gut aus: Die beiden Findelkinder, die sie sind, werden von ihren Eltern wiedererkannt und zur Ehe zusammengegeben.

Auf antiken Gemmen ist Pan neben einem jungen Mann zu erkennen, der D. sein könnte. Die gleiche Gruppe gibt es auch als Skulptur (um 120 v. Chr.; Neapel, MN). P. BORDONE ließ das junge Paar des Romans – mit dem anderen D. also – unter den Augen eines kleinen Amors auftreten (1545–50; London, NG). Der 1599 auf französisch erschienene Roman inspirierte dann die Künstler der Schule von Fontainebleau (A. DUBOIS, um 1604, nur aus Zeichnungen bekannter Zyklus für Schloß Fontainebleau) und später A. VAN DER WERFF (1713; Potsdam, Sanssouci, Gemäldegalerie) und J.-L. GÉRÔME (1852; Brest, MBA). Illustrationen zum Romantext schufen P.-P. PRUD'HON (mit F. GÉRARD, 9 Zeichnungen, 1800), BONNARD (156 Lithographien, 1902), MAILLOL (46 Holzschnitte, 1937) und CHAGALL (32 Lithographien, 1961), Skulpturen die Bildhauer J.-B. CARPEAUX (1875; Paris, Petit-Palais) und RODIN (1866; Paris, MR).

Quellen: Diodorus Siculus, Bibliothek 4,84; Longos, Daphnis und Chloe.

Decius Mus. Den Heldenmut, für den er berühmt wurde, bewies der röm. Konsul Publius D. M. in der Schlacht bei Veseris im Krieg gegen die Latiner (340–338 v. Chr.). Im Vertrauen auf die Wahrheit eines Traums, in dem ihm verheißen worden war, der Sieg werde der Partei zufallen, deren Führer freiwillig sein Leben opfere, empfahl er sein zukünftiges Leben den Göttern der Unterwelt und stürzte sich allein

Die Traumerzählung des Decius Mus
Peter Paul Rubens, um 1616–18 (Gemäldeausschnitt) (Vaduz, Sammlung Liechtenstein)

mitten in die Schar der Feinde hinein, um damit den Römern den Sieg zu retten. Er fiel, und die Prophetie erfüllte sich. Sein Sohn gleichen Namens wiederholte im Jahr 295 diese Heldentat als Consul in der Schlacht bei Sentinum gegen die Samniten, sein Enkel 279 in der Schlacht gegen Pyrrhus.

Neben anderen röm. Heroen, die Heldenmut bewiesen, erscheint D. M. in Wandgemälden der Anticappella des Palazzo Pubblico in Siena (um 1414) und in GHIRLANDAIOS Fresko in der Sala dei Gigli des Palazzo Vecchio von Florenz (1482–84). RUBENS hat den Bericht des Livius über die heroische Tat des D. M. in einem Zyklus von acht Bildern veranschaulicht, und zwar unter folgenden Einzeltiteln: ›Die Kundmachung des Traums‹, ›Die Opferschau‹, ›Die Todesweihe des D. M.‹, ›Die Heimsendung der Liktoren‹, ›Schlacht und Tod des D. M.‹, ›Das Leichenbegängnis des D. M.‹, ›Die Allegorien von Sieg und Tugend‹, ›Das Siegeszeichen des D. M.‹. Die acht Leinwände sind Vorlagen für Gobelins (um 1616–18; Vaduz, SL).

Quelle: Livius, Ab urbe condita 7,34,7, 7,36–38, 8,6–10.
Lit.: G. Bruener, Der Decius-Mus-Gemäldezyklus von Peter Paul Rubens, 1984.

Deiạneira war die Tochter des Königs Oineus von Kalydon und der Althaia, also eine Schwester Meleagers. Um sie zu erringen, mußte → Herakles erst den Mitkonkurrenten um ihre Hand, den Flußgott → Acheloos, bezwingen. Ihr erstes Kind war Hyllos. Als sie Kalydon verließen, versuchte der Kentaur Nessos D. an einem Flußübergang zu entführen, statt, wie er angeboten hatte, sie über den Fluß zu tragen. Herakles tötete ihn, doch im Sterben gab Nessos D. eine Flüssigkeit, ein

Die Entführung der Deianeira durch Nessos
Gipsabdruck einer Halbsäule am Gewände der Westportale der Kathedrale in Chartres (12. Jh.) (Paris, Musée des Monuments Français)

Gemisch aus seinem Blut und Samen, das ihr die Treue des Herakles sichern werde. Als sich Herakles in Trachis dann in Iole verliebte, tränkte D. ein Gewand für ihn mit dieser Mischung. Doch dieses »Gewand des Nessos« verbrannte auf gräßliche Weise die Haut des Herakles; er gab sich alsbald selbst den Tod auf dem Scheiterhaufen. Als D. ihren Irrtum erkannte, beging auch sie Selbstmord.

Den Entführungsversuch des Nessos, mit D. auf seinen Schultern, zeigen nicht wenige Vasenbilder. Eines der ältesten Beispiele, dem danach benannten NESSOSMALER zugewiesen (um 620 v. Chr.; Athen, NM), zeigt, wie Herakles den Kentaur an den Haaren gepackt hält und sich anschickt, ihn mit seinem Schwert zu durchbohren. Der versuchte Raub der D. ist auch in nachantiker Zeit das bevorzugte Thema geblieben. In VERONESES Gemälde (um 1580; Wien, KM), mit Herakles im Vordergrund, sucht Nessos weit hinten zu entkommen. Bei D. VINCKEBOONS trifft Herakles vom gegenüberliegenden Flußufer den Kentaur mit seinem tödlichen Pfeil (1612; Wien, KM). G. RENI (1620/21; Louvre) interpretierte den Vorgang umgekehrt; bei ihm beherrscht ein jugendlich-schöner Nessos mit D., die er kraft- und machtvoll hochhält, das Bild, Herakles erscheint kaum erkennbar im Hintergrund und am Rande.

Quellen: Apollodor, Bibliothek 2,7,5–8; Sophokles, Die Trachinierinnen.

Delphin. Zu den Tierattributen → Apollons gehört der D., sein griech. Name *delphis* erinnert an dessen Heiligtum Delphi. Er mag die Musik: Als → Arion sang und von den Seeräubern zum Sturz in das Meer gezwungen wurde, schwammen D.e herbei und trugen ihn an Land. Andererseits: Als Piraten im Mittelmeer → Dionysos über Bord gehen lassen wollten, verwandelte der Gott sie in D.e. Vgl. auch: Amphitrite · Aphrodite · Arethusa · Galateia.

Demeter, röm. **Ceres.** Die Tochter der Rhea und des → Kronos ist die Göttin der Fruchtbarkeit, besonders des Ackerbaus und des Getreides, doch auch des Überflusses. Weil → Hades ihre Tochter → Persephone, auch einfach Kore, »Mädchen«, genannt, entführt hatte, stieg sie in Gestalt einer alten Frau zur Erde herab, um sie zu suchen. In Eleusis begab sie sich in die Dienste des Königspaares Keleos und Metaneira (nach orphischer Überlieferung heißen sie Dysaules und → Baubo), die sie freundlich aufgenommen hatten. Um dem Sohn der beiden, Demophon (oder → Triptolemos), zur Unsterblichkeit zu verhelfen, legte sie ihn in die heiße Asche des Herdfeuers. Der Magd Iambe (oder Baubo selbst) gelang es mit ihren Scherzen, die bekümmerte Göttin zum Lachen zu bringen. Als Dank für die ihr erwiesenen Wohltaten schenkte sie den Menschen das Getreide und vertraute seinen Anbau dem Triptolemos an. Zu Ehren D.s, Kores und des Triptolemos wurden in Eleusis die Mysterien eingeführt. Wer der Göttin unehrerbietig begegnete, wurde aber bestraft, wie der junge Askalabos, der über die Göttin gelacht hatte, als sie ihren Durst gierig mit einem von seiner Mutter gereichten Napf Wasser stillte; D. schüttete ihm den Rest des mit Gerstengraupen versetzten Wassers ins Gesicht und verwandelte ihn so in eine gefleckte Eidechse (griech. *askalabotes*).

Zahlreiche antike Statuen geben die Göttin im schlichten, manchmal über den Kopf gezogenen Mantel (röm. Kopie nach einem griech. Original des 4. Jh. v. Chr.; Rom, GDP) wieder. Eine Kultstatue aus Knidos (um 430 v. Chr.; London, BM) zeigt sie auf einem Thron sitzend. Auf den vielen Votivgaben in ihren Heiligtümern hält sie oft *Ähren*, ein junges *Schwein*, eine *Fackel* oder ein *Zepter* in Händen; auf dem Kopf trägt sie einen hohen *Hut* oder einen *Kranz*. Oft wird D. zusammen mit ihrer Tochter Kore dargestellt, zumal auf den bekannten eleusin. Reliefs (berühmtestes Beispiel ist das Relief mit Triptolemos zwischen D. und Kore, um 430 v. Chr.; Athen, NM). Auf einem anderen Relief aus Eleusis hält sie ihre Tochter auf den Knien (Mitte 4. Jh. v. Chr.; Eleusis, Mus.). Die Darreichung des Getreides an Triptolemos und das damit verbundene Trankopfer sind ein Thema der att. Vasenmalerei (Skyphos des Makron, um 480 v. Chr.; London, BM). Im übrigen erscheint D. selten in mythologischen Szenen. In Rom ist die C.-Figur ein Bildtypus auf Münzen. Sie zeigt das Wohlergehen des röm. Staates und die gute Versorgung der Hauptstadt an. In der Neuzeit wird C. oft im Triumphwagen zur Feier von Glück und Wohlstand dargestellt, z. B. von B. Peruzzi in einem Deckenfresko der Villa Farnesina in Rom (1511/12) und von Pinturicchio an der Decke des Palazzo Petrucci, Siena (1513; heute New York, MM), hier in einem Zug mit anderen Göttern auf Triumphwagen (→ Apollon, → Ares, → Amphitrite). Mit → Pan und → Nymphen malten sie Rubens und F. Snyders in einer Fülle von Früchten und Blumen (1617; Prado). Als Allegorie des Ackerbaus figuriert die Göttin nicht selten in Wanddekorationen (L. Giordano, 1682/83; Florenz, Palazzo Medici-Riccardi). Vielfach stellt sie in Zyklen der vier Jahreszeiten den Sommer dar (Marmorstatue von J.-A. Houdon, 1785; Montpellier, MF). Die Verspottung der Ceres durch Askalabos malte A. Elsheimer um 1608 in einer Gouache (Hamburg, KH) und einem Ölgemälde (Prado), auch M. Stomer (um 1640; München, AP). Mit der Devise des Terenz: »Sine Cerere et Libero (oder: Baccho) friget Venus« – »Ohne Ceres und Bacchus (d. h. Früchte und Wein) friert Venus (d. i. die Liebe)«, erscheinen die genannten Götter in Emblemen und u. a. einem Gemälde des Hans von Aachen (um 1600; Wien, KM).

Quellen: Apollodor, Bibliothek 1,1,5 ff., 2,1, 3,6,8, 3,12,1; Hesiod, Theogonie 453–506, 969–974; Homerische Hymnen 2 und 13; Ovid, Metamorphosen 5,341–571.

Lit.: A. Peschlow-Bindokat, Demeter und Persephone in der att. Kunst des 6. bis 4. Jh., in: Jb. des Dt. Archäologischen Instituts 87 (1972) S. 60–157.

Demeter/Ceres
Römischer Silberdenar, 90 v. Chr. (Paris, Bibliothèque Nationale, Cabinet des médailles)

Aphrodite/Venus, Hera/Juno und Demeter/Ceres
Raffael, Fresko, um 1517 (Rom, Villa Farnesina)

Die Verspottung der Ceres
Hendrick Goudt, Stich nach dem Gemälde von Adam Elsheimer (Madrid, Prado), 1610 (Ausschnitt)

Demokritos und Herakleitos. Schon in der Antike bestand eine beliebte Tradition darin, D. von Abdera (um 460–370 v. Chr.) und den um fast ein Jahrhundert älteren H. aus Ephesos (um 550–480 v. Chr.) zu einem gegensätzlichen Philosophenpaar zusammenzuspannen. Von D. hieß es, er lache über alles, von H., er weine über alles – ein Schlagwort, das eine simplifizierte Deutung ihrer philosophischen Anschauungen enthält. Der Pessimismus des H. mit seiner Betonung der fliehenden Zeit und des Wandels, dem alle geschaffenen Dinge unterworfen sind, ist dem Optimismus des D. gegenübergestellt, der vor Epikur die Ataraxia, die Leidenschaftslosigkeit, als das Mittel gerühmt hatte, das den Menschen in die Lage versetze, aus dieser Welt nur das aufzunehmen, was sie an Gutem bietet. Diesen sprichwörtlichen Gegensatz kannte auch die mittelalterliche Philosophie noch. In die Sprache der frz. Klassik ist er als bildhafter Ausdruck für entgegengesetzte Ansichten und Überzeugungen eingegangen.

In der Kunst scheint das Philosophenpaar während der italien. Renaissance des 15. Jh. in Buchillustrationen und in der Malerei aufgetaucht zu sein. Marsilio Ficino besaß die Kopie eines antik röm. Bildes, die als erste neuzeitliche Darstellung der beiden betrachtet wurde. D. und H. finden sich dann in Raffaels ›Schule von Athen‹ in den Stanzen des Vatikan (1508–12) wieder. Zur Verbreitung eines bestimmten Bildnistypus trugen Stiche von C. Cort (um 1530–78) besonders in Italien und den Niederlanden des 17. Jh. bei. Mitunter ist darin eine Vanitas-, d. h. Vergänglichkeitssymbolik enthalten: Ob Lachen oder Weinen – beides ändert nichts an der Hinfälligkeit der menschlichen Existenz. Als Attribut steht zwischen den beiden in Halbfigur gegebenen Philosophen gewöhnlich ein *Globus* als Symbol der dem blinden Schicksal ausgelieferten Menschheit, wie in einem Gemälde von J. van Bijlert (um 1640; Utrecht, Central-Mus.) und in einem Rembrandt zugeschriebenen Bild (1668; Köln, WRM). Oft sind beide als Greise wiedergegeben, wenn nicht wenigstens D. als deutlich Jüngerer gezeigt wird, wie in van Bijlerts Bild. H. ist immer ernst, was sich manchmal in Tränen auf seinen Wangen äußert (»er

Demokritos
Camille Corot (›Demokrit und die Abderiten‹), 1841 (Gemäldeausschnitt) (Nantes, Musée des Beaux-Arts)

weint über alles«). D. lächelt meist und sieht fröhlich aus. Die typischen Ausdrucksgegensätze werden selbst auf Einzelbildern der beiden beibehalten. So gibt sich A. COYPELS D. im Louvre (1692) als heiterer Mann, der den Betrachter mit breitem Lachen begrüßt.

Quelle: Seneca, De ira 2,10,5.
Lit.: A. Blankert, Heraclius en Democritus, in: Nederlands Kunsthistorisch Jaarboek 18 (1967) S. 31–124; W. Weisbach, Der sogenannte Geograph von Velázquez und die Darstellungen des Demokrit und Heraklit, in: Jb. der Preuß. Kunstsammlungen 49 (1928) S. 141–158.

Herakleitos
Hendrick Terbrugghen, 1628 (Amsterdam, Rijksmuseum)

Deukalion und Pyrrha, seine Frau, waren die einzigen Menschen, die einer von → Zeus gesandten Sintflut entgingen. Auf ihre Bitte, wieder Menschen um sich zu haben, riet ihnen ein Orakel, »die Gebeine der großen Mutter« hinter sich zu werfen. D. begriff, daß damit die *Steine* der Erde

Deukalion und Pyrrha
Peter Paul Rubens, Ölskizze, 1636 (Madrid, Prado)

gemeint waren. Die Steine, die er hinter sich warf, wurden zu Männern, P.s Steine zu Frauen.

Das Thema ist in der antiken Kunst selten. Ein Stuckrelief aus Ostia (um 120 n. Chr.) zeigt D. und P. mit an die Schulter angewinkeltem Arm bei der Erschaffung kleiner Menschen, die sich unter den Augen → Athenas hinter ihnen erheben. Das Sujet findet sich dann bei SCHIAVONE wieder (1563; Parma, Galleria Nazionale), auch bei TINTORETTO (um 1541; Modena, GE · 1543/44; Padua, Mus. Civico), später bei RUBENS (1636; Prado).

Quellen: Apollodor, Bibliothek 1,7,1–2; Ovid, Metamorphosen 1,318–415.

Diana → Artemis

Dido. Die Tochter des Königs von Tyros war nach der Ermordung ihres Mannes durch ihren Bruder Pygmalion nach Libyen geflohen, hatte Karthago gegründet und sich zu dessen Königin gemacht. Als Aeneas

Dido
Albrecht Altdorfer, Stich, 16. Jh.

(→ Aineias) nach dem Fall → Trojas von den Stürmen an die Küste Karthagos verschlagen wurde, nahm D. ihn und seine Leute auf und bot ihnen Gastfreundschaft. Weil nun → Aphrodite, die Mutter des Aeneas, die Rachsucht fürchtete, mit der → Hera ihren Sohn verfolgte, suchte sie ihn dort zu halten und ließ deshalb D. in Liebe zu ihm entbrennen. Ihre Vereinigung wurde von Aphrodite und der hinterlistigen Hera/Juno in die Wege geleitet, doch der eifersüchtige König Iarbas, dem D. die Heirat versprochen hatte, erreichte mit seinen Gebeten zu → Zeus, daß der Göttervater Aeneas zum Verlassen Karthagos und seiner Königin zwang. In verzweifeltem Zorn gab sich D. den Tod: Sie verfluchte Aeneas und seine Nachkommen, ließ einen *Scheiterhaufen* aufrichten und durchbohrte sich darauf mit dem *Schwert* des Aeneas. → Iris wurde von Hera entsandt, um D.s Seele vom Leib zu lösen.

Diese tragische Geschichte erscheint in der röm. Kunst auf einem Mosaik des 3. Jh. n. Chr. aus Halikarnassos (London, BM); hier sind D. und Aeneas auf der Jagd (die nach dem Willen der beiden Göttinnen mit ihrer Vereinigung enden sollte) dargestellt. Ein Bodenmosaik vom Anfang des 4. Jh. n. Chr. (Low Ham, England) zeigt die Ankunft des Aeneas, eine Jagdszene, D. und Aeneas einander umarmend und, im Zentrum, D. zwischen zwei Eroten. Die Miniaturen in einer der ältesten ›Aeneis‹-Handschriften, vom Anfang des 5. Jh. n. Chr. (Vatikan), enthalten eine Opferhandlung, die Begegnung mit Aeneas, seinen Abschied, D.s Tod auf dem Scheiterhaufen und die Totenklage um sie. In der Neuzeit, vor allem im Barock, war gerade der Tod der D. ein beliebtes Thema. Auf einer ein Bronzerelief imitierenden Grisaille MANTEGNAS (um 1500) steht sie mit melancholischem Ausruck vor einem überhohen Scheiterhaufen, das Schwert des Aeneas in der Rechten (Montreal, MFA). RUBENS gab (um 1635–38) eine weit dramatischere Interpretation: D., auf einem Bett hoch auf dem Scheiterhaufen, ist mit weit zum Himmel geöffneten Augen im Begriff, sich zu durchbohren (Louvre). TIEPOLO stellte sie in ihrer Verzweiflung dar, hingestreckt auf den Scheiterhaufen neben einem Altar und gestützt von ihren Dienerinnen, die sie beweinen; Aeneas ist rechts in das Bild eingefügt (um 1757; Moskau, PM).

Quelle: Vergil, Aeneis 1,335–756, 4,1–705, 6,450–476.

Diogenes von Sinope war der prominenteste Vertreter der kynischen Philosophenschule. Er lebte in Athen, später in Korinth, und ist 323 v. Chr. gestorben. Da er mit allen gesellschaftlichen Konventionen, Regeln und Vorurteilen gebrochen hatte, wurde seine Biographie mit manchen sprichwörtlich gewordenen Anekdoten ausgeschmückt. So soll er am hellichten Tag mit einer *Laterne* umhergegangen sein, um »einen Menschen« zu suchen, den er nie zu finden vorgab, weil er die Athener für gänzlich entartet hielt. Ein andermal, als er ein Kind an einer Quelle aus der hohlen Hand trinken sah, zerbrach er seinen *Napf*, da er ihn fortan für überflüssig hielt. Eines Tages erhielt der in einer *Tonne* leben-

Diogenes und Alexander
Pierre Puget, 1671–88
(Reliefdetail)
(Paris, Louvre)

de D. den Besuch → Alexanders d. Gr., der mit allem Pomp auftrat. Auf dessen Angebot, ihm jeden Wunsch zu erfüllen, antwortete D. mit den berühmt gewordenen, Alexander tief beeindruckenden Worten: »Geh mir aus der Sonne.«

Büsten des 2. Jh. v. Chr., Kopien nach älteren Originalen, zeigen D. wirklichkeitsnah, meist als häßlichen, ungepflegten Mann mit struppigem Bart. Auf einem bekannten Mosaik im Römisch-Germanischen Museum Köln findet sich sein Bild im Zentrum von sieben Philosophenporträts (Mitte 3. Jh. n. Chr.). Mitunter (röm. Relief des 1. Jh. n. Chr.; Rom, GA) ist ihm ein *Hund* als Attribut beigegeben – hier sitzt er auf der Tonne –, eine Anspielung auf seine Zugehörigkeit zur Schule der Kyniker (griech. *kyneos*: »hündisch«). Vorherrschendes Bildmotiv war in neuerer Zeit die Begegnung mit Alexander, z. B. in der Malerei und Skulptur des 17. Jh., vgl. P. Pugets Gruppe im Relief von 1671–88 (Louvre). Die Episode mit der Laterne erhielt manchmal einen der Wirklichkeit entsprechenden tragischen Unterton, so in einem (verlorenen) Gemälde von Rubens (um 1614; Kopie im Louvre), auf dem Entsetzen in den Gesichtern der Menschen steht; manchmal zeigen sich Bezüge zur Gegenwart des Malers, wie in A. van Everdingens Bild von 1652 (Den Haag, MH): hier scheint D. echte Menschen gefunden zu haben – eine sittenstrenge Kalvinistenfamilie. Die Erzählung vom zerbrochenen Napf gab Poussin 1648 das Sujet in einer seiner heroischen Landschaften (Louvre); des Philosophen entschiedene Abwendung von der Welt erfolgt in einer Geste vollendeter Anmut und heiterer Gelassenheit. D. wird so zum Inbegriff der Bedürfnislosigkeit und des Zweifels, er regt die Reflexion des Betrachters nicht weniger an als die der Figuren im Bild, wie das in E. JEAURATS ›Diogenes zerbricht seinen Napf‹ (1747; Louvre) der Fall ist.

Quellen: Dio Cassius, Römische Geschichte 6,17–20, 8,27–35; Diogenes Laertios, De clarorum philosophorum vitis 6; Plutarch, Alexander 14,2–5; Valerius Maximus, Facta et dicta 4,3, Externi 4.
Lit.: S. Schmitt, Diogenes. Studien zu seiner Ikonographie in der niederl. Emblematik und Malerei des 16. und 17. Jh., 1993.

Diomedes. Der Sohn des Tydeus, ein Schützling der → Athena, führte die Argiver und ihre Verbündeten gegen → Troja, wo er im Kampf → Aphrodite verwundete, als sie ihrem Sohn → Aineias beistand. Oft war er der Kampfgefährte des → Odysseus, so bei der Überwältigung des trojan. Spions Dolon und dem folgenden Handstreich gegen den mit den Trojanern verbündeten Thrakerkönig Rhesos. Er begleitete ihn auch nach Lesbos zu dem von einer Schlange verwundeten → Philoktetes, ohne dessen Waffen und Rückkehr zu den Griechen Troja nicht genommen werden konnte.

Auf einem att. Aryballos des KLINIKMALERS (um 470 v. Chr.; Berlin, Ant.) begleitet D. den Odysseus bei seiner Vermittlungsmission zu → Achilleus, er erscheint auch an seiner Seite bei der Ergreifung des in ein Wolfsfell gehüllten Dolon auf einer dem ONESIMOS zugeschriebenen Schale (um 490 v. Chr.; Paris, BN, Cabinet des médailles). Bei der Plünderung Trojas bemächtigte sich D. des *Palladions*, der Pallas-Athena-Kultstatue (Amphora, um 480 v. Chr.; Stockholm, Medelhavmuseet), ein Vorgang, der auch in einem hellenistischen Marmorrelief (um 150 v. Chr.;

Die von Diomedes verwundete Aphrodite fährt in den Olymp zurück
Jean-Dominique Ingres, um 1805 (Basel, Kunstmuseum)

Rom, Palazzo Spada) und auf Gemmen (mit »Felix« signiertes Intaglio, um 40–20 v. Chr.; Oxford, AM) geschildert wird; auf diesen Gemmen sitzt der jugendlich-bartlose D. mit dem Palladion in Händen dem bärtigen Odysseus gegenüber. In der nachantiken Zeit ist ehestens die Verwundung der Aphrodite durch D. ein Bildthema. J. M. Vien wählte den Moment, da → Ares der Verwundeten auf den Wagen hilft, dessen Zügel → Iris hält (1775; Columbus/Ohio, Mus. of Art). In einem Gemälde von A. F. Callet (1784/85; Louvre) eilt → Apollon dem Aeneas zu Hilfe, während Iris der verwundeten Aphrodite vom Boden aufhilft; D. steht links abseits.

Quelle: Homer, Ilias 5,1–444 (Kampf vor Troja), 10,314–459 (Dolon).
Lit.: H. Siefert, Themen aus Homers Ilias in der frz. Kunst (1750–1831), 1988.

Dionysos, röm. **Bacchus.** Der Gott des Weines und der Fruchtbarkeit ist ein Sohn des → Zeus und der → Semele. Da die schwangere Semele beim Anblick des Zeus von seinen Blitzen verbrannt wurde, soll der Gott das ungeborene Kind in seinem Schenkel ausgetragen haben (die Überlieferungen seiner Geburt und Jugend sind durchaus verschieden und teilweise widersprüchlich). Erzogen haben ihn Ino, eine Schwester der Semele, und ihr Mann Athamas, die beide von der eifersüchtigen → Hera mit Wahnsinn geschlagen wurden. D. wurde darauf den → Nymphen auf dem Berg Nysa anvertraut. Hera machte auch ihn wahnsinnig. Durch viele Länder irrend, wurde er in Phrygien von → Kybele gereinigt und geheilt. Auf dem Weg durch Thrakien begegnete ihm der König Lykurgos mit Feindseligkeit und nahm seine Gefährten, die Bakchen/Bacchanten, gefangen. D. strafte ihn dafür mit Wahnsinn, in dem Lykurgos seinen Sohn für einen *Weinstock* – eine dem Gott heilige Pflanze – hielt und mit der Axt in Stücke hieb. Mit → Satyrn, Silenen und → Mainaden zog D. weiter bis nach Ägypten und Indien. Zurück in Theben, das neben anderen als sein Geburtsort galt, erregte er den Abscheu des Königs → Pentheus, seines Vetters, der die wilden D.-Feste für Ausschweifungen hielt. Die Mainaden zerrissen ihn, als er sie heimlich beobachten wollte, und seine Mutter Agaue, Schwester der Semele, selbst zeigte in ekstatischer Verblendung triumphierend sein Haupt als Beute. Bei einer Meerfahrt inkognito nach Naxos nahmen tyrrhen. Piraten D. gefangen, um ihn zu verkaufen. Der Gott offenbarte aber seine Macht, indem er die Ruder in *Schlangen* verwandelte, den Mast in einen wuchernden Weinstock, die Seeleute in Delphine, und so das Schiff manövrierunfähig machte. Auf Naxos fand D. die von → Theseus verlassene schlafende → Ariadne, die er heiratete und in den → Olymp mitführte, wo er seinen angestammten Platz einnahm. Beim Kampf der Götter gegen die → Giganten setzte D. den *Thyrsos*, einen mit *Efeu* und *Weinlaub* umwundenen Stab, den Weinstock, ferner Schlangen und andere wilde Tiere seines Gefolges als Waffen ein. Von den Griechen auch Bakchos genannt, wurde auf D. von den Römern bisweilen der Name ihres eigenen Gottes Liber übertragen.

Dionysos/Bacchus
Leonardo da Vinci (Werkstatt), 1511–15 (Gemäldeausschnitt) (Paris, Louvre)

Triumph des Bacchus
Römisches Mosaik,
3. Jh. n. Chr.
(Sousse/Tunesien,
Musée Archéologique)

In der antiken Kunst ist D. zunächst ein langbärtiger, mit Weinlaub oder Efeu bekränzter Gott, der ein Trinkgefäß mit zwei senkrechten Henkeln, den *Kantharos*, in Händen hält und ein langes, gewissermaßen weibliches Gewand trägt. Gegen Ende des 5. Jh. v. Chr. erscheint er als bartloser Jüngling. Manchmal genügt eine an einem Pfeiler aufgehängte *Maske* zur Kennzeichnung des D. (Amphora, um 520 v. Chr.; Tarquinia, Mus.) – eine Vorwegnahme der Schauspielermaske auf dem Theater. Komische und tragische Aufführungen bildeten ja einen Teil der Feste zu Ehren des D., dessen Kult auf diese Weise vielfach mit dem Theater verbunden wurde. Die Ekstase, die Trance, in welche Musik und Tanz die Bakchen versetzen, die weinselige Trunkenheit der Satyrn und die Raserei der Mainaden kennzeichnen allgemein das Gefolge des Gottes, dem die rings um ihn herrschende sexuelle Ausschweifung selbst fremd ist (Amphora des KLEOPHRADESMALERS, um 500 v. Chr.; München, Ant.); erst Ende des 4. Jh. sieht man ihn auch betrunken. Unzählige Vasenbilder schildern den Reigen tanzender, singender und *Trinkgefäße* mit sich führender Satyrn und Mainaden um D. In der röm. Bilderwelt ist der ›Triumph des B.‹ das bevorzugte Thema: ein Festzug mit D. auf einem *Wagen*, vor den *Panther* oder Kentauren gespannt sind; in der Schar der Mainaden und Satyrn finden sich auch Eroten (›Sarkophag Casali‹, um 140/150 n. Chr.; Kopenhagen, CG · Sarkophag mit D. auf dem Panther und 4 Jahreszeiten, 3. Jh. n. Chr.; Kassel, Ant.). Erzählende Darstellungen schildern meist die Jugend des D. (Mosaik von Nea Paphos auf Zypern, um 325–350 n. Chr.) oder die Rückkehr des von D. trunken gemachten → Hephaistos in den Olymp (Volutenkrater des KLEITIAS und ERGOTIMOS, um 570 v. Chr.; Florenz, MA), seltener dagegen die Episode mit den tyrrhen. Piraten (Schale des EXEKIAS mit der ›Meerfahrt des D.‹, um 530 v. Chr.; München, Ant.). In Renaissance und neuerer Zeit sind

›Bacchus-und-Ariadne‹-Szenen beliebt. → Apollon und D. werden nun als Gegensatzpaar aufgefaßt: lichte Vernunft gegen orgiastischen Taumel in Trunkenheit und animalischer Ausschweifung. Seit TIZIAN (›Bacchanale‹, 1518/19; Prado · ›Bacchus und Ariadne‹, 1522/23; London, NG) und bis in das 19. Jh. haben sich Maler dieser Sujets ausgiebig angenommen. Den Gott des Weines (CARAVAGGIO, 1596; Uffizien) begleiten oft → Demeter und → Aphrodite, die Göttinnen der Ackerfrucht und der Liebe, als dreifache Allegorie der Fruchtbarkeit und des Wohlgedeihens.

Quellen: Apollodor, Bibliothek 3,4,2–3,5,3; Catull, Carmina 64 (Hochzeit mit Ariadne); Diodorus Siculus, Bibliothek 3,63–64; Euripides, Bakchen; Homerische Hymnen 1, 7, 26; Nonnos, Dyonysiaka; Ovid, Metamorphosen 3,310–315.605–691, 4,416–542; Philostrat, Imagines 1,15.19.

Lit.: T. H. Carpenter, Dionysian Imagery in Archaic Greek Art, 1990; H. Christopolis-Mortoia, Darstellungen des Dionysos in der schwarzfigurigen Vasenmalerei, 1964; A. Emmerling-Skala, Bacchus in der Renaissance, 1994; M. Gesing, Triumph des Bacchus. Triumphidee und bacchische Darstellungen in der italien. Renaissance im Spiegel der Antikenrezeption, 1988; K. Kerényi, Der frühe Dionysos, 1961; M. Pichelt, Dionysos in der griech. Vasenmalerei, 1949; E. Pochmarski, Das Bild des Dionysos in der Rundplastik der klassischen Zeit Griechenlands, 1974; R. Turcan, Sarcophages romains à représentations dionysiaques, 1966.

Dioskuren → Kastor und Pollux

Dirae → Erinyen

Dis → Hades

Dives → Hades

Endymion. Den königlichen Hirten von Elis hat die Liebe, die er in der – mit → Artemis/Diana gleichgesetzten – Mondgöttin Selene erweckte, berühmt gemacht. Als sie den schlafenden E. entdeckte, bat sie → Zeus, den Hirten in ewigem Schlaf zu belassen, damit sie ihn jede Nacht aufsuchen könne. Nach anderen war es E. selbst, der um ewigen Schlaf bat, um seine Jugend zu bewahren.

Endymion von Hypnos in Schlaf versetzt, und Selene, von ihrem Wagen absteigend
Römischer Sarkophag, 3. Jh. n. Chr.
(Paris, Louvre)

Artemis entdeckt den schlafenden Endymion
Edme Bouchardon, Zeichnung, 1735 (Paris, Louvre, Cabinet des dessins)

Zahlreiche röm. Werke, vor allem Sarkophage (drei aus dem 3. Jh. n. Chr. allein im Louvre), stellen den jugendlichen Hirten als Schlafenden dar, zu dem Selene auf ihrem Wagen herabkommt. TIZIAN hat das Motiv in ein Landschaftsbild übernommen (um 1508; Meryon, Barnes Foundation). POUSSIN wählte um 1627 den Moment vor der Vereinigung von Artemis und E., während → Apollons Sonnenwagen bereits seinen Lauf beginnt (Detroit, Institute of Arts), C. VAN LOO 1731 die Herabkunft der Göttin zum schlafenden Hirten (Louvre). Mitunter geht es den Malern dabei um die Wiedergabe einer besonderen Wirkung des Mondscheins (A.-L. GIRODET, 1793; Louvre), und ein Symbolist wie G. F. WATTS (1869–1903) fügt zur Figur des E. die phantastische Erscheinung einer vage umrissenen Mondfrau (Compton/Surrey, Watts Gallery).

Quellen: Apollodor, Bibliothek 1,7,5; Hygin, Fabeln 271; Lukian, Dialogi Deorum 19 (11); Pausanias, Periegesis 5,1,3–5, 5,8,1.
Lit.: F. H. Dowley, The Iconography of Poussin's Painting Representing Diana and Endymion, in: Journal of the Warburg and Courtauld Institutes 36 (1973) S. 305–318; J. H. Rubin, Endymion's Dream as a Myth of Romantic Inspiration, in: Art Quarterly 41 (1978) S. 47–84.

Entführung. Liebesbeziehungen zwischen Göttern und Menschen werden gelegentlich durch Entführung geregelt. In der Gefahr, die jede sexuelle Beziehung mit einer Gottheit einschließt, liegt die Erklärung für den Schrecken, der die erwählten Sterblichen ergreift, und ebenso für die damit verbundene Gewaltanwendung. So raubte → Hades die → Persephone, → Boreas die Oreithyia und → Zeus den → Ganymed und → Europa. Die Göttinnen machen es mitunter nicht anders, wie → Eos, die sich den → Kephalos nimmt. Umgekehrt ist es ein Sterblicher, → Peleus, der sich die göttliche → Thetis gewaltsam unterwirft, wie ihm von den Göttern zugestanden.
Lit.: S. Kaempf-Dimitriadou, Die Liebe der Götter in der att. Kunst des 5. Jh. v. Chr., 1979.

Eos, röm. **Aurora.** Die Göttin der Morgenröte gehört zur ersten Generation der Titanen, zusammen mit ihrem Bruder Helios, dem Sonnengott, und ihrer Schwester Selene, der Mondgöttin. Homer nannte sie die »rosenfingrige«. Sie soll sich mit → Ares zusammengetan haben, weshalb die eifersüchtige → Aphrodite sie ständig in irgendeinen unglücklich verliebt machte. So entflammte sie u. a. für den Riesen → Orion, den sie mit sich nach Delos nahm, dann für → Kephalos, dem sie erfolglos nachstellte, weil er ihr, wiewohl von E. entführt, Prokris vorzog, schließlich für Tithonos, dem sie von → Zeus die Unsterblichkeit erwirkte. Dabei vergaß sie aber, um ewige Jugend zu bitten, so daß Tithonos zum faltigen, ewig plappernden Alten wurde, den sie zuletzt in eine Zikade verwandelte. Der Tau, den sie ausgießt, soll aus den Tränen bestehen, die sie über dem Leichnam ihres von → Achilleus vor → Troja getöteten Sohnes

→ Memnon weinte. Sie wird auch als Mutter der Winde → Boreas, Notos und → Zephyros sowie der Sterne genannt.

Auf griech. Vasenbildern und Reliefs trägt E. meist *Flügel*. So bei der Verfolgung bzw. Ergreifung des jungen Jägers Kephalos (Pelike des ALTAMURAMALERS, um 460 v. Chr.; Louvre · Metope aus Selinunt, um 475 v. Chr.; Palermo, MA) oder des Tithonos (etrusk. Spiegel, um 470 v. Chr.; Berlin, PM · Lekythos des GIGANTOMACHIEMALERS, um 480 v. Chr.; Frankfurt a. M., Mus. für Kunsthandwerk · Hydria des ALKIMACHOSMALERS, um 470/60; Basel, Ant.). Sie tritt auch als Beistand ihres Sohnes Memnon auf, der als Heerführer der Äthioper den Trojanern zu Hilfe eilte, im Kampf mit Achilleus oder wie sie Memnons Leichnam aufhebt (Schale des DURISMALERS, um 480; Louvre). In einem der Monatsbilderfresken des Palazzo Schifanoia in Ferrara (Monat Mai), um 1470, lenkt E. den Wagen Apollons. Im Barock ist sie ein bevorzugtes Thema für Deckenmalereien, meist einen *Wagen* führend oder mit einer *Fackel* Helios den Weg bereitend und *Tau* vergießend (G. RENI, 1612–14; Rom, Palazzo Pallavicini Rospigliosi · GUERCINO, 1621; Rom, Villa Ludovisi · C. LE BRUN, um 1670–80; Sceaux, Schloß Colbert). RUBENS griff das Thema der zum ruhenden Kephalos herabsteigenden E. auf (um 1638; London, NG), BOUCHER malte den jungen Jäger zu seiten der E. auf einer Wolke (1733; Nancy, MBA). Bis in das 19. Jh. wird die Göttin als Allegorie des Morgens behandelt, in der Malerei z. B. von P. O. RUNGE (›DER MORGEN‹, 1808; Hamburg, KH), in der Skulptur von D. PUECH (›Aurora‹, 1900; Paris, MO).

Eos und Kephalos
Charles Guérin, 1810
(Paris, Louvre)

Quellen: Apollodor, Bibliothek 1,4,5, 3,12,4, 3,14,3; Homerische Hymnen 5,218–238; Ovid, Metamorphosen 13,576–622.
Lit.: S. Kaempf-Dimitriadou, Die Liebe der Götter in der att. Kunst, 1979; Ausst.-Kat. Amour des Dieux, Paris, 1991.

Erichthonios, ein mythischer König von Athen, soll seine Existenz dem Verlangen des → Hephaistos nach → Athena verdankt haben: Sie wies ihn ab, als er ihr nachsetzte. Den Samen, den er dabei vergoß, wischte sie mit einem Stück Wolle von sich ab und warf das Büschel auf den Boden. So empfing die Erde (Gaia) den E. Athena hob ihn auf und barg ihn in einem *Korb*, den sie in die Obhut der Kekrops-Töchter → Aglauros, Herse und Pandrosos gab mit dem Befehl, ihn nie zu öffnen. Doch die Neugier von Aglauros und Herse (oder von Aglauros allein, wie Ovid erzählt) war stärker, sie öffneten den Korb und fanden das *Kind* von einer oder zwei *Schlangen* bewacht (oder selbst mit einem *Schlangenleib*). Wahnsinnig vor Schrecken stürzten sich beide zu Tode. Athena zog E. auf der Athener Akropolis auf; er folgte später Kekrops als König dieser Stadt.

Das Bild der aus dem Boden hervorgekommenen Erdmutter Gaia, die Athena den neugeborenen E. übergibt, ist in der Vasenmalerei nicht selten (Stamnos des HERMONAX, um 450 v. Chr.; München, Ant. · Schale des KODROSMALERS, um 440 v. Chr.; Berlin, Ant.), fehlt auch nicht in der

Gaia reicht Athena das Kind Erichthonios im Beisein von Kekrops, Hephaistos und Herse Schale des Kodrosmalers, um 440 v. Chr. (Berlin, Antikensammlungen)

röm. Kunst (Relieffragment, 1. Jh. n. Chr.; Vatikan, Replik nach dem Relief an der Basis eines Kultbildes im Athener Hephaisteion, um 420 v. Chr.). Die Flucht der beiden Kekrops-Töchter vor der Schlange zeigt eine Schale des BRYGOS (um 490–480 v. Chr.; Frankfurt a. M., Liebieghaus), ihre Verfolgung durch Athena eine Lekythos des PHIALEMALERS (um 440–430 v. Chr.; Basel, Ant.). Die Entdeckung des E.-Kindes im Korb wurde in der Neuzeit ein Thema. So bei SEBASTIANO DEL PIOMBO (1511; Rom, Villa Farnesina) und besonders in der fläm. Malerei des Barock (J. JORDAENS, 1617; Antwerpen, Koninklijk Mus. · RUBENS, um 1615–17; Vaduz, SL, hier symbolisiert eine Statue vom Typus der → Artemis von Ephesus in einer Nische im Hintergrund die Fruchtbarkeit).

Quellen: Apollodor, Bibliothek 3,14,6–7; Ovid, Metamorphosen 2,552–561.785–786.
Lit.: W. Stechow, The Finding of Erichthonius, in: Studies in Western Art. Acts of the 20th International Congress of the History of Art, Princeton (N. J.), 1983, Bd. 3, S. 27–35.

Erigone war die Tochter des Ikarios aus Athen, der den Gott → Dionysos bei sich aufgenommen hatte, als er zur Erde herabkam, um den Menschen den Rebstock und den Wein zu bringen. Wie Ovid berichtet, verführte Dionysos E. in Gestalt einer *Traube*. Den Wein, den ihm der Gott geschenkt hatte, teilte Ikarios mit Hirten, die davon betrunken wurden, sich vergiftet glaubten und ihn daraufhin erschlugen. Als E. ihren Vater tot auffand, erhängte sie sich. Zur Vergeltung schlug Dionysos die athen. Mädchen mit Wahnsinn, so daß sie sich ebenfalls erhängten. Vom Orakel in Delphi erfuhren die Athener die Hintergründe; sie bestraften die Hirten und stifteten ein Fest zu Ehren der E., bei dem sie kleine, mit einem menschlichen Antlitz verzierte Rundscheiben (*aiorai*, lat. *oscilla*) an Bäumen aufhängten.

Aus dieser Überlieferung wurden in der Antike die Szenen der Begegnung von Dionysos und Ikarios sowie der Trunkenheit der Hirten als Bildthemen bevorzugt (Mosaik des 3. Jh. n. Chr.; Nea Paphos, Zypern).

Erigone (›Der Triumph des Bacchus‹) Charles-Joseph Natoire, 1747 (Paris, Louvre)

In der nachantiken Malerei, besonders der des 18. Jh., ist die Verführung der E. durch eine Traube ein geläufiges Motiv (POUSSIN, ›Bacchus und Erigone‹, um 1626; Stockholm, NM). C. VAN LOO zeigte das junge Mädchen allein, beim Pflücken der Traube; dabei schaut es den Betrachter mit einem schelmischen Blick des Einverständnisses an (um 1747; Atlanta, High Mus. of Art). Auf C.-J. NATOIRES ›Triumph des Bacchus‹ (1747; Louvre) erscheint E. in einer groß angelegten Komposition als Hauptperson im Vordergrund; die Frucht vor Augen und ganz in Erwartung des Genusses ist sie dabei, sich die Traube zum Munde zu führen. BOUCHER führte eine zweite weibliche Figur in die Szene ein (1745; London, WC).

Quellen: Apollodor, Bibliothek 4,14,7; Ovid, Metamorphosen 6,125.
Lit.: Ausst.-Kat. Les Amours des Dieux, Paris, 1991; E. Panofsky, A Mythological Painting in the National Museum Stockholm, 1960.

Erinyen/Furien sind Rachegöttinnen, teuflische Dämoninnen, die ihre Opfer, vor allem die Mörder, unnachgiebig verfolgen und meist in den Wahnsinn treiben. Die Römer nannten sie auch Dirae, die Grauenvollen. Die drei E. der Griechen hießen in nachklassischer Zeit Alekto (nie Aufhörende), Megaira (Verweigernde) und Tisiphone (Mordrächerin). Nach Hesiods ›Theogonie‹ waren sie aus der Erdgöttin Gaia geboren, die von Blutstropfen des Uranos befruchtet worden war, als → Kronos seinen Vater entmannte. Wenn ihr Rachedurst gestillt und ein Mord gesühnt ist, können sie sich in die Eumeniden, die Wohlgesinnten, wie man sie euphemistisch auch nannte, verwandeln, so im Falle

Die Furien (›Die Folgen des Krieges‹) Peter Paul Rubens, 1638 (Florenz, Palazzo Pitti)

des Muttermörders → Orestes, nachdem → Apollon und → Athena seinen Freispruch erwirkt hatten.

Dargestellt werden die E. mit *Schlangenhaaren* oder *Schlangen* in der Hand, manchmal mit Flügeln. Sie verfolgen ihre entsetzten Opfer mit *Geißeln* oder *Fackeln* in den Händen (Amphora mit der Bestrafung des Ixion, um 330 v. Chr.; Berlin, PM) und quälen sie im Tartaros. Eine Reihe süditalien. Vasen zeigt sie bei der Verfolgung des Orestes oder schlafend im Apollonheiligtum von Delphi (Krater, um 380 v. Chr.; Louvre). Argiv. Reliefs (4. Jh. v. Chr.; Argos, Mus. · 3./2. Jh. v. Chr.; Athen, NM) geben sie als besänftigte Göttinnen in einer Prozession wieder; Weiheinschriften benennen sie als die Eumeniden. In nachantiker Zeit werden Darstellungen der E. selten. In den ›Folgen des Krieges‹ von RUBENS (1638; Florenz, PP) gehören die F. zum Gefolge des Mars. Sie fehlen auch nicht in den Dante-Illustrationen von BOTTICELLI (um 1490; Vatikan), J. FLAXMAN (um 1792) und W. BLAKE (1824–27; Melbourne, National Gallery) zum 9. Gesang des ›Inferno‹, ebensowenig in A. BÖCKLINS Bild der Verfolgung eines Mörders (1870; München, SG).

Quellen: Aischylos, Eumeniden; Ovid, Metamorphosen 4,451–511; Vergil, Aeneis 6,571–573, 7,324, 12,846.
Lit.: M. Junge, Untersuchungen zur Ikonographie der Erinys in der griech. Kunst, 1983.

Eros, röm. **Amor.** In den griech. Kosmogonien ist E. eine Urkraft, die seit Erschaffung von Himmel und Erde die Erfüllung der Welt mit Leben ermöglichte. Ein zweiter E., Sohn der → Aphrodite und des → Ares (oder des → Hermes), wird unmittelbar als Verkörperung der Liebesleidenschaft gesehen. Überlieferung und philosophische Spekulation über ihn differieren häufig. In Platons ›Gastmahl‹ deutet → Sokrates den E. als Mittler zwischen Menschen und Göttern, als ewig unruhiges Geschöpf des Elternpaars Armut und Findigkeit (Penia und Poros). Bisweilen wird unterschieden zwischen einem zur Anschauung der Götter führenden himmlischen E., Sohn der Aphrodite Urania, die einer »himmlischen Venus« entspricht, und einem eher unmittelbar auf die Sexualität weisenden irdischen E., Sohn der Aphrodite Pandemia (»irdische Venus«). Der Mythos erzählt wenig von E.; an Aphrodites Seite tritt er als verspieltes *Kind* auf, das bestraft – von Dornen verwundet, von Bienen gestochen – oder aber verhätschelt wird. Aphrodite stiftet ihn gern an, einen Pfeil auf Menschen oder sogar Götter zu richten, so auf → Apollon, der dann zur Verfolgung → Daphnes ansetzt, oder auf → Hades/Pluto, der daraufhin → Persephone raubt. E. ist die Hauptfigur im ›Goldenen Esel‹ des Apuleius aus dem 2. Jh. n. Chr., als Liebhaber und letztendlich Gatte der → Psyche.

In der archaischen und klassischen Kunst der Griechen ist E. ein fast immer *geflügelter* Jüngling oder Knabe, die Inkarnation von Schönheit und Liebesverlangen. Seine Waffen sind *Pfeil und Bogen*. Manchmal begleiten ihn Himeros und Pothos, zwei weitere Personifikationen des erotischen Begehrens (Hydria aus Populonia, um 410 v. Chr.; Florenz, MA · aus Plinius und Pausanias bekannte Skulpturen des Skopas in den Aphroditetempeln von Samothrake und Megara, um 340–330 v. Chr.). Praxiteles hat mehrere E.-Darstellungen geschaffen, von Lysipp ist ein bogenspannender E. (um 330 v. Chr.) aus röm. Kopien (u. a. Rom, MC) bekannt. Vom Ende des 5. Jh. v. Chr. an gewann sein Bild immer kindlichere Züge. Im Hellenismus und bei den Römern sind die in der Mehrzahl auftretenden Eroten kleine und rundliche, in jeder Hinsicht flatterhafte Kinder, die auf spielerische Weise menschliche Tätigkeiten nachahmen (Wandbilder aus Pompei; Neapel, MN). Besonders von röm.

Verkäuferin von Liebesgöttern
Joseph Vien, 1763
(Schloß Fontainebleau)

Geflügelter Eros mit Lyra
Amphora, um 470 v. Chr. (Paris, Louvre)

Sarkophagen des 2. bis 4. Jh. n. Chr. kennt man das Bild der Umarmung Psyches durch E., auch von einer genreartigen röm. Marmorgruppe des 2. Jh. n. Chr. nach einem hellenistischen Original um 200 v. Chr. (Rom, MC). In größeren mythologischen Zusammenhängen ist E. in allen Kunstgattungen gegenwärtig. Dabei gilt es zu unterscheiden zwischen der Einzelfigur des E./A., der auch als Cupido (lat., »Begierde«) erscheint (z. B. in der Psyche-Legende), und den unzähligen Wiedergaben von Scharen von Liebesgöttern, die dann wenig mehr als dekorative Bedeutung haben. Aus einzelnen Begebenheiten der E.-Legende suchten die Künstler sich ihre Themen: seine Geburt und Erziehung, seine Beziehungen zu anderen olympischen Göttern, seine Liebeshändel usw. Den kindlichen E. zeigten sie, wie er sich selbst mit dem Pfeil sticht oder ihn spitzt; mit verbundenen Augen (ein Zeichen seiner wollüstigen Eigenschaften, während das Abnehmen der *Augenbinde* den Sieg der geistigen Liebe symbolisiert), beim Ausschütten einer vollen Börse usw. Sind diese Drolerien also nicht ganz ohne sinnbildliche Bedeutung, so tritt der kleine E. in Themen von eindeutig allegorischer Bestimmung durchaus ernsthaft in Erscheinung, z. B. in Tizians ›Himmlischer und irdischer Liebe‹ (1512; Rom, GB), wo er in Verbindung mit den zwei Erscheinungsformen der Aphrodite/Venus auftritt, und, wenn auch seltener, in einem Sujet wie der Bestattung des Amor, das A. Caron anläßlich des Todes der Diane de Poitiers, Mätresse Heinrichs II. von Frankreich, 1566 gestaltete. Vom 15. Jh. an gehören die kleinen Eroten oder Amoretten als schmückendes Motiv zur Bilderwelt, leicht zu verwechseln mit Genien oder Engelsputti. Donatello gilt als der neuzeitliche Erfinder dieses Typs des Putto, des kleinen nackten Kindes, doch ist nicht zu übersehen, daß der Putto unmittelbar von den Eroten und Cupidos der Antike abstammt. Das drollige Kerlchen treibt sich in allen möglichen Bildern herum, es ziert Girlanden genauso wie Festzüge, spielt Instrumente und zeigt sich in Gesellschaft anderer Fantasiewesen, wie → Faune und → Nymphen. Seit 1759 in Stabiae bei Pompei ein röm. Wandbild mit einer Verkäuferin von geflügelten E.-Putti gefunden worden war, wurde dieses Motiv ein beliebtes Thema der Malerei (J. Vien, 1763; Schloß Fontainebleau) und des Kunsthandwerks (Meißener Porzellan; Wedgwood-Steinzeug): »Liebesgötter! Kauft Liebesgötter!« Amoretten erscheinen oft in der Begleitung olympischer Götter, namentlich der Aphrodite; ihre Anwesenheit bei der Geburt der Göttin entsprach einer Konvention, gegen die selten verstoßen wurde, von der Renaissance (Botticelli, 1482; Uffizien) bis in das 19. Jh. (A. Cabanel, 1863; Paris, MO). Ganz unerwartet findet man Putti auf Memento-mori-Bildern, in einer Ikonographie, die über die Ungesichertheit des menschlichen Lebens reflektiert, z. B. bei P. Moninckx (›Schlafender Amor neben einem Totenschädel‹, Mitte 17. Jh.; Bordeaux, MBA) und bei L. Miradori (tätig zw. 1639 u. 1657) in einem ›Memento mori‹ (Cremona, Mus. Civico).

Quellen: Apuleius, Metamorphosen 4,28–6; Hesiod, Theogonie 120–122, 201; Ovid, Metamorphosen 1,452–480 (Apollon), 5,364–384 (Hades); Pausanias, Periegesis 1,43,6 (Skulpturen des Skopas in Megara); Platon, Gastmahl; Plinius d. Ä., Naturgeschichte 36,25 (Skulpturengruppe des Skopas in Samothrake).
Lit.: A. Greifenhagen, Griechische Eroten, 1957; G. Niccoli, Cupid, Satyr and the Golden Age. Pastoral Dramatic Scenes of the Late Renaissance, 1989; E. Panofsky, Der blinde Amor, in: E. P. , Studien zur Ikonologie. Humanistische Themen in der Kunst der Renaissance, 1980, S. 153–202; R. Stueveras, Le putto dans l'art romain, 1969.

Eudamidas, ein vornehmer, aber mittelloser Korinther, vertraute in seinem auf dem Totenbett diktierten Testament seine altersschwache Mutter der Fürsorge eines seiner Freunde an, einem anderen gab er seine Tochter in Obhut mit der Bitte, sie zu verheiraten und dafür auszustatten. Zum größten Erstaunen der Korinther, die sich über E. lustig gemacht hatten, erfüllten die beiden Freunde dessen Vermächtnis.

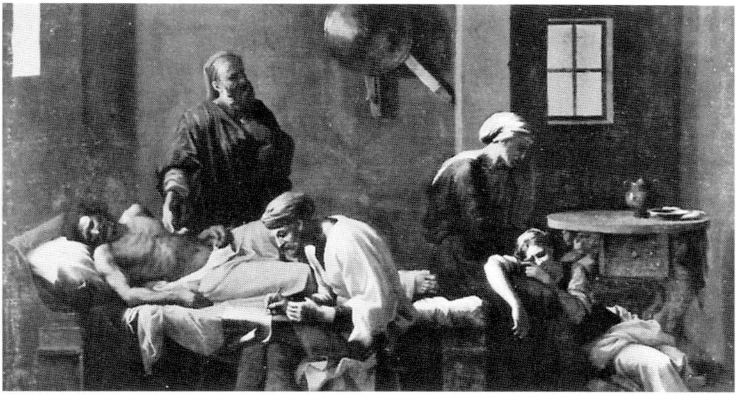

Das Testament des Eudamidas
Nicolas Poussin, um 1653 (Gemäldeausschnitt) (Kopenhagen, Statens Museum for Kunst)

POUSSIN hat das sehr seltene Bildthema berühmt gemacht (›Das Testament des E.‹, um 1653; Kopenhagen, SM): In dem schmucklosen, an die soldatische Tugend nüchterner Schlichtheit gemahnenden Raum nimmt einer der Freunde das Testament nach dem Diktat des Sterbenden auf. Die drei Männer scheinen voll stoischer Ergebenheit in das Schicksal, die Frauen, abseits, ganz ihrem Schmerz überlassen.

Quelle: Lukian, Toxaris oder Über die Freundschaft 22–23.

Eumeniden → Erinyen

Europa. In diese Tochter des phöniz. Königs Agenor verliebte sich → Zeus. Er nahm die Gestalt eines weißen *Stiers* an und näherte sich ihr am Strand, wo sie mit ihren Gefährtinnen spielte. Sie streichelte zutraulich das Tier, schmückte es mit einem *Kranz* und setzte sich auf seinen Rücken – sogleich entführte sie der Stier über das Meer nach Kreta. E. hatte drei Söhne von Zeus, Minos, → Sarpedon und Rhadamanthys.

Der Raub der Europa
Pompejanisches Wandbild, 1. Jh. v. Chr. (Neapel, Museo Archeologico Nazionale)

Zahlreiche antike Darstellungen einer Frau auf dem Rücken eines Stiers lassen sich mit der E.-Sage verbinden (Metope vom Tempel Y in Selinunt, um 560 v. Chr.; Palermo, MA · Metope vom Schatzhaus der Sikyonier, 1. Hälfte 6. Jh.; Delphi, Mus. · Hydria des BERLINER MALERS, um 500 v. Chr.; Oxford, AM · Glockenkrater des BERLINER MALERS, um 490 v. Chr.; Tarquinia, MN). Der gleiche Bildtypus wurde allerdings auch für die Entführung einer → Mainade durch den Stier des → Dionysos verwendet, zur Bestimmung des Themas dienen hier Efeu oder Weinstock als Attribute. Im Mittelalter steht die Entführung der E. im Zusammenhang mit dem Sternbild des Stiers, wird aber auch als Allegorie des Triumphes der Liebe über die Keuschheit aufgefaßt. Nach dem ›Ovide mo-

Der Raub der Europa
Tizian, 1559–62 (Gemäldeausschnitt) (Boston, Isabella Stewart Gardner Museum)

ralisé‹ vom Anfang des 14. Jh. gleicht die Verwandlung des Zeus in einen Stier der Menschwerdung Christi, die Entführung der E. der Erhebung der Menschenseele zu Gott. Wie in der Antike wird im Barock, der das Thema oft behandelt hat, hin und wieder der von E.s Gespielinnen bekränzte Stier am Strand gezeigt, so von POUSSIN (Zeichnung, um 1649/50; Stockholm, NM) und zuvor schon von VERONESE (1573; Venedig, Dogenpalast), meist aber sieht man ihn bereits in den Meeresfluten mit E., die sich – entsetzt oder gelassen – an seinen Hörnern festhält (TIZIAN, 1559–62; Boston/Mass., GM). E.-Darstellungen finden sich ferner im Werk von RUBENS (um 1630; Prado), REMBRANDT (1632; Malibu, GM), CLAUDE LORRAIN (1647; Amsterdam, RM) und BOUCHER (1734; London, WC · 1747; Louvre), im 19. Jh. mehrfach bei G. MOREAU (in einer ersten Version, 1869, Paris, MM, trägt der Stier das Strahlenhaupt des Zeus). INGRES hat sich 1863 für sein Bild im Fogg Art Museum von Cambridge unmittelbar von einer griech. Vase anregen lassen.

Quellen: Apollodor 3,1; Ovid, Metamorphosen 2,836–875.
Lit.: Ausst.-Kat. Die Verführung der Europa, Berlin, 1988; M. Pastoureau / J.-C. Schmitt, Europe. Mémoire et emblèmes, 1990; E. Zahn, Europa und der Stier, 1983.

Fata → Moiren

Faun. Der lat. Name Faunus bezeichnete ursprünglich einen ital. Schutzgott der Hirten und ihrer Herden, dem → Pan der Griechen entsprechend. In der Gründungslegende von Rom wird dieser Name auch dem König Euandros beigelegt. In der klassischen Zeit der Antike tritt der F. in der Mehrzahl auf: F.e sind gehörnte Zwitterwesen, halb Mensch, halb *Ziegenbock*, mit zottigen Schenkeln. Bezeichnend ist ihre Lüsternheit, die Vorliebe für den Wein und die Musik, zumal für die *Syrinx*, die Panflöte. Ovid erzählt, wie sehr F. sich schämte, weil er in das Gemach der Omphale eingedrungen war und versucht hatte, ihr Bett zu besteigen, auf dem aber → Herakles schlief, in der Kleidung der Königin, die sie zum Scherz mit dem Heroen getauscht hatte.

Der Kuß des Fauns
Jules Dalou, Bronze, 1890–94
(Paris, Musée d'Orsay)

In der antiken Bildwelt unterscheiden sich die F.e kaum von den → Satyrn. Man begegnet ihnen besonders oft in der hellenistischen und röm. Skulptur. Berühmteste Beispiele sind der trunken in Schlaf gesunkene ›Barberinische F.‹ des 3. Jh. v. Chr. (München, G) und der ›Tanzende F.‹, eine in Pompei 1830 gefundene Bronzestatue als Kopie eines hellenistischen Originals (Neapel, MN). In nachantiker Zeit zeigte man die F.e gern in Gruppen oder Familien, so in Bildern der CRANACHS (ein Beispiel, um 1530, in Donaueschingen, Fürstlich Fürstenbergische Sammlungen) und in Stuccos des ROSSO FIORENTINO (1535–40; Schloß Fontainebleau, Galerie François I). PIERO DI COSIMO gab der toten Prokris nicht etwa → Kephalos an die Seite, sondern einen tiefbetrübten Faun (1506; London, NG). Oftmals werden die F.e in Allusion an die bukoli-

Der Barberinische Faun
Ergänzender Stich (1704) nach der römischen Replik eines griechischen Originals des 3. Jh. v. Chr. (München, Glyptothek)

sche Dichtung musizierend gezeigt, z. B. in Skulpturen von P. PUGET (›Die Syrinx spielender F.‹, 1692–94; Marseille, MBA) und A. COYSEVOX (›Flötespielender F.‹, 1790; Louvre). TIEPOLO stellte 1740 ›Satyr und Faun‹ zusammen dar (Rom, PB), der Satyr erscheint hier als geflügelter kleiner Junge mit einem Tamburin in der Hand. PICASSO vereinigte drei solche Wesen zu einem Triptychon (›Satyr, F. und Kentaur‹, 1946; Antibes, Mus. Grimani). Das Mißgeschick des F.s bei Omphale schilderte TINTORETTO (1582–84; Budapest, MBK); er zeigte den Moment, da Herakles erwacht und ihn aus dem Bett jagt. Das gleiche Thema findet sich bei A. JANSSENS (1607; Kopenhagen, SM).

Quelle: Ovid, Fasti 2,303–358.
Lit.: F. Haskell / N. Penny, Taste and the Antique, ²1982.

Flora. Die altital. Schutzherrin des Frühlings, der *Blüten* und der *Blumen* war laut Ovid die nach ihrer Verbindung mit → Zephyros in die röm. Göttin F. verwandelte griech. → Nymphe Chloris. Sie gebar ihm den Frühling. Die mehrtägigen ausgelassenen Ludi Florales in Rom, ein Fest, bei dem u. a. die Kurtisanen eine Rolle spielten, hatten alljährlich am 1. und 2. Mai ihre Höhepunkte.

In seiner berühmten ›Primavera‹ (›Der Frühling‹, 1477/78; Uffizien) zeigte BOTTICELLI die von Zephyros verfolgte Nymphe, deren Mund Blumen verstreut. Der Titel ›Flora‹ diente TIZIAN zur poetischen Überhöhung eines verehrungswürdigen Frauenporträts (1515; Uffizien), ebenso REMBRANDT für Bildnisse seiner Ehefrauen (›Saskia‹, 1634; Eremitage · 1635; London, NG · ›Hendrickje‹, um 1654; New York, MM). In der gleichen Tradition stehen die F.-Bilder A. BÖCKLINS (1875; Leipzig, Mus.) und L. CORINTHS (1923; Hamburg, KH). In zwei großen Kompositionen (›Der Triumph der Flora‹, um 1627; Louvre · ›Das Reich der Flora‹, 1631; Dresden, AM) verband POUSSIN das Bild der F. mit der Erscheinung all der mythischen Gestalten, die nach Ovid in Blumen verwandelt wurden: → Narkissos, → Hyakinthos, → Adonis (Anemone), → Aias (Nelke), Crocus und Smilax (Winde), Klytia (Heliotrop). Ein ursprünglich für das Tuilerienschloß bestimmtes Relief (›Triumph der Flora‹, 1866) von J.-B. CARPEAUX am Pavillon de Flore des Louvre gab diesem Pavillon den Namen.

Quelle: Ovid, Fasti 5,193–214.
Lit.: J. S. Held, Flora, Goddess and Courtesan, in: De artibus opuscula XL. Essays in Honor of E. Panofsky, 1961, S. 201–218; R. Oertel, Nicolas Poussin. Das Reich der Flora, 1959.

Flora
Jean-Baptiste Carpeaux, Bronze, 1870 (Paris, Musée d'Orsay)

Flügel. Mit F.n versehen sind bestimmte göttliche Wesen meist sekundären Ranges, Vermittler zwischen den Göttern und den Menschen, wie → Iris und → Nike, oder zwischen den Menschen und dem Jenseits, wie → Hypnos, der Schlaf, und Thanatos, der Tod. Mit Himmelserscheinungen verbundene Gottheiten sind ebenfalls mit F.n ausgestattet, so → Eos, die Morgenröte, und die Winde → Aiolos, → Zephyros und → Boreas mit seinen Söhnen, den Boreaden. → Eros/Amor trägt ebenfalls F., als kosmische Macht und göttliche Kraft, die unter den Menschen wirkt. Bei bestimmten Wesen wie den → Harpyien und Gorgonen sind Flügel außerdem ein Zeichen von Monstrosität, übrigens auch bei Fabeltieren wie den → Greifen, der Sphinx oder dem → Pegasos, der als Pferd aus der → Gorgo Medusa hervorging. Schließlich dienen F. denen, die damit – meist an den Füßen – ausgestattet sind, zur rascheren Fortbewegung, z. B. → Hermes und → Perseus. Vgl. auch: Aphrodite · Daidalos · Ikaros.

Fluß, Flußgott. Flüsse werden als ältere, bärtige Männer dargestellt, meist liegend und an eine wasserspendende Urne gelehnt. Manche Flußgottheit nahm im Mythos menschliche Gestalt an, wie Alpheios bei der Verfolgung der Nymphe → Arethusa. → Acheloos konnte sich in verschiedene Tiere verwandeln, behielt dabei aber seinen Menschenkopf (mit Variationen).

Fortuna → Tyche

Furien → Erinyen

Furius, Marcus → Camillus

Galateia, röm. **Galatea** – nicht zu verwechseln mit der menschgewordenen Statue → Pygmalions –, war eine Meeresnymphe, eine → Nereide, an der Küste Siziliens. Sie verliebte sich in Akis/Acis, einen Sohn des → Pan (oder des Faunus) und einer → Nymphe. Der → Kyklop → Polyphemos klagte ihr vergeblich seine Liebe; ihre Zurückweisung versetzte ihn schließlich in solche Wut, daß er Akis, als er das Paar zusammen überraschte, mit einem gewaltigen *Felsbrocken* zermalmte. G. verwandelte ihren toten Geliebten in einen Fluß.

Das Schicksal der G. diente in der pompejan. Wandmalerei nicht selten zur Belebung von Meereslandschaften und Hintergrundarchitekturen, erscheint aber auch an Sarkophagen und auf Gemmen. Dabei sitzt Polyphem auf einem Felsen oder einer Anhöhe; ein → *Delphin* trägt G. davon, die ihren *Schleier als Segel* benutzt (Bild aus dem Haus des Sacerdos Amandus, um 75 n. Chr.; Neapel, MN). Auf einem wenig älteren röm. Relief (Rom, GA) zeigt → Eros dem Kyklopen die schöne Nymphe. Die Klage des verliebten, die → Syrinx spielenden Riesen Polyphem angesichts der enteilenden G. ist ein Bildthema auch in der Neuzeit, z. B. bei Ann. Carracci im Palazzo Farnese in Rom (1597–1600). Bisweilen sieht man den Kyklopen einen Felsbrocken auf das fliehende Paar schleudern. Poussin bettet die Handlung in die Landschaft, um den Einklang von Mensch und Natur zu betonen (1649; Eremitage). Die ganze Handlung

Der Triumph der Galateia
Raffael, 1514
(Freskenausschnitt)
(Rom, Villa Farnesina)

erzählt S. Badalocchio in seinen Fresken im Palazzo Verospi in Rom (um 1609). Die Entdeckung des jungen Paares durch Polyphem stellen Künstler des 19. und des 20. Jh. gern als Kontrast zwischen der anmutigen und zärtlichen Erscheinung der beiden Liebenden und der einschüchternden Gewalt des Kyklopen dar, in Paris z. B. A. Ottin (Skulpturengruppe der ›Fontaine des Médicis‹ im Park des Palais du Luxembourg, 1852–59) und K.-X. Roussel (Gemälde der 1930er Jahre; MO). In der berühmtesten Darstellung, Raffaels ›Triumph der G.‹ von 1514 in der Villa Farnesina, Rom, zieht ein Delphinenpaar die Nymphe in einem Muschelwagen über das Meer, umspielt von Eroten, Tritonen und anderen Nereiden.

Quelle: Ovid, Metamorphosen 13,738–897.
Lit.: C. Dawson, Romano-Campanian Mythological Landscape Painting, 1944; C. Thoenes, Zu Raffaels Galatea, in: Fs. Otto von Simson, 1977, S. 220–272.

Ganymedes war ein junger Hirte, Sohn des Königs von → Troja. Bezaubert von seiner großen Schönheit, entführte ihn → Zeus in der Gestalt eines *Adlers*, um ihn anstelle der → Hebe zu seinem Mundschenk zu machen.

In der att. Vasenmalerei wird vor allem die Verfolgung und Ergreifung des G. durch Zeus geschildert (Kantharos des Brygosmalers, um 490 v. Chr.; Boston, MFA · Glockenkrater des Berliner Malers, um 490 v. Chr.; Louvre), den seinerseits → Eros antreibt (Alabastron des Diosphosmalers, um 490 v. Chr.; ehemals Berlin, Staatliche Mus., verloren);

G. hält oft einen *Hahn*, Geschenk des Gottes, in der Hand (Schale des PENTHESILEAMALERS, um 455 v. Chr.; Ferrara, MA). Berühmt ist die Terrakottagruppe der Ergreifung G.s in Olympia (Mus.), um 470 v. Chr. Erst in nachklassischer Zeit wird die Entführung durch den Adler, der ihn zum → Olymp emporträgt (Spiegelkapsel, um 350 v. Chr.; Berlin, Ant.) oder dem er zu trinken gibt, ein Bildthema. LEOCHARES schuf um 340/330 v. Chr. eine Skulptur der Entführung. In der Deutung der Renaissance ist der zum Himmel emporgetragene G. eine Allegorie der Erhebung der Menschenseele zu Gott (Randszene auf FILARETES Bronzetür an St. Peter, Rom, 1435–45). Andererseits wird durch Variierung der Haltung des Adlers die homosexuelle Konnotation des Motivs zum Ausdruck gebracht (Zeichnung von MICHELANGELO, um 1533; Cambridge, Fogg Art Mus.). REMBRANDT hat das Thema persifliert in seinem vor Angst wasserlassenden G. (1635; Dresden, AM). In Bildzyklen mit den Liebschaften des Zeus erscheint selbstverständlich auch die Entführung G.s; CORREGGIOS Darstellung bildet das Gegenstück zur Vereinigung der → Io mit der Wolke des Zeus (um 1530–32; beide in Wien, KM). Den Mundschenk G. hat THORVALDSEN mehrfach dargestellt (1804, 1816, 1817; Kopenhagen, TM). Die Erhebung G.s zum Sternbild des Wassermanns (und des Adlers zum Sternbild des Aquila) findet sich in B. PERUZZIS Fresken in der Villa Farnesina in Rom (1509–11).

Der Raub des Ganymedes
Correggio, um 1530–32 (Wien, Kunsthistorisches Museum)

Quellen: Apollodor 2,5,9, 3,12,2–3; Ovid, Metamorphosen 10,155–161.
Lit.: Ausst.-Kat. Amour des Dieux, Paris, 1991, Nr. 36; G. Kempter, Ganymed. Studien zur Typologie, Ikonographie und Ikonologie, 1980; J. M. Saslow, Ganymedes in the Renaissance. Homosexuality in Art and Society, 1986; H. Sichtermann, Ganymed. Mythos und Gestalt in der antiken Kunst, 1953.

Gastmahl. Im gesellschaftlichen Leben der antiken Völker gehörte das Ausrichten eines G.s zu den Privilegien; Gastfreundschaft und Geselligkeit an der Tafel waren wichtige Werte. Doch nur das Göttermahl war ein (seltenes) Sujet in ihrer Bilderwelt (att. Schale des KODROSMALERS, um 440 v. Chr.; London, BM). In der Neuzeit sind literarische Texte, in denen Symposien dieser Art eine herausgehobene Rolle spielen, bisweilen im Bild dargestellt worden, vor allem Hochzeitstafeln in Anwesenheit von Göttern. So das Hochzeitsmahl von → Peleus und → Thetis (RUBENS, 1636–38; Chicago, Art Institute) oder von Cupido und Psyche (GIULIO ROMANO, 1527/28; Sala di Psiche im Palazzo del Tè, Mantua: eine Zusammenstellung von vornehmer und rustikaler Tafel). Berühmt wurden die großen Kompositionen A. FEUERBACHS von Platons ›Gastmahl‹ (1869; Karlsruhe, KH · 1873; Berlin, NG). Mahlzeiten anderer, unnatürlicher Art kamen in der Antike eher zur Darstellung, z. B. das Mahl des → Achilleus über der Leiche → Hektors, die Hochzeit des Peirithoos, bei der die → Kentauren die Braut und die Lapithinnen attackierten, oder die gräßlichen, kannibalischen Taten des → Kyklopen → Polyphemos, der die Gefährten des → Odysseus fraß, sowie des → Tereus, der unwis-

Festmahl von Eros und Psyche
Giulio Romano, Fresko, 1527/28 (Mantua, Palazzo del Tè)

sentlich den eigenen Sohn verspeiste. Friedlicher geht es auf den Darstellungen fürstlicher Tafeleien zu, die oft zu großartigen Kompositionen den Vorwurf lieferten, wie das Fest von → Dido und Aeneas (→ Aineias) oder von Antonius und → Kleopatra (TIEPOLO, 1747–50; Venedig, Palazzo Labia).

Germanicus. Der im Jahr 16 v. Chr. geborene Tiberius Drusus Nero mit dem Beinamen G. wurde von Kaiser Tiberius, seinem Onkel, adoptiert. Er heiratete Agrippina (»die Ältere«), eine Enkelin des Kaisers → Augustus. Nachdem er als Feldherr über acht am Rhein stationierte Legionen glänzende Siege gegen die Germanen errungen und damit die Niederlagen seiner Vorgänger wettgemacht hatte, wollten ihn seine Soldaten zum Kaiser – statt Tiberius – ausrufen. G. lehnte aus Loyalität zu Rom ab. Tiberius berief ihn dann aus Neid über seine Erfolge nach Syrien ab, wo er es überdies mit einem Gegner in Gestalt des Statthalters Gnaeus Calpurnius Piso zu tun bekam. G. starb überraschend 19. n. Chr. in Antiochia, vielleicht als Opfer eines Giftanschlags, den Piso auf Anweisung des Tiberius verübt hatte. Diese Vermutung äußerte G. selbst noch auf dem Totenbett, als er seine Freunde bat, seine Familie zu schützen und seinen Tod zu rächen.

Münzen der Stadt Caesarea in Kappadokien aus der Zeit seines dortigen Prokonsulats (18/19 n. Chr.) zeigen sein Porträt. Auch eine bei Gabiae gefundene Statue (Louvre) stellt ihn dar; sie erlaubt die Identifizierung weiterer Porträts in Büstenform. Die Apotheose des G., auf einem geflügelten Pferd, zeigt die Große Kamee aus der Ste-Chapelle, eine röm. Arbeit des 1. Viertels des 2. Jh. n. Chr. (Paris, BN, Cabinet des médailles), seine Vergöttlichung eine ungewöhnlich qualitätvolle weitere Kamee des 1. Jh. n. Chr. (Paris, BN, Cabinet des médailles): Wie → Ganymed wird G. von einem *Adler* mit ausgebreiteten Flügeln emporgetragen – einem mit Ruhm bedeckten Feldherrn, der ein geringeres Mitglied der Cäsarenfamilie ist, wird hier die kaiserliche Apotheose gewährt. Aus dem Leben des G. sind immer wieder einzelne Episoden zur Darstellung gebracht worden. So von A. DE PUJOL für die Ausstellung im Pariser Salon von 1824 das Thema ›G. sammelt die Gebeine der Legionssoldaten des Varus‹, das für das Frankreich der Restaurationszeit eine lehrreiche politische

Bedeutung enthalten haben mag. Die meisten Darstellungen gelten seinem Tod. POUSSINS berühmte Komposition von 1627 (Minneapolis, Walker Art Center) wurde in Ikonographie und Komposition vorbildlich: Friesartig angeordnet sind zwei durch den sterbenden G. getrennte Figurengruppen zu sehen. Auf der einen Seite die weinende Gattin Agrippina, ihre Kinder und die Amme, auf der anderen Seite die offensichtlich vom Wunsch nach Rache erfüllten Soldaten und Freunde. Was auf diese von Tacitus überlieferten Ereignisse folgte, bot gelegentlich weitere Anregung für Bilder. Agrippinas Trauer um G. und ihre Ankunft in Brindisi mit der Asche des Toten haben im 18. Jh. B. WEST (Philadelphia, MA) und G. HAMILTON (1771; London, TG) geschildert. Die Beisetzung der Asche in Rom durch → Nero zeigte E. LE SUEUR (um 1645–50; Priv. der Königin von England). Als Tugendideal, nach dem positiven Bild, das Sueton und Tacitus vom Charakter des G. zeichnen, erscheint mahnend die Statue des G. im Zentrum von T. COUTURES ›Die Römer der Zerfallszeit‹ (1847; Paris, MO).

Quellen: Sueton, Caligula, Tiberius; Tacitus, Annalen 1,30 ff., 2,9 ff.69–73 (Tod des G.), 3,1–5.
Lit.: L. Curtius, Germanicus, in: Mitteilungen des Dt. Archäologischen Instituts 1 (1948) S. 69–94; P. Rosenberg / N. Butor, La Mort de Germanicus de Poussin du Musée de Minneapolis. Catalogue du Musée du Louvre, 1973.

Giganten. Die Giganten, riesenhafte Ungeheuer in Menschengestalt, aber meist mit Schlangenfüßen, sind Söhne der Erdgöttin Gaia, gezeugt mit dem Blut des von → Kronos entmannten Uranos. Trotz ihrer göttlichen Abkunft verfielen sie dem Tode, wenn ein Gott und ein Sterblicher zugleich ihnen tödliche Wunden schlugen. Um den → Olymp zu erstürmen, türmten sie Berg auf Berg, den Pelion auf den Ossa. Die Götter warfen sie mit der Hilfe eines Sterblichen, des → Herakles, zurück und schlossen sie unter Vulkanen ein, von wo ihr Donnergrollen noch immer zu hören ist.

Giganten im Kampf mit den Göttern
Fries des Zeusaltars von Pergamon, um 180 v. Chr. (Reliefausschnitt) (Berlin, Pergamonmuseum)

Kampf der Giganten mit den Göttern
Giulio Romano, 1531–36 (Freskenausschnitt) (Mantua, Palazzo del Tè, Sala dei Giganti)

Die Gigantomachie, d.h. der Kampf der Götter mit den G., war als Sinnbild des Sieges der göttlichen Ordnung über die rohe Barbarei ein weit verbreitetes Thema. In der att. und süditalien. Vasenmalerei lassen sich allein schon mehr als 300 Darstellungen nachweisen. Dazu kommen zahlreiche Beispiele in der Bauskulptur von Tempeln als Sinnbilder der Vorherrschaft der Götter (Fries vom Schatzhaus der Siphnier, um 530 v. Chr.; Delphi, Mus. · Giebelfiguren des archaischen Apollontempels, um 500 v. Chr.; Delphi, Mus. · Giebelfiguren vom Schatzhaus der Megarer, um 490 v. Chr.; Olympia, Mus. · Metopen von der Ostseite des Athener Parthenon, um 450/440 v. Chr.; die meisten London, BM). Den umfangreichsten Zyklus bildet der Fries vom Zeus-und-Athena-Altar aus Pergamon (um 180 v. Chr.; Berlin, PM); wie meist in hellenistischer und röm. Kunst haben hier die G. *Schlangenfüße*, einige sind *geflügelt*. Im allgemeinen Formenkanon treten die G. als gewöhnliche Krieger, und zwar als Hopliten, Schwerbewaffnete, auf (Stamnos des Blenheimmalers, um 460 v. Chr.; Boston, MFA), mitunter sind aber die Waffen, mit denen sie den Göttern entgegentreten, nur *Bäume* und *Felsen* (Fragment eines Kelchkraters, um 390 v. Chr.; Neapel, MN). Die Götter kämpfen jeweils mit den ihnen eigenen Waffen: → Zeus mit dem Blitz, → Poseidon mit dem Dreizack, → Dionysos mit dem Thyrsosstab, → Hephaistos mit Schmiedeeisen. In der Neuzeit ist Giulio Romanos (und seiner Mitarbeiter) ›Saal der Riesen‹ im Palazzo del Tè in Mantua (1531–36) die wohl eindrucksvollste Darstellung der Gigantomachie: Die von den Blitzen des Zeus zerschmetterten G. versinken in den Trümmern einer geborstenen Trompe-l'œil-Architektur. Es liegt nahe, diesen Untergang der G. politisch als Allegorie des Triumphes Kaiser Karls V. über seine Widersacher zu deuten. Eine Darstellung gleichen Typs malte Perino del Vaga um 1530 im Palazzo Doria-Pamphili, Genua. Das Thema des G.-Sturzes – nicht zu verwechseln mit dem Sturz der → Titanen, die Zeus auch mit seinem Blitz schlug und dann im Tartaros einkerkerte – hat 1553–56 Veronese im Deckenbild für die Sala del Consiglio dei Dieci im Dogenpalast von Venedig (Louvre) aufgegriffen.

Quellen: Apollodor, Bibliothek 1,6,1–3; Ovid, Metamorphosen 1,151–162.
Lit.: M. Mayer, Die Giganten und Titanen in der antiken Sage und Kunst, 1887; F. Vian, Répertoire des gigantomachies figurées dans l'art grec et romain, 1951.

Glaukos und Skylla. G. war ein Fischer, der durch den Genuß eines Zauberkrauts in einen Meereskentaur verwandelt wurde. Weil die → Nymphe S. vor seinen Liebesbeteuerungen floh, bat er die Zauberin → Kirke um Hilfe, die sich indessen in ihn verliebte und ihrerseits zurückgewiesen wurde. Um G. davon abzubringen, daß er weiterhin der S. nachstellte, verwandelte die eifersüchtige Kirke sie in ein mit sechs bellenden Hunden umgürtetes Ungeheuer, das auf einem Felsen beim Strudel Charybdis (ebenfalls einem weiblichen Monster) in der Straße von Messina auf Seefahrer lauerte, um sie zu verschlingen.

Glaukos und Skylla
Salvator Rosa, Stich, um 1640

Die Begegnung der Meeresgottheit G. und der jugendlichen S. schildert ein pompejan. Fresko. S. als *Meermonster* ist ein verbreitetes Bildmotiv, es findet sich u.a. auf einem Terrakottarelief aus Melos (um 460 v. Chr.), einem Relief vom Ende des 4. Jh. v. Chr. aus Tarent (beide London, BM), auf Münzen aus Kyme, Tarsos, Agrigent und anderen Städten sowie in einem Fresko aus Stabiae (Neapel, MN). In Fragmenten erhalten ist eine röm. Figurengruppe mit der Skylla, die sechs Gefährten des → Odysseus mit ihren Fischschwänzen erwürgt oder sie ihren *Hunden* zum Fraß gibt. Die Gruppe ist Teil eines großen Ensembles mit Abenteuern des Odysseus, das Kaiser Tiberius (14–37 n. Chr.) in einer Höhle bei Sperlonga in Latium von den Bildhauern Athanadoros, Hagesandros und Polydoros schaffen ließ (Sperlonga, Mus.). Ovids Erzählung von G. und S. folgen Gemälde B. Sprangers (um 1581; Wien, KM) und Rubens' (Ölskizze, 1636–38; Bayonne, MB).

Quellen: Ovid, Metamorphosen 13,900–14,74; Philostrat, Imagines 2,15.
Lit.: B. Andreae, Odysseus. Archäologie des europ. Menschenbildes, 1984; Ders., Praetorium Speluncae. Tiberius und Ovid in Sperlonga, 1994.

Gorgo. Nach Euripides (›Ion‹) ist die G. eine Tochter der Gaia, die den → Giganten im Kampf gegen die Götter beistand. Es werden gewöhnlich aber drei G.nen genannt: Medusa, Stheno und Euryale. Alle drei sind Töchter der Meeresgottheiten Phorkys, eines Sohnes der Gaia, und seiner Schwester Keto. Diese scheußlichen, furchterregenden Ungeheuer hausten im fernsten Okzident, an den Grenzen zur Totenwelt. Wer sie anschaute, wurde in Stein verwandelt. Mit einer List gelang es → Perseus, der einzigen Sterblichen unter ihnen, Medusa, das Haupt abzuschlagen.

Gorgo
Caravaggio, 1598/99
(Gemäldeausschnitt)
(Florenz, Uffizien)

Perseus gab es → Athena, die es als Zeichen zur Abwehr des Bösen auf ihre Aigis bzw. ihren Schild heftete. Nach Ovid war Medusa die einzige der Schwestern, die Schlangenhaare trug: Weil sie im Heiligtum der Athena von → Poseidon vergewaltigt worden war, verwandelte die Göttin – die sich an Poseidon nicht rächen konnte oder wollte – das Schönste an der zuvor schönen Medusa, ihr Haar, auf diese Weise.

Die G.nen und besonders Medusa gehörten für die Künstler der Antike zum beständigen Motivschatz. Als *geflügelte* Standfigur oder nur als *Maske* mit *Schlangenhaaren*, weit aufgerissenen Augen und *heraushängender Zunge* finden sich G.-Darstellungen schon im 7. Jh. vor Chr. auf verschiedenen Gegenständen, in der Kleinkunst (Vasen, Bronzestatuetten, Terrakotten, Münzen und z. B. als Elfenbeinrelief aus dem Heraion in Samos) ebenso wie in größeren Werken. Zu nennen ist vor allem die laufende G. vom Westgiebel des Artemistempels von Korfu (um 600 v. Chr.; Korfu, Mus.) und der Dinos des GORGONENMALERS im Louvre (um 600–590 v. Chr.). Selbstverständlich erscheint ihr Haupt bei Athena-Darstellungen auf dem Schild. Viele att. Schalen des schwarzfigurigen Stils tragen innen oder außen ihr Bild zwischen den Augen, die als apotropäische Zeichen für die Epoche charakteristisch sind; manchmal bildet es in ihnen die Iris, wie auf einer Schale des Fitzwilliam Museums in Cambridge (um 520 v. Chr.). Im Laufe der Jahrhunderte wandelten sich, Ovid folgend, die Vorstellungen der G. von Grund auf: aus ihrer monströsen, abschreckenden Erscheinung wurde ein schönes Frauenantlitz mit einem rätselhaften Ausdruck innerer Unruhe. Im Hellenismus scheint die seit archaischer Zeit kanonisch strenge Frontalität nicht mehr verbindlich, wie die sog. ›Medusa Rondanini‹ (röm. Kopie, vermutlich aus der Zeit Hadrians, nach einem griech. Original, um 440 v. Chr.; München, G), die auf Goethe einen tiefen Eindruck gemacht hatte, beweist. Eine ›Tazza Farnese‹ genannte hellenistische Onyxschale des 2. Jh. v. Chr. (Neapel, MN) mit dem Bild griech.-ägypt. Fruchtbarkeitsgötter, ein prachtvolles Beispiel alexandrinischer Glyptik, zeigt über ihre ganze Unterseite ein aufgetriebenes Medusengesicht en face, wie verloren in einem übergroßen, ebenfalls wie ein Gesicht wirkenden Haargewinde. Von zwei *Schlangen* um ihren Hals geht ein ganzer Kranz von weiteren Reptilien um das Haupt herum aus. Die zweifellos faszinierendsten Werke aus der Kunst der Neuzeit, die der G. Medusa sozusagen durchaus treu blieb, sind CELLINIS Bronzegruppe ›Perseus und Medusa‹ in der Loggia dei Lanzi von Florenz (1553), die den Typus der »schönen G.« zeigt, und CARAVAGGIOS Gemälde des Schreckenshauptes in den Uffizien (1598/99) mit aufgerissenen Augen, weit geöffnetem Mund und einem Haarknäuel aus nichts als Schlangen. Das Bild ist auf einen Turnierschild gemalt und diente symbolisch seinem alten apotropäischen Zweck: jeden Feind Cosimos II. Medici, der es 1608 als Hochzeitsgeschenk erhielt, vor Schrecken erstarren zu lassen. Einen gleichen Schild, von F. NEGRONI um 1541 gemalt, hatte schon Kaiser Karl V. als Feldherrenattribut erhalten

IX **Danae.** Jan Gossaert, 1527 (München, Alte Pinakothek)

X **Apollon und Daphne.** Giovanni Battista Tiepolo, 1743/44 (Paris, Louvre)

XI **Deianeira wird vom Kentauren Nessos entführt.** Guido Reni, 1620/21 (Paris, Louvre)

XII **Demokritos.** Antoine Coypel, 1692 (Paris, Louvre)

XIII **Dionysos/Bacchus.** Leonardo da Vinci (Werkstatt), 1511–15 (Paris, Louvre)

XIV **Der Triumph der Galateia.** Majolika, Urbino, um 1550
(Paris, Musée des Beaux-Arts de la Ville de Paris – Petit Palais)

XV **Herakles bezwingt die Hydra von Lerna.** Guido Reni, 1620 (Paris, Louvre)

XVI **Antonius und Kleopatra.** Giovanni Battista Tiepolo, Fresko, um 1747–50 (Venedig, Palazzo Labia)

(Wien, KM). Im Perseus-Zyklus von E. BURNE-JONES nach einer Dichtung von W. Morris betrachten Perseus und Andromeda das Haupt der Medusa im Spiegel eines Wasserbeckens (1885–87; Stuttgart, SG). ›Perseus – Der Witz hat über das Leid gesiegt‹ ist der Titel einer Radierung von P. KLEE aus dem Dezember 1904. Die ganze Mehrdeutigkeit des Mythos ist in diesem Blatt enthalten, eine Person scheint der anderen ähnlich; im Kampf mit Medusa hat Perseus das Böse in sich aufgesogen, unheimlich und beklemmend wirkt sein Blick von vorn, er beansprucht den größten Raum im Bild, während Medusa, im Profil, blutleer und in eine Ecke gedrängt erscheint.

Quellen: Aischylos, Der gefesselte Prometheus; Hesiod, Theogonie 275 und 55; Homer, Ilias 11,36–37; Ovid, Metamorphosen 4,772–804.

Lit.: J. Clair, Méduse, 1989; J. Floren, Studien zur Typologie des Gorgoneion, 1977; Images de la Gorgone. Ausst.-Katalog der Bibliothèque Nationale, Cabinet des Médailles, Paris, 1985; S. Kolsteren, Medusa in de negentiende eeuw, in: Hermeneus 54 (1982) S. 11–26.

Gracchen. Tiberius Gracchus und Gaius Sempronius Gracchus, der eine 162 v. Chr., der andere 154 v. Chr. geboren, stammten aus der patrizischen röm. Familie der Sempronier. Von ihrer in jungen Jahren verwitweten Mutter Cornelia, einer Tochter des älteren → Scipio, wurden sie ganz im Geist der republikanischen Tugenden erzogen. Von unterschiedlichem Temperament – Tiberius war ruhig, gesetzt und besonnen, Gaius zeigte eher Ungestüm und Leidenschaftlichkeit –, lebten beide in der röm. Geschichte doch als gleichgestimmtes Brüderpaar untrennbar weiter. Zum Volkstribun gewählt, wagte Tiberius im Jahr 133 eine Agrarreform mittels der Lex Sempronia, die den Armen in der Bevölkerung einen Teil des Gemeindelandes (den sich einige wenige Patrizier zuzuschanzen pflegten) sicherte. Gegen den Senat setzte er das Gesetz durch, wurde aber im gleichen Jahr nach seiner – ungesetzlichen – Wiederwahl zum Volkstribun von Anhängern der aufgebrachten Senatoren erschlagen. Gaius verfolgte die Ziele seines Bruders weiter und sicherte sich dazu die Unterstützung des Ritterstandes und der ital. Bundesgenossen. Zugunsten der Bevölkerung in den kriegszerstörten Gebieten setzte er als Volkstribun des Jahres 122/121 v. Chr. einen niedrigen Kornpreis fest; ferner sah er vor, allen Bundesgenossen das röm. Bürgerrecht zu verleihen – was den Widerstand eines Teils der Römer herausforderte. Im Kampf mit den vom Konsul Opimius gegen ihn geführten Truppen unterlag Gaius mit seinen Gefolgsleuten im Jahr 121. Auf der Flucht ließ er sich von einem Sklaven töten.

Cornelia mit den beiden Gracchen
Pierre-Jules Cavelier, 1861
(Paris, Musée d'Orsay)

Antike Darstellungen der G. sind nicht bekannt, nachantike selten. H. FÜSSLI hat in einer Zeichnung (New York, Pierpoint Morgan Library) und einem (verschollenen) Gemälde um 1776 den Tod des Gaius dargestellt, und zwar bei einem von ihm erfundenen ›Tempel der Furien‹; Plutarch gibt als Todesort lediglich einen den Furien geweihten Wald unweit der Subliciusbrücke an. Etwas wie eine G.-Ikonographie entwickelte sich erst im Klassizismus, seit der Französischen Revolution, genauer: nach dem Erfolg des gleichnamigen Dramas von A. Chenier 1792. Die G. waren für diese Zeit der Inbegriff republikanischer Tugenden. Zu Ehren des Revolutionärs F. N. Babeuf, der sich das Pseudonym Gaius Gracchus zugelegt hatte, präsentierte J.-B. Topino-Lebrun einen ›Tod des Gaius‹ im Salon von 1798 (Marseille, MBA). In der Skulptur finden sich doppelte Bezüge zur Antike, historische und stilistische; P. J. Cavelier zeigte 1861 die G. als Kinder mit ihrer Mutter Cornelia (Paris, MO), E. Guillaume beide Brüder mit der Gesetzesrolle der Lex Sempronia in der Hand auf einem Kenotaph (1847–49; Paris, MO).

Quellen: Plutarch, Tiberius Gracchus, Gaius Gracchus.

Graien. Die drei G. Deino, Enyo und Pemphredo sind immer als alte Frauen genannte Töchter des Meergottes Phorkys und der Keto, somit Schwestern der Gorgonen. Als kleine griech. Gottheiten gehören sie einer Generation vor den olympischen Göttern an. Sie hatten zusammen nur einen einzigen *Zahn* und ein einziges *Auge*, die sie sich abwechselnd überließen. Trotz dieses Mangels waren sie ständig auf Wacht. Sie versperrten den Weg zu den Gorgonen; → Perseus gelang es dennoch, an ihnen vorbeizukommen – er stahl ihnen das Auge.

In Antike und Neuzeit sind Darstellungen der G. selten. Eine att. Pyxis (um 425 v. Chr.; Athen, NM) zeigt den Moment, in dem Perseus das Auge der G. im Vorübergehen an sich bringt. ›Perseus und die G.‹ ist auch das Thema eines 1892 datierten Bildes im Perseus-Zyklus von E. Burne-Jones (Stuttgart, SG).

Quellen: Apollodor, Bibliothek 2,4,1–2; Hesiod, Theogonie 270–294; Ovid, Metamorphosen 4,770–803.

Perseus und die Graien
Edward Burne-Jones, 1892
(Stuttgart, Staatsgalerie)

Grazien → Chariten

Greif. Der G. ist ein Fabeltier mit dem Kopf, den *Flügeln* und den Krallen eines *Adlers* und dem Rumpf eines *Löwen*. Als Bildsymbol stammt er aus Ägypten und dem Zweistromland; die Griechen, bei denen der G. im 8. Jh. v. Chr. auftauchte, nahmen als seine Heimat die Regionen im Norden an, die Lande der Hyperboräer, der Skythen und der sagenhaften Arimaspen, aber auch den Osten, d. h. Indien. Der G. ist verschiedenen Göttern zugeordnet, so dem → Dionysos, der → Artemis, der → Athena und – mit einem *Rad* unter der Löwenpfote, die er anfangs statt der Klaue trägt – der rächenden Nemesis. Er begleitet → Apollon, der in jenen mythischen Gegenden des Nordens den Winter verbringt, oder er zieht dessen *Sonnenwagen*.

Apollon reitet auf einem Greifen
Attische Schale, um 380 v. Chr. (Wien, Kunsthistorisches Museum)

Als Ornamentmotiv erscheint er bereits im 7. Jh. v. Chr. in der sog. orientalisierenden Vasenmalerei der Griechen und als Protome an einigen in Olympia gefundenen Bronzekesseln sowie als Bronzerelief. Vom 4. Jh. v. Chr. an stellt die att. Vasenmalerei die Arimaspen dar, im Kampf mit G.en oder sie als Reittiere nutzend (Pelike, 4. Jh. v. Chr.; Paris, BN, Cabinet des médailles). Als Attribut des Sonnengottes Apollon, der, in röm. Zeit, auch als Seelengeleiter in das Jenseits galt, wird der G. im Mittelalter ein Symbol für Christus und, als Erd- wie Lufttier, für dessen Doppelnatur. G.en trugen → Alexander d. Gr. zum Himmel; analog dazu bezeichnen sie die Himmelfahrt Christi. Außerdem gilt der G. als wachsames und apotropäisches Schutztier, in negativer Deutung allerdings auch als teuflischer Dämon. In der neuzeitlichen Heraldik steht er für die Eigenschaften des Adlers und des Löwen, Scharfblick und Kühnheit. In Zeichnungen Botticellis zu Dantes ›Divina Commedia‹ (1492; Vatikan · 1497; Berlin, KK) zieht ein G. den Triumphwagen der Kirche.

Quelle: Herodot, Historien 3,102.116.
Lit.: A. M. Bisi, Il grifone, 1965; L. Bouras, The Griffin through the Ages, 1983.

Gyges. Nach dem Mythos war G. ein einfacher Hirte, der König von Lydien wurde (zw. 708 u. 670 v. Chr.). Von mehreren Versionen seiner Lebensgeschichte enthielt die folgende das für Künstler zündende Thema: Der lyd. König Kandaules hatte seinen Günstling G. gedrängt, die Schönheit seiner Gattin, der Königin, nackt im Schlaf zu bewundern. Sie bemerkte G. und zwang ihn voll Entrüstung über diese Schmach, ihren Mann zu töten. Dafür werde er ihre Hand und den Thron erlangen. Mit Hilfe eines von ihm einst gefundenen *Ringes*, der seinen Träger unsichtbar machte, gelang G. die Untat.

Das Motiv des von Kandaules ins Gemach der Königin geführten Voyeurs G. inspirierte vielfach die niederl. Maler des 17. Jh. In einem Bild von J. Jordaens (1646; Stockholm, NM) beobachten diese beiden verstohlen die entkleidete Königin beim Zubettgehen. Das Thema behandelten auch F. Mieris (um 1674; Schwerin, Mus.) und A. van der Neer (1675–85) (Düsseldorf, KM). Es bleibt bis in das 19. Jh. präsent (J.-L. Gérôme, ›Der König Kandaules‹, 1844; Puerto Rico, Ponce Mus. de Arte). G. B. Pittoni malte um 1720 den Tod des Kandaules als Gegenstück zur Gründung Karthagos durch Dido (Eremitage).

Quellen: Cicero, De officiis 3, 9 (38); Herodot, Historien 1,8–14; Platon, Politeia 2,359d–360b.

Hades und Persephone Apulischer Krater, um 330 v. Chr. (München, Antikensammlungen)

Hades/Pluton, röm. **Pluto.** Der Gott der Unterwelt H., euphemistisch Pluton, der (an Erdfrüchten) Reiche, von den Römern daher auch Dives oder Dis genannt, ist der Sohn des → Kronos/Saturn und der Rhea/→ Kybele. Seine Gattin ist → Persephone/Proserpina, die Tochter der → Demeter/Ceres. Er hatte sie, als sie Blumen pflückte, aus der Erde hervorbrechend auf seinem *Wagen* entführt. Der Name H., der auch für das Totenreich selbst steht, bedeutet »unsichtbar«, und als eine Welt ohne Licht stellten sich die Griechen das Jenseits auch vor. Flüsse umschließen es, darunter die Styx und der Acheron, über den der Fährmann → Charon die Schatten der Toten in seinem Nachen geleitet. Den Eingang der Unterwelt bewacht ein Hundeungeheuer mit drei Köpfen und Schlangenschwanz, der → Kerberos. H. achtete eifersüchtig darauf, daß niemand aus der Unterwelt entkam. Ausnahmen gab es selten: Eurydike, die dennoch zurück mußte, weil → Orpheus sie auf dem Weg zur Oberwelt anblickte, → Alkestis, die freiwillig für Admetos in den H. gekommen war, dann aber von → Herakles daraus befreit wurde, Herakles selbst, der bei einer seiner Arbeiten den Kerberos zu Eurystheus entführte (und dabei → Theseus aus der Unterwelt befreite), den Höllenhund allerdings wieder zurückbringen mußte. Auch → Odysseus und → Aineias gehörten zu den wenigen, denen von H. ein Besuch in seinem Reich gestattet wurde.

Der Wortbedeutung (*ploutos*, »Reichtum«) entsprechend, erhielt der Gott in den antiken Darstellungen ein *Füllhorn* als Attribut. In den Szenen, die ihn in der Unterwelt zeigen, tritt er mit vollem Bart und einem *Zepter*, dem Füllhorn, einer *Spendenschale* oder einem *Granatapfel* in der Hand, meist Persephone neben sich, auf (Votivtafeln aus Lokri; Reggio di Calabria, Mus. Nazionale · Taranto, Mus.; alle um 500–450 v. Chr.), doch im allgemeinen ist er nur durch seinen Begleiter Kerberos zu identifizieren. Die att. Vasenmaler haben ihn kaum einmal dargestellt, außer in der Szene, da Herakles den Höllenhund losbindet. Auf den genannten lokr. Tafeln und röm. Sarkophagen findet sich nicht selten der Raub der Persephone; an dieser Stelle begegnet kaum ein anderes Thema, das so deutlich wie dieses mit der Unterwelt verbunden ist. Für sich allein ist H./P. selten dargestellt, abgesehen von seiner Präsenz in der Versammlung der Götter. In der Renaissance wurde der Raub der Persephone wieder zum Thema. Leonardo da Vinci hat es in einem verlorenen Gemälde behandelt, Sebastiano del Piombo in einem Fresko in der Villa

Farnesina, Rom (1511), GIULIO ROMANO auf Stuckreliefs im Palazzo del Tè in Mantua (1527/28), F. PRIMATICCIO in Schloß Fontainebleau (nach 1532). Eine der dramatischsten Interpretationen gab REMBRANDT mit einem vom Feuer der Unterwelt glühenden H.-Wagen (um 1632; Berlin, GG).

Quellen: Hesiod, Theogonie 453–506; Homerischer Hymnos auf Demeter; Hygin, Fabeln 79, 146; Ovid, Metamorphosen 5,359–424.
Lit.: W. Felten, Att. Unterweltsdarstellungen des VI. und V. Jh. v. Chr., 1975.

Hannibal. Von Jugend auf war der karthag. Feldherr und Staatsmann H. (247–183 v. Chr.) im Haß gegen Rom erzogen worden. Er begleitete seinen Vater Hamilkar auf den Feldzügen in Spanien und zeichnete sich unter dem Kommando seines Schwagers Hasdrubal durch seinen Mut aus; nach dessen Ermordung wurde er zum obersten Heerführer der karthag. Truppen ernannt. Zur Vergeltung für die Niederlage im 1. Punischen Krieg löste er 218 den 2. Punischen Krieg gegen Rom aus. Er überschritt die Alpen und fiel in Italien ein, um die mit Rom verbündeten Städte auf seine Seite zu ziehen. Nach glänzenden Siegen, u.a. am Trasimenischen See 217 und bei Cannae 216 v. Chr., wagte er dennoch nicht den Angriff auf Rom, sondern schlug bei Capua sein Winterquartier auf. Schließlich führten des Fabius Maximus Cunctator Taktik des Abnutzungskrieges, Siege des Claudius Marcellus und die Rückschläge, welche die karthag. Truppen unter seinen Brüdern Hasdrubal, Barka und Mago hinnehmen mußten, dazu, daß die Römer die Oberhand über H.s bedeutende strategische Intelligenz gewannen. Das Eingreifen der Römer in Nordafrika veranlaßte das aufgeschreckte Regime in Karthago, H. zurückzurufen. Er erlitt 202 bei Zama eine vernichtende Niederlage durch → Scipio Africanus. Bis zu seinem – durch Gift selbst herbeigeführten – Ende als Flüchtling in Bithynien pflegte H. seinen wilden Haß auf Rom.

Zwar gibt es keine antiken H.-Darstellungen, dafür ist er in der Neuzeit Gegenstand namentlich repräsentativer Bildzyklen über den 2. Punischen Krieg, wie der Fresken G. RIPANDAS im Konservatorenpalast in Rom (1508–13) oder der zwölf Reliefs von P. PERSICO im Palazzo Reale in Caserta (1786–89), welche die Inthronisation der Bourbonen in Neapel in eine Traditionslinie mit der röm. Geschichte stellen. In solchen Zyklen sind H.s Taten oft denen des Scipio gegenübergestellt (Stein am Rhein, Kloster St. Georgen: Wandfresken von T. SCHMID und A. HOLBEIN, 1515/16). Häufig war der Schwur ewigen Hasses, den der junge H. gegen die Römer ausgesprochen haben soll, Bildthema einer aufwendig festlichen Szene, in der die zahlreichen Personen um den jungen Mann wohl als die Vertreter der karthag. Staatsgewalt zu denken sind. In einem Gemälde J. H. SCHÖNFELDS (um 1660; Nürnberg, GN) spielt die Szene in einem großen Tempel; H. leistet den Eid vor einer Kriegerstatue auf einem Altar mit hohem Sockel. Zur Illustrierung der Rachsucht H.s zeigt TIEPOLO ihn in einer Serie von zehn Bildern zur röm. Geschichte für den

Palazzo Dolfin in Venedig (1725–30; jetzt in Wien, KM) beim Anblick des Hauptes seines Bruders Hasdrubal, das die Römer in sein Lager geworfen hatten. Eine unter zahlreichen beziehungsvollen Anspielungen auf H.s Taten ist der Inschriftstein mit seinem Namen auf J.-L. DAVIDS ›Napoleon überschreitet den Großen St. Bernhard‹ (1801/02; Louvre). H.s Alpenüberwindung diente W. TURNER 1812 als Sujet zur Schilderung der Naturgewalten (London, TG).

Quellen: Cornelius Nepos, De viribus illustris; Livius, Ab urbe condita 21–30; Polybios, Historien 3, 7.

Harpyien. Die (zwei oder drei) Töchter der Okeanide Elektra und des Pontos-Sohnes und Meeresgottes Thaumas waren monströse Gottheiten aus vorolympischer Zeit, die ursprünglich mit dem Meer und mit Sturmwinden in Verbindung gebracht wurden. Sie haben *Vogelleiber* mit scharfen *Krallen* und Gesichter von Frauen. Ihr griech. Name bedeutet »Greifer«; sie entführen Kinder und holen die Seelen Verstorbener. Bei Vergil wohnen sie auf den Strophaden im Ionischen Meer und gehören zu den Wächtern am Eingang zur Unterwelt. Im Auftrag des → Zeus quälten sie den König Phineus von Thrakien, indem sie ihm alle Nahrung wegschnappten oder sie mit ihrem Unrat besudelten. Als die → Argonauten zu Phineus kamen, gelang es Zetes und Kalais, den Söhnen des → Boreas, den H. im Flug zu folgen und sie unschädlich zu machen.

Auf einer protoatt. Vase (um 620 v. Chr.; Berlin, Ant.) sind die inschriftlich genannten H. zwar *geflügelt*, haben aber den Körper einer Frau. Der gleiche Typus findet sich in einer Reihe att. Vasenbilder, auf denen sie durch die beiden Boreaden von der Tafel des Phineus vertrieben werden. Reliefs am sog. ›H.-Monument‹, einem lyk. Grabdenkmal aus Xanthos (Anfang 5. Jh.; London, BM), zeigen sie als Vögel mit Frauenköpfen, die Tote in den Armen halten; so könnte man in ihnen eher → Sirenen sehen. In der Ikonographie des Mittelalters bezeichnen die H. in der Reihe der Personifikationen der Laster die Avaritia, die Habgier. Die übliche Vogelgestalt mit den fürchterlichen Krallen gab ihnen RUBENS in einer (von E. QUELLINUS ausgeführten) für das Madrider Jagdschloß Torre de la Parade bestimmten Ölskizze ›Die Verfolgung der H. durch Zetes und Kalais‹ (um 1636–38; beide Prado).

Quellen: Apollonios Rhodios, Argonautika 2,234–434; Vergil, Aeneis 3,209–257, 6,289.

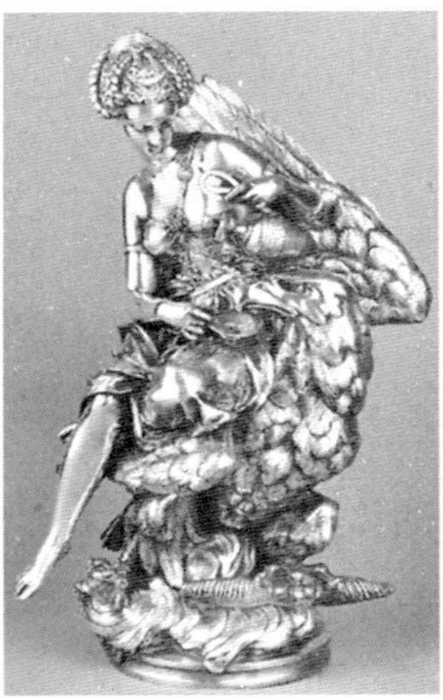

Hebe und der Adler des Zeus
Albert-Erneste Carrier-Belleuse, 1869 (Paris, Musée d'Orsay)

Hebe. Die Tochter von → Zeus und → Hera ist die griech. Göttin der Jugendschönheit. Als → Herakles zur Unsterblichkeit erhoben und in den → Olymp gelangt war, wurde H. seine Frau. Und bevor Zeus den → Ganymed geraubt und zu seinem Mundschenk gemacht hatte, übte H. dieses Amt unter den Göttern aus.

Dargestellt wird sie als junge Frau, die, *Weinkrug* (Oinochoe) und *Trinkschale* in Händen, den Göttern den Trank reicht. In att. Vasenbildern ist sie nicht immer leicht zu identifizieren, wenn nicht Beischriften ihren Namen ausdrücklich nennen (Schale des OLTOS, um 520 v. Chr.; Tarquinia, MN). Ihr Bild findet sich auch auf argiv. Münzen. In VERONESES ›Krönung der H.‹ (um 1586; Boston, GM) schreitet sie auf Zeus im Kreis der in den Wolken thronenden Götter zu. Im England des 18. Jh. wurden Frauen zur Hervorhebung ihrer jugendlichen Schönheit oftmals als H. porträtiert (J. REYNOLDS, 1771; Ascot, Sammlung Rothschild). In einer Marmorskulptur von F. RUDE, ›H. und der Adler‹, hält die Göttin eine Schale in die Höhe, die der mit ausgebreiteten Flügeln am Boden hockende Adler (des Zeus) anscheinend greifen möchte (1857; Dijon, MBA). Eine Skulpturengruppe von A.-E. CARRIER-BELLEUSE (1869; Paris, MO), mit monumentalem, die schlafende H. mit den Flügeln umfassendem Adler, wird als Allegorie gedeutet, als Bild des Frankreich beschützenden kaiserlichen Adlers.

Quelle: Hesiod, Theogonie 950–955.

Hekate. Die griech. Göttin stammte von den → Titanen ab. Da sie aber → Zeus die Treue hielt, räumte er ihr Machtprivilegien auf der Erde, auf dem Meer und im Himmel ein. H. konnte materiellen Wohlstand verleihen. Sie wurde einerseits mit dem Neumond und so mit Selene in Verbindung gebracht, andererseits mit → Artemis, besonders aber mit → Demeter als Göttin der Fruchtbarkeit. Im Gegensatz dazu waren es Zauberer und Magier, die sie anriefen als ihre Schutzgöttin aus der Schattenwelt. Dieses unheimlichen Zauberwesens wegen galten nächtliche Kreuzwege als ihr Bereich; die Römer nannten sie Trivia, Dreiweg.

Hekate
Römische Skulptur, 1. Jh. n. Chr. (Paris, Bibliothèque Nationale, Cabinet des médailles)

Deshalb wurde H. oft mit *drei Körpern* dargestellt, die Rücken an Rücken mit einer Säule verbunden sind. Ihr Haar trägt sie zu einer Art *Korb* (Kalathos) hochgebunden, in der Hand hält sie eine *Fackel*. Begleitet wird sie von einem *Hund*. Auf dem Fries des Pergamonaltars (180–160 v. Chr.) in Berlin (PM) hat sie *zwei Köpfe* und *vier Arme*. Ein anderer, von Gemmen bekannter Bildtypus zeigt sie mit einem Körper, drei Rümpfen und *sechs Armen* (um 420 v. Chr.; Leiden, Mus.). Zu den Attributen, die sie trägt, gehören Fackeln, *Schlüssel*, eine *Geißel*, ein *Dolch*, ein *Schwert* oder *Schlangen*. Unter den wenigen nachantiken Darstellungen ist ihr aus der Mythologietradition der Renaissance zu verstehendes Bild mit dem dreifachen Kopf von Pferd, Hund und Eber in V. CARTARIS ›Götterbildnissen‹ von 1571 zu nennen, ferner W. BLAKES aquarellierter Farbdruck der H. mit drei Körpern (1795; London, TG · Edinburgh, NG).

Quelle: Hesiod, Theogonie 411–452.

Hektor. Der trojan. Prinz, Sohn des Königs → Priamos und der Hekuba, ist als Heerführer und Verteidiger → Trojas eine Hauptfigur in Homers ›Ilias‹. Verheiratet war er mit → Andromache, beider Sohn hieß → Astyanax. In den ersten Kriegsjahren hatte H. die Konfrontation mit

Hektors Leichnam wird am Wagen des Achilleus um Troja geschleift
Attische Lekythos, um 510 v. Chr. (Paris, Louvre)

→ Achilleus vermieden, aber in dessen Abwesenheit die Ränge der Griechen empfindlich dezimiert. Eine herausragende Rolle übernahm er, als die Griechen mit ihren Schiffen angriffen. Daß der Kampf mit → Nestor und → Diomedes offen ausging, verdankte er allerdings der Intervention des → Zeus. Auch gegen → Aias kämpfte er unentschieden. Unter H.s Speerstoß fiel → Patroklos, der unverbrüchliche Freund des Achilleus, als er in den Kampf eingriff. Den Achilleus selbst forderte H. zum Zweikampf heraus, nachdem der Grieche H.s Bruder Polydoros niedergestreckt hatte, konnte aber nichts gegen ihn ausrichten und starb unter seinen Hieben, weil Zeus das Schicksal der beiden in seine Waagschalen geworfen und sich die Schale H.s zu seinen Ungunsten geneigt hatte. Sterbend bat H., seinen Leichnam den Troern zur Bestattung zu überlassen, doch Achilleus weigerte sich und schleifte den Toten an seinem Siegeswagen um die Mauern Trojas. Zeus und → Apollon erbarmten sich H.s, und gegen ein hohes Lösegeld erwirkte Priamos so die Auslösung des Leichnams seines Sohnes, der in allen Würden feierlich bestattet wurde.

Einzelne Begebenheiten aus dem Leben H.s sind in der Antike, hauptsächlich in der Vasenmalerei des 5. Jh. v. Chr., sehr oft dargestellt worden, besonders das Anlegen der *Waffen*, sein Abschied und Aufbruch in den Kampf, die Zweikämpfe, vor allem das Duell mit Achilleus, die Kämpfe bei den Schiffen. In der schwarzfigurigen Malerei waren die Schleifung des toten H. um Trojas Mauern und die Übergabe des Löse-

Hektors Abschied
Pompeo Batoni, Gemäldevorzeichnung, 18. Jh. (Besançon, Musée des Beaux-Arts)

geldes durch Priamos im 6. und frühen 5. Jh. noch beliebtere Themen, später auch in der ital. Vasenkunst. In der pompejan. Wandmalerei sowie auf röm. Sarkophagen und Metallgefäßen erscheinen meist ganze Szenenfolgen. So zeigen ein Stuckrelief und ein Wandbild der Casa del sacello Iliaco e del criptoportico in Pompei (1. Jh. n. Chr.), wie H. Troja verläßt, wie er Achilleus gegenübertritt, unter dessen Speerstoß fällt und hinter dem Wagen hergeschleift wird. Ein Oinochoen-Paar vom Ende des 1. Jh. n. Chr. aus dem Silberschatz des Merkurtempels in Berthouville (Eure) gibt ebenfalls die Schleifung wieder, ferner das Aufwiegen des Leichnams und die Übergabe des Lösegeldes (Paris, BN, Cabinet des médailles). Seit antiker Zeit erscheint H. in der Gestalt des tapferen, aber besiegten oder dem Untergang geweihten Kriegers. Im allgemeinen tritt er als Mann reifen Alters auf, einen glänzenden *Helm* mit hoher Helmzier auf dem Haupt, bis in das 5. Jh. v. Chr. mit, danach meist ohne Bart. Im Mittelalter zählte man ihn neben Iulius → Caesar und → Alexander d. Gr. zu den Neun → Tugendhelden, den Idealfiguren ritterlicher Tugenden, als Vertreter des heidnischen Altertums (Skulpturen im Hansesaal des Kölner Rathauses, um 1330; Wandgemälde in der Valeriaburg von Sitten, um 1450; Glasgemälde in der Gerichtslaube des Lüneburger Rathauses, 1420). Seit dem 15. Jh. zählt H.s Bild zum Kartenspiel (Karo-Bube). Später wurde hin und wieder seine schmähliche Schleifung dargestellt, z. B. von D. Creti (um 1740; Bologna, Palazzo Communale), öfter dagegen sein Abschied von Andromache und Astyanax, ein Thema, das dem Empfinden des 17. und 18. Jh. mehr entsprach; u. a. in einer Zeichnung Tiepolos, in Gemälden G. A. Pellegrinis (1709; Leeds, City Art Gallery), A. Coypels (1717; Tours, MBA), in einem Marmorrelief Thorvaldsens (1836/37; Kopenhagen, TM) und in einem Karton J.-M. Viens für einen Gobelin (1787; Louvre). Von Rubens ist eine Ölskizze mit der Klage der Andromache an der Leiche H.s erhalten (1630–1632; Rotterdam, MBB), das gleiche Thema behandelte J.-L. David (1778; Montpellier, MB · 1783; Louvre).

Quelle: Homer, Ilias, passim, bes. 22 (H.s Tod).

Helena. Nach Homers Überlieferung war H. die Tochter des → Zeus und der → Leda (nach anderen des Zeus und der Nemesis oder einer → Okeanostochter), ihre Brüder waren demnach die Dioskuren → Kastor und Polydeukes, ihre Schwester Klytaimnestra. Als ihr Vater unter den Menschen galt der Spartanerkönig Tyndareos, Ledas Gatte. Als er sie verheiraten wollte, sah er sich alsbald von einer übergroßen Zahl von Bewerbern aus den vornehmen griech. Familien bedrängt. Auf den Rat des → Odysseus hin und um keinen zu verärgern, forderte er daher die Freier auf, mit ihrem Schwur zu beeiden, daß sie die Wahl, die H. selbst treffen werde, akzeptieren und dem Mann, der ihr Gemahl werde, in allen Notfällen beistehen würden. H. wählte Menelaos. In der antiken Welt ob ihrer Schönheit berühmt, wurde H. – ohne ihr Wissen – von → Aphrodite

Helena
Dante Gabriel Rossetti, 1863 (Hamburg, Kunsthalle)

dem → Paris versprochen, als Gegenleistung für die Zuerkennung des Preises im Schönheitswettbewerb mit → Hera und → Athena. Paris, der Sohn des Königs → Priamos von → Troja, entführte daraufhin H. (die ihm gern gefolgt sein soll) und löste damit den Trojanischen Krieg aus, denn nun waren die griech. Freier zur Einlösung ihres Eids gezwungen. Nach zehnjährigem Krieg holte sich König Menelaos seine Frau wieder und führte sie nach Sparta zurück. Auf H.s sprichwörtliche Schönheit wird auch ein Bericht des Plinius bezogen, wonach der Maler → Zeuxis aus Herakleia fünf junge Frauen als Modelle ausgesucht habe, um von jeder einzelnen diejenigen Körperpartien in ein Frauenporträt zu übernehmen, die ohne Makel waren. Plinius spricht aber lediglich von einem unbezeichneten Bild für den Tempel der Iuno Lacinia in Agrigent. Nur an anderer Stelle erwähnt er ein H.-Bildnis des Zeuxis, in Rom, »in den Säulenhallen des Philippus«.

Die H.-Ikonographie beruht im wesentlichen auf zwei Hauptereignissen: der »Entführung« durch Paris und der Wiederbegegnung von H. und Menelaos am Ende des Trojanischen Krieges, vor der Rückkehr nach Sparta. Die att. Vasenmaler schilderten überdies die Hochzeit von H. und Menelaos: Auf einer dem BRYGOSMALER zugeschriebenen Lekythos (Anfang 5. Jh. v. Chr.; Berlin, Ant.) wendet sich der inschriftlich bezeichnete Menelaos mit Helm und Mantel zu seiner jungen Braut um, die ihm schüchtern folgt. Auf sehr vielen att. und apul. Vasen stehen sich H. und Paris gegenüber, ein kleiner → Eros flattert über ihr oder kauert an ihrer Seite (Pelike, Mitte 4. Jh. v. Chr.; Kassel, Ant. · apul. Krater, um 370

Der Raub der Helena
Guido Reni, 1631
(Paris, Louvre)

Helena vor dem Skäischen Tor von Troja
Gustave Moreau, um 1880–85 (Paris, Musée Gustave Moreau)

v. Chr.; Vatikan). Vasen und Wandgemälde zeigen auch Aphrodite, die H. zu überreden versucht: Auf einem Gemälde im Haus des Sacerdos Amandus in Pompei (um 35–45 n. Chr.) sitzt sie neben H. Wie in sorgenvolle Gedanken versunken, den Kopf mit einem Himation bedeckt, die Hände auf den Knien, ist H. wiedergegeben. Aphrodite hat den Arm um sie gelegt; ein kleiner Eros zeigt mit der einen Hand auf H. und berührt mit der anderen die Hand des Paris. Die Entführung der H. war in der ganzen Antike ein sehr beliebtes Thema, im Wagen oder zu Fuß, je nach der Auffassung der Zeit. Auf einer Amphora des AMASIS (München, Ant.), um 550 v. Chr., also in archaischer Zeit, ist ein Krieger zu Fuß, mit gezücktem Schwert, dargestellt, der sich zu einer ihm folgenden Frau umwendet: Paris und H. In röm. Zeit wird manchmal das Schiff des Paris gezeigt (Wandgemälde aus dem Haus des tragischen Dichters in Pompei, um 35–45 n. Chr.; Neapel, MN). Die Rückholung der H. schildert eine ganz beträchtliche Zahl von Vasenbildern, vor allem att. Vasen des 5. Jh. v. Chr. Auf einem Skyphos des MAKRON mit dem Fall von Troja bedroht Menelaos mit gezogenem Schwert H., die sogleich die Flucht ergreift (um 480 v. Chr.; Boston, MFA). In der 2. Hälfte des 5. Jh. v. Chr. dominiert eine andere Deutung: Von H.s Schönheit überwältigt, läßt Menelaos sein Schwert fallen (att. Amphora des KLEOPHONMALERS, um 430/420 v. Chr.; Basel, Ant.). Die Maler der Neuzeit bevorzugten den ›Raub der Helena‹. Schon im 15. und 16. Jh. war dieses Bildthema in Italien beliebt. GIULIO ROMANO hat es 1538/39 (mit Gehilfen) in der Corte Nuova des herzoglichen Palastes von Mantua in einem Fresko behandelt. TINTORETTO (1580–85; Prado) und G. RENI (1631; Louvre) jeweils in einem Ölgemälde, vor ihnen bereits B. GOZZOLI (um 1477; London, NG) und ANT. VIVARINI (um 1450; Baltimore, WG). G. F. ROMANELLIS Deckenbild von 1646/47 in der Galerie Mazarine der Pariser Bibliothèque Nationale zeigt u. a. die gleiche Episode. An Skulpturen wären die Gruppen von P. PUGET (und C. VEYRIER, 1684–88; Genua, Palazzo Rosso) sowie C. W. BEYER (um 1775; Wien, Park von Schönbrunn) zu nennen. J.-L. DAVID hat H. und Paris als Liebespaar interpretiert (1789; Louvre), allein ist H. u. a. von D. G. ROSSETTI (1863; Hamburg, KH) und E. BURNE-JONES 1871 (Birmingham, AG) als die tragisch Unheil stiftende Schönheit dargestellt worden.

Quellen: Euripides, Troerinnen; Homer, Ilias, passim, bes. 3, Odyssee 4,12ff.; Plinius d. Ä., Naturgeschichte 35,64 (Zeuxis).
Lit.: L. B. Ghali-Kahil, Les enlèvements et le retour d'Hélène dans les textes et les documents figurés, 1955; M. Scherer, The Legends of Troy in Art and Literature, 1963.

Die Rückkehr des Hephaistos in den Olymp
Attischer Krater, um 490 v. Chr. (Paris, Louvre)

Hephaistos, röm. **Vulcanus.** Als Sohn von → Zeus und → Hera oder, nach anderer Überlieferung, von Hera allein, ist H. der Gott des Feuers und des kunstvollen Schmiedens, mit → Athena zusammen auch Schutzgott der Künste. Sein Merkmal ist ein Hinkefuß, für den verschiedene Ursachen genannt werden. Für die einen lahmte er von Geburt an; Hera habe ihn deswegen aus dem → Olymp auf die Erde geworfen. Dafür rächte er sich, indem er seiner Mutter einen goldenen Thron schenkte, von dem sie, einmal darauf sitzend, sich nicht mehr erheben konnte. Es ist dann erst dem → Dionysos gelungen, H. zur Rückkehr in den Olymp zu bewegen (mit reichlich Wein), damit er Hera vom Thron löse. Nach anderen war es im Gegenteil Zeus, der H. aus dem Olymp warf; H. soll seinen Zorn erregt haben, weil er für Hera Partei ergriff, als Zeus sie einmal abstrafte. H. fiel auf die Insel Lemnos, wo → Nymphen oder Eingeborene sich seiner annahmen.

Der Gott sieht wie ein Handwerker aus, er trägt eine *runde Mütze*, den *Pilos*, und eine kurze *Tunika*, oft hat er sein *Schmiedewerkzeug* in der Hand oder auf der Schulter. Eines der meistbehandelten Bildthemen ist, vor allem in der archaischen Kunst, seine Rückkehr in den Olymp mit Dionysos (›Françoisvase‹, um 570 v. Chr.; Florenz, MA). Dabei schwankt er hin und wieder unter der Wirkung des Weines und muß von einem → Satyr oder von Dionysos gestützt werden. Bei der Geburt der → Athena spaltet er mit einem *Beil* das Haupt des Zeus, damit sie, in voller Rüstung, daraus hervorsteigen kann; gewöhnlich verläßt er den Herrscher des Olymps alsbald mit dem Beil über der Schulter (att. Pyxis, um 560 v. Chr.; Louvre). Für → Thetis schmiedet er die Waffen des → Achilleus (Schale, um 490 v. Chr.; Berlin, Ant.), ein auch der pompejan. Malerei geläufiges Thema (1. Jh. v. Chr.; Neapel, MN). H. ist es auch, der → Pandora aus Lehm bildete (att. Schale, um 460 v. Chr.; London, BM) und → Prometheus an den Felsen sowie → Ixion – mit Athenas Hilfe – an das Rad ketten mußte (Metope vom Tempel am Forum triangulare in Pompei, 3. Jh. v. Chr.; heute im Antiquarium). Die Schmiede des H./V. ist Gegenstand vieler neuzeitlicher Darstellungen (so bei Tintoretto, 1577/78; Venedig, Dogenpalast). Hierher kommt Thetis, die Mutter des Achilleus,

Venus in der Schmiede des Vulkan
Louis Le Nain, 1641 (Reims, Musée St-Denis)

Die Schmiede des Vulkan
Jacopo Tintoretto, 1576
(Venedig, Palazzo Ducale)

um neue Waffen für ihren Sohn zu erbitten, meist ist es aber → Aphrodite/Venus, des Aineias Mutter, die in gleicher Sache für ihren Sohn bei H./V. vorstellig wird. Beide Szenen lassen sich im allgemeinen nur an den Eroten im Gefolge der Aphrodite (L. Le Nain, 1641; Reims, Mus. St-Denis) unterscheiden. H. war ja der (unglückliche) Gatte der Aphrodite, die ihm unter vielen anderen den → Ares vorzog. Der kunstreiche Schmiedegott fertigte ein *Netz*, in dem sich das Liebespaar verstrickte; so gab er sie dem Gelächter des ganzen Olymps preis. Der Niederländer M. van Heemskerck hat dem H./V. um 1540 ein Triptychon gewidmet: Auf der Mitteltafel (Prag, NG) sieht man Venus in der Schmiede des V., auf einem der Flügel überreicht der Gott Thetis die Waffen für Achilleus, auf dem anderen werden Ares und Aphrodite von ihm überrascht; hier ist H. als Rückenfigur im Vordergrund gegeben, das ertappte Paar ist im Netz gefangen, und oben rechts biegen sich die Götter vor Lachen (beide Wien, KM). Mit der Übernahme der sonst religiösen Themen vorbehaltenen Triptychonform für die profane Geschichte des H./V. verlieh Heemskerck der Erzählung des Mythos moralische Bedeutung.

Quellen: Hesiod, Theogonie 570–572, 927–929; Homer, Ilias 1,571–608, 18,368–617, 20,73–74, 21,328–382, Odyssee 8,266–366 (Ares und Aphrodite); Vergil, Aeneis 8,370–453 (die Waffen des Aeneas).

Lit.: F. Brommer, Hephaistos, der Schmiedegott, in der antiken Kunst, 1978; M. Delcourt, Héphaistos ou la légende du magicien, 1982.

Hera, röm. **Iuno.** Die Tochter des → Kronos und der Rhea ist die Schwester und zugleich Gattin des → Zeus, mit dem sie über den → Olymp gebietet. Schutzgöttin der verheirateten Frauen und der Geburt, hat sie selbst vier Kinder: → Hephaistos, → Ares, → Eileithyia und → Hebe. Im übrigen war sie meist das Opfer der Untreue des Zeus und gab sich demzufolge oft eifer- und rachsüchtig. So verfolgte sie die Geliebten ihres Gemahls, darunter → Io, → Semele und Ino. So suchte sie auch → Letos Niederkunft mit → Apollon und → Artemis zu verhindern, und noch an den Zeus-Kindern → Dionysos und →Herakles vergriff sie sich. Um sie für ihre Rachetaten an Herakles zu bestrafen, hing Zeus sie gefesselt am olympischen Himmel auf. Schließlich erkannte sie den in den Olymp aufgenommenen Herakles an, dessen Name »Heras Ruhm« bedeutet. Ihrerseits wurde H. das Opfer der grimmigen Vergeltung des Hephaistos, den sie als Kind aus dem Himmel auf die Erde geworfen hatte: Hinterhältig machte er ihr einen Thron zum Geschenk – als sie sich darauf gesetzt hatte, konnte sie sich nicht mehr erheben. Es gelang dann dem Dionysos, Hephaistos zur Befreiung der Göttin in den Olymp zu schaffen. H. ist indessen mehr als nur eine übelnehmerische Ehefrau. Für die → Giganten Porphyrion und Ephialtes sowie für → Ixion war sie ein Objekt der Begierde. Um Zeus zu verführen und an sich zu binden, bat sie → Aphrodite um Hilfe und erhielt von ihr einen Zauber*gürtel*. Beim Urteil des → Paris konkurrierte sie mit → Athena und Aphrodite, und weil der Schönheitspreis der Liebesgöttin zuerkannt wurde, schlug sich H. im Trojanischen Krieg auf die Seite der Griechen; nach dem Fall von → Troja verfolgte sie Aphrodites Sohn → Aineias überall auf seinen Fahrten.

Hera
Zeichnung nach einer attischen Schale, um 470 v. Chr. (München, Antikensammlungen)

Besondere Verehrung genoß H. in Argos und auf Samos, ebenso in Olympia, wo ihr ein Tempel unweit des Zeusheiligtums geweiht war. Der Kopf einer H.-Kultstatue wird in Olympia (Mus.) aufbewahrt. Ihrem Rang als herrscherliche Göttin entsprechend, wird sie oft auf einem *Thron* sitzend dargestellt, manchmal der → Demeter ähnlich und nicht ohne weiteres von ihr zu unterscheiden. Sie trägt eine runde, turmförmige Kopfbedeckung, den *Polos*, oder ein *Diadem*; oft bedeckt ein Stück des Gewandes ihr Haupt. Das im *hierós gamós*, einem heiligen Ehebund, vereinigte Paar H. und Zeus wurde immer wieder im Bild gezeigt; diese sog. Hierogameia findet sich z. B. als kleine sam. Holzskulpturengruppe aus der 2. Hälfte des 7. Jh. (Samos, Mus.) und auf einer Metope des H.-Tempels von Selinunt (um 470 v. Chr.; Palermo, MA). In der Vasenmalerei läßt sich einige Male das Bild des von Hephaistos geschenkten Thrones nachweisen (Krater des KLEOPHRADESMALERS, um 500 v. Chr.; Louvre). Im Urteil des Paris ist H. manchmal durch ein *Zepter* und einen begleitenden *Löwen* gekennzeichnet. In Rom war H./I. Staatsgöttin, die zusammen mit Iuppiter und Minerva auf dem Kapitol ihren Sitz hatte. Auf kaiserzeitlichen Münzen ist sie in dieser Trias und mit ihrem Tempel präsent. In nachantiker Zeit erscheint sie mit Athena und Aphrodite beim

Urteil des Paris oder, vor allem im Barock, als Hintergrundfigur bei den Liebesaffären des Zeus. Ihren *Wagen* ziehen die mit den Augen des → Argos an den Schwanzfedern geschmückten *Pfauen*, ihre Emblemtiere. Unter den Allegorien der vier Elemente verkörpert H. die Luft. Oft steht sie auch für Wohlstand, wie bei VERONESE (›I. streut über Venedig ihre Wohltaten aus‹, 1553) und TINTORETTO (›I. verleiht Venedig Macht und Erhabenheit‹, 1577; beide Venedig, Dogenpalast). Die von Homer in der ›Ilias‹ geschilderte Bestrafung der H. durch Zeus, an den Armen am Himmel aufgehängt und mit Ambossen an den Füßen, hat CORREGGIO um 1520 (Parma, Camera di S. Paolo) dargestellt.

Quellen: Apollonios Rhodios, Argonautika; Hesiod, Theogonie 326–332, 453–506, 921–934; Homer, Ilias 14,153–353 (Verführung des Zeus), 15,13–24 (Bestrafung durch Zeus) und passim; Homerischer Hymnos auf Hera; Ovid, Metamorphosen 1,601–746 (Io, Argos), 2,466–533 (Kallisto), 2,255–338 (Semele), 4,420–542 (Ino).

Hera
Illustration aus Fulgentius' ›Metaforalis‹, 15. Jh.
(Rom, Vatikanische Museen)

Herakles, röm. **Hercules,** der berühmteste griech. Heros, ist ein Sohn des → Zeus und der Alkmene, einer ob ihrer Ehrbarkeit gerühmten myken. Königstochter. Um sich ihr zu nähern, hatte Zeus die Gestalt ihres abwesenden Mannes, des → Perseus-Enkels Amphitryon, angenommen und so unter dem Schein der ehelichen Legitimität die illegitime Vereinigung vollzogen. Von Geburt an war H. ein Objekt der Eifersucht → Heras, die das Kind verschwinden lassen wollte. Sie schickte ihm Schlangen in die Wiege, in der er mit seinem als Sohn des Amphitryon geltenden Zwillingsbruder Iphikles lag, doch der kleine H. erwürgte sie. Nach einer von mehreren abweichenden Überlieferungen hätte Zeus der schlafenden Hera das H.-Kind zum Stillen an die Brust gelegt, und die beim Erwachen verspritzte Milch wäre zum Ursprung der → Milchstraße geworden. H. genoß eine vielseitige Erziehung am Hof von Theben, u. a. in der Musik, was damit endete, daß er seinen Lehrer Linos in einem Wutanfall mit der Leier erschlug, weil der ihn getadelt hatte. Zur Sühne für diesen Mord wurde er zu den Hirten auf dem Berg Kithairon geschickt. Nach der Rückkehr stand er seinem irdischen Vater Amphitryon im Kampf gegen die Stadt Orchomenos bei. Kreon, der König von Theben, gab ihm nach Amphitryons Tod seine Tochter Megara zur Frau. Die immer noch rachsüchtige Hera schlug ihn dann mit einem Anfall von Wahnsinn, in dem er seine eigenen (und zwei verwandte) Kinder erschlug. Wieder zu sich gekommen, verbannte er sich selbst aus Theben und wurde daraufhin von der Schuld gereinigt. Doch erlegte ihm die Pythia in Delphi die Strafe auf, sich in den Dienst des Königs von Tiryns, Eurystheus, seines Vetters, zu begeben. Heras Haß verfolgte ihn weiter und konfrontierte ihn mit allen möglichen Ungeheuern und Prüfungen, die meist in dem Zyklus der zwölf Arbeiten, die ihm Eurystheus auferlegte, zusammengefaßt werden, indessen nach Zahl und Art in der Überlieferung differieren und eine Reihe weiterer Heldentaten einschließen.

Herakles mit Omphale und die Taten des Herakles
Römisches Relief, 1. Jh. n. Chr. (Neapel, Museo Archeologico Nazionale)

Die zwölf Arbeiten des H.:

Die erste Tat bestand in der Bezwingung des mit Waffen nicht verwundbaren Löwen von Nemea. H. erwürgte ihn und zog sich sein schützendes Fell über.

Der Hydra von Lerna hieb er ihre neun oder mehr Köpfe ab. Da sie aber alle bis auf einen unverletzbaren sogleich nachwuchsen, brannte er mit Hilfe seines Gefährten Iolaos die Wunden mit einer Fackel aus. Den unsterblichen Kopf hieb er ab und begrub ihn unter einem Stein. Mit dem tödlichen Gift aus der Galle der Hydra bestrich er seine Pfeile.

Die Hirschkuh (nach anderen: den Hirsch) vom Berg Keryneia, ein der → Artemis heiliges Tier mit goldenem Gehörn und Läufen aus Erz, verfolgte H. ein ganzes Jahr lang, bis er das völlig erschöpfte Tier lebend nach Tiryns bringen konnte.

Der Erymanthische Eber war ein riesiges, das Land am Erymanthosgebirge in → Arkadien verwüstendes Tier. H. fing es lebend ein. Unterwegs kam er zum → Kentauren Pholos und öffnete mit ihm den großen Weinkrug, den → Dionysos den Kentauren zur Aufbewahrung anvertraut hatte. Schon der Geruch des Weines machte die Kentauren betrunken und angriffslustig. H. trieb sie auseinander und davon, doch nach dem Kampf starb Pholos an einem der vergifteten Pfeile, der ihm auf den Fuß gefallen war.

Die Viehställe des Königs von Elis, Augeias, reinigte H., indem er die Flüsse Alpheios und Peneios durch sie und über das vom hoch abgelagerten Mist unfruchtbar gewordene Umland leitete.

Die Stymphalischen Vögel, ein Riesenschwarm menschenfressender, die Gegend am See Stymphalos heimsuchender Tiere, schoß und verscheuchte H. mit Pfeilen und der Schleuder.

Den Kretischen Stier, der König Minos von →Poseidon gesandt worden war, fing H. ein, brachte ihn nach Tiryns und ließ ihn dann frei. Das Tier entwich bis nach Marathon und verwüstete das Land, bis → Theseus es einfing.

Die vier wilden Stuten, die Diomedes, König der Bistonen in Thrakien, mit den Leichen Schiffbrüchiger fütterte, konnte H. zähmen (nach Diodorus Siculus, indem er ihnen Diomedes zum Fraß vorwarf). Auf der Reise nach Thrakien war H. Gast des Königs Admetos von Pherai und entriß dessen verstorbene Gattin → Alkestis dem Tod bzw. dem → Hades.

Eurystheus befahl ihm dann, für seine Tochter Admete den Gürtel der Amazonenkönigin Hippolyte zu holen. Hippolyte war bereit, ihn dem H. zu überlassen, doch durch eine Intrige Heras fühlte sich der Heros hintergangen. Es kam zum Kampf, in dem er Hippolyte tötete. Auf dem Rückweg befreite er Hesione, die Tochter des Troerkönigs Laomedon, die einem von Poseidon geschickten Meeresungeheuer geopfert werden sollte. Da sich Laomedon weigerte, die als Belohnung versprochenen Stuten – sie waren ein Geschenk des Zeus zum Dank für → Ganymed – ihm zu überlassen, kehrte H. später, nach Abschluß der zwölf Arbeiten, mit einer Schar Griechen zurück und tötete Laomedon.

Die zehnte Aufgabe führte H. weit nach Westen. Er sollte die Viehherde des Königs von Erytheia, Geryones, holen, eines Monsters mit drei Leibern, Sohn des Medusa-Abkömmlings Chrysaor und der → Okeanos-Tochter Kallirhoe. H. tötete den Hirten Eurytion samt seinem Herrn Geryones und brachte die Herde nach Tiryns. Auf der Hinreise durch Nordafrika hatte ihm → Helios seine goldene Schale zur Überfahrt über den Ozean nach Erytheia geliehen und H. zuvor und danach auf afrikan. und iber. Boden (bei Gibraltar) die beiden nach ihm benannten Säulen errichtet. Auf dem Rückweg über die Iberische Halbinsel und das Land der Kelten kam er nach Rom, wo er den Riesen → Cacus bezwang.

Die elfte Aufgabe lautete, für Eurystheus die goldenen Äpfel der Hesperiden genannten → Nymphen am Ende der Welt zu besorgen, was eine weitere lange Fahrt bedeutete. Weil H. den Weg nicht wußte, wandte er sich an den greisen Meeresgott Nereus, der sich ihm jedoch durch immer neue Verwandlungen zu entziehen suchte. H. hielt ihn

Herakles erwürgt die Schlangen
Römisches Wandbild, 1. Jh. n. Chr. (Pompei, Haus der Vettier)

Herakles
Pierre Courteys, Email, 1559 (Schloß Écouen, Musée National de la Renaissance)

Gegenüberliegende Seite:
Die Taten des Herakles
Umzeichnung der Metopen des Zeustempels in Olympia, um 456 v. Chr.

so lange fest, bis er die gewünschte Auskunft erhalten hatte. Auf dem Weg durch Libyen kämpfte er mit dem Riesen → Antaios, einem Sohn der Erdgöttin Gaia, der Durchreisende zum Ringkampf zwang und dabei tötete. H. merkte, daß Antaios seine Kraft aus der Berührung mit der Erde erhielt, hob ihn hoch und erwürgte ihn so. In Ägypten ergriffen ihn die Leute des Königs → Busiris, der Fremde zu opfern pflegte, aber H. befreite sich von den Fesseln, schlug die Opferpriester in die Flucht und tötete Busiris samt dessen Sohn. Im Kaukasus befreite er → Prometheus von den Ketten, mit denen er an einen Felsen geschmiedet war, und tötete den Adler, der täglich die Leber des Titanen fraß. Zum Dank wies ihm Prometheus den Weg zum Garten der Hesperiden, in dem die goldenen Äpfel von einer Schlange bewacht wurden. Wie einige berichten, kam ihm der Riese → Atlas zu Hilfe: H. erbot sich, an seiner Stelle das Himmelsgewölbe so lange zu tragen, bis der Riese, ein Verwandter der Hesperiden, die Äpfel für ihn gepflückt hätte.

Die letzte Arbeit des H. bestand darin, den → Kerberos, einen Hund mit drei (oder fünfzig) Köpfen und Schlangenschwanz, der den Hades bewachte, aus der Unterwelt heraufzuholen. → Hermes sollte sein Begleiter sein. Das gelang. Doch erschreckte der Anblick des Ungeheuers den Eurystheus so sehr, daß er H. befahl, es zurückzubringen.

Weitere Unternehmungen führten H. in die verschiedensten Gegenden Griechenlands und der übrigen antiken Welt. Die Berichte über seine Taten bringen die einzelnen Episoden nicht immer in einen logischen Zusammenhang, widersprechen sich auch häufig. Zu nennen sind die folgenden:

Eurytos, der König von Oichalia, hatte die Hand seiner Tochter Iole dem versprochen, der ihn im Bogenschießen besiegen könne. H. trat an und gewann. Doch Eurytos verweigerte ihm die Tochter. Einige Zeit später erst rächte sich H. dafür, indem er Oichalia zerstörte, Iole raubte und Iphitos, den Sohn des Eurytos (nach anderen: Eurytos und alle seine Söhne), tötete. Danach begab er sich nach Delphi, um das Orakel zu befragen und sich von dem Mord zu reinigen. Doch die Pythia antwortete ihm nicht, was H. so ergrimmte, daß er den Dreifuß des → Apollon an sich riß. Der Gott sah sich genötigt, mit H. um diesen geheiligten Gegenstand zu streiten. Schließlich wurde H. zum Dienst als Sklave verurteilt. Es kaufte ihn die Königin von Lydien, Omphale, für die er einige Heldentaten vollbrachte, aber auch Wolle spinnen und Frauenkleider tragen mußte; er wurde ihr Geliebter. Gegen Sileus, der Vorübergehende zur Arbeit in seinem Weinberg zu zwingen pflegte, wehrte sich H., erschlug ihn und verwüstete den Weinberg. Nach drei Jahren aus Omphales Diensten entlassen, kämpfte H. gegen eine Reihe weiterer Riesen und fantastischer Wesen: Er griff sich die Kerkopen, zwei spaßige, aber räuberische Zwerge, die ihm die Waffen stehlen wollten, und kämpfte mit Geras, der mißgestalteten Personifikation des Greisenalters. Beim Kampf der Götter gegen die → Giganten, zu dem ihn → Athena angeworben hatte, über-

raschte er Alkyoneus, der die Rinder des Sonnengottes Helios weggetrieben hatte, im Schlafe und schleppte ihn von der Heimatscholle, auf der er, dem Antaios gleich, unbezwingbar war. Für die Götter war H. wichtig, weil ein Orakel ihren Sieg in der Gigantomachie von der Mithilfe eines Sterblichen abhängig erklärt hatte. Dann rang H. mit dem ständig seine Gestalt wechselnden Flußgott → Acheloos um Deianeira, die Tochter des kalydon. Königs Oineus; als Stier konnte er von H. ergriffen werden; der Heros brach ihm ein Horn ab und gewann so Deianeira zur Frau. Mit ihr stieß er bei der Überquerung eines Flusses auf den Fährmann Nessos, einen Kentauren. Statt sie überzusetzen, versuchte Nessos Deianeira Gewalt anzutun. H. streckte ihn mit einem Pfeil nieder. Sterbend heuchelte der Kentaur ihr vor, er wisse ein geheimes Mittel, wie sie sich die Treue ihres Mannes sichern könne: aus seinem, des Nessos, Blut müsse sie sich einen Liebeszaubertrank bereiten, mit dem sie bei Bedarf das Gewand des H. tränken solle. Dieser falsche Rat sollte sich als schicksalhaft erweisen. Schließlich hatte H. noch einen Zweikampf mit Kyknos, einem Sohn des → Ares, zu bestehen. Kyknos forderte an der Straße nach Delphi von den zum Heiligtum des → Apollon Pilgernden einen Wegezoll und weihte ihre Habschaft seinem Vater. H. tötete ihn und verwundete im Kampf sogar den seinem Sohn zu Hilfe eilenden Gott. Der Tod des H. schließt an die Nessos-Episode an: Die auf Iole eifersüchtige Deianeira hatte den Rat des Kentauren befolgt. Doch der angebliche Liebestrank hatte gräßliche Folgen; in dem Blut des Nessos war das Blut der Hydra vom Pfeil des H. wirksam, der Trank verbrannte die Haut des H. Um sich den Tod zu geben, ließ der Heros auf dem Berg Oita einen *Scheiterhaufen* errichten, bestieg ihn, überließ Pfeile und Bogen dem Hirten → Philoktetes und befahl ihm, den Scheiterhaufen anzuzünden. Als man seine Gebeine einsammeln wollte, stellte man fest, daß der ganze Körper restlos verschwunden,

Herakles am Spinnrocken mit den Mägden der Omphale
Lukas Cranach d. Ä., 1532
(Ehemals Berlin, Kaiser-Friedrich-Museum; Kriegsverlust 1945)

H. folglich zum Gott geworden war. Nach dieser Apotheose wurde er als Heros und Gott zugleich betrachtet und an vielen Stätten kultisch verehrt. Im → Olymp erhielt er → Hebe zur Gattin.

In der Überlieferung der Antike ist H. eine höchst wandelbare Erscheinung. Die Komödiendichter lassen ihn als gewaltigen Esser auftreten, als göttlichen Vielfraß, für die Philosophen dagegen ist er ein Musterheld an Beständigkeit, ein Tugendidol. Ein von Xenophon wiedergegebenes Lehrstück (›Herakles am Scheidewege‹) des Philosophen Prodikas läßt den jugendlichen H. eines Tages an eine Kreuzung gelangen, wo er sich zu entscheiden hat zwischen dem leichten Weg des wollüstigen Vergnügens und dem mühsamen Weg der Prüfungen und der Tugend; H. wählte den Weg der Tugend.

In den antiken Darstellungen hat H. meist das *Löwenfell* umgelegt, mit dem Rachen des Raubtiers aus Nemea auf dem Kopf. Er trägt den Bart kurz und in der Hand ein kleines Trinkgefäß, einen *Skyphos*. Seine Bewaffnung variiert je nach Gegner, meist besteht sie aus *Keule* und *Bogen*; den Kentauren und → Amazonen tritt er mit dem *Schwert* gegenüber, er hantiert mit einer *Sichel*, wenn es darum geht, der Hydra die Köpfe abzuhauen, und greift zur *Schleuder* gegen die Stymphalischen Vögel. Mehrere seiner Taten sind bereits im 6. Jh. v. Chr. zu Ensembles zusammengefaßt worden, z. B. auf den Metopen des Heratempels in Paestum (Nessos und Deianeira, der Streit um den delph. Dreifuß, die Kerkopen, Pholos und vielleicht Antaios), um 530, auf Metopen vom etwa gleichzeitigen Tempel C in Selinunt (Palermo, MA) und auf einer Amphora des KLEOPHRADESMALERS (die Hydra von Lerna, die Amazonen, die Hesperiden und Atlas), um 500 v. Chr. (Malibu, GM). Der erste Zyklus der zwölf Arbeiten, des Dodekathlos, erscheint jedoch erst auf den Metopen des 456 v. Chr. vollendeten Zeustempels in Olympia (Olympia, Mus. · Louvre). Die Abfolge der Szenen wechselt je nach Zusammenhang, wie am Hephaistostempel in Athen, dem sog. ›Theseion‹ (um 450 v. Chr.), wo die Arbeiten des H. den Taten des Theseus gegenübergestellt sind. In der röm. Kunst nehmen die zyklischen Bildfolgen zu, besonders im Mosaik, vgl. das Beispiel aus St-Paul-lès-Romans (um 150–200 n. Chr.; Valence, Mus.) und auf Sarkophagen, wo bis zu acht Reliefs der einzelnen Taten eng aneinandergereiht in einem Bildfeld erscheinen können (Beispiele in Mantua, Palazzo Ducale, um 170 n. Chr., und in den Uffizien, um 200 n. Chr.). Auf einem kleinen Votivrelief aus der Mitte des 1. Jh. n. Chr. (Neapel, MN) sind die zwölf Arbeiten um die Figuren von H. und Omphale gruppiert. Von den einzelnen Taten ist die Tötung des Nemeischen Löwen weitaus am häufigsten für sich allein wiedergegeben worden, zumal in der att. Vasenmalerei. Sie erscheint auch auf Münzen des 4. Jh. v. Chr. aus Herakleia im unteritalien. Lukanien. Zu den seltenen Darstellungen gehören dagegen der Kampf mit den Stymphalischen Vögeln und der Raub der Stuten des Diomedes. Als Einzelfigur und ohne Aktion erscheint H. nicht selten in Skulpturen. Die berühmteste ist der sog. ›H.

Herakles auf dem Scheiterhaufen
Guillaume Coustou d. Ä., 1704
(Paris, Louvre)

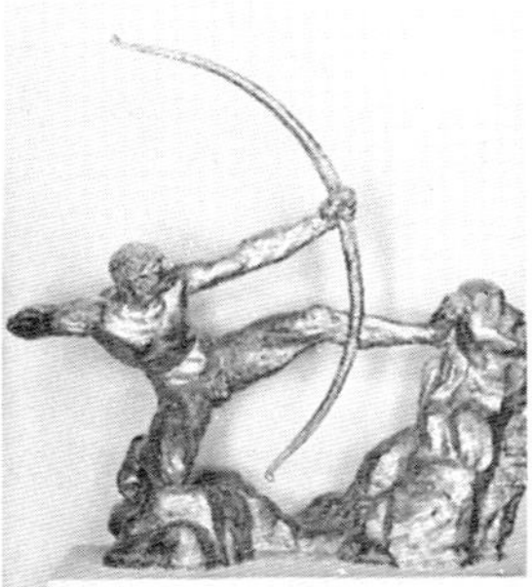

Herakles erlegt die Stymphalischen Vögel
Émile-Antoine Bourdelle, 1909 (Paris, Musée d'Orsay)

Farnese‹, eine zweifellos auf ein griech. Original (des LYSIPP?) zurückgehende Kolossalstatue, deren bekannteste Replik (3. Jh. n. Chr.; Neapel, MN) die Signatur eines GLYKON aus Athen trägt; der muskelstrotzende Heros, eine Hand auf dem Rücken, stützt sich auf seine Keule. → Alexander d. Gr. hat sich des H.-Mythos bedient und auf zahlreichen Münzen mit dem Löwenrachen auf dem Kopf abbilden lassen, desgleichen Kaiser Commodus (180–192 n. Chr.; Statue im Vatikan; Büste in Rom, MC). In der frühchristlichen Kunst der Katakombenmalerei trägt H. als Typus des durch Arbeit und Mühsal den Himmel erkämpfenden Heros einen Nimbus. Im Mittelalter wurde er als eine Präfiguration Christi gedeutet durch Entsprechung der Taten (Abstieg in die Unterwelt bzw. Vorhölle, Überwältigung des Kerberos = Satans u. a.) und aufgrund der Personalunion von göttlicher und menschlicher Natur. Wie Samson erscheint er auch als einer der vorchristlichen Helden. Mehr oder weniger komplett sind die Taten des H. in Bildzyklen der Neuzeit behandelt worden. G. VASARI hat die Decke eines nach H. benannten Saales im Palazzo Vecchio von Florenz mit seinen Mitarbeitern 1558 damit ausgestattet; auch die Wandteppiche aus der Manufaktur der Medici gehören in diesen ikonographischen Zusammenhang. Am gleichen Ort (Sala dei Cinquecento) finden sich sechs Marmorgruppen von VINCENZO DE' ROSSI aus den 1560er Jahren mit den Taten des H. (Hippolyte, Antaios, Cacus, Nessos, der Erymanthische Eber, Diomedes). GIOVANNI DA BOLOGNA hat Ende des 16. Jh. das Thema in einer Reihe kleiner Bronzeskulpturen bearbeitet, ANN. CARRACCI 1595–97 damit den Camerino des Palazzo Farnese in Rom ausgestattet (die Fresken enthalten ›H. am Scheidewege‹ zwischen ›H. mit der Himmelskugel‹ und ›H. in der Rast‹, dazu sechs Grisaillen zur Bezeichnung verschiedener Taten: Schlangen, Löwe, Hydra, Antaios, Kerberos, Tod und Apotheose des H. auf dem Scheiterhaufen). In einer Vierbilderfolge (Hydra, Acheloos, Nessos, Tod und Apotheose auf dem Scheiterhaufen) verherrlichte G. RENI 1617–20 die Muskelkraft des Helden (Louvre). Eine der umfangreichsten Folgen, zehn Bilder umfassend, stammt von F. DE ZURBARÁN (1637; Prado, ursprünglich für den Madrider Buen-Retiro-Palast bestimmt). RUBENS hat von dem für das Lustschloß Torre de la Parada bei Madrid vorgesehenen H.-Zyklus vier Ölskizzen hinterlassen (1636–38): ›H. und die Hydra‹ (London, Courtauld Institute), ›H. und Kerberos‹ (Prado), ›Apotheose des H.‹ (Brüssel, MR) und das seltene Thema der ›Entdeckung des Purpurs durch den Hund des H.‹ (Bayonne, MB). Darstellungen von Einzelthemen der H.-Sage sind außerordentlich zahlreich. Unter den wichtigsten wären die Erwürgung der von Hera geschickten Schlangen durch das Kind H. zu nennen (ANN. CARRACCI, um 1600; Louvre), der Kampf mit Acheloos, die Rückführung der Alkestis aus der Unterwelt in den Palast des Admetos, der Ringkampf mit Antaios (Bronze von A. POLLAIUOLO, um 1475–80; Florenz, MB), H. trägt anstelle des Atlas das Himmelsgewölbe, er nimmt dem Cacus die geraubten Rinder ab, er holt den Kerberos aus der Unterwelt und befreit Hesione von dem Felsen, an den man sie gekettet hatte. Den Mord an Geryones und den Raub seiner Herde findet man selten in nachantiker Zeit, bekannt ist eine Darstellung aus dem 17. Jh. von G. Langetti (Wien, KM). Entsprechendes gilt für den Raub der Äpfel im Garten der Hesperiden (Rubens, um 1638; Turin, Mus. Civico · G. A. Pellegrini, 1724; Schloß Pommersfelden), ein Thema, das erst in der Kunst des 19. und 20. Jh. besondere Bedeutung erhielt (E. Burne-Jones, um 1869–73; Hamburg, KH · G.-O. Desvallières, 1892; Paris, MO · H. v. Marées, um 1884–87; München, NP). Die Bezwingung der Hydra findet sich öfter, besonders in der italien. Malerei (A. Pollaiuolo, um 1480; Uffizien) und in der Skulptur (P. Puget, um 1670; Rouen, MBA). Den Kampf mit dem Nemeischen Löwen schilderte u. a. Giulio Romano (um 1530, nach antikem Vorbild; Mantua, Palazzo Ducale), die Cacus-Episode B. Bandinelli in einer Marmorskulptur (1527–34; Florenz, Piazza della Signoria) und H. Goltzius (1613; Haarlem, HM), Domenichino (um 1621–23; Louvre) sowie Poussin (um 1661–63; Moskau, PM) in Gemälden. Nessos und Deianeira ist das Thema in Bildern von Veronese (um 1582–84; Wien, KM), Rubens (um 1635; Hannover, NL), F. A. Maulbertsch (um 1785/86; Wien, A) und H. Makart (um 1882/83; Budapest, NM), auch einer Skulptur von Giovanni da Bologna (1575–85; Louvre). Die Stymphalischen Vögel malte 1501/02 Dürer (Nürnberg, GN). Die vielfältigsten Anregungen gingen indessen seit dem 16. Jh. von der Liebesaffaire zwischen H. und Omphale aus. Sie diente den Künstlern als Exempel der verkehrten Welt oder, doppeldeutig, der Sexualität, auch zur Parodie (L. Cranach d. Ä., 1537; Braunschweig, AUM · Tintoretto, um 1585; Budapest, NM · Rubens, um 1602–05; Louvre · L. Giordano, 1670; Dresden, AM · F. Le Moyne, 1724; Louvre · G. Moreau, um 1856/57; Paris, MM · E. Bernard, 1911; Paris, Mus. de l'Orangerie). Das gleiche gilt für das Thema H. am Scheidewege, das als eine Allegorie des rechten sittlichen Verhaltens, meist mit den »Alternativfiguren« der nackten Wollust und der bekleideten Tugend, vorgestellt wurde (Veronese, ›H. zwischen Tugend und Laster‹, um 1580; New York, Frick Coll. · Ann. Carracci, um 1596; Neapel, MN · van Dyck, um 1627–32; Uffizien · B. West, 1764; London, VA). Zur gleichen Kategorie der moralisierenden Allegorie gehört ein Deckenbild von Rubens für das Banqueting House in Whitehall, London, ›H. tötet die Wollust‹ (1630–34), Gegenstück zum ›Triumph der Minerva über die Zwietracht‹. H. ist fernerhin nicht nur der Inbegriff körperlicher Kraft, sondern auch ein Symbol irdischen Ruhms. Auf einer Majolika von Castel Durante (um 1490; London, VA) führt er den Triumphzug der Fama, der Ruhmesgöttin, an. Die röm. Bildtradition kaiserlichen Machtruhms wurde in der Renaissance wieder aufgegriffen, und so sind unter den Herrschern, die sich mit der Keule und dem Löwenfell des H. darstellen ließen, u. a. Heinrich IV. von Frankreich (Kamee, Ende 16. Jh.; Paris, BN, Cabinet des médailles) und Ludwig XIV.

Herakles und die Hydra von Lerna
Antonio del Pollaiuolo, um 1480 (Florenz, Uffizien)

Quellen: Apollodor, Bibliothek 2,4,8–2,7,8; Diodorus Siculus 4,9,1–4,39,4; Hygin, Fabeln 29–36; Xenophon, Memorabilia 2,1,21 (H. am Scheidewege).
Lit.: F. Brommer, Herakles, 2 Bde., 1979–83; E. Panofsky, Hercules am Scheidewege und andere antike Bildstoffe in der neueren Kunst, 1930; K. Schefold, Die Urkönige Perseus, Bellerophon, Herakles und Theseus in der klassischen und hellenistischen Kunst, 1987; E. Tietze-Conrat, Notes on Hercules at the Crossroads, in: Journal of the Warburg and Courtauld Institutes 14 (1951) S. 304–307; J.-P. Uhlenbrock, Herakles, Passage of the Hero through 1000 Years of Classical Art. Exposition Bard College, New York, 1986; R. Vollkommer, Herakles in the Art of Classical Greece, 1988.

Hercules → Herakles

Hermaphroditos hat seinen Namen von den Eltern, → Hermes und → Aphrodite. Ursprünglich war er ein Jüngling von ausgesuchter Schönheit. Er lebte in Kleinasien. Als er eines Tages in einem See badete, verliebte sich Salmakis, eine Wassernymphe aus dem Gefolge der → Artemis, in ihn, doch H. verweigerte sich ihrem Kuß. So bat sie die Götter, ihre beiden Körper für immer zu vereinigen. Ihr Wunsch wurde erhört, H. und Salmakis bildeten fortan ein Wesen, das männlich und weiblich zugleich war. In Erweiterung des Begriffs bezeichnet H. jede zweigeschlechtliche Person, als die mitunter z. B. → Priapos und → Eros auftreten.

Auf hellenistischen Reliefs und Fresken in Pompei (Haus des O. Rufus) erscheint H. im Gefolge des → Dionysos. Oft wird er aber allein als stehende Figur wiedergegeben, nackt oder durch Heben des Gewandes sein Geschlecht enthüllend. Mehrere Darstellungen zeigen ihn mit einem → Satyr, der auf ihn eindringt, weil er eine Frau vor sich zu haben glaubt (röm. Skulpturengruppe, um 100 v. Chr.; Dresden, Ant.). Der in der Skulptur vorherrschende Typus des auf dem Bauch liegenden H. geht auf ein Vorbild des 2. Jh. v. Chr. zurück; das berühmteste, von Bernini restaurierte Exemplar (Louvre) stammt aus der Sammlung Borghese. In der Barockmalerei begegnen u. a. die beiden Themen ›Salmakis verliebt sich beim Anblick des H.‹ (F. Albani, um 1660; Rom, GB) und ›Salmakis umarmt H. im See‹ (F. Albani, um 1660; Turin, Pinakothek der Accademia

Schlafender Hermaphroditos
Römische Skulptur, 2. Jh. v. Chr. (Paris, Louvre)

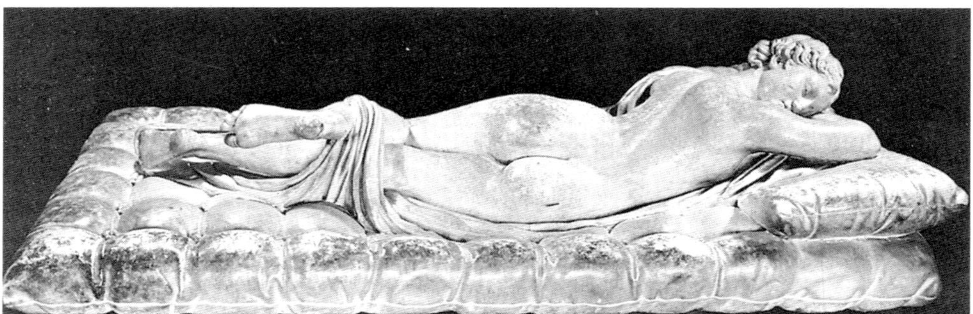

Albertina delle Belle Arti), eine Szene, die seit der Renaissance Bildthema war (J. GOSSAERT, um 1515/16; Rotterdam, MBB · B. SPRANGER, um 1581; Wien, KM).

Quelle: Ovid, Metamorphosen, 4,285–388.
Lit.: F. Haskell / N. Penny, Taste and the Antique, ²1982; A. Raehs, Zu Ikonographie des Hermaphroditos. Begriff und Problem von Hermaphroditismus und Androgynie in der Kunst, 1990.

Hermes, röm. **Mercurius.** Der Sohn des → Zeus und der → Atlas-Tochter Maia, die in einer Höhle des Berges Kyllene in → Arkadien lebte, ist einer der zwölf olympischen Götter. Meist diente er ihnen als Bote. Er gilt als der Schutzgott der Reisenden und des Verkehrs, des Handels, der Kaufleute und der Diebe. Auch geleitete er die Toten ins Jenseits (H. Psychopompos). Überdies spendete H. irdischen Reichtum. Er war bekannt für seine Gewitztheit, seine Erfindungskraft und Durchtriebenheit. Kaum geboren, stahl er schon dem → Apollon eine Viehherde; um Apollon zu versöhnen, schenkte er ihm die selbsterfundene *Lyra*, die er am ersten Lebenstag aus der Schale einer Schildkröte verfertigt hatte. Götterbote und zugleich Begleiter von Göttern und Menschen, spielt H. in vielen Sagen eine – meist untergeordnete – Rolle: Er hat → Paris die drei Göttinnen zuzuführen, muß das → Dionysoskind von Zeus entgegennehmen und zu den → Nymphen bringen, wird vom Göttervater beauftragt, den → Argos zu töten usw. Oft ist er Begleiter des Zeus, z. B. bei dessen Besuch in der Hütte von → Philemon und Baukis, oder wenn Zeus sich der treuen Alkmene in der Gestalt ihres Mannes Amphitryon nähert, um sie zu verführen; dabei nimmt H. die Gestalt von Sosias an, dem Diener dieses theban. Königs.

Herme des Alkamenes
Römische Kopie des Hermes Propylaios vom griechischen Bildhauer Alkamenes (5. Jh. v. Chr.), aus Pergamon, 200–150 v. Chr. (Istanbul, Archäologisches Museum)

In archaischer und klassischer Zeit wird H. mit Bart, Reisemantel und breitrandigem Hut (*Petasos*) dargestellt. Er trägt *geflügelte Sandalen* und hält das *Kerykeion* (lat. *caduceus*) in der Hand, den von zwei Schlangen umringelten Heroldstab, ein Geschenk Apollons (att. Amphora des BERLINER MALERS, um 490 v. Chr.; Vatikan). Auf Grabvasen (Lekythen) geleitet er Tote ins Jenseits. Neben → Orpheus und Eurydike, die er zum endgültigen Verbleiben in die Unterwelt zurückführen muß, erscheint er auf dem bekannten ›Orpheusrelief‹, das auf ein griech. Original vom Ende des 5. Jh. v. Chr. zurückgeht (röm. Kopien in Neapel, MN · Rom, GA · Louvre). Gegen Ende der Klassik nimmt H. manchmal die Züge eines jungen Mannes an, so in der berühmten Statue des PRAXITELES mit dem Dionysoskind, dem er eine Traube reicht (4. Jh. v. Chr.; Olympia, Mus.), ferner in der Figur des sitzenden ›Merkur von Herculaneum‹ (Bronzekopie eines griech. Originals, Ende 5. Jh. v. Chr.; Neapel, MN). Als Schutzgott der Hirten und ihrer Herden trägt er einen *Widder* (Bronzefiguren, um 520 v. Chr.; Boston, MFA · Athen, NM). Der Raub der Herde Apollons figuriert auf einer Caeretaner Hydria (um 530 v. Chr.; Louvre) und zwei Schalen des BRYGOSMALERS (um 480 v. Chr.; Vatikan und Princeton,

Hermes als Kind, das die Rinder Apollons gestohlen hat; mit seiner Mutter Maia, Artemis und Apollon
Caeretaner Hydria, um 530 v. Chr. (Paris, Louvre)

Hermes und Paris
Annibale Carracci, 1597–1600 (Rom, Galleria Farnese)

Art Mus.). Nach H. wird ein bestimmter Statuentypus Herme genannt, ein vierkantiger Pfeiler, der eine Büste des Gottes und ein auf seine Bedeutung als Fruchtbarkeitsidol verweisendes Zeugungsglied trägt. Hermen dienten u. a. als Wegemarken an Straßen und Kreuzwegen, auf Plätzen, in Hallen, vor Türen und Toren. Sie konnten Entfernungsangaben enthalten und so Räume und Strecken markieren, wie es der Rolle des Reisegottes entsprach. Pfeiler dieser Art gibt es allerdings auch mit der Büste des Dionysos, der → Athena und sogar historischer Persönlichkeiten (z. B. Doppelherme mit Herodot und Thukydides; Neapel, MN); diese Tradition wurde im Barock und noch im 19. Jh. verschiedentlich wieder aufgegriffen (H. Moulin, 1879; Paris, MO). In der Emblematik der Renaissance symbolisiert H./M. u. a. Beredsamkeit und Weisheit. Er tritt zusammen mit Aphrodite als Erzieher des Cupido auf (C. Van Loo, 1765; Aix-en-Provence, Mus. Granet) und erscheint oft beim Urteil des Paris. Er ist eine Hauptfigur in der Geschichte der → Io; die Maler wählten gern die Szene, in der er den Argos mit seiner Musik einschläfert (Rubens, 1635-38; Dresden, AM · Velázquez, 1659; Prado · H. Fragonard, um 1761; Louvre), oder den Moment der Tötung des Argos (Rubens, um 1638; Prado). Man sieht ihn hoch im Götterhimmel, wie er sich in Herse, die Tochter des att. Königs Kekrops, verliebt, als er sie bei ihrem Gang zum Athenatempel erblickt (J. Boeckhorst, Mitte 17. Jh.; Wien, KM) und wie er die neidische Schwester der Herse, → Aglauros, bestraft, indem er sie in einen Stein verwandelt (Veronese, um 1580; Cambridge, FM · L. J. Lagrenée, 1767; Stockholm, NM). H. Chapu hat in einer Skulptur die angebliche Erfindung des Caduceus durch H. selbst dargestellt (1860; Paris, MO).

Quellen: Homerischer Hymnos auf Hermes; Ovid, Metamorphosen 1,668–721 (Argos), 2,708–832 (Herse), 8,626–724 (Philemon und Baukis).
Lit.: A. P. de Mirimonde, Les allégories de la musique II. Le retour de Mercure et les allégories des Beaux-Arts, in: Gazette des Beaux-Arts 73 (1969) S. 343–362; P. Zanker, Wandel der Hermesgestalt in der att. Vasenmalerei, 1965.

Hero und Leandros. L. war ein junger Mann, der in Abydos am Hellespont (Dardanellen) lebte. Aus Liebe zu H., einer Priesterin der → Aphrodite in Sestos am gegenüberliegenden Ufer, schwamm er jede Nacht hinüber, um sich mit ihr zu treffen. Dabei leitete ihn das Licht einer *Lampe*, die sie in einem Turm anzündete. Eines Nachts löschte ein Sturm das Licht, und L. ertrank. Die verzweifelte H. stürzte sich ins Meer.

Kaiserzeitliche röm. Münzen aus Abydos und Sestos tragen das Bild des unglücklichen Liebespaars: Die junge Frau steht hoch auf dem Turm und hält für den im Meer schwimmenden L. die Lampe empor. Weitere Darstellungen finden sich in der pompejan. Malerei, auf röm. Gemmen und Mosaiken. Im 17. Jh. war dieses Sujet überaus beliebt, vorab in der italien. Malerei, bei den Carracci (1597–1600; Rom, Palazzo Farnese), bei L. Giordano (Priv.), Rubens (um 1605; New Haven, Art Gallery),

Hero und Leander
Théodore Chassériau, Skizze, um 1840–44 (Paris, Louvre)

G. CARPIONI (sieben Gemälde, davon eines, um 1665, in Dijon, Mus. Magnin, ein anderes, um 1665, in Budapest, NM). Rembrandt besaß ein (verlorenes) RUBENS-Gemälde mit diesem Thema. Gewöhnlich wurde die gleiche Szene wie auf den Münzen gezeigt, manchmal der Moment danach, wenn die → Nereiden den ertrunkenen L. davontragen und H. sich ins Meer stürzt (D. FETI, um 1610–12; Wien, KM).

Quellen: Musaios, Hero und Leander; Ovid, Heroides 18 und 19; Vergil, Georgica 3,258–263.

Hestia, röm. **Vesta,** eine jungfräuliche Göttin, war die Erstgeborene unter den Kindern von → Kronos und Rhea. Als Hüterin des Herdfeuers wurde sie die Schutzgottheit des Hauses überhaupt und der Familie. So hatte sie ihren Sitz unverrückbar im → Olymp. Ovid erzählt, wie das Wiehern eines Esels V. weckte, als → Priapos sich ihr im Schlaf zu nähern versuchte. Im röm. Staatskult waren ihre Priesterinnen, die Vestalinnen, die Hüterinnen des öffentlichen Herdes der Stadt und seines Feuers, zur Keuschheit verpflichtet. → Claudia Quinta, eine historische Figur der Zeit um 200 v. Chr., die im 1. Jh. n. Chr. vergöttlicht und von späteren Autoren zu den Vestalinnen gezählt wurde, soll dieses Keuschheitsgebot verletzt haben. Sie bewies aber ihre Unschuld, indem sie unter Anrufung der Göttin → Kybele ein im Tiber gestrandetes Schiff, das einen Kultstein dieser Göttin geladen hatte, auf wunderbare Weise ganz allein in das Fahrwasser zurückzog.

In der antiken Kunst trägt H./V. kaum kennzeichnende Züge, es sind allein Inschriften, die ihre Identifizierung in der Versammlung der Götter erlauben. Auf der ›Françoisvase‹ (um 570 v. Chr.; Florenz, MA) steht sie neben → Demeter an der Spitze des Zuges der Götter bei der Begrüßung des → Peleus. Auf einer Schale des OLTOS (um 510 v. Chr.; Tarquinia, MN) sitzt sie → Zeus gegenüber, an der Stelle also, an der man eigentlich → Hera erwartet. In Rom gibt es keine Darstellungen vor der Kaiserzeit. Dann wird sie als verschleierte Matrone sitzend bei einem Trankopfer gezeigt (1. Jh. v. Chr.; Sorrento, Mus. Correale). Auf pompejan. Wandgemälden des 1. Jh. v. Chr. erscheint sie mehrfach zwischen den Laren, den Hausgöttern. Nachantike Darstellungen sind selten. Man glaubt H./V. in GIOV. BELLINIS ›Götterfest‹ (1513; Washington, NG) erkennen zu können.

Quellen: Hesiod, Theogonie 453–506; Ovid, Fasti 249–472.

Homeros gilt der Überlieferung nach als Autor der beiden monumentalen griech. Epen ›Ilias‹ und ›Odyssee‹. Er soll im 8. oder 9. Jh. gelebt haben, und es heißt, er habe die ganze mittelmeer. Welt bereist und sei auf der Kykladeninsel Ios gestorben. Geschildert wird H. als blinder, von allen verehrter Greis, zu dem man aus ganz Griechenland kam, um ihn aus seinen Heldengedichten vortragen zu hören. Sein Gebrechen habe ihm den Namen gegeben: im Dialekt von Kyme bedeutet *homeros* »blind«. Nach H. benannt sind weitere literarische Werke des 8.–6. Jh. v. Chr., darunter die ›Homerischen Hymnen‹, 33 Preisgesänge auf die Götter.

Eine große Zahl antiker Porträtskulpturen ist traditionell als H.-Bildnisse gedeutet worden, Büsten und Standfiguren, denen einzig die *Blindheit* des Dargestellten gemeinsam ist. An Hermenbüsten im Louvre (röm. Kopie nach einem griech. Original des 2. Jh. v. Chr.) und in den Kapitoli-

Die Apotheose Homers
Jean-Dominique Ingres, 1827
(Paris, Louvre)

nischen Museen von Rom, auch an röm. Porträtrepliken (München, G) trägt der Dichter das → *Stirnband* des Philosophen. Eine in Neapel (MN) als H.-Bildnis bezeichnete Marmorstatue aus Herculaneum zeigt ihn in der Haltung eines blinden Wanderers mit dem Reisestab in der Hand. In nachantiker Zeit ist H. oft dargestellt worden, in der Malerei als Dichter, der sich beim Vortrag seiner Verse auf einem Musikinstrument selbst begleitet; das Instrument ist meist eine *Lyra* oder eine *Geige*. Doch wurden auch Szenen aus seiner legendären Biographie gewählt, z. B. von F. GÉRARD im 19. Jh. die Begebenheit mit einem jungen Mädchen, das dem von Fischern ausgesetzten Greis aufhilft und ihn führt (das Bild ist nur in einem Stich von J. MASSARD überliefert); den blinden H., den die Hunde anfallen, begleitet manchmal ein junger Mann, der Schäfer Glaukos, der ihm aber seine Hirtenhunde vom Leibe hält (Skulpturengruppe von CLODION, Terrakotta, 1810; Louvre) – zwei Motive, die den Darstellungen des von einem jugendlichen Führer, Mann oder Frau, geleiteten → Belisarios oder → Oidipus durchaus nahe sind. Sie waren besonders zwischen 1790 und 1820 en vogue. Das Anekdotisch-Erzählerische trat dann zugunsten einer lehrhaft-symbolischen Sinndeutung in den Hintergrund, wie in INGRES' riesiger ›Apotheose Homers‹ (1827; Louvre), die mit den Porträts der geistigen Erben des griech. Dichters eine Geschichte des Genius der Menschheit in Kunst und Literatur vor Augen stellt. In der Nachfolge dieses Bildes wurde auf akademische Weise versucht, H. in archäologisch getreue Rekonstruktionen zu plazieren (J. B. A. LELOIR, ›Homer‹, im Salon von 1841; heute im Louvre).

Quelle: Pseudo-Herodot, Leben Homers.

Homer
Rembrandt, 1663
(Den Haag, Mauritshuis)

Horai, röm. **Horae.** Die Horen (wörtlich: »Stunden«) waren die Gottheiten der Jahreszeiten, die in der frühen Antike auf drei (Frühling, Sommer, Winter) beschränkt blieben. Laut Hesiod waren sie Töchter der Themis und des → Zeus. Er gibt ihre Namen mit Eunomia (Gesetzesordnung), Dike (Gerechtigkeit) und Eirene (Frieden) an, verbindet sie also mit ethischen Werten der Gesellschaftsordnung, während sie in Athen Thallo, Auxo und Karpo heißen, das bedeutet Werdezeit, Blütezeit und Fruchtzeit der Vegetation. Erst in hellenistischer Zeit erhöhte sich die Zahl der H. und Jahreszeiten auf vier. Die H. bewachten die Tore zum → Olymp, führten den Wagen → Heras und → Athenas und übten wohltätigen Einfluß, u. a. auf die Fruchtbarkeit, aus. Sie werden nie eigens beschrieben, gehörten aber oft zur Begleitung der Götter bei Festen und Festzügen; sie nahmen an der Hochzeit von → Peleus und → Thetis teil und hießen → Herakles im Olymp willkommen.

In der archaischen Zeit Griechenlands wurden die H. noch nicht einzeln voneinander unterschieden. Auf der ›Françoisvase‹ (um 570 v. Chr.; Florenz, MA) erscheinen sie im Gefolge der Götter zur Begrüßung des Peleus, auf einer Schale des SOSIAS (um 510 v. Chr.; Berlin, Ant.) bei der Einführung des Herakles in den Olymp. Pausanias gibt an, daß PHIDIAS

Der Sommer
Römisches Jahreszeitenmosaik, 4. Jh. n. Chr. (Ausschnitt)
(Paris, Louvre)

an der Rückenlehne des Zeusthrones in Olympia (435 v. Chr.) die drei H. (neben den drei → Chariten) dargestellt hatte. Auf unteritalien. Vasen sind sie → Triptolemos behilflich bei der Abreise zu den Menschen, um ihnen den Weizen zu bringen; sie halten Kornähren in den Händen und werden inschriftlich als H. benannt, stehen hier also eher für Fruchtbarkeit als für Jahreszeitenwechsel (apul. Krater, um 370–350 v. Chr.; Eremitage). In der röm. Kunst begegnet man ihnen dann öfter, nun zu viert und einzeln durch ihre eng auf die Jahreszeiten bezogenen Attribute gekennzeichnet: Der Frühling hält *Blumen*, der Sommer *Ähren* und eine *Sichel*, der Herbst eine *Traube* oder Weinranken und ein Gefäß, der Winter *Schilfrohre* und vom *Wild* ein Stück. Die Vierzahl der Jahreszeiten eignete sich natürlich gut für die rechteckigen Schmuckfelder von Bodenmosaiken. So stehen sie in ganzer Figur in einem röm. Mosaik des 2. Jh. n. Chr. in Tunis (Mus. Bardo). Oft erscheinen sie aber nur als Büsten in den vier Eckmedaillons eines Schmuckfeldes. In einem Mosaik aus Antiochia (4. Jh. n. Chr.; Louvre) sind ihnen abstrakte Begriffe beigelegt: Ananeosis (Erneuerung) steht beim Frühling, Euandria (männliche Schönheit und Tapferkeit) beim Sommer, Dynamis (Kraft) beim Herbst und Ktisis (Erschaffung) beim Winter. Seit dem 2. Jh. n. Chr. gibt es eine stattliche Reihe von Sarkophagen mit Jahreszeitenbildern als Gleichnissen für Zeit und Ewigkeit. Hier sind die H. nicht immer Frauen, sondern manchmal geflügelte Jünglinge, wie in einem Exemplar (um 250 n. Chr.) im Louvre, wo sie zum Gefolge des → Dionysos gehören. In der Neuzeit folgt die Ikonographie der Jahreszeiten nicht durchweg den antiken Vorbildern. Das Thema gehört oft zur Gesamtausstattung von Räumen und erlaubte da ein reiches Spiel von Varianten innerhalb eines festen Gesamtrahmens. So konnte man die Jahreszeiten als Landschaften geben und damit das Landleben schildern, wie F. Bassano in einer Gemäldeserie (um 1576; Wien, KM), oder sie mit allegorischen Bibelszenen verbinden, wie es Poussin in vier berühmten Bildern (für Richelieu) tat (1660–64; Louvre). Antike Bildformen griff Tintoretto auf, indem er die Jahreszeiten als vier pausbäckige Kinder gab (1564; Venedig, Scuola di S. Rocco) oder als junge Frauen (1565/66; New York, Priv. · Washington, NG) mit den entsprechenden Früchten und Pflanzen: Blumen, Korn, Trauben, Schilfrohr. Für die der Antike fremde Zuordnung der Jahreszeiten zu je einer Gottheit bietet Botticellis ›Primavera‹, ›Der Frühling‹ (um 1480; Uffizien), das bekannteste Beispiel. In gleicher Weise wurden der Sommer und die Ernte → Demeter/Ceres zugeordnet, Herbst und Weinlese dem Dionysos/Bacchus, Winter und Feuer dem → Hephaistos/Vulcanus, der Frühling und die Blumen der → Flora oder der → Aphrodite/Venus. Als Beispiele dienen F. Albanis Freskenfolge (um 1620) im Palazzo Verospi, Rom, und die vier Leinwandbilder verschiedener Künstler für den Pavillon du Roi von Marly (1699): ›Bacchus und Ariadne‹ von C. de La Fosse (Dijon, MBA), ›Ceres‹ von L. de Boullogne (Rouen, MBA), ›Zephiros und Flora‹ von A. Coypel und ›Der Winter‹ von J. Jouvenet (beide verloren). Die gleichen Gottheiten malte WATTEAU in seinen vier Ovalbildern der Jahreszeiten für das Pariser Hôtel de Crozat 1715 (nur ›Der Sommer‹ ist durch einen Stich bekannt; Washington, NG).

Quellen: Hesiod, Theogonie 901–903; Lukrez, De rerum natura 5,737–747; Ovid, Metamorphosen 2,1–32.118–121.
Lit.: G. Hanfmann, The Season Sarcophagus in Dumbarton Oaks, 2 Bde., 1951; P. Kranz, Die Jahreszeitensarkophage, 1984; D. Parrish, Season Mosaics of Roman North Africa, 1984; W. Sauerländer, Die Jahreszeiten. Ein Beitrag zur allegorischen Landschaft beim späteren Poussin, in: Münchner Jb. der bildenden Kunst, Ser. 3, Bd. 7 (1956) S. 169–184.

Horatier. In die Regierungszeit des Königs Tullus Hostilius (672–640 v. Chr.) fiel der Krieg zwischen Rom und Alba Longa. Zur Lösung des Konflikts benannten die beiden Städte je drei Krieger, die in Zweikämpfen die Entscheidung herbeiführen sollten: die H. für Rom, die Curiatier für Alba Longa. Zwei H. fielen, der dritte, Publius, täuschte seine Flucht vor und konnte die ihn verfolgenden Curiatier nacheinander töten. Als er mit Siegestrophäen triumphierend nach Rom zurückkehrte, entdeckte seine Schwester Camilla, die mit einem der Curiatierbrüder verlobt gewesen war, darunter etwas aus dem Besitz ihres Verlobten. Wie Publius die tief Bekümmerte in Tränen ausbrechen sah, zog er sein Schwert und durchbohrte sie mit den Worten: »So sterbe jede Römerin, die einen Feind beweint.« Für diese Untat wurde er zum Tode verurteilt, doch in der Berufung sprach ihn das Volk frei. Der Bericht bei Livius bildete die Grundlage für Corneilles berühmte Tragödie ›Horace‹ (1640) und hatte Weiterungen in der ganzen Neuzeit. Der Schwur der H. – Sieg oder Tod –, den die drei Brüder vor ihrem Vater leisteten, ist ein Gegen-

Publius Horatius tötet seine Schwester
Jean-Jacques Lagrenée, 1753 (Rouen, Musée des Beaux-Arts)

Die Horatier
Jacques-Louis David, Vorzeichnung zum ›Schwur der Horatier‹, 1784 (Bayonne, Musée Bonnat)

stand auch der ›Histoire romaine‹ von C. Rollin, eines im Frankreich des 18. Jh. vielgelesenen Werks (1738–48).

Drei Themen hat die Malerei der Neuzeit dem H.-Bericht des Livius entnommen: den Schwur der drei vor dem Kampf, den Kampf selbst und den Mord an Camilla. Das erste, sonst seltene Sujet suchte J.-L. DAVID 1784 für das berühmteste Werk des frz. Klassizismus (Louvre) aus, um den Vorrang des Gemeinwohls vor privaten Interessen darzulegen. Er wählte dafür die Gegenüberstellung einer straff ausgerichteten, vom gemeinsamen Einsatzwillen beseelten Männergruppe und einer Schar vom Schmerz niedergedrückter Frauen. Der Kampf selbst ist im 16. und 17. Jh. oft dargestellt worden, hauptsächlich von italien. Malern, z. B. P. BORDONE, doch scheint der Mord an der Schwester im Laufe des 18. und in der 1. Hälfte des 19. Jh. am häufigsten Bildthema geworden zu sein. Unmittelbar Corneilles Tragödie entnommen (4. Akt, 5. Szene), appelliert die Szene an die Gefühle des Zuschauers bzw. Betrachters, indem sie in den beiden Personen zwei Extreme leidenschaftlicher Überzeugung vorführt, wie bei L. J. LAGRENÉE (1753; Rouen, MBA) und seinem anklagend mit dem Finger auf Camilla zeigenden Publius Horatius sowie bei A.-L. GIRODET (1787; Montargis, Mus. Girodet), der den Publius mit dem Schwert zum Geschwistermord ausholen läßt.

Quelle: Livius, Ab urbe condita 1,24–26.
Lit.: T. Crow, The ›Oath of the Horatii‹ in 1785. Painting and Prerevolutionary Radicalism in France, in: Art History 4 (1978).

Horatius Cocles. Im Jahr 507 v. Chr. verteidigte der Römer H. mit dem Beinamen C., »der Einäugige«, die Tiberbrücke Pons Sublicius ganz allein gegen das Heer der Etrusker unter Porsenna. Es gelang ihm, so lan-

Horatius Cocles
Charles Le Brun, 1642 (London, Dulwich Gallery)

ge Widerstand zu leisten, bis es den Römern geglückt war, hinter ihm die *Brücke* einzureißen. Dann sprang er in voller Rüstung in den Fluß und erreichte schwimmend das rettende Ufer.

Unter Kaiser Antoninus Pius (131–168) wurden Medaillen geschlagen mit dem Bild des H. C. als Vorbild der Aufopferung für das Vaterland, zur Ermutigung des Widerstandswillens der Soldaten gegen den Feind. In der Kunst Roms ist er oft auch mit der Waffe in der Hand oder im Tiber schwimmend dargestellt. Grundlage waren vielfach illustrierte Livius-Ausgaben des 15. und 16. Jh. In der Renaissance wurden Darstellungen des H. C. überhaupt sehr beliebt, oft neben → Marcus Curtius und → Mucius Scaevola, wie z. B. auf Florentiner Cassoni aus der Mitte des 15. Jh. im Amsterdamer Rijksmuseum und in Fresken PINTURICCHIOS (um 1500) im Palazzo della Rovere-Colonna in Rom. Wandbilder von P. JUVENEL (um 1622) im Nürnberger Rathaus zeigen H. C. neben Marcus Curtius, → Brutus mit seinen Söhnen und → Scipio Africanus. Das noch im 18. Jh. anhaltende Interesse an diesem Thema belegen u. a. Bilder von C. LE BRUN (1642; London, Dulwich Gallery) und G. DE LAIRESSE (1684; Den Haag, Binnenhof).

Quelle: Livius, Ab urbe condita 2,10.

Horen → Horai

Hyakinthos war ein Sohn des Spartanerkönigs Amyklas. Seine Schönheit entzückte → Apollon, der ihn zu seinem Geliebten genommen hätte, wenn es nicht zu einem verhängnisvollen Unfall gekommen wäre: Beim Üben mit dem *Diskus* traf der Gott versehentlich H. und tötete ihn (nach anderen hat → Zephyros aus Eifersucht das Wurfgerät aus der Bahn gelenkt). Apollon beweinte H. und ließ aus dessen vergossenem Blut die Blume wachsen, die des H. Namen trägt: *Hyazinthe.*

Das Vasenbild einer griech. Schale (um 500 v. Chr.; Louvre) zeigt H. auf dem Schwan des Apollon reitend. Mit Apollon erscheint er in Fresken ANN. CARRACCIS (1597–1600), DOMENICHINOS (um 1603); beide Rom, Palazzo Farnese) und A. APPIANIS (1811; Mailand, Villa Reale), außerdem in einem Ölgemälde TIEPOLOS (um 1752/53; Madrid, Sammlung Thyssen-Bornemisza). RUBENS zeigte Apollon beim Versuch, H. ins Leben zurückzurufen; neben dem Kopf des auf den Boden niedergestreckten Jünglings liegt der verhängnisvolle Diskus (1636; Prado).

Quellen: Ovid, Metamorphosen 10,162–219; Philostrat, Imagines 1,24.

Hylas. Der Geliebte des → Herakles war sein Begleiter auf der Fahrt der → Argonauten. Die → Nymphen einer Quelle, an die er zum Wasserholen geschickt wurde, verliebten sich vor Bewunderung seiner Schönheit in ihn und zogen ihn zu sich in die Tiefe. Herakles hörte noch seine Hilferufe und machte sich auf die Suche nach ihm, doch vergeblich. Und die Argonauten setzten ihre Fahrt fort, ohne auf Herakles zu warten.

H. erscheint in der hellenistischen und röm. Kunst, zumal in der Malerei Pompeis (Haus des Epheben): Einen *Krug* in der Hand, sucht sich der Jüngling an der Quelle dem Zugriff der Nymphen zu entwinden. GIULIO ROMANO hat sich mit dem Thema befaßt, wie die Zeichnung für ein nicht erhaltenes Gemälde belegt (um 1530; Wien, A), ferner THORVALDSEN in einer Skulptur (1831; Kopenhagen, TM) und J. W. WATERHOUSE in einem Gemälde (1896/97; Manchester, City Art Gallery).

Quellen: Apollonios Rhodios, Argonautika 1,1207–1357; Theokrit, Eidyllia 13; Vergil, Bucolica 6,44 ff.

Hypnos und Thanatos
Lekythos,
um 430 v. Chr.
(London, British
Museum)

Hypnos und Thanatos, röm. **Somnus und Mors.** H., der Gott des Schlafes, und Th., der Gott des Todes, waren Söhne der Nyx (Nacht) und deren Bruder Erebos (Finsternis der Unterwelt). Ein eigener Sohn des H. war Morpheus, der Gott der Träume. Beide Brüder lebten im Tartaros (nach Homer auf der Insel Lemnos, nach Ovid »am Rande der Welt«), nahe Lethe, dem Fluß des Vergessens.

Dargestellt wurden sie als geflügelte und meist nackte Jünglinge. Allein erscheint H. in der att. Vasenmalerei als kleinere Figur neben Schlafenden; tritt H. mit seinem Bruder Th. auf, ist dieser durch einen Bart als der Ältere gekennzeichnet. Sie tragen Gefallene vom Schlachtfeld, z. B. den Leichnam des → Sarpedon (Krater des EUPHRONIOS, um 510 v. Chr.; New York, MM). Eine in Repliken (Prado · London, BM) überlieferte Statue des H. wird PRAXITELES oder SKOPAS zugeschrieben. In der hellenistischen und röm. Skulptur trägt H. seine *Flügel* klein am Kopf und hält eine *Mohnkapsel* in der Hand, Th. eine gesenkte *Fackel.* Ein Werk des 1. Jh. v. Chr. ist die sog. ›Ildefonsogruppe‹ (Prado): H. und Th. in brüderlicher Umarmung, mit der Fackel. Das Reich des H. schilderten in der Renaissance u. a. B. PERUZZI (1511/12; Rom, Villa Farnesina) und F. PRIMATICCIO (um 1544; Schloß Fontainebleau), im Barock G. CARPIONI (Mitte 17. Jh.; Budapest, NM), der den Besuch der von → Hera gesandten → Iris bei H. darstellte. In einem Bild von T. DUBREUIL (um 1600; Schloß Fontainebleau) weckt → Kybele den H., während die Nacht entflieht; um den Gott sind Attribute der Nyx ausgebreitet, eine *Eule* und *Masken,* im Hintergrund sieht man Morpheus, Phobetor (Alptraum) und Phantasos (Traumphantasie), drei der – nach Ovid – tausend Söhne des H. Der Klassizismus griff in der Grabmalkunst die röm. Attribute Mohn und Fackel als Todessymbole auf (CANOVA, Grabmal für Papst Clemens XIII., 1787–92; Rom, St. Peter). H. und Th. erscheinen neben Nemesis und den → Moiren als Kinder der Nacht auf einer berühmten Zeichnung von A. J. CARSTENS (1795; Weimar, Schloßmus.).

Quellen: Hesiod, Theogonie 211–212; Ovid, Metamorphosen 11,585–675.
Lit.: C. Bérard, Anodoi. Essai sur l'imagerie des passages chthoniennes, 1974; J. B. Hartman, Die Genien des Lebens und des Todes. Zur Sepulchralikonographie des Klassizismus, in: Röm. Jb. für Kunstgeschichte 12 (1969) S. 11–38.

Ianus. Der Name dieser altröm. Gottheit leitet sich von *ianua*, »Tür«, ab. I. ist der Hüter und Beschützer aller Tore, Durchgangs- und Grenzwege, auch allen Anfangs. Der erste Monat des Jahres wurde deshalb nach ihm benannt: Ianuarius. Die Römer zogen durch den I. geminus, einen überwölbten Torweg auf dem Forum, der in Friedenszeiten geschlossen blieb, in den Krieg.

Der zeitlich und räumlich doppelte Aspekt des I. kam in seinem Bildnis durch einen *Kopf mit zwei Gesichtern* (*bifrons*) zum Ausdruck, einem nach vorn und einem nach hinten. So erscheint er auf Münzen. Seit Hadrianischer Zeit wurde er als Standfigur, manchmal mit *vier Gesichtern* sogar, wiedergegeben. Der Doppelkopf des I. krönt zuweilen auch viereckige Pfeiler (Grenzsteine). In der Renaissancemalerei diente sein Doppelgesicht als Zeichen für Vergangenheit und Zukunft. Es findet sich wieder an einem Pfeiler in Poussins ›Tanz des Lebens‹ (um 1638; London, WC). Auf Gemälden von L. Boullogne (1681) und C. Van Loo (um 1750; beide Amiens, MBA) schließt → Augustus die Türen des I.-Tempels auf dem Forum in Rom und bringt dem Gott Opfer dar zum Zeichen der Wiederherstellung des Friedens.

Quelle: Sueton, Augustus 22.

Ianus
Römischer Silberdenar, 119 v. Chr. (Paris, Bibliothèque Nationale, Cabinet des médailles)

Iason gilt als einer der größten griech. Helden, er war der Anführer der → Argonauten. Als sein Vater, König Aison von Iolkos in Thessalien, vom Halbbruder Pelias entthront wurde, kam das Kind I. in die Obhut des → Kentauren → Cheiron. Zum Mann herangewachsen, kehrte I. nach Iolkos zurück, um das ihm zustehende Erbe und Königtum einzufordern. Pelias gestand ihm das zu, allerdings nur unter der Bedingung, daß I. ihm das Goldene Vlies verschaffe, das Fell des wundersamen Widders, der → Phrixos gerettet hatte; es befand sich im Reich des Königs Aietes von Kolchis am Schwarzen Meer. I. lud Abenteuerlustige aus ganz Griechenland ein, unter seiner Führung auf der Argo, seinem Schiff, nach Kolchis zu fahren. Mit der Hilfe → Medeias, die I. später heiratete, und der Göttin → Hera, auch → Athenas und → Aphrodites, bestanden die Argonauten viele gefährliche Abenteuer, erreichten ihr Ziel, und I. konnte das Goldene Vlies in seinen Besitz bringen. Als sie nach Iolkos zurückgekehrt waren, nahm Medeia Rache für I., indem sie den Töchtern des Pelias den Vorsatz eingab, ihren Vater zu töten. Später gingen I. und Medeia nach Korinth. Dort aber verstieß I. seine Frau, weil es ihm opportun schien, die Tochter des Königs Kreon von Korinth, Kreusa, zu heiraten. Wahnsinnig vor wütender Eifersucht, tötete Medeia Kreon und Kreusa (die nach anderen Glauke hieß) durch ein perfides Geschenk, ein vergiftetes Gewand. Zuletzt brachte sie sogar ihre und I.s beide (oder drei) Kinder um.

Auf einer Schale des Duris (um 480 v. Chr.; Vatikan) ist eine aus der I.-Sage sonst nicht bekannte Episode festgehalten: I. wird von dem Drachen, der das Goldene Vlies bewacht, unter dem schützenden Blick der Athena ausgespien. Dieses Motiv des schon halb verschlungenen

Iason mit dem Goldenen Vlies
Bertil Thorvaldsen, 1803–28 (Kopenhagen, Thorvaldsen-Museum)

Iason und Medeia
Gustave Moreau, 1865
(Paris, Musée d'Orsay)

Athena, Iason und der Drachen
Schale des Duris, um 480 v. Chr.
(Rom, Vatikanische Museen)

und wieder freigegebenen I. haben in der Neuzeit u. a. S. Rosa (um 1668; Montreal, Mus.) und J. M. Turner (1802; London, TG) aufgegriffen. Andere antike Darstellungen entsprechen der literarischen Überlieferung; ein att. Krater (um 470 v. Chr.; New York, MM) zeigt den Helden vor dem Goldenen Vlies, ein pompejan. Fresko aus der Casa degli Amorini dorati (Neapel, MN) die Begegnung mit Pelias. In der Renaissance findet sich die I.-Geschichte auf italien. Cassoni (Bartolommeo di Giovanni, Ende 15. Jh.; Priv.), in einem Graphikzyklus von 26 Blättern des R. Boyvin nach Zeichnungen von L. Thiry (Paris 1563) und in einer Freskenfolge der Carracci im Palazzo Fava in Bologna (um 1583/84). J.-F. de Troy hat eine Serie von Kartons für Wandteppiche der Königlichen Manufaktur geschaffen (1742–46; Louvre). Einzelszenen finden sich im Œuvre von Rubens (um 1636/37; Prado, Ölskizzen für das Schloß Torre de la Parada bei Madrid), J. H. Füssli (1806; London, BM) und G. Moreau (1865; Paris, MO).

Quellen: Apollodor, Bibliothek 1,9,16–28, 3,13,7; Apollonios Rhodios, Argonautika; Diodorus Siculus, Bibliothek 4,40,1–3, 4,50,1–53,2; Euripides, Medeia; Ovid, Metamorphosen 7,1–400; Pindar, Pythien 4.

Ikaros, röm. **Icarus,** der Sohn des →Daidalos, saß mit seinem Vater in dem zur Festsetzung des → Minotauros gebauten Labyrinth des Königs Minos von Kreta gefangen. Um daraus zu entkommen, fertigte Daidalos *Flügel* aus Federn, die er mit Wachs zusammenklebte. Seinem Sohn schärfte er ein, ihm zu folgen und weder zu hoch noch zu niedrig zu fliegen. Doch I. stieg kühn und übermütig bis nahe zur Sonne auf – das Wachs schmolz, und er stürzte ins Meer.

Der Sturz des Ikaros
Carlo Saraceni, 17. Jh.
(Neapel, Museo Nazionale di Capodimonte)

Den Flug des I. zeigt eine griech. Tonscherbe schon des 6. Jh. v. Chr. (Athen, NM). Sein Sturz ist dann in der röm. Kunst oft dargestellt worden, in großen Meereslandschaften der pompejan. Malerei, in Reliefs und auf Gemmen. In der Bildwelt des christlichen Mittelalters bedeutete er die Strafe für Hochmut und Überheblichkeit. So scheint es auch P. BRUEGHEL D. Ä. aufgefaßt zu haben in seinem berühmten Bild von 1558 (Brüssel, MR), wo das Ereignis wie ein anscheinend nebensächliches Detail in einer weiten, mit einem pflügenden Bauer staffierten Landschaft behandelt ist. Die Geschichte von Daidalos und I. griffen FILARETE (Relief der Bronzetüren von St. Peter, Rom, 1433–45) und SEBASTIANO DEL PIOMBO (1511; Rom, Villa Farnesina) auf, später TINTORETTO (um 1541; Modena, GE) und RUBENS (1636–38; Prado). In einigen Beispielen wurde das Thema nicht als Warnung vor Hochmut und Ermahnung zu den Tugenden des Maßhaltens formuliert, sondern als Allegorie der Gefahren und Schwierigkeiten geistigen Höhenflugs betrachtet. Als Gestrauchelter steht I. in einer Reihe mit → Phaeton, → Ixion und → Tantalos (Stiche von H. GOLTZIUS nach CORNELIS VAN HAARLEM, 1588).

Quelle: Ovid, Metamorphosen, 8,183–235.
Lit.: P. H. v. Blanckenhagen, Daedalus and Icarus on Pompeian Walls, in: Mitteilungen des Dt. Archäologischen Instituts, Römische Abteilung 75 (1968) S. 106–143.

Ilion → Troja

Io. Die auffallende Schönheit der Tochter des Flußgottes Inachos erregte das Interesse des → Zeus. Um die eifersüchtig wachsame → Hera zu täuschen, verwandelte er sich in eine Nebelwolke und vereinigte sich so mit I. Danach verwandelte er sie in eine Kuh. Hera ließ sich dadurch nicht täuschen; sie erbat sich dieses schöne Tier von ihrem Gemahl zum Geschenk und ließ es von dem hundertäugigen → Argos bewachen, worauf → Hermes im Auftrag des Zeus den Argos einschläferte, dann tötete und so I. befreite. Hera schickte nun eine Bremse, welche die verschreckte I. bis nach Ägypten trieb. Dort erhielt I. ihre menschliche Gestalt zurück, empfing von Zeus einen Sohn, den Epaphos, und heiratete den König Telegonos. Unter dem Namen der Isis, mit dem auch → Demeter benannt wurde, soll sie dort göttliche Verehrung genossen haben.

Io und Zeus/Jupiter
Correggio, 1531
(Wien, Kunsthistorisches Museum)

In archaischen Kunstwerken und bis in das 5. Jh. v. Chr. hinein wird I. als die von Argos bewachte *Kuh* dargestellt, im 5. Jh. als Frau mit *Hörnern*. Auf einem röm. Fresko im Haus der Livia in Rom (um 30 v. Chr.) sitzt sie in der Gestalt einer Frau auf einem Felsen, zwischen Argos und Hermes. Mit Hermes, Argos und Hera erscheint sie auf FILARETES Reliefs an den Bronzetüren von St. Peter in Rom (1433–45). CORREGGIO hat 1531 in seiner Reihe der Liebesabenteuer des Zeus die Vereinigung der I. mit der *Wolke* nicht ausgespart (Wien; KM). Das Paar erscheint – mitunter von Hera überrascht – auch in Gemälden von

SCHIAVONE (1510/15–63), F. LEMOYNE (beide Eremitage), C.-J. NATOIRE (um 1731; Troyes, MBA) und J.-H. FRAGONARD (1748–52; Angers, MBA).

Quellen: Aischylos, Der gefesselte Prometheus 561–886; Apollodor, Bibliothek 2,1,3; Ovid, Metamorphosen 1,583–667.724–750.
Lit.: R. Engelmann, Die Io-Sage, in: Jb. des Dt. Archäologischen Instituts 18 (1903) S. 37–58.

Iphigenie war die Tochter des myken. Königspaares Klytaimnestra und → Agamemnon. Auf Geheiß des Sehers Kalchas stimmte Agamemnon der Opferung seiner Tochter auf dem Altar der → Artemis zu, um den Zorn der Göttin zu besänftigen, die in Aulis die Flotte der Achäer am Auslaufen nach → Troja hinderte. Man holte also I. nach Aulis, unter dem Vorwand, sie solle mit → Achilleus verlobt werden. Im letzten Moment vertauschte die Göttin jedoch I. mit einer Hirschkuh als Opfertier und entführte sie als ihre Priesterin nach Taurien, die heutige Halbinsel Krim (nach anderen wurde I. dagegen wirklich in Aulis geopfert). Zu I.s Pflichten gehörte dort die Opferung aller Fremden, die es ringsum an die Küsten verschlug. Eines Tages erkannte sie unter ihnen ihren von Pylades begleiteten Bruder → Orestes, dem das Orakel von Delphi aufgetragen hatte, die Artemis-Kultstatue der Taurier zu rauben. I. verschaffte den beiden die Statue und floh mit ihnen nach Griechenland heim.

Im antiken Griechenland waren Darstellungen der I. nicht weit verbreitet. Beliebter waren sie in Süditalien und dann in Rom. Bevorzugt wurden die Ereignisse bei den Taurern. Die Rettung der I. durch Artemis ist in einer Skulptur des 2. Jh. v. Chr. (Kopenhagen, CG) thematisiert. Auf einer dem DURIS zugeschriebenen weißgrundigen Lekythos (um 470 v. Chr.; Palermo, MA) wird die inschriftlich genannte I. zum Opferaltar geführt. Das für die Bildüberlieferung wichtigste antike Werk, ein Gemälde von TIMANTHES, einem griech. Maler aus Kythnos um die Mit-

Die Opferung Iphigenies
Giovanni Battista Tiepolo, 1757 (Freskenausschnitt) (Vicenza, Villa Valmarana)

te des 4. Jh. v. Chr., ist verloren; nach Plinius d. Ä. schilderte es die Szene vor I.s Opferung mit dem Ausdruck stärkster Bestürzung und Trauer in den Gesichtern der Umstehenden, nur Agamemnons Antlitz habe der Maler verhüllt, »weil er es nicht würdig wiedergeben konnte«. Von antiken Autoren oft als exemplarische Darstellung des Ausdrucks des Schmerzes beschrieben, scheint es bis in die röm. Zeit nachgewirkt zu haben. Einen Reflex dieses Bildes glaubt man in einem Mosaik im span. Ampurias und in einem Wandgemälde im Haus des Tragischen Dichters in Pompei (1. Jh. n. Chr.) zu erkennen: Die halbbekleidete I., beide Arme erhoben, wird von → Odysseus und → Diomedes zum Altar geschafft, rechts steht Kalchas, links wendet sich Agamemnon mit verhülltem Haupt von der Szene ab. Über diesem Schauplatz sieht man I. auf dem Rücken einer Hirschkuh in den Himmel erhoben und von Artemis empfangen. Auf dem röm. Mosaik in Ampurias (1. Jh. n. Chr. oder Ende der Kaiserzeit) spielt sich das Geschehen in ganz ähnlicher Weise ab. Es ist bemerkenswert, daß die Opferung selbst nie dargestellt wurde. Auf einem apul. Volutenkrater (um 370–355 v. Chr.; London, BM) verdoppelt sich die Silhouette der zum Altar schreitenden I. in der Hirschkuh; zur Opferung bereit, hält Agamemnon über beide ein breites Messer. »Iphigenie bei den Tauriern« war kein Thema in der griech. Kunst, wohl aber für die apul. Vasenmaler: die Ankunft von Orestes und Pylades als Gefangene, ihre Begegnung mit I., ihr Bericht über den Auftrag des Orakels und die Flucht der drei. Zentrum der Bilder ist jeweils die Architektur des Tempels, in dem die Figuren agieren. Meist erscheint I. reich gekleidet und geschmückt, ihr Haupt von einem langen *Schleier* bedeckt. In der Hand hält sie oft einen großen *Schlüssel* oder die Botschaft ihres Bruders, die sie Pylades zu übergeben hat. Über die einzelnen Geschehnisse im Land der Taurer berichten dann in röm. Zeit ausführlich die Wandgemälde von Pompei und Herculaneum (1. Jh. n. Chr.) sowie Sarkophagreliefs (2. Jh. n. Chr.): Erscheinen der gefesselten Orestes und Pylades vor I., das Wiedererkennen, die Flucht der drei im Boot. In neuerer Zeit interessierte die Opferung der I. weitaus am meisten, mit Artemis, die in einer Wolke die *Hirschkuh* erscheinen läßt; so vielfach im 18. Jh. in italien. und frz. Malerei. Hervorzuheben wären ein Gemälde von S. Ricci (um 1720; Venedig, GA) und eine Deckenmalerei von D. Corvi (1782) für den Palazzo Borghese in Rom. Tiepolo hat das Sujet mehrmals behandelt, u. a. in zwei Zyklen im Palazzo Cornaro in Merlengo (1736) und im I.-Saal der Villa Valmarana bei Vicenza (1757), wo an der Decke Artemis und → Aiolos, an den Wänden einerseits die Opferung der I., andererseits die griech. Flotte in Aulis zu sehen sind. Frz. Bilder zum Thema gibt es von C. Le Brun, C. A. Coypel und C. Van Loo (1757; Potsdam, Neues Palais), aus niederl. Malerei Werke von L. Bramer (um 1625–30; Delft, Prinsenhof) und J. Steen (1671; Amsterdam, RM). Orestes und Pylades vor Iphigenie schilderte P. Lastman (1614; Amsterdam, RM), auch B. West (1766; London, TG), das Geschwisterpaar allein H. W. Tischbein (1788;

Priv.), Iphigenie allein A. FEUERBACH (1862; Darmstadt, HL · 1871; Stuttgart, SG).

Quellen: Euripides, Iphigenie in Aulis, Iphigenie bei den Taurern; Ovid, Metamorphosen 12,24–38; Plinius d. Ä., Naturgeschichte 35,73.

Lit.: F. H. Dowley, French Baroque Representations of the ›Sacrifice of Iphigenia‹, in: Journal of the Warburg and Courtauld Institutes 36 (1968) S. 305–318; S. Fazio, Ifigenia nella poesia e nell'arte figurata, 1932.

Iris, wie die → Harpyien eine Tochter des → Titanen Thaumas und der Okeanide Elektra, ist der personifizierte Regenbogen, also ein Band zwischen Himmel und Erde. Daher dient sie als Götterbotin, vor allem der → Hera, die sie (nach Vergil) u. a. aussandte, um → Dido von ihrem Schmerz über den Abschied von Aeneas (→ Aineias) zu erlösen. Vor → Troja trug I. die von → Diomedes verwundete → Aphrodite aus dem Kampfgetümmel.

Allein oder in der Versammlung der Götter erscheint I. in der att. Vasenmalerei. Sie ist geflügelt und hält – zur Unterscheidung von → Nike – einen *Botenstab*, das *Kerykeion* (lat. *caduceus*), wie auf einem Skyphos des KLEOPHRADESMALERS (um 500 v. Chr; Florenz, MA), manchmal auch einen *Krug* zum Spenden von Trankopfern. In nachantiker Zeit wurde I. außer durch die *Flügel* auch mit dem *Regenbogen* attributiv bezeichnet. Auf einem Bild von G. CARPIONI (›Das Reich des Hypnos‹, 1555–60; Budapest, NM) weckt sie → Hypnos aus dem Schlaf; ein Gemälde von L. VIEN (1775; Columbus/Ohio, Mus.), auf dem sie die von Diomedes verwundete Aphrodite wegträgt, folgt getreu der Beschreibung und den Vorschlägen für Komposition und Farben, die der seinerzeit berühmte Kunstkritiker und Archäologe A. C. Comte de Caylus (1692–1765), von Homers Text ausgehend, gemacht hatte. Von RODIN gibt es mehrere I.-Köpfe, auch eine ›Götterbotin I.‹, diese dagegen ohne Haupt (um 1890; Paris, MR). Auf einem Gemälde von F. A. MAULBERTSCH (um 1785/86; Wien, Österreichische Galerie) symbolisiert eine Haarlocke der Dido die von I. aufgenommene Seele.

Quellen: Homer, Ilias 5,353 (Aphrodite); Ovid, Metamorphosen 11,585–632; Vergil, Aeneis 4,694–705.

Lit.: Ausst.-Kat. Amour des Dieux, Paris, 1991.

Iulus → Askanios

Iuno → Hera

Iuppiter → Zeus

Ixion wird zum Flechten auf das ewige Rad verdammt
Römisches Wandbild, 1. Jh. n. Chr. (Pompei, Haus der Vettier)

Ixion, König von Thessalien, galt als besonders grausam und gewalttätig. Seinen Schwiegervater stieß er in eine mit glühenden Kohlen gefüllte Grube, statt den versprochenen Brautpreis zu bezahlen. Niemand wollte ihn von dieser Schuld des Falscheids und der Gotteslästerung reinigen,

Ixion und Hera/Juno
Peter Paul Rubens,
um 1615
(Paris, Louvre)

außer → Zeus, der ihn von seiner Tollheit befreite und ihm im → Olymp sogar von der den Göttern vorbehaltenen Ambrosia zu trinken gab. Doch I. wurde rückfällig und versuchte → Hera zu verführen. Darauf formte Zeus die Gestalt seiner Gemahlin aus einer *Wolke*. Mit dieser vereinigte sich I. und zeugte den Kentauros, den Stammvater der → Kentauren. Zeus fesselte ihn zur Strafe an ein *Rad*, das sich am Himmel oder, nach anderen, im Tartaros ewig dreht.

An das Rad gebunden erscheint er auf einer att. Schale (um 500 v. Chr.; Genf, Mus. d'Art et d'Histoire), von Furien umgeben auf einer campan. Amphora (um 320 v. Chr.; Berlin, Ant.). Auf einer Schmalseite eines röm. Sarkophags (um 170 n. Chr.; Vatikan) steht er zwischen → Sisyphos und → Tantalos. So, in einer Reihe mit anderen berühmten Verdammten, zeigte man ihn auch in der Nachantike. Bei RIBERA (1632; Prado) sind das Tantalos, → Tityos und Sisyphos. RUBENS zeigte die trügerische Vereinigung I.s mit Hera (um 1615; Louvre). In seiner Stichreihe der vier vermessenen Himmelsstürmer läßt H. GOLTZIUS neben Tantalos, → Ikaros und → Phaethon auch den I. aus dem Olymp stürzen (1588; nach CORNELIS VAN HAARLEM).

Quellen: Diodorus Siculus, Bibliothek 4,69,3–5; Pindar, Pythische Oden 2,21–48.

Jagd. In den Erzählungen des Mythos spielt die J. eine große Rolle. Man kann sagen, daß die meisten griech. Helden sich auch als Jagdhelden erwiesen, wenn sie Gelegenheit dazu erhielten. Jagen war eine Form der Erziehung, der junge Heros lernte dabei die wilde Natur zu beherrschen und selbst den grimmigsten Tieren kühn die Stirn zu bieten. So wurde er auch in alle Kampflisten und in das Kriegshandwerk eingeführt. Die J. ist voll Gefahren: Ein Unfall kann den Jäger das Leben kosten (→ Adonis), ein Irrtum das falsche Wild töten (→ Kephalos), ein Streit ebenfalls tödliche Folgen haben (→ Meleagros). Tragische Zufälle und Irrtümer führten zum Tode von Prokris und → Aktaion. Die exemplarische Verkörperung der J. ist ihre Schutzgöttin → Artemis mit ihren Gefährtinnen, den → Nymphen.

Kadmos
Krater aus Poseidonia/Paestum, um 350 v. Chr. (Paris, Louvre)

Kadmos gilt in der Sage als Gründer von Theben in Böotien, das anfangs Kadmeia hieß. Auf der Suche nach seiner Schwester → Europa hatte er dort haltgemacht, einem Orakel gehorchend, das ihm die Gründung einer Stadt an der Stelle, an der sich eine bestimmte Kuh niederlegen würde, aufgetragen hatte. Als erstes mußte er die Gegend von einer dem → Ares heiligen *Schlange* befreien, die seine Gefährten aufgefressen hatte. → Athena befahl ihm, *Zähne* dieses *Drachens* auszusäen. Aus ihnen wuchsen schwerbewaffnete Krieger hervor, die sich gegenseitig totschlugen. Zusammen mit den fünf einzigen Überlebenden gründete K. die neue Stadt. Er heiratete Harmonia, die Tochter der → Aphrodite und des Ares, in Anwesenheit der Götter, die Harmonia u. a. ein Halsband schenkten (das späteren Besitzerinnen Unglück bringen sollte, so der Eriphyle, der Mutter des Alkmeon). Aus der Verbindung gingen Autonoe, Ino, Agaue, → Semele und der Sohn Polydoros hervor.

In der griech. Vasenmalerei wird der Kampf des K. mit dem Drachen (Krater aus Paestum, um 350 v. Chr.; Louvre) und seine Hochzeit mit Harmonia geschildert. Auf einer att. Amphora (um 500 v. Chr.; Louvre) zieht ein Gespann aus Eber und Löwe den Hochzeitswagen. Neben dem Thema des Drachenkampfes (CORNELIS VAN HAARLEM, 1585; London, NG) wurde im Barock der Kampf der aus den Zähnen des Drachens geborenen Krieger geschätzt; auf dem Gemälde von J. JORDAENS (1637/38; Prado) nach einer Ölskizze von RUBENS (1636; Norfolk, Priv.) wendet sich K. zur Betrachtung des Getümmels um, neben ihm steht Athena.

Quellen: Apollodor, Bibliothek 3,4,1–2, 3,5,2, 3,5,4; Euripides, Bakchen; Ovid, Metamorphosen 3,1–137.

Kaineus und Poseidon
Stich nach Bartholomäus Spranger, 1580

Kaineus/Kainis, röm. **Caeneus,** ist einer der Lapithen, die im nordgriech. Thessalien wohnen. Ursprünglich war er ein Mädchen, mit Namen Kainis/Caenis. Als Kainis eines Tages am Strand des Meeres ging, tat ihr → Poseidon Gewalt an. Er gewährte ihr danach einen Wunsch, und sie bat, um eine solche Schmach nicht noch einmal zu erdulden, nicht länger eine Frau sein zu müssen. Poseidon verwandelte sie in einen unverwundbaren Mann. Beim Streit zwischen → Kentauren und Lapithen, der sich während der Hochzeit von Hippodameia und Peirithoos entzündete, vermochten ihn die Kentauren mit ihren Waffen nicht zu töten. Sie türmten daher Baumstämme und Felsen über ihm auf, bis er unter dieser Last im Boden versank.

Halb in der Erde steckend, nur mit dem Rumpf aus dem Boden ragend, zeigt ihn eine att. Hydria (um 470 v. Chr.; London, BM). Auf manchen Darstellungen hält er *zwei Schwerter*, wie zum Zeichen seiner doppelten Natur. Die Szene der gewaltsamen Umarmung der Kainis durch Poseidon (H. GOLTZIUS zugeschriebener Stich, um 1580–90 · Stich von J. SADELER) gleicht der Begegnung dieses Gottes mit Amymone.

Quellen: Ovid, Metamorphosen 12,172–207.459–535; Vergil, Aeneis 6,448.

Kallisto, eine → Nymphe aus → Arkadien oder schöne Tochter des Arkaderkönigs Lykaon (oder wieder eines anderen), gehörte zu den keuschen Gefährtinnen der → Artemis. Um sich ihr zu nähern, nahm → Zeus die Gestalt der Artemis (oder des → Apollon) an. K. konnte dem Gott nicht widerstehen und empfing von ihm ein Kind, den Arkas. Als Artemis beim Baden die Schwangerschaft entdeckte, verbannte sie K. aus ihrem Kreis und verwandelte sie in eine *Bärin* (nach anderen war die Metamorphose eine Tat der eifersüchtigen → Hera oder des Zeus selbst). Zeus setzte K. nach ihrem Tod als Sternbild des Großen Bären an das Firmament.

Die Verwandlung in eine Bärin zeigt ein apul. Vasenbild (Oinochoe, um 370 v. Chr.; Malibu, GM). Die Verführung, mit Zeus in Gestalt der Artemis neben K., malten u. a. RUBENS (1613; Kassel, SM), F. BOUCHER (1769; London, WC) und J.-H. FRAGONARD (um 1753; Angers, MBA); nur ein Adler oder ein Blitzstrahl als Attribut läßt hier erkennen, daß es sich um Zeus handelt. Seine Verwandlung in eine weibliche Gottheit gab den Malern vor allem des 18. Jh. das Sujet oder den Vorwand für die Darstellung eines zärtlichen Tête-à-tête zweier Frauen nicht ohne sapphische Untertöne. Wie Artemis die Schwangerschaft der K. beim Baden entdeckt und unter den mißbilligenden Blicken

Jupiter und Kallisto
Peter Paul Rubens, 1613
(Kassel, Staatliche Museen, Schloß Wilhelmshöhe)

der anderen Nymphen auf sie mit Fingern zeigt, schilderten TIZIAN (um 1568; Wien, KM) und ANN. CARRACCI (um 1603; Rom, Palazzo Farnese). Bei PALMA VECCHIO (um 1525; Wien, KM) dient die Szene zur Präsentation weiblicher Aktfiguren in den unterschiedlichsten Stellungen.

Quellen: Apollodor, Bibliothek 3,8,2; Ovid, Fasti 155–192, Metamorphosen 2,401–532.
Lit.: Ausst.-Katalog Amour des Dieux, Paris, 1991.

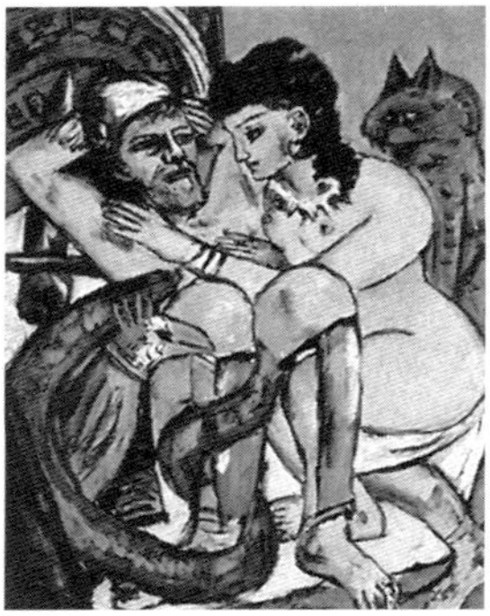

Odysseus und Kalypso
Max Beckmann, 1943
(Hamburg, Kunsthalle)

Kalypso. Diese → Nymphe und Göttin – ihr Name bedeutet »die Bergende« – lebte auf der Insel Ogygia in der Nähe von Gibraltar. → Odysseus strandete an dieser Insel auf der Heimfahrt von → Troja. K. hielt ihn sieben Jahre lang fest. Sie versprach ihm die Unsterblichkeit, wenn er als ihr Gatte bei ihr bliebe, doch → Penelope und seine Heimat Ithaka konnte sie ihn nicht vergessen machen. Auf Beschluß der Götter mußte sie ihn schließlich ziehen lassen. In Fénelons Roman ›Les Aventures de Télémaque‹ (1699) findet später der Sohn des Odysseus, → Telemachos, zur Nymphe K.

Auf einer reliefierten Vase aus Megara (um 150 v. Chr.; Volos, Mus.) ist vermutlich K. neben Odysseus dargestellt. Überhaupt sind antike und neuzeitliche Darstellungen der beiden selten. Auf einem Gemälde von A. BÖCKLIN (1883; Basel, KM) ruht K. als helle Aktfigur vor ihrer Höhle; sie wendet sich zu Odysseus um, der als dunkle Silhouette von ihr abgewandt den Blick in die Ferne richtet. Die verführerische Nymphe, die mit ihren Reizen den mutigsten aller Helden sich zu zähmen wußte, war noch im 20. Jh. ein Thema der Malerei. BECKMANN schuf eine innere Analogie zu Eva: mehr als die Arme der K. hält eine Schlange den Odysseus gefangen (1943; Hamburg, KH). Im 18. Jh. hat Fénelons Roman einigen Malern als Vorlage gedient, so C.-J. NATTOIRE (Eremitage) und J. RAOUX (1792; Louvre).

Quelle: Homer, Odyssee 5,1–277.

Kambyses regierte als Sohn und Nachfolger des Königs → Kyros d. Gr. 529–522 v. Chr. über Persien. Als erstes hatte er sich an die Eroberung Ägyptens gemacht und Psammenit, der als letzter Pharao der 36. Dynastie eben erst auf den Thron gelangt war, zum Selbstmord gezwungen, sich dann (525) zum König – und Begründer der 37. Dynastie – krönen lassen. Er entpuppte sich als ein Monarch von äußerster Grausamkeit, der, mehr und mehr in Wahnsinn fallend, eine Unzahl von Gewalttaten beging. So befahl er, einem pflichtvergessenen, nämlich bestechlichen Richter namens Sisamnes die Haut abzuziehen, daraus Riemen zu schneiden und damit den Richterstuhl zu bespannen, den er dann von dessen Sohn einnehmen ließ. Die antiken Quellen, hauptsächlich Herodot und Valerius Maximus, berichten von vielen weiteren Beweisen seines mörderischen Irrsinns.

Die abschreckende Bestrafung des falschen Richters hat G. David in zwei für den Gerichtssaal des Brügger Rathauses bestimmten Gemälden unter dem Titel ›Das Urteil des K.‹ dargestellt (1498; Brügge, Groeningemus.). Das erste Bild zeigt die Verhaftung des Richters, das zweite die von den Schindern in Gegenwart des K. und seines Gefolges ausgeführte Urteilsvollstreckung. Das Gesicht des auf einen Tisch ausgestreckten Mannes, dem an vier Stellen die Haut bei lebendigem Leibe abgezogen wird, ist vor Schmerz zu einer starren Grimasse verzerrt. Die Szene erinnert an anatomische Sektionen, wie sie Ende des 15. Jh. in aller Heimlichkeit schon vorgenommen wurden. Auch von J. Provost besitzt das Brügger Groeningemuseum ein Bild gleichen Themas (um 1500), und in vielen Rathäusern der Niederlande und Deutschlands hingen solche Gerechtigkeitsbilder zur Ermahnung der Richter. Den erzwungenen Selbstmord des jungen Pharao Psammenit illustriert ein Bild von A. Guignet (1841; Louvre).

Quellen: Herodot, Historien 3,14–15 (Psammenit), 5,25 (Sisamnes); Valerius Maximus, Facta et dicta 6,3.

Lit.: U. Lederle-Grieger, Gerechtigkeitsdarstellungen in dt. und niederl. Rathäusern, 1937; K. Simon, Abendländische Gerechtigkeitsbilder, 1948; H. van der Velden, Cambyses for Example. The Origines and Functions of an »exemplum iustitiae«, in: Semiolus 23 (1995) S. 5–62.

Kastor und Polydeukes, röm. **Castor und Pollux,** die Dioskuren (»Söhne des Zeus«). Die Zwillingsbrüder waren Kinder → Ledas, der Frau des Spartanerkönigs Tyndareos, die → Zeus begattet hatte. Bei Homer ist jedoch Tyndareos ihr leiblicher Vater (daher auch ihre Bezeichnung als Tyndariden). Ihre Doppelnatur äußerte sich für spätere Autoren darin, daß K. als Tyndareos-Sohn wie seine Schwester Klytaimnestra sterblich, P. als Zeus-Sohn aber wie seine Schwester → Helena göttlich war. Beide bildeten ein unzertrennliches Paar. Sie nahmen zusammen am Zug der → Argonauten mit → Iason und an der Jagd auf den Kalydonischen Eber mit → Meleagros teil. Dann entführten sie die Leukippiden, die beiden Töchter ihres Onkels Leukippos, aus Messenien, die zwei anderen Vettern, Lynkeus und Idas, versprochen waren. In dem dadurch (oder, wie andere berichten, durch einen Betrug von Lynkeus und Idas) ausgelösten Streit wurde K. getötet. P. bat Zeus, seine eigene Unsterblichkeit mit K. teilen zu dürfen, was ihm derart gewährt wurde, daß die Brüder fortan Tag für Tag abwechselnd im → Hades und im → Olymp zubrachten. Außerdem wurden sie als *Sternbild* der Zwillinge an das Firmament versetzt. Als gesamtdorische, besonders aber spartan. Helden waren die Dioskuren sehr populär. In Sparta galten sie als Begleiter des Heeres auf den Feldzügen. Zwar waren sie als Heroen zu *Pferd* die Patrone von Reitern und Rittern, doch glaubten sich auch die Seeleute unter ihrem besonderen Schutz.

Kastor und Polydeukes Römischer Silberdenar, 136 v. Chr. (Paris, Bibliothèque Nationale, Cabinet des médailles)

In der Antike wurden K. und P. oft als Gottheiten dargestellt; man erkennt sie an der Reiter- und Jagdkleidung (att. Stele, um 370 v. Chr.; Bo-

Der Raub der Töchter des Leukippos
Peter Paul Rubens, um 1616
(München, Alte Pinakothek)

logna, PN). Sie fehlen natürlich nicht auf den kalydon. Jagdszenen und im Kreis der Argonauten. Den Raub der Töchter des Leukippos schildern Reliefs vom Südfries des Siphnierschatzhauses in Delphi (um 530 v. Chr.; Delphi, Mus.) und mehrere att. Vasenbilder (Hydria des MEIDIASMALERS, um 410 v. Chr.; London, BM). Im Hellenismus löste eine auf den Dioskurenkult ausgerichtete Ikonographie die aus der Archaik stammenden Bilder mit ihrer Bevorzugung der heroischen Elemente (Jagd, Argonautenzug, Frauenraub) ab; es tauchte das Thema der Theoxenie auf, der Bewirtung der beiden Götter K. und P. an der Tafel der Menschen (Votivrelief, 1. Jh. v. Chr.; Louvre). Als Pferdebändiger – wofür K. so berühmt war wie P. als Faustkämpfer – treten beide in den kolossalen röm. Marmorgruppen der späten Kaiserzeit auf dem Kapitol und dem Quirinal von Rom in Erscheinung. Der Leukippidenraub gab RUBENS das Thema für ein berühmtes Gemälde (um 1616; München, AP), mit K. in voller Rüstung zu Pferd und einem die Frauen ihm quasi zureichenden P. zu Fuß. Noch in der Malerei des 20. Jh. ist das Sujet zu finden, so bei K.-X. ROUSSEL (1911; Paris, MO); hier beobachten die Dioskuren aus der Ferne die beiden jungen Frauen beim Baden.

Quellen: Apollonios Rhodios, Argonautika 2,1–97; Homer, Odyssee 11,298–304; Ovid, Fasti 5,693–720, Metamorphosen 8,301–302; Theokrit, Idyllen 32,135–211 (Leukippidenraub).

Lit.: S. Alpers, Manner and Meaning in some Rubens Mythologies, in: Journal of the Warburg and Courtauld Institutes 30 (1967) S. 272–295; J. R. Harris, The Cult of the Heavenly Twins, 1906; L. Neista (Hrsg.), Castores. L'immagine dei Dioscuri a Roma, 1994.

Kentauren sind Mischwesen mit dem Kopf und Oberkörper eines Menschen und dem Hinterteil eines *Pferdes*, hervorgegangen aus der Verbindung des → Ixion mit einer Wolke, der → Zeus die Gestalt → Heras gegeben hatte, vielleicht aber des Ixion- oder → Apollon-Sohnes Kentauros mit Stuten aus Magnesia. Sie lebten in den thessal. Bergen Nordgriechenlands, genauer auf dem Pelion. Bewohner der wilden Natur, galten sie

Kentaurenkampf
Arnold Böcklin, 1872/73
(Basel, Kunstmuseum)

Kentaur entführt eine Frau
Honoré Daumier, Zeichnung, 19. Jh. (Paris, Privatsammlung)

selbst als brutale Jäger und gewalttätige Frauenschänder bar aller Kultur und Zivilisation. Ihre ganze Sippschaft war in die Vorgänge bei der Hochzeit des Lapithenkönigs Peirithoos, eines Sohnes des Ixion (oder des Zeus) mit Dia, verwickelt. Beim Festmahl versuchten die betrunkenen K. sich an der Braut Hippodameia, einer Tochter des Butes (nicht zu verwechseln mit der gleichnamigen Tochter des Königs Oinomaos von Pisa, die Pelops heiratete) zu vergreifen und die anwesenden Frauen zu entführen. Darauf entbrannte eine wilde Schlacht zwischen ihnen und den Lapithen des Peirithoos, dem auch → Theseus beistand. Das wilde Wesen der K. äußerte sich auch beim Besuch des → Herakles bei einem der Ihren, Pholos, der ganz im Unterschied zu seinen Gattungsgenossen ein zivilisiertes und gastfreundliches Geschöpf war. Herakles bat ihn, das Gefäß mit Wein für ihn aufzumachen, das → Dionysos den K. anvertraut hatte. Kaum war es geöffnet, zog der Duft des Weines alle K. an und machte sie betrunken. In ihrer Erregung griffen sie Herakles an. Die gastliche Szene verwandelte sich in eine Schlacht, und der »gute« Kentaur Pholon wurde durch einen der Giftpfeile des Herakles, der ihm versehentlich auf den Fuß fiel, getötet. Pholos war indessen nicht der einzige gesittet auftretende Kentaur: → Cheiron, berühmt für seine Weisheit und sein Wissen um die Heilkunst, diente mehreren griech. Helden als Erzieher, u.a. → Asklepios, → Achilleus, → Iason und → Aktaion.

Die doppelte Natur der K. wurde nicht immer auf die gleiche Weise dargestellt. In der griech. Kunst der Antike haben die »guten«, gesitteten K. Menschenbeine und -füße, sind auch manchmal wie Menschen gekleidet (Amphora des Oltos, um 520 v. Chr.; Louvre). Die »wilden« K. dagegen haben vier *Pferdehufe*. Ihre Wildheit war für Maler und Bildhauer der Neuzeit eine Quelle der Inspiration. Die Kentauromachie, ihr Kampf mit den Lapithen, war ein Sinnbild des Kampfes der (barbarischen) Nichtgriechen, vorab der Perser, gegen die (kultivierten) Griechen; sie erscheint seit archaischer Zeit in den Giebel-, Metopen- und Friesskulpturen an den Tempeln. Berühmtestes Beispiel sind die Figuren vom Westgiebel des 457 v. Chr. vollendeten Zeustempels in Olympia (Mus.), mit Apollon im Zentrum, der mit ausgestrecktem Arm die hitzigen Kämpfer beschwichtigt oder den Kampf lenkt. Andere antike Werke zeigen die K. ihren Anteil am Wein des Pholos einfordernd oder den K. Nessos beim Versuch, → Deianeira zu rauben, vor Herakles (Amphora des NESSOSMALERS, um 620 v. Chr.; Athen, NM). In der Kunst der griech. Klassik erscheinen die K. oft kahlköpfig, struppig und mit tierisch rohen, den → Satyrn ähnlichen Gesichtern. Waffen besitzen sie nicht, sie kämpfen mit *Felsbrocken* oder aus der Erde gerissenen *Baumstämmen*. Manchmal sieht man sie im Gefolge des Dionysos. Im Hellenismus treten dann auch weibliche K. auf; Lukian beschreibt ein bestimmtes Bild einer Kentaurin. Die Doppelnatur der K. rückt sie nach christlicher Deutung in einen Bereich zwischen den Seligen und der Unterwelt oder zwingt sie in die unterste Stufe der Hölle unter die Verdammten. So erscheinen sie an Portalen und Kapitellen des Mittelalters in der Schar dämonischer Fabelwesen, oft auch als Sinnbilder des Teufels oder des Heidentums. Ikonographisch vermischt sich ihr Bild manchmal mit dem Sternbild des pfeileschießenden Schützen (Bronzetür der Sophienkathedrale in Nowgorod, um 1160–70). In der Frührenaissance griff man u.a. das Thema der weiblichen K. auf (BOTTICELLI, ›Die Verleumdung des Apelles‹, 1495; Uffizien), dann auch den K.-Kampf (MICHELANGELO, Marmorrelief, um 1492?; Florenz, MB · PIERO DI COSIMO, Gemälde, um 1505–07; London, NG), der sich im Werk von RUBENS (1636–38; Prado), L. GIORDANO (um 1680–83; Eremitage) und anderen bis hin zu F. v. STUCK (1894; Frankfurt a. M., SK) wiederfindet. Allgemein sind K. bis in das 20. Jh. ein aktuelles Motiv, wie besonders das Œuvre BÖCKLINS (1855; Berlin, GG · 1872/73; Basel, KM) und PICASSOS belegt.

Quellen: Lukian, Zeuxis und Antiochus 4 und 6; Ovid, Metamorphosen 12,210–535.

Lit.: A. Isard, Le centaure dans la légende et dans l'art, 1939; B. Schiffler, Die Typologie des Kentauren in der antiken Kunst vom 10. bis zum Ende des 4. Jh. v. Chr., 1976.

Kephalos und Prokris. Aus Liebe zu seiner jungen Frau P., einer Tochter des athen. Königs Erechtheus, verschmähte K., Sohn des Phokerkönigs Deion, die Liebe der Göttin → Eos. Die Göttin rächte sich, indem sie ihm eifersüchtigen Argwohn und Zweifel an der Treue seiner Frau einflößte. Um P. zu prüfen, nahm K. eine andere Gestalt an und suchte sie zu verführen. Ihm fast schon erlegen, floh P. in den Schutz der → Artemis. Die Gatten versöhnten sich, und P. überreichte K. zwei Geschenke der Artemis, einen pfeilschnellen *Hund* und eine *Lanze*, die ihr Ziel nie verfehlt.

Tod der Prokris
Piero di Cosimo, um 1506 (London, National Gallery)

Eine Verleumdung ließ dann aber P. glauben, K. sei ihr untreu. Hinter einem Busch verborgen, beobachtete sie ihn bei der Jagd. Er hörte ein Geräusch, warf die Lanze in das Gebüsch und tötete sie damit.

In Jagdkleidung und mit einer oder zwei Lanzen in der Hand vor der Zudringlichkeit der Eos fliehend, erscheint K. oft auf att. Vasen (Amphora des HERMONAX, um 470 v. Chr.; Neapel, MN). Das Widerstreben des jungen Jägers bei den Verführungsversuchen der Eos hat POUSSIN zweimal zu eigenen Bildfindungen inspiriert (um 1625; Hovingham, Sammlung Lord Worsley · gegen 1630; London, NG). Häufigstes Motiv seit der Renaissance ist der Tod der P. (A. ELSHEIMER, um 1600; Liverpool, WG – auch als → Apollon und Koronis gedeutet · VERONESE, 1580; Straßburg, MBA), gewöhnlich in einer historischen Landschaft, wenn nicht auf das Paar ausschließlich konzentriert. Eine eigenwillige Deutung gab PIERO DI COSIMO dem Thema; er zeigt neben der Toten nur einen Hund und den → Satyr, der Prokris verleumdet haben soll (um 1506; London, NG). K. und P. erscheinen als Liebespaar ferner in einem Bildzyklus von B. LUINI (Fresken, 1520–23; Washington, NG) und Einzelbildern u. a. von P. BRIL (1621; Rom, PC), RUBENS (1636–38; Prado) und CLAUDE LORRAIN (1645; London, NG · um 1645/46; Rom, GDP). J.-H. FRAGONARD wählte eine Version, die Freizügigkeit mit Pathos verbindet (um 1755; Angers, MBA).

Quellen: Apollodor, Bibliothek 1,9,4, 2,4,7, 3,15,1; Hesiod, Theogonie 984–991; Ovid, Metamorphosen 7,687–866.

Lit.: S. Kempf-Dimitriadou, Die Liebe der Götter in der att. Kunst des 5. Jh., 1979; I. Lavin, Cephalus and Procris. Transformations of an Ovidian Myth, in: Journal of the Warburg and Courtauld Institutes 17 (1954) S. 260–287.

Kerberos, röm. **Cerberus.** Der Sohn des Typhon und der Echidna, ein scheußlicher *Hund*, meist mit *drei Köpfen* (laut Hesiod hat er fünfzig), *Schlangenschwanz* und *Löwentatzen*, bewacht den Eingang zur Unterwelt und läßt auch niemand aus ihr entkommen. Nur → Orpheus ist es gelungen, ihn mit seiner Musik zu besänftigen. Die zwölfte Arbeit des → Herakles bestand darin, den K. aus der Unterwelt zu seinem Vetter Eurystheus zu bringen.

An die hundert meist schwarzfigurige att. Vasen zeigen die Entführung des K. durch Herakles, unter den Augen von Pluton (→ Hades) und

Herakles bringt Eurystheus den Kerberos
Caeretaner Hydria, um 540 v. Chr. (Paris, Louvre)

→ Persephone, → Hermes und →Athena (Amphora des ANDOKIDESMALERS, um 520 v. Chr.; Louvre). Der Höllenhund erscheint auch in den Unterweltbildern auf apul. Vasen (Krater des DAREIOSMALERS, um 340 v. Chr.; München, Ant.). Diese Tat des Herakles war dann bei italien. Bildhauern ein beliebtes Thema (florentin. Bronzeskulptur, 2. Viertel 16. Jh.; Baltimore, WG), ebenso bei italien. Malern (SCHIAVONE, 1563; Venedig, Sammlung Brass). Sie figuriert auch in Zyklen mit den Taten des Herakles, z. B. bei ZURBARÁN (um 1636; Prado).

Quellen: Hesiod, Theogonie 310–312, 769–774; Ovid, Metamorphosen 7,408–419.

Kimon und Pero oder die **Caritas romana.** K. (auch Mykon oder Mikon genannt) war ein Athener Bürger, ein Greis, den man in das Gefängnis geworfen hatte, wo ihn der Hungertod erwartete. Aber seine Tochter P. besuchte ihn täglich und nährte ihn mit Milch aus ihrer eigenen Brust; so rettete sie ihm das Leben. Diese durch Valerius Maximus (auch von einer Mutter und ihrer Tochter) überlieferte Geschichte wurde zum Gleichnis vorbildlicher Kindesliebe. Vom Namen der Tochter in der röm. Version, Romana, wurde die Bezeichnung »Caritas romana«, »röm. Nächstenliebe«, abgeleitet.

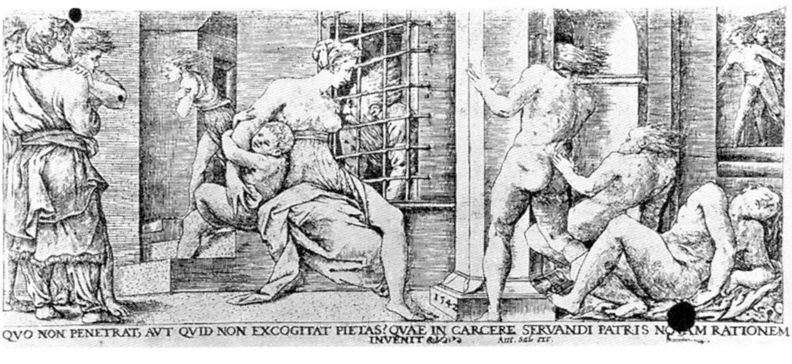

Kimon und Pero (›Caritas Romana‹)
Anonymer Stich, 1542

K. und P. zeigt bereits ein pompejan. Wandgemälde des 1. Jh. n. Chr. (Neapel, MN). Im 16. Jh. war das Bild der Caritas romana weithin verbreitet, vor allem im Kunsthandwerk, doch auch in Stichen (H. S. Beham, um 1544). Caravaggio hat sie in seine Darstellung der ›Sieben Werke der Barmherzigkeit‹ einbezogen (1607; Neapel, Chiesa della Misericordia), Rubens ein großes Einzelbild von ihr geschaffen (1612; Eremitage), auch M. Preti (1613–99; Neapel, MC); und noch im Pariser Salon von 1864 wurde ein Bild dieses Themas von J. Lefèbre gezeigt.

Quelle: Valerius Maximus, Facta et dicta 5,4, ext. 1 (vgl. 5,4,7).
Lit.: A. de Ceuleneer, La Charité romaine dans la littérature et l'art, in: Annales de l'Académie Royale de Belgique (1920); E. Knauer, Caritas Romana, in: Jb. der Berliner Museen 6 (1964) S. 9–23.

Kirke, röm. **Circe.** Die Zauberin, eine Tochter des Helios und der → Okeanos-Tochter Perse(is), also eine Schwester der → Pasiphae, lebte auf der Insel Aiaia vor der Westküste Italiens. Dorthin verschlug es → Odysseus, nachdem er fast alle seine Gefährten und sämtliche Schiffe bis auf eines verloren hatte. Er schickte einen Teil seiner überlebenden Mannschaft zur Erkundung auf die Insel. K. bot den Männern einen Zaubertrank an und berührte sie mit einer Gerte, worauf sie in *Schweine* verwandelt wurden; ihren Verstand behielten sie jedoch. Odysseus erfuhr davon durch Eurylochos, der eine Falle befürchtete und nicht bei K. eingetreten war, und brach sofort auf, um seine Gefährten zu retten. Unterwegs begegnete ihm → Hermes, der ihm das vor der Verwandlung schützende Zauberkraut Moly gab. Odysseus erreichte, daß K. seinen Gefährten die menschliche Gestalt wiedergab, und blieb mit ihnen ein ganzes Jahr lang bei der Zauberin, die ihm den Sohn Telegonos gebar. Sie entließ ihn mit vielen guten Ratschlägen für die Bewältigung künftiger Gefahren auf seiner Irrfahrt.

Kirke
Dosso Dossi, um 1530 (Gemäldeausschnitt) (Rom, Galleria Borghese)

Darstellungen dieses in der antiken Kunst sehr beliebten Abenteuers des Odysseus finden sich vom 6. Jh. v. Chr. bis in röm. Zeit auf Kleinbronzen, Keramiken, etrusk. Spiegeln und röm. Lampen. Einer nachhomerischen Überlieferung folgend, schilderten die archaischen Künstler gern die Verwandlung der Gefährten des Odysseus in verschiedene Tiere: *Pferde*, *Löwen*, *Stiere* oder *Schafe*. Vasen und Kleinbronzen zeigen die Männer im Moment der Verwandlung: die Oberkörper schon in Tier-, Becken und Beine noch in menschlicher Gestalt; so eine schwarzfigurige att. Schale (um 550 v. Chr.; Boston, MFA) und ein großer rotfiguriger att. Krater des Persephonemalers (um 450 v. Chr.; New York, MM). Auch in der neuzeitlichen Malerei sind es oft Tiere verschiedener Art, die sich um K. scharen. Das Thema ist schon im Spätmittelalter und dann besonders vom 16. bis 18. Jh. präsent, in der fläm. und dt. Malerei nicht weniger als in der frz. und italien. (Ann. Carracci, 1597/98; Rom, Palazzo Farnese · D. Dossi, um 1530; Rom, GB). Zu seiner Verbreitung trugen die Texte und Illustrationen des ›Ovide moralisé‹ und Boccaccios ›De claris mulieribus‹ bei; in beiden ist K. dargestellt. Ein großformatiges Gemälde von W. Schubert v. Ehrenberg (1630–76; Malibu, GM) zeigt die Ankunft des Odysseus in K.s Palast, um den herum es von Tieren wimmelt. Als K. hat G. Romney Lady Hamilton (um 1782; London, TG), F. v. Stuck die Schauspielerin Tilla Durieux (um 1913; Berlin, NG) porträtiert. E. Burne-Jones zeigte die Zauberin beim Einschenken des giftigen Tranks; in der Ferne sieht man die Schiffe des Odysseus (1863–69; England, Priv.). Die von Ovid beschriebene Verwandlung des auson. Königs Picus, der K.s Liebe verschmäht hatte, in einen *Specht* schildert u. a. ein Gemälde L. Giordanos (um 1652–55; Braunschweig, AUM).

Quellen: Apollodor, Epitome 7,14–17; Homer, Odyssee 10,135–574, 12,9–160; Ovid, Metamorphosen 13,968–14,71, 14,247–415.
Lit.: A. Stassinopoulou-Skiada, Der Kirke-Mythos, Diss. Kiel 1962.

Kleobis und Biton waren Söhne der → Hera-Priesterin Kydippe von Argos. Als sie zur Feier eines Festes der Göttin zum Tempel fahren mußte, die Ochsen ihres Gespanns aber nicht rechtzeitig vom Feld zurückkamen, spannten sich K. und B. vor den *Wagen* und fuhren ihre Mutter eilends fünfundvierzig Stadien (etwa acht Kilometer) weit zum Heiligtum. Kydippe bat die Göttin, den beiden jungen Männern das Beste zu gewähren, was Menschen sich je im Leben wünschen könnten – die Jünglinge schliefen im Tempel ein, und Hera ließ sie nicht mehr erwachen, in ihrer Jugendblüte sterben. Diese Erzählung – nächst einer ersten über den dank seines einfachen Lebens glücklichen Athener Tellos – trug Solon dem Perserkönig → Kroisos vor auf dessen Frage, wen er für den glücklichsten Menschen halte.

Wie Herodot bezeugt, errichteten die Argiver den beiden Brüdern Statuen, die sie als Weihgeschenke für → Apollon in Delphi aufstellten. Es

Kleobis und Biton
Gobelin nach einem Fresko in Schloß Fontainebleau, 16. Jh. (Wien, Kunsthistorisches Museum)

sind wahrscheinlich die zwei mit Namen bezeichneten archaischen Kurosstandbilder vom Anfang des 6. Jh. v. Chr., die sich heute im Museum von Delphi befinden. Ein röm. Altar zeigt in einer Replik eines griech. Originals des 5. Jh. v. Chr. K. und B. als Gespann vor dem Wagen mit ihrer Mutter (Rom, MNR). Das gleiche Sujet zeigt ein Wandgemälde des ROSSO FIORENTINO (1537–39; Galerie François I in Schloß Fontainebleau). N.-P. LOIR (1624–79) malte die Ankunft des Wagens vor dem Heratempel und den Empfang der Priesterin und ihrer Söhne durch eine große Menschenmenge rings um den Tempel (Budapest, NM).

Quelle: Herodot, Historien 1,31.

Kleopatra (69 – 31 v. Chr.) war die Mitregentin (seit dem Jahr 51) ihres Bruders Ptolemaios XIII. von Ägypten, der sie aber verstieß, um allein zu regieren. Durch Iulius → Caesar, dessen Geliebte sie wurde, erlangte sie den Thron für sich allein zurück. Mit weiterer Unterstützung der Römer versuchte sie dann die Vorherrschaft Ägyptens im Mittelmeerraum wiederherzustellen. Nach Caesars Tod kam es zur Begegnung mit Marcus Antonius im kilik. Tarsos. Es heißt, sie habe, um sich mit ihren aufwendigen Extravaganzen vor ihrem neuen Gefährten ins rechte Licht zu setzen, eine in Essig aufgelöste *Perle* von ihrem Ohr bei einem Festmahl zu seinen Ehren getrunken. Antonius wurde das Opfer ihrer Verführungskunst und heiratete sie; seine Frau Octavia schickte er nach Rom zurück, ohne sie förmlich zu verstoßen. Er bot K. sodann die Aufteilung des Orients zwischen Rom und ihr als »Königin der Königinnen« an. Gegen diese Verbindung, die er als eine Bedrohung der röm. Politik betrachten mußte, schritt Octavianus (→ Augustus) ein. Er besiegte die Streitkräfte von Antonius und K. in der Schlacht bei Actium 31 v. Chr. K. folgte Antonius in den Selbstmord; sie ließ sich von einer *Natter* beißen. (Dieser Tod ist nicht zu verwechseln mit dem Selbstmord einer anderen K., einer Königin von Syrien, die in Corneilles Tragödie ›Rodogune‹ als Inkarnation des Bösen erscheint und unter Ausstoßung wilder Flüche durch Gift endet.)

Tod der Kleopatra
Jean Mignon (Schule von Fontainebleau), Stich, 1545

Man hat mit mehr oder weniger Gewißheit in antiken Skulpturen von Frauen, die an einem Schlangenbiß starben, jeweils Darstellungen des Selbstmords der K. erkennen wollen. So auch in der ›Schlafenden Ariadne‹ im Vatikan, weil sie einen Armreif in Form einer *Schlange* trägt. K.-Szenen in der nachantiken Malerei schildern meist das Festmahl, das sie Antonius gab, und ihren Tod. Beim Bankett sitzt K. neben Antonius und einigen Kurtisanen an der Tafel (J. STEEN, 1667; Göttingen, Universität · G. DE LAIRESSE, Ende 17. Jh.; Amsterdam, RM · F. TREVISANI, um 1705–10; Rom, Galleria Spada · TIEPOLO, 1743/44; Melbourne, National Gallery of Victoria · Fresken, um 1747–50; Venedig, Palazzo Labia). Die erste Begegnung von K. und Antonius ist das Thema eines Hafenbildes von CLAUDE LORRAIN (›Die Landung der K. in Tarsos‹, 1643; Louvre). Bei ihrem Tod ist K. oft von ihren in Tränen aufgelösten Dienerinnen umgeben, manchmal sind Soldaten die entsetzten Zeugen des Geschehens (J. Liss, 1623; München, AP · J. Jordaens, 1653; Kassel, SM). G. Cagnacci zeigt die Schlange noch in ihr Opfer verbissen (um 1660; Wien, KM), bei L. J. F. Lagrenée (1744; Louvre) und J.-B. Regnault (1799; Düsseldorf, KM) hat sie bereits von ihm abgelassen. Den Selbstmord der anderen K. hat A. Coypel nach Corneille geschildert (1749; Louvre). Das Liebespaar Caesar und K. bot Stoff für Genreszenen »à l'antique«, wie sie die akademische Malerei des 19. Jh. überaus schätzte; J. L. Gérôme stellte ein solches Bild der beiden im Pariser Salon von 1866 aus.

Quellen: Plinius d. Ä., Naturgeschichte 9,119–121; Plutarch, Antonius 78–86.
Lit.: Ausst.-Katalog Kleopatra, Hypo-Stiftung München, 1989; M. Levey, The Banquet of Cleopatra, 1965.

Kore → Persephone

Kroisos auf dem Scheiterhaufen
Attische Amphora, um 480 v. Chr. (Paris, Louvre)

Kroisos, röm. **Croesus,** König der Lyder seit 561 v. Chr., lebte von 595 bis 546. Er verdankte dem goldhaltigen Sand des Flusses Paktolos einen legendären Reichtum (→ Midas). Schon in der Antike wurde sein Name sprichwörtlich für einen vom Schicksal mit Glücksgütern überreich bedachten Menschen. Als Solon in der lyd. Hauptstadt Sardes war, empfing K. ihn und fragte ihn, wen er von allen ihm bekannten Menschen für den glücklichsten halte – in der Meinung, der Weise von Athen werde ihn nennen. Solon nannte indessen einen einfachen Athener namens Tellos und die Brüder → Kleobis und Biton. Abschließend prägte er den berühmten Satz: »Nenne niemanden glücklich vor seinem Ende.« K. errang später viele Siege gegen die Perser – im Vertrauen auf ein delph. Orakel, wenn er gegen die Perser ziehe, werde er ein großes Reich zerstören –, wurde zuletzt aber von → Kyros d. Gr. besiegt und zum Tod auf dem Scheiterhaufen verurteilt. Vor der Exekution rief er dreimal den Namen Solons aus, und als er Kyros den Grund erklärte, begnadigte ihn der Perserkönig und nahm ihn als seinen Berater auf.

Auf einer Amphora des Myson sitzt K. auf dem *Scheiterhaufen*, an den ein Sklave Feuer legt (um 480 v. Chr.; Louvre). Diese Szene und die Begegnung mit Solon sind auch Themen der nachantiken Malerei, meist sind beide miteinander verbunden; ihre moralische Bedeutung ist offenkundig. F. Francken d. J. (1581–1642) hat beide in einem Bild dargestellt (›K. zeigt Solon seine Schätze‹; Brüssel, MR): Der Lyderkönig im Vordergrund präsentiert Solon funkelnde *Goldjuwelen*; zu der Pracht der aufgeputzten Höflinge kontrastiert die schlichte Erscheinung Solons und sein Ausdruck weiser Weltabgewandtheit. Im Hintergrund ist vor Kyros und seinen Waffengefährten der Scheiterhaufen mit K. aufgerichtet und bereits angezündet. Ein Gemälde G. van Honthorsts zeigt allein die Ausbreitung der Schätze vor Solon (›Der Gesetzgeber Solon vor dem lydischen König K.‹, 1624; Hamburg, KH). Hier wendet sich der schlicht gekleidete Solon zu K. vor seinen prunkvoll vorgezeigten Kostbarkeiten;

was er sagt, scheint den König zu verwirren. Hinter ihm macht sich dagegen ein Höfling unverhohlen lustig über den Weisen aus Athen.

Quelle: Herodot, Historien 1,26–91.

Kronos, röm. **Saturnus,** der jüngste der → Titanen, in einem etymologischen Wortspiel gleichgesetzt mit Chronos, der Zeit, galt in der griech. Mythologie als ein Sohn des Uranos (Himmel) und der Gaia (Erde). S. ist sein lat. Name als röm. Erdgott des Ackerbaus, der Fruchtbarkeit und der Gesetzesordnung. Mit der Hilfe des K. rächte sich Gaia an Uranos dafür, daß er seine Kinder gefangenhielt; sie gab ihrem Sohn eine Sichel, und er entmannte damit den Vater (aus dessen ins Meer gefallenem Glied → Aphrodite entstand). Danach machte sich K. selbst zum Herrscher der Welt, heiratete seine Schwester Rhea und fraß alle seine Kinder auf aus Furcht, eines davon könnte ihn stürzen. Rhea mußte mitansehen, wie nacheinander → Hestia, → Demeter, → Hera, → Hades und → Poseidon verschwanden. Als → Zeus geboren wurde, verbarg sie sich und gab K. einen in Windeln gewickelten Stein zum Verschlingen. Später zwang Zeus den K., alle seine Kinder hervorzuwürgen, und schloß ihn mit den anderen Titanen im Tartaros ein. Nach anderer Überlieferung war die Herrschaft des K. jedoch ein Goldenes Zeitalter, und er wurde zuletzt, von Zeus begnadigt, Regent über die Inseln der Seligen.

Zeus und Kronos
Giebelfiguren vom Artemistempel in Korfu/Kerkyra, Ende 7. Jh. v. Chr. (Kerkyra, Archäologisches Museum)

K./S. wird als alter Mann dargestellt, der manchmal eine *Sichel*, eine *Sense* oder den *Himmelsglobus* als Symbol des Universums in der Hand hält. G. Vasari (um 1558; Florenz, Palazzo Vecchio), Rubens (um 1636–38; Prado) und Goya (um 1821–23; Prado) haben erschütternde Formulierungen für die kannibalische Tat an seinen Kindern gefunden. Für Spätantike und Mittelalter war der kalte, finstere Planet Saturn das Gestirn der mit dem Unterirdischen und der Erde verbundenen Bergleu-

Saturn
Stich nach Pieter Brueghel d. Ä., 1574

Saturn frißt seine Kinder
Francisco Goya, um 1821–23 (Madrid, Prado)

te und Bauern (Holzschnitt-Titel von E. SCHÖN für ein astrologisches Weissagungsbuch 1524), als Unglücksbringer auch der von der Gesellschaft Ausgestoßenen. Der Aristotelischen Lehre von den vier Temperamenten folgend, bedeutete Saturn das Gestirn des Melancholikers. Daraus hat die Renaissance seinen bestimmenden Einfluß auf die kontemplative und künstlerische Begabung der unter Saturn Geborenen abgeleitet (DÜRER, ›Melencolia I‹, Kupferstich, 1514). K. erhält in der Gleichsetzung mit Chronos seit der Renaissance *Flügel* und ein *Stundenglas* als Attribute; die Sense wird zum Instrument, das Menschen dahinmäht (VERONESE, um 1560/61; Maser, Villa Barbaro · J. JORDAENS, um 1675; Amsterdam, RM), auf Grabmälern erscheint er als reines Todessymbol, oft mit dem Stundenglas in der Hand (D. GUIDI, Grabmal des Kardinals Imperiali, 1673; Rom, S. Agostino). Ein Schule machender Sonderfall ist W. HOGARTHS Vanitas-, d. h. Vergänglichkeitsallegorie ›Die Zeit räuchert ein Bild schwarz‹, eine Radierung von 1761: als geflügelter nackter Greis mit der Sense bläst K. den Rauch seiner Pfeife auf ein Gemälde.

Quellen: Apollodor 1,1,2–1,2,4; Hesiod, Theogonie 168–182, Erga 109–120, 169–169a; Ovid, Metamorphosen 1,113.

Lit.: A. Chastel, Le mythe de Saturne dans la Renaissance italienne, in: Phoebus 1 (1946) S. 125–134; R. Klibansky / E. Panofsky / F. Saxl, Saturn and Melancholy. Studies in the History of Natural Philosophy, Religion and Art, 1964 (dt. u. d. T.: Saturn und Melancholie. Studien zur Geschichte der Naturphilosophie und der Medizin, der Religion und der Kunst, 1990); B. H. Krause, Iupiter Optimus Maximus. Ein Beitrag zur ikonographischen Darstellung Saturns, 1983.

Attis, Hermes und Kybele
Römische Lampe, 2. Jh. n. Chr. (Rom, Musei Capitolini)

Kybele war eine phryg. Muttergöttin, Patronin der Tiere und der Erneuerungskraft der Natur, welche die Griechen mit Rhea gleichsetzten. Ihr Geliebter war der junge → Attis. Zu ihrem in Kleinasien beheimateten Kult gehörten ekstatische Tänze und rituelle Kastrierungen ihrer Priester zu Ehren des Attis, der sich im Wahnsinn, mit dem er von K. wegen eines Seitensprungs geschlagen worden war, selbst entmannt hatte. Im kleinasiat. Pessinos wurde sie unter dem Namen Agdistis verehrt. Zentrum ihres Heiligtums war ein schwarzer Meteorit, den die Römer 205 v. Chr., als sie auf Geheiß der → Sibylle von Cumae den Kult der K. bei sich einführten (→ Claudia Quinta), nach Rom schafften.

Die Göttin ist meist auf Votivreliefs (Piräus, Mus.) und Münzen dargestellt. Sie sitzt auf einem *Löwenthron*, auch ihren Wagen ziehen *Löwen*. Auf dem Haupt trägt sie eine *Krone mit Zinnen und Türmen* als Zeichen der Städte, die unter ihrem Schutz stehen. Ihre Hand hält ein *Zepter* oder das *Horn des Überflusses*. Die Einholung des K.-Kultobjekts, hier einer Büste, durch die Römer hat MANTEGNA im sog. ›Triumph des Scipio‹ (um 1505/06) dargestellt (London, NG). In den Allegorien der vier Elemente verkörpert K. die Erde; sie hält manchmal einen *Globus*.

Quellen: Apollonios Rhodios, Argonautika 1,1092–1152; Lukrez, Naturgeschichte 598–653; Plinius d. Ä., Naturgeschichte 18,16.
Lit.: F. Naumann. Die Ikonographie der Kybele in der phryg. und griech. Kunst, in: Istanbuler Mitteilungen, Beih. 28 (1983); E. Simon, Opfernde Götter, 1953, S. 79–87.

Kyklopen sind Riesen mit nur *einem Auge*, mitten in der Stirn. Nach Hesiod waren sie Söhne des Uranos und der Gaia, also des Himmels und der Erde. Die ursprünglichen drei K., Brontes (der Donnerer), Stropes (der Blitz) und Arges (der Gleißende), schmiedeten die Blitze bzw. Donnerkeile des Zeus und halfen den Göttern im Kampf gegen die → Titanen. Einer der K., → Polyphemos, hielt → Odysseus und seine Gefährten gefangen.

Polyphemos ist wegen der Art, wie ihn Odysseus blendete, und wegen seiner Liebe zu → Galateia der bekannteste, in Antike und Neuzeit am häufigsten dargestellte der K. In einem Gemälde von DOMENICHINO (1616–18; London, NG) tötet → Apollon die K., so die Rache, die er an → Zeus nicht üben konnte, an denen vollziehend, die den Blitz verfertigt hatten, mit dem Zeus seinen Sohn → Asklepios zerschmettert hatte. Auf einem Fresko von TINTORETTO helfen die K. → Hephaistos beim Schmieden der Waffen für → Achilleus (um 1577/78; Venedig, Dogenpalast). Manchmal treten sie wie die → Kentauren und → Satyrn in Gruppen auf und belauern schlafende → Nymphen.

Kyklop
Odilon Redon, 1898–1900 (Otterloo, Rijksmuseum Kröller-Müller)

Quellen: Hesiod, Theogonie 139–146; Homer, Odyssee 9,403 ff.

Kyros, der Große genannt, Eroberer Asiens und Begründer des pers. Reiches, regierte von 558 bis 529 v. Chr. als zweiter König seines Namens. Die antiken Quellen berichten in vielem kontrovers über ihn, deshalb werden hier nur die Ereignisse genannt, die den Bildern aus seiner Legende zugrunde liegen. In einer der vielen Geschichten wird erzählt, daß Astyages, der dritte König der über Persien herrschenden Meder und Großvater des K., im Traum aus dem Schoß seiner Tochter einen Weinstock habe wachsen sehen, dessen Blätter ganz Asien überschatteten; aus diesem Traum wurde ihm vorausgesagt, sein Enkel werde ihm das Leben nehmen und sich seiner Krone bemächtigen. K. ließ seine schwangere Tochter Mandane in den Palast holen und befahl einem seiner Vertrauten, Harpagos, das Kind gleich nach der Geburt zu töten. Harpagos brachte es jedoch nicht über sich, das Kind umzubringen; er übergab es einem Hirten namens Mithridates, der es zu sich nahm und zusammen mit seiner Frau Kyon aufzog. Erwachsen geworden, machte sich K. zum Anführer der rebellierenden pers. Stämme, bekämpfte erfolgreich seinen Großvater Astyages und stürzte ihn vom Thron. Nach diesem Sieg über die Meder dehnte er seine Herrschaft über ganz Babylonien und Mesopotamien aus. Der lyd. König → Kroisos stellte sich in einem Feldzug diesem Eindringling entgegen, wurde aber in seiner eigenen Hauptstadt

Tomyris läßt das Haupt des Kyros in Blut tauchen
Peter Paul Rubens, 1620–25 (Gemäldeausschnitt) (Paris, Louvre)

Sardes eingeschlossen, besiegt und gefangengenommen. K. setzte seine Eroberungen bis nach Ägypten fort, und erst bei einem Feldzug gegen die Massageten, einen Skythenstamm nördlich des Araxes, ereilte ihn sein Schicksal. Er unterlag und fiel. → Tomyris, die Königin der Massageten, hieb ihm den Kopf ab und tauchte ihn in einen Schlauch voll Menschenblut, mit den Worten: »Ich will dich sättigen mit Blut, wie ich dir angedroht!«

Da K. in Büchern des Alten Testaments als Herrscher gepriesen wird, der dem jüd. Volk die Heimkehr aus der Babylonischen Gefangenschaft erlaubt hat, wurde er im Mittelalter – wie schon im Altertum wegen seiner Großmut Besiegten gegenüber – positiv gesehen und in den typologischen Gegenüberstellungen als Vorausweisung auf Christus, der die Pforten der Hölle sprengt, dargestellt. Als König eines der vier Weltreiche (Babylon, Persien, Griechenland, Rom) erscheint er in Wandgemälden (1. Hälfte 13. Jh.; Hartberg/Steiermark, Karner) und Skulpturen (14. Jh.; Regensburg, Domfassade). Das Todesurteil des Astyages über das ungeborene K.-Kind, ein Thema, das den Widerstreit der Gefühle zwischen Gehorsamspflicht und schließlich siegendem Rechtsbewußtsein in Harpagos zu schildern erlaubt, gibt ein Gemälde von J.-C.-N. Perrin (1801; Louvre) wieder. Die Figur des K. findet sich natürlich auch in Kroisos- und Tomyris-Darstellungen.

Quellen: Herodot, Historien 1,107–130.188–214; Xenophon, Die Erziehung des Kyros (Kyrou paideia).

Kythera, eine der ägäischen Inseln, liegt vor der Südspitze der Peloponnes. Hier soll → Aphrodite nach ihrer Geburt aus dem Schaum des Meeres gelandet sein, weshalb die Göttin auch Kythereia genannt wurde (nach anderer Überlieferung trieb sie der Westwind nach Zypern, deshalb hieß sie auch Kypris). Der durch Watteau berühmt gewordene Bildtitel ›Die Einschiffung nach K.‹ (1709; Frankfurt a. M., SK · 1717; Louvre · um 1720; Berlin, Schloß Charlottenburg) verheißt demnach eine Reise in

Die Abreise von (nach) Kythera
Jean-Antoine Watteau, 1717 (Paris, Louvre)

das Land der Aphrodite und ist ein Liebesversprechen. (Watteaus Bilder werden allerdings auch als ›Einschiffung von K.‹ gedeutet, würden folglich die vollendete Erfüllung des Versprechens auf der Insel der Aphrodite darstellen.)

Quelle: Hesiod, Theogonie 192.

Laokoon. Der trojan. Priester des → Apollon (oder des → Poseidon) soll das Sakrileg begangen haben, sich mit seiner Frau im Tempel des Gottes zu vereinigen. Als die Griechen die Belagerung → Trojas aufzugeben schienen und ihre Flotte abzogen, nachdem sie ein hölzernes Pferd am Strand zurückgelassen hatten, brachte er ein Stieropfer dar. Da erhoben sich zwei riesige *Schlangen* aus den Meeresfluten. Sie erwürgten die beiden Söhne des Priesters und diesen selbst, als er ihnen zu Hilfe kommen wollte. Die Trojaner glaubten an eine Vergeltungstat der → Athena, weil L. davor gewarnt hatte, das hölzerne Pferd, das der Göttin geweiht gewesen sein soll, in die Stadt zu holen, und es mit einem Speer attackiert hatte. Kaum hatten die Schlangen an L. ihr Werk getan, brachten die Trojaner es unverzüglich in ihre Mauern – und führten so ihren Untergang selbst herbei.

Laokoon und seine Söhne
Römische Skulptur, 1. Jh. v. Chr. (Rekonstruktion des 16. Jh. mit erhobenem rechten Arm des Laokoon; 1960 richtig ergänzt mit abgewinkeltem Arm)
(Rom, Vatikanische Museen)

Antike Darstellungen des L. sind so berühmt wie außerordentlich selten. Man weiß von zwei verschollenen Vasenbildern aus Süditalien, das eine aus der Zeit um 430 v. Chr., das andere, ein Fragment, um 300 v. Chr., beide ehemals in Ruvo. Die Schlangen ringeln sich um einen der beiden jungen Männer und seinen Vater, der zweite Sohn liegt schon in Stücke zerbissen am Boden. Zwei pompejan. Gemälde des 1. Jh. n. Chr., eines davon noch in situ im Haus des Menander, das zweite in Neapel (MN), akzentuieren den Vorgang dramatisch: L., im Zentrum des Bildes, wird von einer Schlange umklammert, die auf seinem ausgestreckten rechten Arm bedrohlich nahe am Kopf des Priesters züngelt. Ein Sohn ringt noch mit Schlangen, der zweite liegt mit abgetrennten Gliedern bereits tot zur Hälfte unter einem umgestürzten Tisch. Im Hintergrund ist der Opferstier zu erkennen. Die gleiche Szene illustriert eine Miniatur in einem ›Aeneis‹-Manuskript des 5. Jh. n. Chr. im Vatikan, dem berühmten ›Vergilius Vaticanus‹. Inbegriff aller Darstellungen des trojan. Apollonpriesters und seiner Söhne ist indessen die 1506 am Colle Oppio in Rom gefundene Marmorgruppe. Von Papst Julius II. unverzüglich erworben, steht sie heute im Palazzetto del Belvedere des Vatikans, nachdem sie 1797 im Zuge der Napoleonischen Kunstannexionen nach Paris gebracht und 1815 nach Rom zurückgeholt worden war. Die Entdeckung hatte seinerzeit gewaltiges Aufsehen erregt, denn man erkannte in ihr ein Meisterwerk vom Rang etwa der großen pergamen. Schöpfungen und war sicher, damit die Gruppe gefunden zu haben, von der Plinius d. Ä. berichtet, sie habe im Palast des Titus gestanden und sei das Werk der Bildhauer Hagesandros, Polydoros und Athanadoros aus Rhodos, die in der 2. Hälfte des 1. Jh. v. Chr. arbeiteten. Die Begeisterung der Künstler spiegelt sich wider in einer großen Zahl von Kopien jeder Größe und jeden Materials (Marmor, Bronze, Ton), selbst im Steinschnitt (G. Pinchler, 1734–91). Der Entdeckung der vatikanischen L.-Gruppe waren nur einige wenige Einzelwerke zum Thema vorausgegangen, darunter eine Zeichnung von Filippino Lippi (1457–1504; Haarlem, HM). Natürlich kam es nach 1506 zu zahlreichen Nachschöpfungen der Gruppe auch in der Malerei. Tizian fühlte sich zur Nachahmung der Haltung des antiken L. bei einem → Satyr im Gefolge von Bacchus und → Ariadne (1522/23; London, NG) und zur Karikatur von Vater und Söhnen als Drei-Affen-Gruppe (Holzschnitt von N. Boldrini nach Tizian) animiert. El Greco interpretierte die Gruppe neu, indem er die Figuren isolierte und vor einer Stadtansicht von Toledo präsentierte (1610–14; Washington, NG).

Quellen: Plinius d. Ä., Naturgeschichte 36,37; Vergil, Aeneis 2,40–56.201–231.
Lit.: B. Andreae, Laokoon und die Gründung Roms, 1988 u. ö.; M. Bieber, Laocoon. The Influence of the Group since its Rediscovery, 1967; F. Haskell / N. Penny, Taste and the Antique. The Lure of Classical Sculpture 1500–1900, 1981; G. E. Lessing, Laokoon oder Über die Grenzen der Malerei und Poesie, 1766; M. Winner, Zum Nachleben des Laokoon in der Renaissance, in: Jb. der Berliner Museen 16 (1974) S. 83–121.

Leda
Kopie nach Leonardo da Vinci, 16. Jh. (Rom, Galleria Borghese)

Leda. Die Frau des Spartanerkönigs Tyndareos wurde von → Zeus geliebt; er näherte sich ihr in Gestalt eines *Schwans*. Leda legte ein *Ei* (oder zwei Eier), aus dem zwei Knaben, die Dioskuren → Kastor und Polydeukes, sowie zwei Mädchen, → Helena und Klytaimnestra, schlüpften. Nach anderen war Zeus lediglich der Vater von Helena und Polydeukes, oder Nemesis legte das mit Zeus gezeugte Ei, aus dem Helena kam. Wieder andere Überlieferungen lassen beide Dioskuren und Helena nur als Kinder von Zeus und L. gelten.

Das auf einem Altar zu Füßen einer Zeusstatue liegende Ei der Nemesis bestaunt L. samt Tyndareos und den Dioskuren auf einem Glockenkrater des Polion (um 420 v. Chr.; Bonn, Akademisches Kunstmus.). In der Skulptur sind zwei Darstellungstypen zu unterscheiden: In dem einen schützt L. mit ihrem Gewand den sich in ihren Schoß schmiegenden Schwan, also Zeus, vor dem Adler, den er selbst über sie fliegen läßt (röm. Kopie nach einer Statue des Timotheos, 1. Hälfte 4. Jh. v. Chr.; Rom, MC), im anderen wird unmittelbar die Paarung der nackten L. mit dem Schwan gezeigt; auf einem röm. Relief nach griech. Original (London, BM) beißt der Schwan sie dabei in den Nacken. In vielen Versionen haben Renaissance und Barock dieses Thema behandelt. Bei Leonardo da Vinci (in einem nur in Kopien überlieferten Gemälde) faßt die stehende Aktfigur der L. den Schwan spielerisch am Hals, wie schon auf antiken Darstellungen (Silbereimer aus Concesti, um 400 n. Chr.; Eremitage). Verfänglicher ist die Situation in Michelangelos ebenfalls nur aus Kopien und Nachzeichnungen bekanntem Gemälde, vgl. die Nachschöp-

Leda und der Schwan
Théodore Géricault, Zeichnung, 19. Jh. (Paris, Louvre, Cabinet des dessins)

fungen von ROSSO FIORENTINO (1530; London, NG) und RUBENS (um 1603/04; Dresden, AM); hier dringt der Schwan direkt auf die ausgestreckt ruhende L. ein. Der lange, biegsame Hals des Tiers erlaubt einige Varianten in der Zeichnung (Gemälde von CORREGGIO, 1531; Berlin, GG), die durch das Ausrichten des Halses auf das Geschlecht der Frau besonders anzügliche Bedeutung erhalten können (C. BELLE, 1778; Louvre). Eine gewisse Freizügigkeit bewahrt das Thema noch im 19. Jh., beispielsweise in Statuetten wie der Leda von J.-B. HUGHES (Paris; MO). Im 20. Jh. haben u. a. die Bildhauer E.-A. BOURDELLE (Relief, 1904; Paris, Mus. Bourdelle) und C. BRANCUSI (1920; Chicago, Art Institute) das Thema behandelt.

Quellen: Apollodor, Bibliothek 1,7,10, 3,10,5–7; Hygin, Fabeln 77.
Lit.: E. R. Knauer, Leda, in: Jb. der Berliner Museen 11 (1969) S. 5–35.

Leonidas. Diesem spartan. König (490–480 v. Chr.) wurde im 2. Peloponnesischen Krieg die Aufgabe übertragen, den engen Thermopylenpaß, eine strategisch wichtige Passage zwischen Mittelgriechenland und dem Meer, gegen die pers. Invasoren unter Xerxes zu verteidigen. Als es den Persern mit Hilfe eines griech. Verräters gelang, den Paß zu umgehen und die Griechen im Rücken zu bedrohen, entließ L. die meisten Truppen der Bundesgenossen und stellte sich, des sicheren Todes gewiß, mit nur dreihundert fast ausschließlich spartan. Soldaten der pers. Übermacht. Nach dem Zeugnis Herodots wurden alle von den Persern getötet, der Leichnam des L. wurde enthauptet, sein Kopf auf einen Pfahl gespießt. Man bestattete sie an Ort und Stelle und errichtete ihnen ein Denkmal mit der Inschrift: »Wanderer, kommst du nach Sparta,

Leonidas bei den Thermopylen
Jacques-Louis David, 1814
(Paris, Louvre)

verkündige dorten, du habest uns hier liegen gesehen, wie das Gesetz es befahl.« Jahrzehnte später erhielt L. in Sparta ein Heroon.

Die heroische Tat des L. und seiner Männer ist zwischen dem 16. und dem 18. Jh. im Zusammenhang mit anderen bedeutenden Ereignissen der antiken Geschichte einige Male dargestellt worden, am berühmtesten wurde indessen ein 1814 vollendetes Gemälde J.-L. DAVIDS (Louvre). Der Maler hat den Moment vor der Schlacht gewählt. Die kleine zum Tod bereite Spartanerschar bekränzt sich für das Bankett an der Tafel des → Hades in der Unterwelt. Die Haltung eines jeden einzelnen der jungen Soldaten bezeugt ein solch hohes Maß an Mut und Unerschütterlichkeit, wie es dem Ideal der antiken Virtus entsprach. Derart hochmoralische Zeugnisse des spartan. Rigorismus erlebten in der Malerei der frz. Revolutionszeit eine zweite Blüte.

Quelle: Herodot 7,201–238.
Lit.: T. W. Gaehtgens, Jacques-Louis David: Leonidas bei den Thermopylen, in: H. Beck / P. C. Bol / E. Maek-Gérard (Hrsg.), Ideal und Wirklichkeit der bildenden Kunst im späten 18. Jh., 1984, S. 211–251; M. Kemp, J.-L. David and the Prelude to a Moral Victory for Sparta, in: Art Bulletin 51 (1969) S. 178–183.

Leto, röm. **Latona.** Die → Titanentochter wurde durch → Zeus die Mutter des Zwillingspaares → Apollon und → Artemis. Lange hatte die eifersüchtige → Hera ihre Niederkunft und den Beistand der Geburtshelferin Eileithyia zu verhindern gewußt; die Göttin verfolgte sie überall und zwang sie schließlich zur Flucht auf die im Meer treibende, daraufhin aber von Zeus fest verankerte Insel Delos. Ihre beiden Kinder übten später Rache an → Niobe für deren beleidigende Äußerung, sie erhebe Anspruch auf Göttlichkeit, u. a. weil sie schönere Nachkommenschaft als L. habe, und töteten unter L.s Augen alle Niobiden. Auch erschossen sie den Riesen Tityos, der L. zu nahe getreten war. Lyk. Bauern, die auf Heras Geheiß sie und ihre Kinder daran hinderten, aus einem See zu trinken, verwandelte L. in *Frösche*.

In antiken Darstellungen ist L. manchmal an ihrem zylindrischen Kopfputz, dem *Polos*, zu erkennen. Auf vielen schwarzfigurigen att. Vasen bildet sie in der sog. Delischen Trias das Pendant zu Artemis, mit Apollon zwischen beiden. Ihre Wehen werden auf einer bemalten Pyxis (um 370 v. Chr.; Athen, NM), ihre Niederkunft auf einem skulptierten röm. Sarkophagdeckel (um 150 n. Chr.; Rom, GB) geschildert. Eines oder beide ihrer Kinder trägt sie manchmal auf dem Arm (etrusk. Tonstatue aus Veji, um 480 v. Chr.; Rom, VG · röm. Kopien nach verlorenen Originalen des PRAXITELES und des EUPHRANOR (beide 4. Jh. v. Chr.), u. a. in Rom, Mus. Torlonia · hadrianische Münzen aus Ephesos). In der Gigantomachie auf dem Fries des Pergamonaltars (2. Jh. v. Chr.; Berlin, PM) erscheint sie hinter Apollon und Artemis. Die Tityos-Erzählung ist seit dem 6. Jh. v. Chr. ein Bildthema u. a. der Vasenmalerei, in nachantiker Zeit bei MICHELANGELO (Zeichnung, um 1530; Windsor Castle) und H. GOLTZIUS (1613; Haarlem, HM). Die Verwandlung der lyk. Bauern in Frösche war ein beliebtes Sujet in der italien. und fläm. Malerei (TINTORETTO, um 1544; Modena, GE · F. ALBANI, 1660; Dôle, MBA · L. GIORDANO, 1689; Rom, Palazzo Montecitorio · G. VAN CONINXLOO, um 1595; Eremitage · P. BRUEGHEL D. Ä., 1601; Frankfurt a. M., SK). Auch der Schmuck eines Brunnens von R. FRÉMIN und J. THIERRY (1721–38) im Schloß La Granja bei Paris ist diesem Thema gewidmet, wohl nicht ohne den Einfluß des ›Bassin de Latone‹ von B. und G. Marsy im Park von Versailles (1668–71).

Quellen: Homerischer Hymnos auf Apollon; Kallimachos, Hymnos auf Delos 4,51–274; Ovid, Metamorphosen 6,157–381.

Leto, Artemis und Hermes unter dem Palmbaum von Delos
Attische Amphora, um 510 v. Chr. (Paris, Louvre)

Liber → Dionysos

Löwe. Der L. ist ein Attribut der → Kybele, L.n ziehen ihren Wagen; → Atalante und Hippomenes wurden in L.n verwandelt, weil sie einen Kybeletempel entweiht hatten. Das unverletzbare Fell des Nemeischen Löwen, den → Herakles erwürgt hatte, trug er als Gewand. Vgl. auch: Alkestis · Greif · Hera · Kirke · Mainaden · Milon von Kroton · Pyramus und Thisbe.

Lorbeer. Auf der Flucht vor → Apollon wurde → Daphne in einen L.baum (griech. *daphne*) verwandelt. Seither ist er dem Apollon heilig. Vgl. auch: Augustus · Caesar · Musen · Nike · Sibyllen.

Lucretia
Lukas Cranach d. Ä., 1524 (München, Alte Pinakothek)

Lucretia. Nach Livius war der tragische Tod dieser tugendhaften Frau ein fundamentales politisches Ereignis, weil er die Einführung der Republik in Rom nach sich zog. Während der Belagerung von Ardea durch die Rö-

Geschichte der Lucretia
Sandro Botticelli, 1496–1504 (Boston, Isabella Stewart Gardner Museum)

mer unter König Tarquinius Superbus schlug Sextus Tarquinius, der Sohn des Königs, eines Abends seinen Zechgenossen – unter denen auch L.s Mann Collatinus war – vor, in der Nacht kurz nach Rom zurückzukehren, um zu sehen, womit ihre Frauen gerade beschäftigt wären. Sie fanden eine einzige von ihnen bei einer untadeligen Tätigkeit, L.; ihre Tugend und Schönheit machten auf den Königssohn einen tiefen Eindruck. Er kehrte wenig später zurück, verschaffte sich gewaltsam Einlaß bei ihr und mißbrauchte sie, mit der erpresserischen Drohung, wenn sie Widerstand leiste, werde er sie erdolchen und später behaupten, er habe sie bei einer Untreue ertappt und sogleich die Ehre des Collatinus wiederhergestellt. L. fügte sich, doch offenbarte sie anderntags ihrem Mann, ihrem Vater und → Brutus, welche Schmach ihr angetan worden war, dann gab sie sich selbst den Tod.

Zwei Momente im Bericht des Livius sind in der bildenden Kunst hervorgehoben worden, die Vergewaltigung und der Selbstmord der L. Meist wird die Tugendheldin entweder voll Verzweiflung oder mit stoischer Fügung in ihr Los gezeigt, ob sie dem Königssohn gegenübersteht oder den *Dolch* in der Hand hält; dabei spiegeln ihre Züge ausdrucksvoll ihr tragisches Schicksal. In der Vergewaltigungsszene kommt die Gewalt, die ihr angetan wird, mehr oder weniger stark zum Ausdruck: Die auf dem Rand ihres Bettes sitzende L. stößt den Angreifer zurück, oder aber sie macht verzweifelte Anstrengungen, sich aus seiner Umklammerung zu befreien (Tintoretto, ›Die Gewalttat des Tarquinius‹; Prado · L. Giordano, 1663; Dresden, AM · Tiepolo, um 1750; Venedig, Palazzo Barbaro). Seltener werden die Geschehnisse unmittelbar vor der Tat geschildert; von G. Moreau stammt ein Bild, in dem L. als geheimnisvoll hieratische Aktfigur vor ihrem Aggressor steht (1850–55; Paris, MM). Bei ihrem Suizid mit dem Dolch wird sie, als unverkennbares Symbol der Keuschheit, ebenfalls als ganze Aktfigur dargestellt, wie von Cranach, seinem Sohn und seiner Werkstatt oft (u.a. 1524; München, AP), von Dürer (1518; München, AP) und von Tizian (1523; Schloß Hampton Court), oftmals auch als Halbakt oder als Halbfigur in zeitgenössischem Kostüm (Veronese, 1580; Wien, KM · Rembrandt, 1664; Washington, NG). Auf florentin. Cassoni der Renaissance ist ihr Bild als Ermahnung zur ehelichen Treue, ihre Geschichte, die das Ende der röm. Königsherrschaft bezeichnet, als Ausdruck republikanischer Gesinnung zu verstehen (Botticelli, 1496–1504; Boston, GM).

Quellen: Livius, Ab urbe condita 1,57,6–59,6; Ovid, Fasti 2,721–852.
Lit.: D. de Chapeaurouge, Selbstmorddarstellungen des Mittelalters, in: Zschr. des Dt. Vereins für Kunstwissenschaft 14 (1960) S. 135–146.

Lyra. Dieses Saiteninstrument erfand → Hermes, kaum daß er geboren war, und schenkte es seinem Bruder → Apollon zur Wiedergutmachung und im Tausch für die Rinderherde, die Hermes ihm gestohlen hatte. Die L. wurde Apollons Lieblingsinstrument, er liebte sie mehr als die Flöte, die dem Spieler keinen Begleitgesang erlaubt und das Gesicht entstellt. Sie war auch das Instrument einiger herausragender Musiker des Mythos: → Amphion, → Arion, → Orpheus u.a. Vgl. auch: Homeros · Marsyas · Musen (Terpsichore) · Sappho.

Mainaden/Bacchantinnen. Die Anhängerinnen des → Dionysos bzw. Bacchus (daher auch griech. *Bakchai*, lat. *Bacchae*, »Bacchantinnen«, genannt) begingen in den Bergen, vom »dionysischen Rausch« ergriffen, den Mysterienkult des Gottes. Mit Musik und Tanz versetzten sie sich in wilde Ekstase, ganz ohne stimulierende Drogen oder sexuelle Ausschweifungen. Sie pflegten vertrauten Umgang mit wilden Tieren, spielten mit *Löwen*, *Panthern* und *Schlangen*. In der Hand führten sie den efeuumkränzten *Thyrsosstab*. So bildeten sie einen fröhlichen, unschuldigen

Bacchanale (›Die Andrier‹)
Tizian, 1518/19
(Madrid, Prado)

Schlafende Bacchantin
Eugène Delacroix, 1844
(Paris, Louvre)

Mänade
Römisches Relief nach griechischem Original des 4. Jh. v. Chr.
(Rom, Konservatorenpalast)

Chor junger Frauen, konnten sich aber, wenn der dionysische Furor über sie kam, in eine bedrohlich rasende Meute verwandeln, die, wie bei → Orpheus und → Pentheus, jeden, der sich ihr entgegenstellte, in Stücke zerriß.

Die M. in der Kunstgeschichte pflegen den chorischen Tanz beim Klang der *Flöten* (*auloi*), *Tamburine* und *Klappern*. Sie tragen *Efeu-* oder *Weinblätter* im Haar und ein *Reh-* oder *Pantherfell* (*nebris* und *pardalis*) über den Schultern (Schale des BRYGOSMALERS, um 480 v. Chr.; München, Ant.). Erscheinen sie in den ältesten Darstellungen in den Armen von → Satyrn, deren Zudringlichkeit sie gern erdulden, so ändert sich das Bild gegen 500 v. Chr. ganz deutlich: Sie werden auf der Erde lagernd gezeigt oder als dahinstürmende Meute, und nur im Schlaf vermögen die Satyrn sie zu überwältigen (Hydria des KLEOPHRADESMALERS, um 500 v. Chr.; Rouen, Mus. d'Archéologie). Seit der Renaissance sind die M. im Zug des Dionysos und das als orgiastischer Ritus zu Ehren dieses Gottes geschilderte Bacchanale häufige Themen. Prägend war das Vorbild TIZIANS (›Bacchanale‹, 1518/19; Prado), das Philostrats Beschreibung eines Festes auf der Insel Andros zu Ehren des Dionysos folgt. Im heidnisch-paradiesischen Bacchanal, bei dem der Wein in Strömen fließt, wird so ein antikes Ideal gefeiert, ernst und groß bei POUSSIN (1631–33; London, NG), im Niveau um einiges tiefer bei J. VAN LOO (1653; Amsterdam, RM). Für seinen B.-Tanz an der Fassade der Pariser Garnier-Oper arrangierte der Bildhauer J.-B. CARPEAUX einen Reigen nackter Modelle, deren wildes Treiben die prüde Öffentlichkeit des Zweiten Kaiserreiches in Frankreich schockierte (1869; Paris, MO, ebd. auch ›Der Tod des Orpheus‹, Strafe für seine Abwendung von den Frauen, von E. LÉVY, 1863).

Quelle: Euripides, Die Bakchen.
Lit.: G. Cavalli-Björkman (Hrsg.), Bacchanals by Titian and Rubens, 1987; A. Schöne, Der Thiasos. Eine ikonographische Untersuchung über das Gefolge des Dionysos in der att. Vasenmalerei des 6. und 5. Jh. v. Chr., 1987.

Manlius Torquatus. Den Beinamen Torquatus (von *torquis*, »Halskette«) erhielt der röm. Tribun Titus Manlius für eine Heldentat im Krieg gegen die Gallier 361 v. Chr.: Ihm war es gelungen, einen riesenhaften Gallier, vor dem alle zurückwichen, zu besiegen; als Siegesbeute hatte er dem Getöteten eine goldene *Halskette* abgenommen. Er war ein Mann von strengen Grundsätzen. Seinen eigenen Sohn ließ er hinrichten, nur weil er einen Gegner getötet hatte, ohne dazu den Befehl erhalten zu haben. Deswegen wurde ihm bei der Rückkehr nach Rom der übliche Triumph verweigert.

In der dt. und niederl. Kunst erscheint M. T. an öffentlichen Gebäuden als Symbol der Strenge und Pflichterfüllung, z. B. in den Fassadenmalereien des Ulmer Rathauses (Ende 16. Jh., 1950/51 nach Kriegszerstörungen erneuert), ferner im bildnerischen Schmuck der Lüneburger Großen Ratsstube (Albert von Soest, zw. 1564 u. 1584). Das Nürnberger Rathaus erhielt um 1622 von P. Juvenel Fassadenbilder mit der Verurteilung des M.-Sohnes neben dem Urteil Salomons, dem Jüngsten Gericht, Curtius-Rufus- und Scipio-Bildern u. a. In der Anticapella des Palazzo Pubblico von Siena erscheint M. T. in der Reihe der röm. Helden und Götter auf den Fresken des Taddeo di Bartolo (1407–14) neben → Decius Mus und Cato d. J. In der Tafel- und Leinwandmalerei findet sich die Verurteilung des Sohnes gleichfalls; damit wird an den Betrachter appelliert: Wehe dem, der ohne Befehl handelt! (J. S. Berthélemy, 1785; Tours, MBA). In einem eindrucksvollen Deckenbild von G. A. Fasolo in Palladios Loggia del Capitaniato in Vicenza (1568–72) wird M. T. (neben Bildern von → Marcus Curtius, → Mucius Scaevola und → Horatius Cocles) in extremer Untersicht vor der Schar seiner Soldaten gezeigt, wie er zum letzten Schwertstreich auf den niedergestreckten Gallier, der sein Schwert noch in der Hand hält, ausholt und ihm die Kette abnimmt.

Quellen: Aulus Gellius, Noctes atticae 9,13,7–19; Livius, Ab urbe condita 7,10, 8,7; Valerius Maximus 2,7,5, 5,4,3, 6,9,1.

Marc Aurel. Marcus Aurelius Antoninus (121–180 n. Chr.) bietet das prominenteste Beispiel eines Philosophen auf dem Kaiserthron. Als sehr junger Mann schon war er Kaiser Hadrian aufgefallen, Antoninus Pius adoptierte ihn, und im Jahr 161 wurde er Kaiser. Seine Regierung hat allem Anschein nach die Zeitgenossen wegen seiner Verpflichtung auf die Grundsätze der stoischen Philosophie beeindruckt. In den antiken Quellen werden seine Tugendhaftigkeit und die Beweise seiner Großmut gelobt. Während er Reformen und Kampagnen zur Befriedung des Reichs durchführte, verfaßte er zahlreiche Schriften, von denen aber lediglich die

Marcus Aurelius
Römische Reiterstatue, Bronze, Ende 2. Jh. n. Chr. (Rom, Musei Capitolini)

›Selbstbetrachtungen‹ überliefert sind. Gestorben ist M. A. auf einem Feldzug gegen die Germanen in Vindobona (Wien). Zur Todesursache äußern sich seine Biographen nicht übereinstimmend. Genannt werden die Pest, seine Enthaltsamkeit beim Essen, die ihm die stoische Lebensführung auferlegte, oder aber ein Giftanschlag auf Anstiftung seines auf die Nachfolge erpichten Sohnes Commodus.

Porträtbüsten des M. A. besitzen u. a. die Museen des Vatikans, der Uffizien und des Louvre. Mit der hohen Bewunderung seiner Person verbunden ist das berühmteste Reiterstandbild der Antike, für das MICHELANGELO auf dem Kapitol in Rom Platz und Sockel gestaltet hat (jetzt im Palazzo Nuovo des Kapitols). Auf einem kolossalen Pferd reitend, erhebt der Kaiser seinen rechten Arm zur Geste des Friedenbringers. In den Kapitolinischen Museen befinden sich ferner drei Reliefs vom Triumphbogen des M. A.: der Kaiser beim Empfang besiegter Barabaren, im Triumphwagen und beim Opfer vor dem Jupitertempel (um 176 n. Chr.). Die Ereignisse seiner Feldzüge und Siege über die Markomannen, Quaden und Sarmaten (172–175) schildern die Reliefs der Ehrensäule, die kurz nach seinem Tod auf der heutigen Piazza Colonna in Rom errichtet wurde. In nachantiker Kunst hat man Episoden, in denen sich das Vorbildliche seines Lebens herausstellen läßt, bevorzugt, z. B. schilderte J. VIEN seine Großzügigkeit gegenüber dem Volk (›M. A. läßt Brot und Arzneien unter dem Volk verteilen‹, 1765; Amiens, MBA), andere rühmten in ihren Bildern seine Milde gegen die Feinde, am häufigsten aber wurde die Szene seines Todes gezeigt, wenn M. A., der stoischen Überzeugung getreu, sterbend seine letzten Worte an seine Schüler richtet. Bei DELACROIX (›Die letzten Worte M. A.s‹, 1845; Lyon, MBA) steht der junge Commodus an der Seite des Vaters mit betont hinterhältigem und verächtlichem Ausdruck im Gesicht, die Züge des Kaisers dagegen prägen Güte und Gelassenheit.

Quellen: Dio Cassius, Römische Geschichte 71; Marc Aurel, Selbstbetrachtungen. *Lit.:* La Colonna di Marco Aurelio, 1955 (Stud. mater. Museo della Civiltà Romana, 5).

Marcius, Gnaeus → Coriolanus

Marcus Curtius. Die antike Überlieferung berichtet von folgendem mythischen Ereignis im 4. Jh. v. Chr.: An der Stelle des späteren Forums in Rom habe sich eine Erdspalte aufgetan, die sich seltsamerweise nicht auffüllen ließ. Das werde nur gelingen, weissagten die Auguren, wenn die Römer hier ihr höchstes Gut opferten. Der junge Patrizier M. C. begriff, daß damit die röm. Tapferkeit und Kampfbereitschaft gemeint waren, weihte sich den Göttern und sprang in voller Rüstung zu Pferde in die Erdspalte, die sich wirklich über ihm schloß. Man hat dieses Ereignis an der Stelle eines ehemaligen kleinen Sees lokalisiert, zwischen Curia und

Rostra, neben der Via Sacra; der See erhielt den Namen des Helden, Lacus Curtius. In den ›Gesta Romanorum‹ (wohl aus der Zeit um 1300 n. Chr.) werden die antiken Berichte mit einer Erzählung ausgeschmückt, wonach M. C. schon ein Jahr zuvor bewußt gewesen sei, daß er eine heroische Tat zu vollbringen habe. Auf diese Weise wurde sein Opfergang mit dem Opfertod Christi verglichen.

M. C. ist einer der wenigen republikanischen Helden, welche die röm. Kunst darstellungswürdig fand. Im Jahr 9 v. Chr. ließ → Augustus am Ort des wundersamen Geschehens ein Relief mit dem Bild des M. C. anbringen. Auch auf Gemmen und Lampen der röm. Kaiserzeit findet sich sein Bild. In der Renaissance erscheint er in vielen Wandgemälden, zumal italien. Fresken (PINTURICCHIO, vor 1492; Rom, Palazzina di Giuliano della Rovere im Palazzo Colonna · M. FOGOLINO, 1532/33; Trient, Castel del Buonconsiglio), ferner u. a. in Stein am Rhein (1515/16; Kloster St. Georgen). Das vor dem Sprung sich hoch *aufbäumende Pferd* bietet dabei ein prachtvolles Motiv; mitunter ist, einer Quelle des 13. Jh. folgend, ein *Feuer* in der Tiefe des Erdschlunds zu sehen, das die Vorstellung eines Vulkans evoziert. Aus der dt. Kunst ist das Gemälde L. REFINGERS (1540; München, AP) zu nennen. Ein Deckenbild von VERONESE (um 1556; Wien, KM) weist dem Betrachter einen Platz unter dem höchst eindrucksvoll hochsteigenden Roß an. Eine Fülle von Darstellungen des M. C. bieten außerdem die Skulptur (eine von BERNINI geschaffene Reiterstatue mußte F. GIRARDON durch einen Flammenrand am Sockel zum M. C. umarbeiten; sie steht heute in der Cour Napoléon des Louvre), druckgraphische Blätter des 16. Jh. von A. ALTDORFER, G. PENCZ, H. ALDEGREVER und H. GOLTZIUS sowie süddt. Ofenkacheln der gleichen Zeit. Oft ist M. C. anderen röm. Tugendhelden, wie → Horatius Cocles, → Manlius Torquatus, → Scipio Africanus oder → Caesar beigeordnet, auch Frauen wie → Lucretia und → Artemisia.

Marcus Curtius stürzt sich in den Erdspalt auf dem Forum
Römisches Relief, 1. Jh. n. Chr. (Rom, Galleria Borghese)

Quellen: Livius, Ab urbe condita 7,6; Valerius Maximus, Facta et dicta 5,6,2.
Lit.: G. Goldberg, Die Alexanderschlacht und die Historienbilder des bayer. Herzogs Wilhelm IV. und seiner Gemahlin Jacobaea für die Münchner Residenz, 1983; G. Hafner, Sieg und Frieden. Zur Deutung der Reiterreliefs vom Forum Romanum, in: Jb. des Dt. Archäologischen Instituts 93 (1978) S. 228–251; S. Hoog, Le Bernin, Louis XIV, une statue déplacée: une œuvre déplacée, 1989.

Mars → Ares

Marsyas war ein → Satyr aus Phrygien, sein Vater, der ihn im Flötenspiel unterwies (nach anderen: sein Schüler), hieß Olympos (vgl. den apul. Krater des LYKURGMALERS, um 360 v. Chr., Basel, Ant., mit der Unterweisung des Olympos im Flötenspiel durch M.). Er fand und nahm sich die *Doppelflöte*, die → Athena weggeworfen hatte, als sie sah, daß das Spielen dieses Instruments ihr Gesicht verzerrte und sie häßlich machte. M. fand bald sein Spiel so vortrefflich, daß er → Apollon damit heraus-

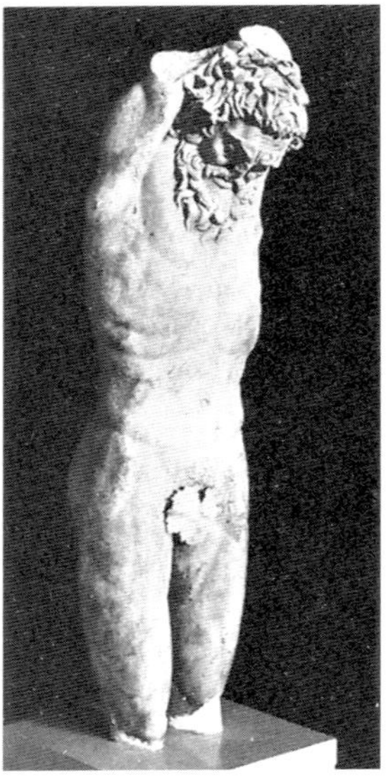

Marsyas
Hellenistische Skulptur, um 150 v. Chr. (Istanbul, Archäologisches Museum)

Apollon und Marsyas
Raffael, 1508 (Rom, Vatikan, Stanza della Segnatura)

forderte. Es kam zum musikalischen Wettstreit zwischen seiner Flöte und der Lyra des Gottes. König → Midas war Schiedsrichter und entschied zugunsten des Satyrs, dennoch trug am Ende Apollon den Sieg davon, weil er auch auf seinem umgedrehten Instrument spielen konnte, was M. mit der Flöte nicht gelang. Zur Strafe für seine Anmaßung wurde M. bei lebendigem Leibe die *Haut* abgezogen.

Eine aus röm. Marmorkopien bekannte Bronzegruppe des MYRON aus der Mitte des 5. Jh. v. Chr. stellte Athena und den Satyr beim Wegschleudern bzw. Aufheben der Flöte dar (gegossene moderne Nachbildung vor dem Liebieghaus in Frankfurt a. M.). Att. Vasenbilder des 5. Jh. v. Chr. zeigen den Wettstreit zwischen M. und Apollon. Die Bestrafung des Marsyas wurde erst kurz vor dem 4. Jh. v. Chr. (auf unteritalien. Vasen) darstellungswürdig (Skyphos des PALERMOMALERS, um 410 v. Chr.; New York, MM). Eine hellenistische Skulptur führt ihn mit den Armen an einem Baum aufgehängt vor (zahlreiche Kopien; Original in den Uffizien). Dazu gehörte ursprünglich die Figur eines Skythen, der die Schindung auszuführen hat und im Knien sein Messer wetzt. Die Renaissancemaler interpretierten den Wettstreit zwischen Saiten- und Blasinstrument als Auseinandersetzung zwischen einer »intellektuellen« apollonischen und einer »sinnlichen« dionysischen Musik. Die Häutung des M. als Strafe für seinen Hochmut haben RAFFAEL (1508; Vatikan, Stanza della Segnatura) wie TIZIAN (um 1570; Kremsier, Erzbischöfliches Palais) dargestellt. Tizian hob das Grausame des Geschehens dadurch hervor, daß er M. an den Füßen aufgehängt und von Apollon selbst geschunden zeigte. Diese Formulierung des Themas folgt Ovid, sie wurde im Barock bevorzugt, vgl. G. RENI (um 1633; München, AP), J. RIBERA (1637; Neapel, Mus. Nazionale di S. Martino) und L. GIORDANO (um 1600; Florenz, Mus. Bardini · Neapel, Mus. Nazionale di S. Martino). In der Tradition der hellenistischen, am Baum hängenden M.-Figur schuf A. HRDLICKA in den 1970er Jahren Torsoskulpturen als Sinnbilder des gequälten Menschen schlechthin (u. a. Stuttgart, SG).

Quellen: Ovid, Fasti 6,703–708, Metamorphosen 6,382–400; Pausanias, Periegesis 1,24,1, 10,30,9.

Lit.: P. B. Rawson, The Myth of Marsyas in the Roman Visual Arts. An Iconographical Study, 1987; J. P. Small, Cacus and Marsyas in Etrusco-Roman Legend, 1982; A. Weis, The Hanging Marsyas and its Copies, 1992; E. Wind, Pagan Mysteries in the Renaissance, 1968 (S. 171–176: The Flaying of Marsyas).

Medeia, röm. **Medea,** war eine Tochter des Aietes, des Königs von Kolchis. Mit magischen Fähigkeiten begabt, half sie → Iason, die Abenteuer zu bestehen, die ihm zur Erringung des Goldenen Vlieses auferlegt wurden. Den → Argonauten half sie, Aietes zu entkommen, mit ihr zusammen. Dazu lockte sie ihren Bruder Apsyrtos in einen Hinterhalt, wo ihn Iason tötete und sie ihn zerstückelte. Sie warfen die Leichenteile von ihrem Schiff Argo ins Meer und zwangen Aietes so, die Verfolgung aufzugeben, um die Stücke einzusammeln. In Iolkos, das die Argonauten dann erreichten, organisierte M. Iasons Rache an Pelias, der von Iasons Vater Aison den Thron von Iolkos usurpiert hatte. Erst aber verjüngte sie Aison, indem sie, wie Ovid erzählt, aus Kräutern und Tierischem einen Sud kochte und dem Alten durch eine Ader an der Kehle, aus der sie all sein Blut hatte fließen lassen, einfüllte. Dann überredete sie die Töchter des Pelias, ihren Vater ebenfalls zu verjüngen. Zur Demonstration zerstückelte sie einen alten Widder und zog ihn ganz und verjüngt aus ihrem Zaubersud. Die Pelias-Töchter taten es ihr gleich, weil M. ihnen aber falsche, wirkungslose Kräuter gegeben hatte, blieb Pelias im Gebräu seiner Töchter tot und zerstückelt. Iason und M. flohen daraufhin nach Korinth. Dort verstieß Iason sie und heiratete die Königstochter Kreusa (oder Glauke). Obwohl sie vor Wut und Eifersucht außer sich war, tat M. so, als ob sie sich in ihr Schicksal füge, und machte Kreusa ein kostbares Gewand zum Hochzeitsgeschenk. Dieses Gewand war vergiftet; als Iasons Neuvermählte es anzog, verbrannte sie darin. M. ging so weit, auch ihre eigenen Kinder zu töten, damit Iason ohne eigene Nachkommen bliebe.

In der griech. Vasenmalerei hat M. manchmal das Aussehen einer oriental. Fürstin (apul. Krater, um 350 v. Chr.; München, Ant.). Man sieht sie bei der Verjüngung des Aison vor dem Siedekessel oder wie sie die Pelias-Töchter in die Falle lockt; oder nach der Ermordung ihrer Kinder abfahrbereit auf einem mit Drachen bespannten Wagen in Korinth. Ein pompejan. Wandbild stellt sie mit dem Schwert in der Hand dar, tief in Gedanken die Tötung ihrer Kinder erwägend. Auf röm. Sarkophagen erscheinen mehrere Episoden der M.-Geschichte, darunter am häufigsten der Tod der Kreusa, die Tötung der Iason-Kinder und M.s Abschied (um 150 v. Chr.; Rom, MNR). In der Neuzeit folgte man eher Ovid als Euripides und betonte mitunter M.s Zauberinnen- und Hexenwesen (G. Moreau, ›M. und Iason‹, 1865; Paris, MO). Die Verjüngung des Aison (A. M. Vasallo, 1637; Uffizien) und die Täuschung der Pelias-Töchter (P. de Mariscalchi, um 1584; Verona, Mus. Civico di Castelvecchio) gehören zu den wieder aufgegriffenen Themen. Breiter Raum wird M. in R. Boyvins Stichfolge von 26 Illustrationen (nach Zeichnungen L. Thirys) zu einer ›Histoire de Jason‹ (Paris 1563) eingeräumt. Die tragischen Momente der Tötung ihrer Kinder hat Poussin in zwei Zeichnungen vergegenwärtigt (um 1648–50; Windsor Castle), auch G. Romney (um 1777–80; Liverpool, WG), Delacroix (1838; Lille, MBA · 1862; Louvre) und A. Feuerbach (1870; München, NP) haben sie zum Thema von Gemälden genommen.

Quellen: Apollonios Rhodios, Argonautika; Euripides, Medeia; Hygin, Fabeln 21–27; Ovid, Metamorphosen 7,1–452.

Lit.: J. T. Clauss / S. Iles Johnston (Hrsg.), Medea. Essays on Medea in Myth, Literature, Philosophy and Art, 1997; M. Schmidt, Der Basler Medeiasarkophag, 1969.

Medeia mit ihren Kindern
Eugène Delacroix, 1838
(Lille, Musée des Beaux-Arts)

Medeia
Campanische Amphora, um 370 v. Chr.
(Paris, Bibliothèque Nationale)

Meleager und Atalante mit dem Kopf des Kalydonischen Ebers
Charles Le Brun, um 1658
(Paris, Louvre)

Meleagros, röm. **Meleager,** war der Sohn des Königspaares von Kalydon in Aitolien, Althaia und Oineus. Als ganz junger Mann nahm M. bereits am Zug der → Argonauten teil. Weil der König einmal vergessen hatte, der → Artemis zu opfern, schickte die erzürnte Göttin einen Rieseneber, der das Land verwüstete. M. machte sich an der Spitze einer Schar junger Leute auf die Jagd nach ihm. → Atalante, einer Jägerin aus Tegea in → Arkadien, gelang es als erster, den Kalydonischen Eber zu treffen; M. erlegte ihn vollends und erhielt dessen Fell, gab es aber Atalante, in die er sich verliebt hatte. Seine zwei Onkel wurden neidisch auf diese Trophäe, so berichtet wenigstens Ovid, und raubten sie ihr, worauf M. beide erschlug. Bei seiner Geburt hatten die → Moiren prophezeit, M. würde nur so lange leben, wie ein bestimmtes Holz in der Feuerstelle nicht vom Brand verzehrt worden sei, seine Mutter hatte deshalb das Scheit aus dem Feuer gerissen, es gelöscht und versteckt. Nun, als sie hörte, daß M. ihre Brüder getötet habe, warf sie es wieder ins Feuer und führte so seinen Tod herbei. Nach Homer starb M. im Kampf mit feindlichen Nachbarn, den Kureten.

Die wichtigste Episode der M.-Sage, die Jagd auf den Kalydonischen Eber, ist am Hals der ›Françoisvase‹ (um 570 v. Chr.; Florenz, MA) und in weiteren archaischen Vasenbildern der Griechen dargestellt: den von *Hunden* angefallenen *Eber* haben die Jäger eingekreist, ihre Namen sind oft angegeben (Melanion, → Peleus, → Kastor und Polydeukes, Atalante u. a.). Einige röm. Sarkophage erzählen in Bilderreihen Szenen der Legende: die Begegnung von M. und Atalante, die Jagd und M.s Tod (2. Jh. n. Chr.; Louvre). Die Statue eines jungen Mannes, die ein Kopist mit einem Eberkopf und einem Hund zu einem M. ergänzte, genoß lange Zeit gleiche Berühmtheit wie der Apoll vom Belvedere (röm. Kopie des 2. Jh. n. Chr. nach griech. Original des 4. Jh. v. Chr.; Vatikan). In nachantiker Zeit war die Übergabe des Fells des Kalydonischen Ebers an Atalante als kühne und galante Geste M.s das beliebteste Thema. RUBENS hat es mehrmals behandelt (um 1635; München, AP · Prado), ebenso J. JORDAENS (1628; Prado). Die M.-Geschichte insgesamt ist das Sujet eines Freskos von B. PERUZZI (1511/12; Rom, Villa Farnesina) und einer Gobelinentwurfsserie von C. LE BRUN (um 1658; Louvre).

Quellen: Homer, Ilias 9,529–599; Hygin, Fabeln 171–174; Ovid, Metamorphosen 8,270–546.

Lit.: G. Daltrop, Die Kalydonische Jagd in der Antike, 1966; K. Fittschen, Der Meleagersarkophag, 1975; F. Haskell / N. Penny, Taste and the Antique. The Lure of Classical Sculpture 1500–1900, 1981; G. Koch, Die mythologischen Sarkophage. Meleager, 1975.

Memnon. Dieser äthiop. König war der Sohn der Göttin → Eos und des → Priamos-Bruders Tithonos. Im Trojanischen Krieg vollbrachte er eine Reihe von Heldentaten, war im Zweikampf dem → Aias ebenbürtig und Sieger über Antilochos, als dieser seinem alten Vater → Nestor zu Hilfe geeilt kam. Um den Tod seines Freundes zu rächen, stellte ihn → Achilleus zum Zweikampf. Eos und → Thetis, die göttlichen Mütter der zwei Kontrahenten, verwendeten sich beide gleichzeitig bei → Zeus für sie, jede für die Rettung ihres Sohnes bittend. So kam es zur sog. Psychostasie, dem Abwägen des Schicksals von M. und Achilleus. Zeus legte auf die beiden Schalen einer Waage je eine Seele der beiden Helden – die Waage schlug zu Ungunsten M.s aus. Eos erreichte aber nach dem Kampf, der wirklich mit dem Sieg des Achilleus endete, die Unsterblichkeit für ihren Sohn. Sie nahm seinen Leichnam auf und brachte ihn nach Äthiopien. Es heißt, ihre Tränen über M.s Tod seien die Tautropfen, die allmorgendlich die Natur benetzen.

Eos trägt Memnons Leichnam vom Kampffeld
Schale des Duris, um 480 v. Chr. (Paris, Louvre)

Die wenigen M.-Darstellungen, die es gibt, finden sich fast alle auf griech. Vasen. Meist beschränken sie sich auf ihn allein, zusammen mit einigen äthiop. Soldaten, auf die Psychostasie, das Duell mit Achilleus unter den Augen der Mütter (oder der → Athena als Schutzgöttin des Achilleus), schließlich Eos beim Aufheben des Leichnams ihres Sohnes. M. hat immer das Aussehen eines Griechen; selbst unter seinen schwarzen äthiop. Kriegern ist er weißhäutig (Amphora des EXEKIAS, um 540 v. Chr.; London, BM). Die Seelenwägung zeigt eine dem KLEOPHRADESMALER zugeschriebene Vasenscherbe (um 490 v. Chr.; Paris, BN, Cabinet des médailles): → Hermes hält ein Tablett mit der Waage, auf der eine kleine Hoplitenfigur in voller Rüstung steht; Zeus führt den Blitz in der Hand. Auf dem berühmten Fries vom Schatzhaus der Siphnier in Delphi (Mus.), um 530 v. Chr., ist M.s Zweikampf mit Achilleus über dem am Boden ausgestreckten Leichnam des Antilochos dargestellt; alle Figuren sind inschriftlich benannt. Auf einer rotfigurigen att. Schale des Töpfers GORGOS vom Anfang des 5. Jh. v. Chr. (Athen, Agoramus.) hat der Speer des Achilleus den Schild seines Gegners durchbohrt und unwirksam gemacht. Daneben steht die ratlose Eos mit entblößter Brust. Die Erzählung wird weitergesponnen auf einer von DURIS signierten Schale im Louvre (um 480 v. Chr.), auf der Eos mit einem Ausdruck voll Trauer und Würde den mit Wunden bedeckten Leichnam M.s vom Boden aufnimmt. Eine monumentale Statue Amenophis' III. (18. Dynastie; 1403–1364 v. Chr.) in der Nähe des ägypt. Theben galt der Überlieferung nach als ›M.-Koloß‹. Pausanias schreibt, aus der Statue seien jeden Morgen bei Sonnenaufgang melodische Töne gedrungen (als wolle sie die Morgenröte, ihre Mutter Eos, begrüßen, wäre hinzuzufügen). In nachantiker Zeit sind M.-Bilder sehr selten. Ein – verlorenes, aber durch Zeichnungen bekanntes – Bild J. H. FÜSSLIS (1741–1825) mit dem Titel ›Psychostasie‹ zeigte Achilleus vor dem Leichnam M.s stehend im Beisein von Zeus, Tithonos und Eos.

Quellen: Ovid, Metamorphosen 13,576–622; Pausanias, Periegesis 1,42,3,10, 31,5–7.

Mercurius → Hermes

Die Verwandlung von Menschen in Delphine
Etruskische Hydria, um 530 v. Chr. (Toledo/Ohio, Museum of Art)

Metamorphose. Von Verwandlungen wird in der antiken Mythologie oft erzählt. Gelehrte und Dichter, wie Ovid im 1. Jh. und Antoninus Liberalis im 3. Jh. unserer Zeitrechnung, haben sie gesammelt und beschrieben. Meist ist die Verwandlung irreversibel, eine von den Göttern verhängte Strafe, und bedeutet den Übergang der menschlichen Natur in die tierische, die vegetabile oder die mineralische: Der Anblick der → Gorgo bewirkt Versteinerung. Andere Formen der M. bedeuten nur eine Umwandlung des Geschlechts (→ Kaineus, → Teiresias). Die Götter verwandeln auch sich selbst, doch nur für eine gewisse Zeit. Manche Meeresgottheiten, z. B. → Thetis, wechseln die Erscheinung, um einem Verfolger zu entkommen. → Zeus scheut sich nicht, die M. zu einer Art Mummenschanz zu machen, wenn er damit nur sein amouröses Ziel erreicht; der Reihe nach verwandelt er sich in ein Mineral (Gold, für → Danae), in ein Tier (Stier, Schwan, Adler), in einen Menschen oder in eine andere Gottheit (in Amphitryon für Alkmene, in einen → Satyr für → Antiope, in → Artemis für → Kallisto). Vgl. auch: Adonis · Aias · Aktaion · Arachne · Arethusa · Atalante · Daphne · Flora · Ganymedes · Hyakinthos · Io · Kirke · Leda · Leto · Narkissos · Niobe · Tereus.

Quellen: Antoninus Liberalis, Metamorphosen; Ovid, Metamorphosen.

Midas, König von Phrygien, hatte sich die Gunst des → Dionysos erworben, weil er den alten, von Bauern volltrunken aufgefundenen → Seilenos wohlwollend aufgenommen hatte. Er wünschte sich dafür von dem Gott, daß alles, was er berühre, sich in *Gold* verwandle. Diese Gabe stellte sich als bitteres Los heraus, denn M. konnte so weder Speise noch Trank zu sich nehmen. Die Wunscherfüllung zurückzunehmen, wie M. ihn bat, konnte Dionysos nicht, doch riet er ihm, sich im Fluß Paktolos zu baden. Die vom Gott verliehene Fähigkeit übertrug sich auf den Fluß, der fortan Gold führte. M. war Schiedsrichter beim musikalischen Wettstreit zwischen → Apollon und → Marsyas (bzw. → Pan). Weil er Apollon für einen schlechten Musiker hielt, zog er sich dessen Zorn zu und bekam *Eselsohren*.

Auf Vasen des 5. Jh. v. Chr. wird Seilenos als Gefangener vor M., den man an seinen Eselsohren erkennt, geführt. Die Szene mit M., Seilenos und dem Gold des Flusses Paktolos hat Poussin wiederholt geschildert (um 1626–30; New York, MM), auch des M. Flehen um Befreiung von der unheilvollen Gabe des Dionysos (um 1626–29; München, AP). Sein Urteil im musikalischen Wettstreit war seit der Renaissance das meistbehandelte M.-Thema: in Fresken von B. Peruzzi (1511/12; Rom, Villa Farnesina), Giulio Romano (1527/28; Mantua, Palazzo del Tè) und Domenichino (1616–18; London, NG) sowie in Ölgemälden von Cima da Conegliano (um 1505–10; Parma, Galleria Nazionale), Bronzino (1531/32; Eremitage), P. Lastman (um 1610–20; Kassel, SM) und in einer Ölskizze von Rubens (1636–38; Prado). In einem Stich von H. Goltzius (›Das Urteil des M.‹, 1590) erfüllt M. die Schiedsrichterrolle zwischen Apollon und Pan, die hier eigentlich Tmolos zusteht.

Quelle: Ovid, Metamorphosen 11,85–193.

Midas
Antoine Caron, 16. Jh. (Zeichnungsausschnitt) (Paris, École des Beaux-Arts)

Mikon → Kimon

Milchstraße. → Athena führte eines Tages → Hera zu dem kleinen → Herakles, der bekanntlich eines der Opfer von Heras Eifersucht auf die Geliebten ihres Gatten und die fremden Mütter seiner Kinder war. Sie weckte Heras Mitleid und konnte sie dazu bewegen, dem Säugling die Brust zu reichen. Indessen preßte das Kind ihre Brust so sehr, daß Heras Milch über den ganzen Himmel verspritzt wurde und daraus die M. entstand.

Vor Manierismus und Barock erscheint dieses Thema nicht in der Malerei. In einem Bild von Tintoretto (1582; London, NG) ist es → Hermes, der auf Befehl des → Zeus das Kind der schlafenden Hera an die Brust legt. Dieser Überlieferung folgte auch Rubens (›Die Entstehung der Milchstraße‹, 1636–38; Prado).

Quellen: Diodorus Siculus, Bibliothek 4,9; Hygin, Astronomica 2,43.

Milon von Kroton
Pierre Puget, 1683 (Paris, Louvre)

Milon von Kroton war im 6. Jh. v. Chr. ein hochberühmter Athlet in Großgriechenland. Nach dem Zeugnis Diodors wurde er zwischen 540 und 516 sechsmal Sieger bei den Olympischen, siebenmal bei den Pythischen Spielen in Delphi. Von gewaltiger Kraft und nicht weniger bemerkenswerter Gefräßigkeit, soll er auch seine geistigen Fähigkeiten nicht vernachlässigt und die Unterweisung des Pythagoras genossen haben. Gleichwohl erscheint sein Tod wie ein Symbol für seine Hybris, den Hochmut, vor dem die griech. Philosophen den Weisen zu bewahren suchten: Beim Versuch, einen schon halb mit dem Keil gespaltenen *Baumstrunk* mit bloßen Händen auseinanderzureißen, überschätzte er seine Kräfte; seine Hand wurde eingeklemmt. Als ein Gefangener des Baumes konnte er sich nicht gegen die wilden Tiere – von einem *Löwen* oder von *Wölfen* ist meist die Rede – wehren und wurde so ihr Opfer.

Der Tod des M. wurde erst in der Neuzeit ein Bildthema. Zwei sehr bekannte und oft kopierte Skulpturen behandeln es: die Gruppen von P. PUGET (1683; Louvre) und E.-M. FALCONET (1755; Louvre). Bei Puget ist gut zu sehen, daß M. wohl imstande wäre, über das wilde Tier, einen Löwen, Herr zu werden, wenn ihm nicht die linke Hand eingeklemmt wäre; sein aufrechter, in einer Drehbewegung erfaßter Körper zeigt die ganze Anspannung, sein Gesicht den Schmerz, den der Biß des Löwen ihm zufügt, sein Blick ist zum Himmel erhoben, als flehe er um dessen Hilfe. Der M. Falconets liegt bereits am Boden, niedergestreckt von dem Löwen.

Quellen: Diodorus Siculus, Bibliothek 12,9; Pausanias, Periegesis 6,14,5–8; Strabon, Geographica 6,263.

Minerva → Athena

Theseus tötet den Minotaurus
Antoine-Louis Barye, 19. Jh.
(Reims, Musée des Beaux-Arts)

Minotauros. Dieses Ungeheuer mit Menschenleib und *Stierkopf* ging aus der Liebe → Pasiphaes, der Tochter des kret. Königs Minos, zu einem von → Poseidon gesandten Stier hervor. Minos hatte versprochen, diesen Stier dem Gott zu opfern, fand ihn dann aber zu schön dafür. Zur Strafe flößte Poseidon der Pasiphae eine widernatürliche Leidenschaft für das Tier ein, und mit Hilfe des → Daidalos gelang es ihr, sich mit ihm zu vereinigen. Die Frucht dieser Verbindung, den M., »Stier des Minos«, sperrte der König in das von Daidalos gebaute *Labyrinth*. Alljährlich mußten ihm die von Minos besiegten Athener einen Tribut in Gestalt von sieben jungen Männern und sieben jungen Frauen leisten, die, eingeschlossen in das Labyrinth, dem M. zum Fraße dienten. → Theseus gelang es dann mit der Hilfe der Minos-Tochter → Ariadne, das Monster zu töten und heil aus dem Labyrinth herauszufinden.

Münzen aus Knossos tragen das Bild des M. als Einzelfigur. Eine bedeutende Anzahl att. Vasen zeigt, wie Athens Stadtheros Theseus ihn erwürgt; dabei bezeichnet manchmal eine Säule den Eingang in das Labyrinth (Schale des AISON, um 410 v. Chr.; Madrid, Archäologisches Mus. · Metope am Hephaistostempel, dem sog. ›Theseion‹, in Athen, um 430–420 v. Chr.; Beispiele auch in der pompejan. Malerei). In der Kunst der Neuzeit ist der Tod des M. ein seltenes Thema. C. VAN LOO hat es eindrucksvoll behandelt (1764; Nizza, Mus. Chéret), und von CANOVA gibt es mehrere Skulpturengruppen von Theseus und dem M. (u. a. Wien, KM, 1804–19). PICASSO hat sich bekanntlich intensiv mit dem M. befaßt, seit 1928 mindestens. Das führte zu vielen einschlägigen Gemälden, Zeichnungen und Radierungen, darunter zwei Höhepunkten seiner graphischen Kunst, der rätselhaften ›Minotauromachie‹ (Radierung, 1935) und den Aquatintablättern mit dem von einem Mädchen geführten blinden M. (1934).

Quellen: Apollodor, Bibliothek 3,1.15; Ovid, Metamorphosen 8,155–173; Plutarch, Theseus 1,19.
Lit.: S. Goeppert / H. Goeppert-Frank, Pablo Picasso. Minotauromachie, 1993.

Die Parzen
Francisco Goya, 1820/21
(Madrid, Prado)

Moiren/Parzen. Die (meist drei) griech. Schicksalsgöttinnen Moirai, röm. Parcae oder Fata, sind Töchter des → Zeus und der Erdgöttin Themis, folglich Schwestern der → Horai (Jahreszeiten). Hesiod nennt sie auch Töchter der Nyx (Nacht) mit dem Namen Klotho, die den Lebensfaden spinnt, Lachesis, die ihn als Lebenslos zuteilt, und Atropos, die seine Länge festlegt. Bei Homer gibt es meist nur eine Moira.

Die in der griech. Kunst seltenen M. traten auf dem röm. Forum in Gestalt dreier ›Tria Fata‹, »Drei Schicksale«, genannter Statuen in Erscheinung. In der Malerei tauchen sie später, in der Neuzeit, beim Abspulen und Kappen des Lebensfadens wieder auf, meist als alte, wenig einnehmende Frauen, denen Todessymbole (*Skelette*, *Sensenmann* u. ä.) beigegeben sind. Auf einer Zeichnung Dürers (1515; ehemals Rotterdam, MBB) beugt ein Krieger das Knie vor ihnen. Ein Holzschnitt von H. Baldung Grien (1513) zeigt die M. selbst dem Alter und Tod unterworfen. Auf einem Gemälde F. Salviatis (1510–63; Florenz, PP) kappt Atropos den Faden mit einem Bronzedolch. Rubens hat das Thema mehrmals aufgegriffen, am bekanntesten ist sein Einleitungsbild zu den 24 Riesenleinwänden mit den Allegorien zum Leben der Maria Medici (Louvre), die sie 1621 für eine Galerie im Pariser Palais Luxembourg in Auftrag gegeben hatte (›Die M. spinnen den Lebensfaden der Maria von Medici‹). Mit den zerfurchten und von der Sonne gegerbten Zügen einer italien. Bauernfrau gab P. Bellotti ein scharf beobachtetes Porträt der den Faden zumessenden Lachesis (1654; Stuttgart, SG). C. Claudel nannte ihre allegorische Büste des Alters, einer ausgemergelten Frau mit völlig leerem Gesichtsausdruck, ›Klotho‹ (um 1893; Paris, MO). Auf einem Aquarell von G. A. Mossa (1917; Nizza, MBA) spinnen die M. den Lebensfaden eines auf eine → Pan-Figur gestützten deutschen Ritters.

Quellen: Hesiod, Theogonie 217–222, 901–906; Homer, Ilias 24,49.209; Platon, Politeia 10,617 c.

Monster. Die antike Mythologie kennt eine Unzahl von M.n. Oft sind es Mischwesen aus Körperteilen mehrerer Tiere (→ Chimaira, → Greifen, → Pegasos) oder von Mensch und Tier in unterschiedlichen Anteilen

(→ Acheloos, → Faune, → Satyrn, → Seilenos, → Kentauren, → Minotauros). Einige sind mißgestalte Menschenwesen (→ Kyklopen, → Polyphemos, → Giganten, → Antaios, Alkyone, Geryon, Kekrops) oder der Abschreckung dienende Ungeheuer (→ Gorgo, → Harpyien), wieder andere sind absonderliche Tiere (→ Kerberos, Hydra). Viele dieser M.n spielen in den Heldensagen ihrer Bezwinger (→ Herakles, → Bellerophon, → Theseus) eine Rolle. Vgl. auch: Cacus · Glaukos und Skylla · Herakles · Triton.

Mucius Scaevola
Giovanni Domenico Tiepolo, Radierung, 1753

Mucius Scaevola. Die legendäre Heldentat des Gaius Mucius ist eine Episode aus dem Kampf der jungen röm. Republik gegen die Etrusker am Ende des 6. Jh. v. Chr. Bei der Belagerung Roms durch die feindlichen Truppen drang der junge M. S. in das Lager des Gegners vor mit der Absicht, den etrusk. König Porsenna zu ermorden. Er tötete aber irrtümlich einen Schreiber, wurde gefangengenommen und vor Porsenna geführt. Mutig drohte er dem König, Hunderte anderer junger Römer warteten darauf, ihn umzubringen. Aber »zum Sterben haben wir nicht weniger Mut als zum Töten«. Und um zu beweisen, »wie wertlos der Körper für die ist, die hohen Ruhm vor Augen haben«, hielt er seine rechte Hand in die Glut einer Opferschale, bis sie verbrannte – daher sein Beiname S., »der Linkshändige«. Der Mut des jungen Helden beeindruckte Porsenna so sehr, daß er ihm die Freiheit schenkte.

Dieses Exemplum virtutis, Beispiel röm. Tugend, in dem psychische Stärke und physischer Mut als vorbildlich gerühmt werden, war ein Bildthema seit der Renaissance (MANTEGNA, um 1490; München, AP · TINTORETTO, 1545; Wien, KM · POUSSIN, 1643–45; Moskau, PM · Fresken von LUZIO ROMANO, 2. Hälfte 16. Jh.; Rom, Engelsburg, Bibliothekssaal, · von PIETRO DA CORTONA, 1633–39; Rom, PB) und bis zum Klassizismus, vor allem dann in der Zeit der Französischen Revolution und des Konsulats, zu der es vorzüglich paßte: die beiden Protagonisten einander gegenüber, M. S. aufrecht stehend die Hand in die Glut des *Feuerbeckens* haltend, und Porsenna auf einem Feldstuhl oder Thron sitzend, mit nachdenklich auf ihm ruhendem Blick. Um diesen Kern des Geschehens wird der antike Bericht mehr oder weniger frei ausgemalt; manchmal ist der irrtümlich getötete Schreiber als Soldat zu sehen, mit dem Dolch oder Schwert des M. S. in der Brust zu dessen Füßen vor der Opferschale liegend (RUBENS, 1616–18; Budapest, NM) oder bereits halb verhüllt im Leichentuch (C. LE BRUN, um 1642; Mâcon, Mus. des Ursulins). Bei TIEPOLO, der das Thema mehr als einmal behandelt hat, umgibt eine Schar von Zuschauern die Szene, Soldaten, die aufmerksam die Mutprobe verfolgen (1753; Würzburg, WM).

Quellen: Livius, Ab urbe condita 2,12–13,2; Plutarch, Publicola 17; Valerius Maximus, Facta et dicta 3,3,1.

Musagetes → Apollon

Die Musen Melpomene, Erato und Polyhymnia
Eustache Le Sueur, um 1647–50 (Gemäldeausschnitt) (Paris, Louvre)

Musen. Die neun M. sind die Göttinnen aller Schöpfungen der Inspiration und des Denkens: der Dichtung, der Musik und des Tanzes, allgemein der Künste und Wissenschaften. Es heißt einerseits, sie seien Töchter des Uranos und der Ge (Gaia), also des Himmels und der Erde, andererseits werden sie öfter als die Frucht von neun aufeinanderfolgenden Liebesnächten des → Zeus und der Mnemosyne genannt. Bis in die Zeit der griech. Klassik sprach man von mehreren Gruppen von M. Die wichtigsten waren die M. vom Berg Helikon in Böotien (oder vom → Parnassos in Phokis), die → Apollon anführte, und die M. von Thrakien, aus der Nähe des → Olympos, die man in einer Verbindung mit dem → Dionysoskult und dem → Orpheusmythos sah. Erst in hellenistischer Zeit wurden ihre Zahl, ihre Namen und ihre Zuständigkeiten festgelegt, wenn auch Hesiod um 700 v. Chr. schon ihre Namen mit Klio, Euterpe, Thaleia, Melpomene, Terpsichore, Erato, Polyhymnia, Urania und Kalliope angab. So ist ihre Identifizierung oft ein Spiel mit dem Zufall, zumal ihre Attribute wechseln und ihr Auftreten, wie oft bei sekundären Gottheiten, nicht an spezifische Episoden aus ihrem Sagenleben gebunden ist – einige Liebesabenteuer ausgenommen. Gewöhnlich gehören sie zum Teilnehmerkreis bei Götterfesten und anderen Feierlichkeiten, der Hochzeit von → Thetis und → Peleus z. B. Das Problem ihrer Identifizierung stellt sich auch in der Bilderwelt der Neuzeit, da ihnen oft kein einziges Attribut beigegeben ist, und das, obwohl die Künstler im allgemeinen der kanonischen Typologie Cesare Ripas folgten. Seine 1593 erstmals erschienene ›Iconologia‹ stellt ein alphabetisch geordnetes Repertoire der in der abendländischen Welt üblichen Allegorien und Symbole, einschließlich der griech. und röm. Mythologie, dar.

Die Muse Terpsichore
Eustache Le Sueur, um 1647–50 (Paris, Louvre)

Die Muse Urania
Eustache Le Sueur, um 1647–50 (Paris, Louvre)

Die M. und ihre Attribute im einzelnen:

Erato, Muse der Liebespoesie und des liturgischen Gesangs. Attribute: *Tamburin*, *Lyra*, *Viola* oder größere Streichinstrumente, *Schwan* (selten).

Euterpe, Muse der Musik. Attribute: *Flöte* oder *Doppelflöte*, *Trompete* oder ein anderes Instrument.

Kalliope, Muse der epischen Dichtung, der Rhetorik und der Philosophie, überhaupt der Wissenschaften. Attribute: *Schreibzeug*, *Schreibrolle*, *Bücher*, *Trompete*, *Harfe*, *Lorbeerkranz* in der Hand.

Klio, Muse der Geschichte bzw. Geschichtsschreibung. Attribute: *Buch*, *Pergamentrolle*, *Schreibzeug* (*Tafel*, *Griffel* u. a.), *Schwan*, *Trompete*, *Lorbeerkranz*.

Melpomene, Muse der Tragödie. Attribute: *Tragische Maske*, (Wald-) *Horn*, *Schwert*, *Zepter* zu ihren Füßen, *Kranz* in ihren Händen.

Polyhymnia/Polymnia, Muse der Pantomime, auch des hymnischen Gesangs und der ernsten Poesie. Attribute: *Handorgel* oder ein anderes Instrument, wenn überhaupt ein Attribut.

Terpsichore, Muse des Tanzes und der leichten Poesie. Attribute: *Viola*, *Lyra* oder ein anderes Saiteninstrument, *Triangel*.

Thaleia/Thalia, Muse der Komödie. Attribute: *Komische Maske*, *Schreibrolle*, *Viola* oder ein anderes Musikinstrument.

Urania, Muse der Astronomie. Attribute: *Globus* und *Kompaß*, *Sternenkranz*.

Die Muse Kalliope
Eustache Le Sueur, um 1647–50 (Paris, Louvre)

Man kennt von den M. keine zyklisch erzählenden Darstellungen, doch viele Einzelbilder gerade aus der klassischen und der hellenistischen Epoche, davor schon auf der ›Françoisvase‹ (um 570 v. Chr.; Florenz, MA) als Begleiterinnen der Götter. Allein treten die M. auf einer Lekythos des ACHILLEUSMALERS (um 450 v. Chr.; München, Ant.) auf, mit Apollon, wie öfter, auf einem rotfigurigen Stamnos (Mitte 5. Jh. v. Chr.; Rom, VG). Weitere Beispiele in Fülle bietet die Vasenmalerei Süditaliens. Im großen Format sind hellenistische und röm. Skulpturengruppen, auch Reliefs überliefert, wie die Apotheose → Homers (mit M.) des ARCHELAOS AUS PRIENE (um 125 v. Chr.; London, BM) und der große M.-Sarkophag im Louvre (der Paul Claudel zu einer großen Ode auf die M. angeregt hat), eine röm. Arbeit von mehr als 2 Metern Länge aus der Mitte des 2. Jh. n. Chr. Ganz in der Nähe Roms gefunden, zeigt er die neun in Tuniken gekleideten M. nebeneinander stehend mit ihren Attributen. Von der einen oder anderen Muse ist auch eine große Einzelstatue (z. B. von Thalia; London, BM) oder eine kleine Terrakotta-Figurine aus Tanagra oder Myrina bekannt. In nachantiker Zeit waren die M. ein beliebtes Sujet, im 16. Jh. besonders, doch auch während der folgenden Jh.e, in Italien, Frankreich und den Niederlanden, vorzugsweise in der Decken- und Wandmalerei, in Schlössern und Stadtpalais. PINTURICCHIO wählte 1539–42 das Thema für die Pendentifs des Ballsaals von Schloß Fontainebleau (Skizze für ›Apollon und die M. auf dem Parnaß‹; London, BM), G. F. ROMANELLI für die Ausmalung der Sommergemächer der

Die Musen Klio, Thaleia und Euterpe
Eustache Le Sueur, um 1647–50
(Paris, Louvre)

Anne d'Autriche im Louvre (1655–67) und für die Decke des Saales der Vier Jahreszeiten ebendort. Ein weiteres Beispiel sind die Gemälde E. LE SUEURS für das Kabinett der M. in dem von L. Le Vau auf der Pariser Seine-Insel St-Louis gebaute Hôtel Lambert (um 1647–50). Fünf Bilder (heute im Louvre) stellen die M. nach kleinen Gruppen geordnet dar; mit ihren zarten Gesichtern und frischen Farben harmonieren sie vollendet mit den Landschaftselementen des Hintergrunds. Berühmte Beispiele für den Kreis der M. um Apollon sind MANTEGNAS Gemälde im Louvre (um 1497) und RAFFAELS Fresko in der Stanza della Segnatura des Vatikans (um 1509–11). Die M. inspirierten die Künstler bis zum 20. Jh. (M. DENIS, 1893; Paris, MO).

Quellen: Hesiod, Theogonie 36–115; Pausanias, Periegesis 9,29,1–6.
Lit.: P. Boyancé, Le culte des Muses, 1936; A. P. de Mirimonde, Les concerts des Muses chez les maîtres du Nord, in: Gazette des Beaux-Arts 63 (1964) S. 129–158; D. Pinkwart, Das Relief des Archelaos von Priene und die ›Musen des Philiskos‹, 1965; E. Schröter, Die Ikonographie des Themas Parnass vor Raffael. Die Schrift- und Bildtraditionen von der Spätantike bis zum 15. Jahrhundert, 1977; M. Wegner, Die Musensarkophage, 1966.

Mykon → Kimon

Naiaden sind Wassernymphen, Gottheiten von Quellen, Bächen und Seen, oft Töchter von Flußgöttern, nach Homer aber von → Zeus. Namentlich bekannt, wie die von Alpheios verfolgte → Arethusa, sind von ihnen nur wenige.

In der antiken Bilderwelt unterscheiden sich die N. kaum von den Meeresnymphen, den → Nereiden. Nackte Wassernymphen gehören zum Figurenrepertoire der ›Françoisvase‹ (um 570 v. Chr.; Florenz, MA); als Brunnenfiguren haben sie einen *Krug* oder eine *Wasserpflanze* zum Attribut. So treten sie auch in nachantiker Zeit auf, z. B. als Relieffiguren mit Krügen in den Händen an J. GOUJONS ›Fontaine des Innocents‹ in Paris (1549) und im Park von Versailles (um 1670, F. GIRARDON u. a.), als Vollfiguren aus Bronze am ›Herkulesbrunnen‹ von A. DE VRIES in Augsburg (1596–1602), als Steinfiguren in H. DANNECKERS N.-Gruppe (1808–15; Tübingen, Städtische Anlagen). CANOVA schuf eine ›Naiade mit Cupido‹ (1815–17; London, Buckingham Palace). Mehrere Gemälde von N. sind aus der Werkstatt der CRANACHS (u. a. 1518; Leipzig, Mus.) und von A. BÖCKLIN (1855; München, SG · 1886; Basel, KM · Zürich, KH) bekannt; mit dem antiken Motiv des Krugs in der Hand hat INGRES seine berühmte Quellnymphe (1856; Paris, MO) gemalt.

Quellen: Homer, Odyssee 17,240 und passim; Kallimachos, Hymnen.
Lit.: G. Becatti, Ninfe e divinità marine, 1971.

Narkissos, röm. **Narcissus,** war der Sohn des Flußgottes Kephissos und der → Nymphe Leiriope. Seine Geschichte ist mit der Sage von der Nymphe Echo verbunden, welche die Aufgabe hatte, die Aufmerksamkeit → Heras durch lange Gespräche abzulenken, sooft → Zeus mit Nymphen schäkerte. Als Hera dahinterkam, strafte sie Echo derart mit Sprachlosigkeit, daß die Nymphe nur immer die letzten Wörter ihres Gesprächspartners wiederholen konnte und ein Schemen ohne Körper wurde. Echo verliebte sich in N., doch wies der schöne Jüngling ihre Liebe zurück. So sandte ihm Echo den Wunsch nach, er möge selbst auch nicht bekommen, was er liebe. Und Nemesis erhörte sie: Beim Trinken aus einem *Quellsee* verliebte sich N. in sein flüchtiges Spiegelbild

Narkissos und Echo
Nicolas Poussin,
um 1629
(Paris, Louvre)

und verzehrte sich danach, bis er tot umsank. Sein Leib wurde in die Blume verwandelt, die seinen Namen trägt, die *Narzisse*.

Die Legende von N. wird in pompejan. Wandgemälden und Mosaiken geschildert: Er sitzt in Jagdkleidung am Rand eines Gewässers und beugt sich darüber, oft ist ihm ein kleiner Erot beigegeben. Auch auf röm. Sarkophagen findet sich sein Bild. Als warnendes Gleichnis der Eigenliebe oder als Paradigma des Bildes als Abbild der Wirklichkeit wurde das Sujet in nachantiker Zeit von den Malern geschätzt. Auf einer Tausendblumentapisserie des 15. Jh. (Boston, MFA) beugt sich N. über einen *Brunnen*. Später sind die vielen N.-Darstellungen meist auf das Spiel mit dem Spiegelbild, auf seine manchmal überraschten, manchmal melancholischen Reaktionen ausgerichtet. Bei POUSSIN liegt er sterbend auf die Erde hingestreckt, ein Amor hält die Fackel, und im Hintergrund lehnt Echo stumm an einem Felsen (um 1629; Louvre). CLAUDE LORRAIN integrierte das Geschehen in eine Landschaft (1644; London, NG). Im Gegensatz dazu ist das CARAVAGGIO zugeschriebene Bild (um 1595; Rom, PB) ausschließlich auf die Gestalt des N. konzentriert, um das Spiel mit der Spiegelung voll zur Wirkung zu bringen.

Quellen: Ovid, Metamorphosen 3,339–510; Philostrat, Imagines 1,23.
Lit.: D. Panofsky, Narcissus and Echo. Notes on Poussin's Birth of Bacchus in the Fogg Museum of Art, in: Art Bulletin 31 (1949) S. 112–120.

Narkissos
›Tausendblumenteppich‹, 15. Jh. (Boston, Museum of Fine Arts)

Nausikaa war die Tochter des Phaiakenkönigs Alkinoos. Nachdem → Odysseus → Kalypso verlassen hatte, war er an einen Meeresstrand bei einer Flußmündung gespült worden und schlief nackt und erschöpft ein. Stimmen weckten ihn, er verließ das Ufergebüsch und erblickte N., die mit ihren Dienerinnen zum Wäschewaschen und Spielen an den Fluß gekommen war. Sie bot ihm ihre Hilfe an und wies ihm den Weg zum Palast ihres Vaters. Alkinoos und die Königin Arete gewährten ihm Gastfreundschaft und ein festliches Mahl, mit Wettkämpfen, Gesängen und Tänzen, ja Alkinoos bot ihm die Tochter zur Frau an.

Die Begegnung von Odysseus und N. ist in der Antike selten dargestellt worden, obgleich Pausanias von einem Gemälde des POLYGNOT in den Propyläen der Athener Akropolis mit diesem Thema berichtet. Ein rotfiguriges Vasenbild auf einer Amphora (um 460 v. Chr.; München, Ant.) könnte ein Reflex auf dieses Gemälde sein: Der Maler zeigt den nackten Odysseus, wie er unter dem wohlwollenden Blick seiner Schutzgöttin → Athena vor N. tritt, während die erschreckten Dienerinnen auseinander- und davonstieben. Die niederl. Malerei scheint dieses Thema dann am häufigsten behandelt zu haben. Es gab Gelegenheit zur Schilderung einer weiten Felsenlandschaft am Meeresufer (RUBENS, ›Landschaft mit Odysseus auf der Insel der Phäaken‹, 1630–1635; Florenz, PP · CLAUDE LORRAIN, 1646; Louvre). Der gleiche Landschaftstyp findet sich noch bei F. PRELLER (1864; Poznan/Posen, Nationalmus.). Bei P. LASTMAN (1609; Braunschweig, AUM · 1619;

München, AP) kniet Odysseus nackt, mit Blättern vor seiner Blöße, zu Füßen N.s.

Quellen: Homer, Odyssee 5,441–493, 6 und 7, 8,457–468; Pausanias, Periegesis 1,22,6. *Lit.:* O. Touchefeu-Meynier, Thèmes odysséens dans l'art antique, 1968.

Nausikaa
Friedrich Preller, 1864
(Poznan/Posen, Nationalmuseum)

Neptunus → Poseidon

Nereiden. Diese (nach Hesiod: fünfzig) Meeresnymphen waren, wie ihr Name sagt, Töchter des Meeresgottes Nereus, ihre Mutter war Doris, eine Tochter von → Okeanos und → Thetis. Sie sind vielleicht als Personifikationen der Meereswogen betrachtet worden. Man stellte sich vor, daß sie in der Tiefe des Meeres im Palast ihres Vaters wohnten und daß Weben, Spinnen und Singen dort ihre Beschäftigung waren. Sie galten als besonders schöne Gottheiten mit langem Haar. Meist treten sie anonym als Begleitfiguren (vornehmlich → Poseidons) auf, ohne an den Geschehnissen unmittelbar beteiligt zu sein. Ausnahmen sind Thetis, die Mutter auch des → Achilleus, Poseidons Gattin → Amphitrite und die in Akis verliebte → Galateia.

Ihre Darstellung, allein, mit Nereus oder im Zusammenhang einer Erzählung (von Achilleus, Amphitrite, Thetis u. a.) war bei Griechen, Etruskern und Römern gleichermaßen ein beliebtes Thema in allen Künsten und Formaten. Meist werden sie im Gehen oder Laufen gezeigt, mit einem *Fisch* in den Händen oder auf einem *Meeresungeheuer* reitend. Mit mancherlei *Juwelen* geschmückt, tragen sie den kurzen Chiton oder die lange Tunika und das Himation, ein wollenes, frei drapiertes Übergewand von rechteckiger Form. Ihre Haare hält der Sakkos, eine Art Haarnetz. Ohne Bezug zum überlieferten Mythos ist ihr Name mit einem berühmten Grabdenkmal verbunden, dem N.-Monument aus Xanthos im kleinasiat. Lykien (um 410 v. Chr.; London, BM): Zwischen den Säulen eines Tempels, den ein hoher Unterbau trägt, stehen N.-Statuen in quasi transparenten, vom Wind eng an die Körper gepreßten oder aufgebauschten Gewändern. Ein Mosaik in Olympia (Mus.) vom Ende des 1./Anfang des 2. Jh. n. Chr. aus einer Therme am Kronion-Hügel zeigt eine Nereide von hinten auf dem Rücken eines Stiers. Unter vielen weiteren Mosaiken dieses Themas befinden sich mindestens drei in Ostia, in den Terme di Trinacria, auf dem Piazzale delle Corporazioni und im Haus des Hundes Monus (1.–3. Jh. n. Chr.). Von zahlreichen Beispielen in der röm. Malerei seien die von Pompei (im Haus des Meleager) und Stabiae (aus der Villa di Arianna, 1. Jh. n. Chr.; Neapel, MN) angeführt. Nicht wenige N.-Darstellungen tragen Werke der Kleinkunst, Schmuck, geschnittene Steine (u. a. ein mit DALION signierter Amethyst, 2. Hälfte 1. Jh. v. Chr.; Den Haag, Königliches Kabinett), Gold- und Silbergegenstände. Alexandrin. Kunsthandwerker ritzten sie im 3. Jh. n. Chr. in beinerne Schmuckplaketten. Dank seiner Eingängigkeit und Eignung zu Figurenreihung paßte das Sujet besonders gut für die dekorative Ausstattung von Innenräumen, für Zierfriese vor allem, sinnvoll zumal in Bädern, Thermen und an Brunnenanlagen. In der Renaissance und im 17. Jh. finden sich N. wieder an Brunnen und in Gärten (›Thetisgrotte‹ und ›Neptunbassin‹ von Versailles). Eine Ölskizze von RUBENS für das Jagdschloß Torre de la Parada bei Madrid (1636–38; Rotterdam, MBB) zeigt eine Nereide auf dem Rücken eines → Tritons, der, halb Mensch, halb Meeresschlange, in ein Meereshorn stößt. Dieses besondere Motiv des Tritons mit einer Nereide findet sich bereits auf einem Kupferstich H. S. BEHAMS (1523), dann mehrfach im Werk A. BÖCKLINS (1873; München, SG · 1873/74; München, NP · ›Meeresidylle‹, 1887; Wien, KM) und bei RODIN (Terrakotta, um 1886; New York, MM).

Quellen: Apollodor, Bibliothek 1,2,7; Hesiod, Theogonie 240–264; Homer, Ilias 18,38–53.

Lit.: G. Becatti, Ninfe e divinità marine, 1971; K. Clark, Transformations of Nereids in the Renaissance, in: Burlington Magazine (1955).

Nereide
Jean-Baptiste Clésinger, 19. Jh. (Paris, Musée d'Orsay)

Nero
Römische Büste,
1. Jh. n. Chr.
(Paris, Louvre)

Nero. Lucius Domitius Claudius N., 37 n. Chr. geboren, war von 54 bis zu seinem Selbstmord im Jahr 68 röm. Kaiser. Eine Intrige seiner Mutter Iulia Agrippina d. J., die als zweite Frau des Kaisers Claudius ihren Sohn N. aus erster Ehe vom Kaiser hatte adoptieren lassen, brachte ihn anstelle des Claudius-Sohnes Britannicus auf den Thron. N.s erste fünf Regierungsjahre waren eine friedliche Zeit. Agrippina, deren Absicht es war, über ihren Sohn als Platzhalter selbst die Regierung auszuüben, stellte ihm den Gardepräfekten Burrus und den Philosophen → Seneca als Berater und Erzieher zur Seite. Diese beiden drängten ihn vermutlich, sich aus der Vereinnahmung durch die Mutter und dem schädlichen Einfluß des hochgekommenen Höflings Petronius zu lösen, der ihm ein Vorbild des verfeinerten, aber lasterhaften Lebensgenusses war. Agrippina war verunsichert und wandte sich Britannicus zu, den Nero alsbald vergiften ließ. Seine Mutter versuchte er ebenfalls aus dem Weg zu räumen, u. a. bei einem inszenierten Schiffbruch; als das mißlang, ließ er sie im Jahr 59 durch einen seiner Freigelassenen und zwei Offiziere niedermachen. Des gleichen Freigelassenen, Anicetus, bediente man sich, um N.s Frau Octavia des Ehebruchs zu beschuldigen, worauf sie verbannt und schließlich ermordet wurde. Treibende Kraft war dabei N.s Geliebte Poppaea Sabina (die später, als N.s Gattin, hochschwanger an seinen Mißhandlungen starb). Nachdem Burrus im Jahr 62 gestorben war (laut Sueton an einem von N. geschickten Gift) und Seneca es vorgezogen hatte, sich zurückzuziehen (um dann von N. zum Selbstmord gezwungen zu werden), fiel N. in einen brutalen und ausschweifenden Despotismus. Im Volk liefen Gerüchte um, die ihn beschuldigten, den verheerenden Brand Roms im Juli 64 verursacht zu haben. Er schob die Verantwortung dafür den Christen zu, gegen die grausame Verfolgungen einsetzten. Trotz seiner Versuche, durch populistische Maßnahmen, Circusspektakel und verschwenderische Spenden das Volk für sich einzunehmen, wuchs der Widerstand, und schließlich erklärte der Senat ihn zum Volksfeind. Der Gefangennahme entzog er sich durch Selbstmord, zu dem ihm sein Kabinettssekretär Beihilfe leisten mußte. Dio Cassius überlieferte als seine letzten Worte den Ausruf: »Qualis artifex pereo!« (»Was für ein Künstler geht mit mir verloren!«)

Büsten, Statuen und Münzen (u. a. im Louvre, im Vatikan und in den Uffizien) zeigen einen N. mit recht sanften, manchmal weichlichen Gesichtszügen. Eine Statue im Vatikan gibt ihn mit den Attributen des kitharaspielenden → Apollon wieder, entsprechend N.s Neigung zu öffentlichen Auftritten als Kitharaspieler. In der Zeit nach seiner Regierung wurde sein Bild geächtet, offiziell entfernt (»damnatio memoriae«) und verboten, so sehr wirkte die Erinnerung an seine grausamen Exzesse nach. Für die Maler der Neuzeit bot N.s Vita reichlich Stoff zur Darstellung der Freveltaten eines »schlechten Herrschers«, den man der traditionellen Reihe der Vertreter des »Guten Regiments« gegenüberstellte. Schon im Mittelalter verkörperte er, zu Füßen der Iustitia, das Laster der Ungerechtigkeit. Bevorzugtes Thema war der Tod der Agrippina und damit N.s

Enthüllung als Muttermörder (G. B. PITTONI, 1687–1767; Dresden, AM). Auf A. ZANCCHI zugeschriebenen Bildern des 17. Jh. (um 1690; Kassel, SM · Vaduz, SL) betrachtet N. den leblosen Leib seiner Mutter, mit der ihn ein inzestuöses Verhältnis verbunden haben soll. Den als Schiffbruch getarnten Mordanschlag auf Agrippina und ihre Rettung am Strand schilderte J. C. LOTH (vor 1659; München, AP). Die Verstoßung Octavias war ein Thema seit Renaissancezeiten und bis in das 19. Jh. (PIETRO DA CORTONA, um 1637; Uffizien · Lyon, MBA), ebenso N.s Fußtritt, mit dem er die schwangere Poppaea in einem Wutanfall tötete (A. MOLINARI, 1665–72; Verona, Mus. Civico). Das Thema »N. betrachtet den Brand Roms« gab schließlich eine treffliche Vorlage für aufsehenerregende Bilder (1546; Schloß Hampton Court, vermutlich von GIULIO ROMANO · C. T. v. PILOTY, ›N. auf den Trümmern Roms‹, um 1860; München, Städtische Galerie im Lenbachhaus, Vorstudie zum gleichnamigen Gemälde in Budapest, NM).

Quellen: Dio Cassius, Römische Geschichte 59–63; Sueton, De vita Caesarum: Nero; Tacitus, Annalen 13,1–23, 14, 15, 16.

Nestor. Der König von Pylos, dessen Altersweisheit von allen anerkannt und dessen Rat gesucht war, wird als weißhaariger Greis geschildert, weil er der Überlieferung zufolge über drei Generationen hinweg regiert hat. Trotz seines hohen Alters trat er noch auf dem Schlachtfeld in Erscheinung. Er nahm am Kampf der Lapithen gegen die → Kentauren teil, ebenso an der Jagd auf den Kalydonischen Eber. Dem Menelaos diente er nach der Entführung der Helena als Ratgeber und half ihm bei der Aufstellung der griech. Streitmacht gegen → Troja, zu der er selbst neunzig Schiffe bereitstellte; er fuhr mit in Begleitung seiner Söhne Antilochos und Thrasymedes. Während des Krieges spielte er eine ausgleichende Rolle als Schlichter bei den Streitereien der Griechen untereinander. N. war einer der wenigen, die nach der Eroberung Trojas ihren Thron ungehindert wieder einnehmen konnten.

Allein ist N. selten dargestellt worden; auf einem att. Skyphos der Mitte des 5. Jh. v. Chr. sieht man ihn beim Anlegen der Rüstung (Boston, MFA), auf einer Amphora fast der gleichen Zeit (Louvre) ist auch sein Sohn Antilochos zu sehen. Dagegen fehlt N. häufig nicht in den Ereignisbildern des Trojanischen Krieges, z. B. auf einem großen Silberteller des 5. Jh. n. Chr., dem sog. ›Schild des Scipio‹ (Paris, BN, Cabinet des médailles), in einer als Rückkehr der Briseis in das Zelt des → Achilleus oder als ihr Abschied gedeuteten Szene. Unter den zehn Anwesenden ist einzig N. aus dem Zusammenhang des Geschehens zu erkennen als bärtiger, auf einen Stab gestützter Mann. Auch in nachantiken ›Ilias‹-Szenen ist er nur eine sekundäre Figur. Eine gewisse Bedeutung erhält der alte N. lediglich in der Begegnung mit → Telemachos, der auf der Suche nach seinem Vater → Odysseus zu ihm nach Pylos kommt (Relief von Bourdelle, 1884; Montauban, Mus. Ingres).

Quellen: Homer, Ilias, passim, Odyssee 3.

Nestor
Attische Amphora, um 470 v. Chr. (Paris, Louvre)

Nike von Samothrake
Griechische Skulptur, um 190 v. Chr. (Paris, Louvre)

Nike, röm. **Victoria.** Eher eine Symbolfigur als eine Göttin, wird N. von Hesiod doch als Tochter des → Titanen Pallas und der Unterweltflußgöttin Styx genannt. Sie hatte den von den Göttern zugesprochenen Siegespreis zu überreichen, konnte aber nicht selbst über Sieg oder Niederlage entscheiden.

Dargestellt wird sie meist als *geflügelte* Frau, die dem Sieger einen *Lorbeerkranz* aufsetzt oder ihm die *Siegespalme* überreicht. Berühmtestes Beispiel ist die N. von Samothrake (2. Jh. v. Chr.; Louvre); sie steht auf einem Schiffsbug als Erinnerungsmal einer Seeschlacht, formal folgt sie einer von PAIONIOS geschaffenen Weihestatue der Messenier in Olympia (Mus., um 420 v. Chr.). Zahlreiche att. Vasen zeigen N. bei rituellen Handlungen, Opfern und Libationen, die nicht nur militärische Siege, sondern auch das Gelingen anderer Unternehmungen (Heirat, Wettkampf u. ä.) anzeigen. Reliefs an dem ihr oder der siegreichen → Athena geweihten Tempel auf der Athener Akropolis (vor 431 – um 421 v. Chr.) zeigen eine Folge geflügelter N.n (jetzt AM). Als der Kriegsgöttin Athena nahestehende Gottheit sieht man sie in kleiner Figur auch auf der Hand der von PHIDIAS um 448–438 geschaffenen Statue der Athena Parthenos (Replik, sog. ›Varvakionstatuette‹, 2. Jh. n. Chr.; Athen, NM). Das Motiv der geflügelten N./V. findet sich auch oft auf röm. Münzen. Ihr Bild, mit dem *Palmzweig*, haben die Christen der Spätantike als Engelsfigur übernommen und neu gedeutet, zumal auf Sarkophagen. In der Neuzeit wurde sie mehr und mehr zu einem militärischen Symbol. Man begegnet ihr in Historienbildern, auf Triumphbogen und Feldherren- oder Siegesdenkmälern. In einer L. LE NAIN zugeschriebenen Allegorie steht N. mit einem Palmzweig in der Hand über einem Gefallenen (um 1635; Louvre).

Quelle: Hesiod, Theogonie 383–388.
Lit.: A. C. M. Beck, Genien und Niken als Engel in der altchristlichen Kunst, Diss. Gießen 1936; T. Hölscher, Victoria Romana, 1967; C. Isler-Kerényi, Nike, 1969.

Niobe
Römische Kopie nach griechischem Original des 4. Jh. v. Chr. (Florenz, Uffizien)

Niobe, Königin von Theben, war die Tochter des Königs → Tantalos von Lydien. Mit ihrem Mann → Amphion, einem theban. Mitkönig, hatte sie viele Kinder (meist werden sieben Töchter und sieben Söhne genannt), auf die sie so stolz war, daß sie anmaßend behauptete, die Verehrung, die man der → Leto wegen ihrer nur zwei Kinder, → Artemis und → Apollon, entgegenbringe, gebühre eigentlich ihr. Für diese Beleidigung verlangte die Göttin von ihren Kindern Genugtuung. Darauf tötete Apollon die Söhne und Artemis die Töchter der N. mit ihren Pfeilen. Die Mutter der Niobiden brach in unaufhörliches Weinen aus und wurde in einen *Felsen* verwandelt, aus dem eine *Quelle* strömt.

Die Vasenmalerei des 5. Jh. kennt bereits Darstellungen der von Artemis und Apollon exekutierten Rache der Leto (Kelchkrater des NIOBIDENMALERS, um 460 v. Chr.; Louvre), die des 4. Jh. die Verwandlung der N. in einen Felsen bzw. eine steinerne *Statue*. Berühmt wurde eine im

16. Jh. in Rom gefundene Skulpturengruppe des Niobidentods, die auf ein Original des 4. Jh. v. Chr. zurückgeht; sie kam aus Medici-Besitz in die Uffizien (eine weitere Replik im Vatikan). Auch auf röm. Sarkophagen findet sich das Thema (um 160/170 n. Chr.; München, G). Die im Garten der Villa Medici in Rom aufgestellte antike Gruppe wirkte nach in der Malerei des Barock: Die Szene wurde in ein Gehölz verlegt, zwischen Bäumen Schutz suchend, fliehen die Niobiden vor den Pfeilen, die Apollon und Artemis aus der Höhe des Himmels auf sie abschießen. Daneben fleht N. weinend zu den Göttern. L. GIORDANO hat das Thema mehrmals behandelt, dabei den Kontrast zwischen fliehenden Niobiden und blind wütendem Apollon herausgestellt (um 1658–60; Memphis, Brooks Memorial Art Gallery · um 1675–80; Rom, Palazzo Chigi). Einzelne Niobidenfiguren schufen u.a. die Bildhauer J. PRADIER (1822; Louvre) und RODIN (um 1900; Toledo/Ohio, Mus. of Art).

Quellen: Homer, Ilias 24,602–617; Ovid, Metamorphosen 6,146–312.
Lit.: E. Wiemann, Der Mythos von Niobe und ihren Kindern, 1986.

Nymphen waren Naturgottheiten und, wie einige sagen, Töchter des → Zeus. N. lebten singend und Wolle spinnend in Wald und Flur. Die jungen Frauen (griech. *nymphai*) personifizierten die Fruchtbarkeit, den sinnlichen Reiz und die Lebensgeister der Natur. Doch sollte man sich mit ihnen gut stellen, denn sie waren empfindlich und konnten sich als furchtbare Dämonen erweisen. Als Naturgeistern waren ihnen bestimmte Bereiche zugewiesen: Die Dryaden waren Baumn., das Element der → Nereiden und der → Okeaniden war das Meer, die → Naiaden lebten in Quellen, Bächen und Seen, die Oreaden auf Bergen. Als untergeordnete Gottheiten begleiteten sie meist die Göttinnen und Götter erster Ordnung, z. B. → Artemis und → Apollon, oder sie dienten höhergestellten N., wie → Kalypso, → Kirke, Nysa und Oinone. Die N. hatten ein reichbewegtes Liebesleben; so konnte es vorkommen, daß sie junge Männer entführten (→ Hylas). Die Götter ihrerseits verschlossen ihre Augen nicht vor der Schönheit der N. (Zeus, Apollon, → Hermes, → Dionysos). N. waren es, denen Zeus und Dionysos als Kinder anvertraut wurden.

Quellnymphe
Jean Goujon, um 1550
(Paris, Fontaine des Innocents)

Auf einem Marmorrelief vom Ende des 5. Jh. v. Chr. (Berlin, Ant.) führt Hermes die Reihe der in edle Stoffe gekleideten N. an und geleitet sie aus einer Grotte, in der man den Flußgott → Acheloos sieht, der einigen auch als ihr Vater gilt. Welche Schwierigkeiten die Identifizierung manchmal, wenn die N. nicht im gewohnten Zusammenhang stehen, bietet, zeigt das Beispiel der sog. ›Nymphe mit der Muschel‹ in der Haltung einer Knöchelspielerin (2. Jh. v. Chr.; Louvre), die nicht weniger begründet auch als → Thetis oder → Aphrodite angesehen wird. Eine Skulptur im Konservatorenpalast in Rom, röm. Replik einer alexandrin. Marmorgruppe des 2. Jh. v. Chr., zeigt eine Nymphe, die sich aus den Armen eines → Satyrs zu befreien sucht. In der Neuzeit sind N. kaum öfter als in

Quellnymphe
Lukas Cranach d. Ä., nach 1537 (Washington, National Gallery of Art)

der Antike selbständiges Bildthema geworden. Dafür sind sie bei der Geburt des → Adonis anwesend, bei der Bestrafung Amors, bei Apollon und → Marsyas, Diana und → Aktaion. Meist werden sie von Satyrn begleitet, oft von ihnen belauscht. Nach einer Komposition des ROSSO FIORENTINO schuf B. CELLINI, der 1540 nach Frankreich gekommen und in den Dienst Franz' I. getreten war, sein Bronzerelief der ›Nymphe von Fontainebleau‹ (1542/43; Louvre), einer von Waldtieren und Hunden umlagerten jungen Frau mit einem Früchtekranz im Haar, an einem Wasserlauf lagernd, der sich aus einem Krug in ihrer Hand ergießt. Mit ihrer-Rechten streichelt sie den Hals des Hirsches, dessen vollplastischer Kopf

Drei Quellnymphen
François Boucher, Zeichnung, 1749 (San Francisco, Fine Arts Museum)

das Zentrum der Komposition bildet. Dieses Relief schmückte das Schloßportal von Fontainebleau bis zum Tode des Königs, dann vermachte es Heinrich II. seiner Favoritin Diane de Poitiers für ihr Schloß Anet. Das Paar ›Kentaur und Nymphe‹ (L. Giordano, 1682–85; Neapel, MC) war bis in das 19. Jh. ein geschätztes Bildmotiv (Rodin, um 1886; Paris, MO). Der frz. Bildhauer Clodion liebte es, die N. als kaum der Kindheit entwachsene blutjunge Mädchen in Schöpfungen voll kühlen Charmes zu schildern (›Nymphe und Satyr‹; New York, MM · ›Nymphe mit einem durch einen Goldkäfer erschreckten Kind‹, Terrakotta, 1799; Washington, NG · ›Zwei N. mit Fruchtschalen‹, um 1785–93; Paris, Mus. des Arts Décoratifs). Im 17. Jh. stellte man die N. gern in große Landschaften, im 18. Jh. gab man ihnen oft Amoretten als Begleiter, wie z. B. Boucher (1746; Stockholm, NM). Beide Motive griff Corot auf: ›Tanz der N.‹ (um 1850) und ›N. beim Spiel mit einem Amorknaben‹ (1857; beide Paris, MO).

Quelle: Homer, Odyssee 9,154 (Töchter des Zeus), 13,104–108.347–358.

Oceanus → Okeanos

Octavianus → Augustus

Odysseus, röm. **Ulixes.** Der König von Ithaka war der Sohn der Antikleia und des Laertes. Mit seiner Gemahlin → Penelope hatte er einen Sohn, → Telemachos. O., der vielleicht populärste griech. Held, war einer der Hauptakteure im Trojanischen Krieg. Homer erzählt in der ›Odyssee‹ die Heldensage seiner Heimfahrt nach Ithaka nach dem Fall von → Troja. Weil er den Zorn des → Poseidon auf sich gezogen hatte, war die Rückkehr voll abenteuerlicher Prüfungen und dauerte zehn Jahre. O. war bekannt für seinen Mut wie für seine Gerissenheit. Geschickt im Vermitteln, wurde er z. B. mit der Aufgabe betraut, → Achilleus von König Lykomedes wegzulocken, Chryseis ihrem Vater zurückzugeben und → Philoktetes, der den Bogen des → Herakles besaß, für die griech. Sache wiederzugewinnen.

Die verschiedenen Stationen seiner Irr- und Rückfahrt nach Ithaka waren höchst ergiebige künstlerische Inspirationsquellen in der Antike wie danach: O. und der Kyklop, → Polyphemos, O. und → Kirke, O. und die → Sirenen, O. auf der Insel der → Kalypso, O. und Penelope, O. und die Freier usw. In der antiken Kunst sind diese Themen zu allen Zeiten und in allen Gattungen behandelt worden, auf Münzen, in der Glyptik, der Vasenmalerei, der Skulptur, der Toreutik und Edelmetallkunst. Tritt O. allein auf, sitzt er meist, z. B. auf einem Felsen, in nachdenklicher Haltung, mit dem *konischen Hut*, dem *Pilos*, auf dem Kopf. Manchmal – bei der Rückkehr in sein Haus – ist er als Bettler gekleidet. Immer aber trägt er einen Bart. Die Abenteuer seiner Irrfahrt haben dann Maler der italien. Renaissance in Bildzyklen umgesetzt, P. Tibaldi im Palazzo Poggi in

Odysseus mit seinen in Schweine verwandelten Gefährten
Attische Lekythos, um 500 v. Chr. (Taranto, Museo Archeologico Nazionale)

Odysseus entkommt aus Polyphems Höhle
Attische Schale, um 530 v. Chr. (London, British Museum)

Bologna (1554–56), A. ALLORI im Palazzo Ceparello (um 1580) und im Palazzo Salviati (1617), beide in Florenz, und ANN. CARRACCI im Palazzo Farnese in Rom (1597–1600). Die Fresken von PRIMATICCIO (1533–35) und NICCOLO DELL'ABBATE (1550–60) in Schloß Fontainebleau wurden zwar im 18. Jh. zerstört, hatten aber eine in vielen Kopien und graphischen Vervielfältigungen belegte Ausstrahlung. J. FLAXMAN illustrierte die ›Odyssee‹ mit 34 Zeichnungen (1792 und 1804; London, BM und Royal Academy), KOKOSCHKA mit 44 Lithographien (1963–65). Die Zahl der Einzeldarstellungen aus allen Epochen ist kaum zu überblicken.

Quelle: Homer, Ilias, Odyssee.
Lit.: B. Andreae, Odysseus. Archäologie des europ. Menschenbildes, 1984; Ders., Praetorium Speluncae. Tiberius und Ovid in Sperlonga, 1994; Ders., Odysseus. Mythos und Erinnerung, 1999; F. Brommer, Odysseus. Die Taten und Leiden des Helden in antiker Kunst und Literatur, 1983; I. Krueger, Illustrierte Ausgaben von Homers ›Ilias‹ und ›Odyssee‹ vom 16. bis ins 20. Jh., Diss. Tübingen 1971; O. Touchefeu-Meynier, Thèmes odysséens dans l'art antique, 1968.

Oidipus, röm. **Oedipus.** Die Sage von Oi. ist eine der berühmtesten Mythenerzählungen, die von den tragischen Dichtern überliefert wurde. Seine Mutter hieß Iokaste, sein Vater war der theban. König Laios, dem geweissagt worden war, daß der Sohn, den er zeugen werde, Tod und Verderben über ihn und seine Familie bringe. Deshalb setzte Laios den Neugeborenen aus, nachdem er ihm die Füße hatte durchbohren lassen. Das Kind wurde aber gerettet und von Polybos, dem König von Korinth, und seiner Frau Merope aufgenommen und aufgezogen; man nannte es Oi., d. h. »Schwellfuß«. Seine Herkunft blieb ihm verborgen, bis ihm eines Tages ein Betrunkener höhnisch offenbarte, daß er adoptiert sei. Tief beunruhigt ging Oi. nach Delphi und bat das Orakel um Aufschluß. Die Pythia wies ihn aber aus dem Tempel, weil er seinen Vater töten und seine Mutter heiraten werde, zudem auch über seine Nachkommen Unglück verhängt sei. Auf dem Rückweg nach Korinth geriet Oi. in einem Engpaß nahe Theben mit einem Reisenden und dessen Gefolge in

Streit – es war der ihm unbekannte Laios. Oi. erschlug alle bis auf einen Diener. Als er nach Theben kam, fand er die Stadt in Schrecken vor der Sphinx, die alle, die ihr nahekamen, auffraß, wenn sie eine bestimmte Rätselfrage nicht beantworten konnten. Einzig Oi. wußte die Lösung; das Ungeheuer stürzte sich vor Wut vom Felsen, auf dem es zu thronen pflegte, in die Tiefe. Kreon, der nach dem Tod des Laios über Theben regierte, hatte dem, der es von der Sphinx befreien würde, Iokastes Hand versprochen. So kam es, daß Oi. seine Mutter heiratete und König von Theben wurde. Das Paar bekam zwei Söhne und zwei Töchter: Eteokles und Polyneikes, Antigone und Ismene. Als einige Jahre später die Stadt von der Pest heimgesucht wurde, sandte man Kreon nach Delphi, um von der Pythia die Ursache der Seuche zu erfragen. Er berichtete, die Katastrophe dauere an, weil der Mörder des Laios ungestraft in der Stadt lebe. Oi. befragte den Seher → Teiresias und erfuhr nach und nach die ganze furchtbare Wahrheit. Iokaste erhängte sich aus Verzweiflung, Oi. stach sich die Augen aus, verließ die Stadt und wanderte unstet umher, geleitet von seiner Tochter Antigone. Nach vielen Fährnissen gelangte er in die att. Stadt Kolonos, wo ihm → Theseus Aufenthalt gewährte. Dort ist Oi. gestorben.

Oidipos und die Sphinx
Attische Schale, um 480 v. Chr. (Rom, Vatikanische Museen, Museo Gregoriano-Etrusco)

In der griech. und süditalien. Vasenmalerei war die Begegnung mit der Sphinx ein besonderes Thema: Oi. steht oder sitzt in Wanderkleidung der Sphinx gegenüber, sie blickt von einer Säule oder einem Felsen auf ihn herab. Die schönste dieser Darstellungen ist zweifellos das Innenbild einer rotfigurigen Schale im Vatikan (um 480 v. Chr.). Eine einzige Vase zeigt das ergreifende Bild des kleinen, in den Armen des Hirten, der ihn fand, geborgenen Oi. (Amphora des ACHILLEUSMALERS, um 460 v. Chr.; Paris, BN, Cabinet des médailles). Eine röm. Malerei des 1. Jh. n. Chr. (Palermo, MA) stellt vielleicht Oi. und einen Boten dar, der ihm die Nachricht vom Tod seines Adoptivvaters Polybos bringt. Mit einem weiteren Thema macht ein spätantikes Elfenbeinrelief vom Anfang des 6. Jh. n. Chr. (Eremitage) bekannt: Der blinde Oi., auf zwei Kinder gestützt, hinter ihm seine beiden Töchter. Oi.-Darstellungen finden sich dann nicht selten auf etrusk. und röm. Sarkophagen und Urnen. In der Neuzeit ist die Auffindung des Oi.-Kindes durch den Hirten ein wenn auch seltenes Thema; bei F. LECOMTE (Marmorskulptur, 1771; Louvre) ist es mittels eines durch seine Knöchel gezogenen Bandes an einen Baum gebunden. ›Oi. und die Sphinx‹ wird wieder ein Sujet, so bei INGRES (1808–25; Louvre) und G. MOREAU (1846; New York, MM). J. H. FÜSSLI stellte Oi. »auf« (weil hochgelegenem) Kolonos in einem Gemälde 1784 (Liverpool, WG) dar, J. B. HUGUES 1882–85 in einer Skulptur (Paris, MO).

Oidipos verläßt Theben in die Verbannung
Henri Lévy, 19. Jh. (Paris, Musée d'Orsay)

Quellen: Aischylos, Sieben gegen Theben 742–1084; Homer, Odyssee 11,271–280; Seneca, Oedipus; Sophokles, König Ödipus, Ödipus auf Kolonos.

Lit.: J.-M. Moret, Œdipe, la sphinx et les Thébains. Essai de mythologie iconographique, 1984.

Okeanos
François Lemoyne, 18. Jh.
(Versailles, Bassin de Neptune)

Okeanos, röm. **Oceanus** heißt ein die Erde umkreisender Fluß aus dem → Hades und zugleich sein Gott. Dieser Gott, durch seine Schwester Tethys Vater aller Flußgötter und der Okeaniden, entstammte dem Geschlecht der → Titanen, er war der Sohn des Uranos (Himmel) und der Gaia (Erde). O. galt als Urborn aller Meere, Flüsse und Quellen. Bart und volles Haar sind seine allgemeinen Kennzeichen.

Auf einem Krater des SOPHILOS (um 580 v. Chr.; London, BM) ist er halb Mensch, halb *Fisch*, und trägt *Hörner*; er hält eine *Schlange* und einen Fisch in Händen. In der röm. Kunst gleicht er den Flußgöttern. Aus nachantiker Zeit sind nicht viele so herausragende Einzeldarstellungen wie der Marmorbrunnen des GIOVANNI DA BOLOGNA für die Florentiner Boboli-Gärten (1570–75; jetzt Florenz, MB) bekannt. In J. FLAXMANS Illustrationen zur ›Theogonie‹ des Hesiod (1807–14) erscheint auch O. MAGRITTE hat in einem Gemälde von 1943 (Priv.) das Geschlecht des Gottes umgewandelt und frei nach antiker Bildtradition aus ihm eine als Aktfigur aus den Wellen auftauchende → Aphrodite gemacht.

Quellen: Hesiod, Theogonie 133, 337–370, 787–791; Ovid, Metamorphosen 9,499.

Zeus im Kreis der olympischen Götter
Pietro da Milano, Stich, um 1550

Olympos. Unter mehreren griech. Bergen dieses Namens wurde der O. im nördlichen Thessalien, beim Golf von Saloniki, traditionell als der Sitz der Götter betrachtet. Die hier unter der Autorität des → Zeus lebende Götterversammlung, die sich von Nektar und Ambrosia nährte, umfaßte nach der Überlieferung nicht mehr als zwölf Personen; ihre Namenliste stammt allerdings erst aus später Zeit; vgl.: Aphrodite · Ares · Artemis · Athena · Dionysos · Demeter · Hades · Hephaistos · Hera · Hermes · Poseidon · Zeus.

Opfer. In der Antike wurden den Göttern Haustiere zum Opfer dargebracht. So opferte Aeneas (→ Aineias) ein Mutterschwein. In den Erzählungen des Mythos wird aber auch von Menschenopfern berichtet, die aber nur in außergewöhnlichen, von den Göttern herbeigeführten Situationen vollzogen werden, wie im Fall → Iphigenies, oder durch die Erscheinung des Schattens eines Verstorbenen, wie des → Achilleus, der die

Opferung → Polyxenas fordert. Schließlich kann es auch einer barbarischen Gewohnheit entsprechen, ganz nach der Art des Pharao → Busiris, der drauf und dran war, den → Herakles als Opfer hinzuschlachten.

Orestes war der Sohn → Agamemnons und Klytaimnestras, Bruder von → Iphigenie und Elektra. Eines der ersten Ereignisse, die von ihm berichtet werden, fand zu Beginn des Trojanischen Krieges statt, als die Griechen Mysien, das Königreich des Telephos, das sie für → Troja hielten, angriffen: → Achilleus hatte Telephos am Oberschenkel verwundet, und ein Orakel hatte dem König geoffenbart, daß nur die Waffe, welche die Wunde schlug, sie auch heilen könne; andererseits wußten die Griechen, ebenfalls aus einem Orakelspruch, daß nur Telephos ihnen den Weg nach Troja weisen könne. Telephos entführte den kleinen O. und drohte ihn zu töten, wenn Achilleus sich weigere, die Wunde zu schließen. Der griech. Heros willigte schließlich ein, O. wurde frei, und Telephos zeigte den Griechen die Route nach Troja. Als Agamemnon nach der Rückkehr aus dem Krieg durch Klytaimnestra und ihren Geliebten Aigisthos in Mykene ermordet worden war, brachte Elektra ihren Bruder bei ihrem Onkel, König Strophios von Phokis, in Sicherheit, der ihn zusammen mit seinem eigenen Sohn Pylades heimlich aufzog; beide Kinder wurden ein unzertrennliches Freundespaar. Zum Mann herangewachsen, kehrte O. nach Mykene zurück und rächte auf Drängen Elektras den Mord an seinem Vater, indem er seine Mutter Klytaimnestra und Aigisthos umbrachte. Für diese Tat verfolgten ihn die Rachegöttinnen, die → Erinyen, und trieben ihn in den Wahnsinn. Er suchte seine Zuflucht im Heiligtum des → Apollon in Delphi und erlangte dort die Befreiung von diesem Fluch, aber erst als er nach Athen ge-

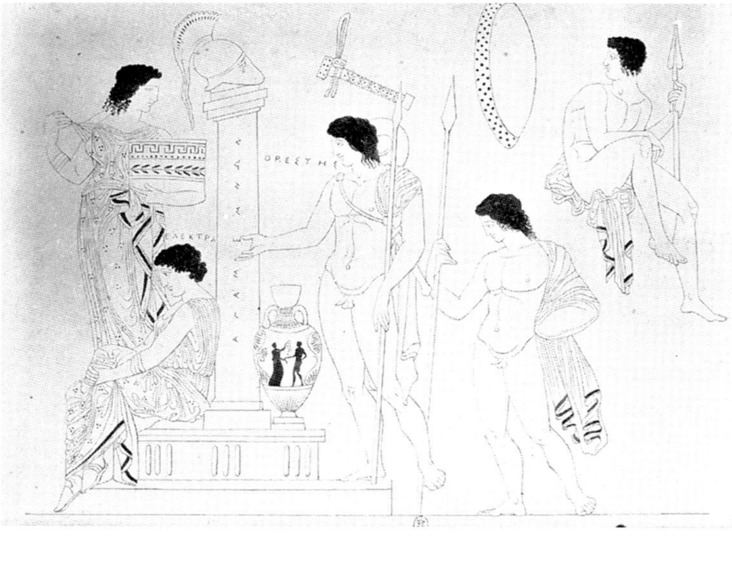

Orestes und Elektra
Umzeichnung von einer lukanischen Amphora, um 380 v. Chr. (Neapel, Museo Archeologico Nazionale)

langt war, ließen die Erinyen von seiner Verfolgung ab; in einem von → Athena einberufenen Tribunal des Areopag gab die Stimme der Göttin den Ausschlag für seinen Freispruch. Nach anderer Überlieferung mußte O., um der Wut der Erinyen endlich zu entkommen, die → Artemisstatue der Taurer nach Athen entführen, was ihm in Begleitung von Pylades mit der Hilfe seiner in Tauris als Priesterin im Heiligtum der Artemis verpflichteten Schwester Iphigenie auch gelang. O. wurde König von Mykene, später auch von Sparta.

Nicht wenige antike Vasenbilder zeigen Telephos wie einen Schutzflehenden an einem Altar sitzend und sein Schwert drohend auf den kleinen O. richtend (att. Krater, um 410 v. Chr.; Berlin, Ant.). Die Ermordung des Aigisthos ist auch oft Bildthema. Ein dem MALER DER DOKIMASIE zugeschriebener Krater (um 480 v. Chr.; Boston, MFA) verbindet antithetisch den Tod des Agamemnon (Vorderseite) mit dem Tod des Aigisthos (Rückseite). Die meisten der auf das Geschehen in Delphi bezogenen Vasenbilder zeigen O. hilfeflehend am Altar des Apollon oder am Omphalos (apul. Krater, um 380 v. Chr.; Neapel, MN). Auf etrusk. Spiegeln verfolgen ihn die Erinyen mit ihren entfesselten Schlangenhaaren. Seine Reinigung wird mit dem Blut eines Jungschweins vollzogen (Krater des EUMENIDENMALERS, um 390 v. Chr.; Louvre). Die Begegnung von O. und Iphigenie im Land der Taurer stellte der danach benannte IPHIGENIENMALER dar (um 400 v. Chr.; Ferrara, MA). Die Hauptszenen der O.-Erzählung finden sich auf röm. Sarkophagen, auf einem Exemplar im Vatikan aus der Mitte des 2. Jh. n. Chr. als Bildfolge mit O. am Grab Agamemnons, der Ermordung Klytaimnestras und des Aigisthos, der Verfolgung des O. durch die Erinyen in Delphi und, auf dem Deckel, Iphigenie in Tauris sowie dem Raub der Artemisstatue. In nachantiker Zeit war der Wahnsinn des O. bevorzugtes Bildthema. Die Verfolgung durch die Erinyen haben H. FÜSSLI (1762–64; Dresden, AM), A. W. BOUGUEREAU (1862; Norfolk/Virginia, Chrysler Mus.), G. MOREAU (1891; Turin, Sammlung Agnelli) und F. STUCK (1896–1905; Rom, Galleria Nazionale d'Arte Moderna) in Zeichnungen und Gemälden dargestellt. P. LASTMAN malte das Freundespaar O. und Pylades (1614; Amsterdam, RM). P. A. HENNEQUIN schilderte die ›Gewissensqualen des O.‹ (1800; Louvre). J. FLAXMAN hat 1793/94 die ›Orestie‹ des Aischylos mit dreizehn Zeichnungen illustriert (London, University College).

Quellen: Aischylos, Orestie; Apollodor, Epitome 6,14.24–28; Euripides, Elektra, Orestes, Iphigenie bei den Taurern; Hygin, Fabeln 117–123; Sophokles, Elektra.
Lit.: D. Knoepfler, Les images de l'Oreste. Milles ans d'art antique autour d'un mythe grec, 1992; A. J. N. W. Prag, The Oresteia. Iconographic and Narrative Tradition, 1985.

Orion war ein Jäger aus Böotien oder Euböa, schön und von riesiger Statur. Seine Legende ist in mehreren Versionen überliefert. So soll er von → Zeus, → Poseidon und → Hermes auf merkwürdige Art aus der Haut

XVII **Saturn frißt seine Kinder.** Francisco Goya, um 1821–23 (Madrid, Prado)

XVIII **Apollon und Marsyas.** Pietro Perugino, 1495 (Paris, Louvre)

XIX **Blendung des Kyklopen Polyphemos durch Odysseus und seine Gefährten.** Lakonische Schale, um 560 v. Chr. (Paris, Bibliothèque Nationale, Cabinet des médailles)

XX **Oidipus löst das Rätsel der Sphinx.** Jean-Dominique Ingres, 1808–25 (Paris, Louvre)

XXI **Orion.** Gemäldeausschnitt aus ›Landschaft mit Diana und Orion‹. Nicolas Poussin, 1658 (New York, Metropolitan Museum)

XXII **Der Tod des Orpheus.** Émile Lévy, 1866 (Paris, Musée d'Orsay)

XXIII **Perseus befreit Andromeda.** Paolo Veronese, 1583 (Rennes, Musée des Beaux-Arts)

XXIV **Der Sturz des Phaethon.** Gustave Moreau, 1878
(Paris, Louvre, Cabinet des dessins, Fonds du Musée d'Orsay)

eines Opferstieres für den König von Thrakien (oder von Hyria in Böotien) geschaffen worden, nach anderen aber ein Sohn der Minos-Tochter Euryale und des Poseidon gewesen sein. Weil er versucht habe, Merope, die Tochter des Königs Oinopion von Chios, dessen Gast er war, zu mißbrauchen, hätte ihn Oinopion geblendet. O. ging zu → Hephaistos, der ihm einen Knaben als Begleiter gab, den O. sich auf die Schultern setzte. Mit ihm gelangte er nach Osten zu Helios, und im Anblick der aufgehenden Sonne erlangte er sein Augenlicht wieder. Nach den meisten antiken Autoren fand er den Tod durch einen *Skorpion*, den ihm Gaia oder → Artemis, der er ebenfalls Gewalt hatte antun wollen, schickte. Andere berichten, Artemis habe ihn geliebt und versehentlich erschossen, worauf sie sein Bild an den Sternenhimmel versetzen ließ. Doch auch dort ist ein Skorpion sein Verfolger.

Aus der Antike sind nur wenige O.-Darstellungen bekannt. Lukian gibt eine kurze Beschreibung eines Gemäldes, das die Wiedergewinnung seines Augenlichts schildert. Auf einem Wandbild vom Esquilin in Rom (um 50 v. Chr.; Vatikan) erscheint ein Jäger, vielleicht O., inmitten einer Schar Verdammter in der Unterwelt. Vincenzo Cartari hat in seinen ›Imagini de i dei‹ (1556) O. als Liebhaber der Artemis beschrieben; ihm folgte POUSSIN in seiner – der berühmtesten – O.-Darstellung (1658; New York, MM), in welcher der Riese unter den Augen seiner aufrecht in einer Wolke schwebenden göttlichen Geliebten auf die Sonne zuschreitet. O.s Tod durch den Stachel eines Skorpions hat RAFFAELLINO DA REGGIO in einem Fresko des Palazzo Farnese in Caprarola (Sala del mappamondo) 1574 dargestellt.

Quelle: Lukian, Peri tu oiku 60,28–29.
Lit.: E. H. Gombrich, Poussins Orion, in: E. H. G., Das symbolische Bild. Zur Kunst der Renaissance II, 1986, S. 145–149.

Orpheus. Der thrak. Sänger aus einer Region unweit des → Olympos war der Sohn der Muse Kalliope und des Flußgottes (oder thrak. Königs) Oiagros, vielleicht aber → Apollons. O. war vor allem eines: Musiker. Mit seinem Gesang und Lyraspiel bezauberte und beschwichtigte er wilde Tiere ebenso wie wilde Menschen. Beim Zug der → Argonauten bestimmte er den rhythmischen Takt der Ruderschläge und beruhigte den Schlag der Wellen. Seine Musik vermochte selbst die Monstren der Unterwelt sanft zu überwältigen, und so gelang es ihm, von → Hades und → Persephone die Freilassung seiner Gattin Eurydike, einer auf der Flucht vor den Nachstellungen des Hirten Aristaios durch den Biß einer Schlange getöteten → Nymphe, zu erlangen. Die beiden Unterweltgötter knüpften daran nur die Bedingung, daß sich O. nicht vor Erreichen des Tageslichts nach Eurydike umschauen dürfe. Weil O. seinem Verlangen, sie wiederzusehen, aber nicht lange genug widerstehen konnte, verlor er sie für immer. O. selbst fand einen gewaltsamen Tod: Aus Eifersucht auf seine Gewalt über die Menschen oder weil er der Liebe ganz abgeschwo-

Orpheus und Eurydike
Majolika, Urbino, 16. Jh.
(Venedig, Museo Correr)

Orpheus
Alabasterskulptur aus Sabbartha (Tripolis, Tripoli Museum)

Thrakerin mit dem Haupt und der Lyra des Orpheus
Gustave Moreau, 1865 (Paris, Musée d'Orsay)

ren hatte, rissen ihn thrak. Frauen in Stücke. Sein Kopf – und wohl auch die Leier – trieben über einen Fluß in das Meer und bis Lesbos oder an die Küste Kleinasiens. Noch lange nach seinem Tod war die *Lyra* (welche die → Musen als Sternbild an den Himmel versetzt haben sollen) zu vernehmen, und noch lange verkündete des O. Mund das Orakel.

In att. Vasenbildern spielt der als Grieche gekleidete O. vor bewegungslos lauschenden thrak. Kriegern die Lyra (Krater des ORPHEUSMALERS, um 460 v. Chr.; Berlin, Ant.). Einige zeigen seine Tötung durch die mit Thyrsosstäben, Spießen, Steinen, Sicheln oder Keulen auf ihn eindringenden Thrakerinnen, die manchmal Tätowierungen tragen (att. Stamnos, um 460 v. Chr.; Louvre). Auf einer Schale (um 420 v. Chr.; Cambridge, FM) liegt das Haupt des O. vor einem Jüngling, der einen Orakelspruch auf einer Schreibtafel notiert. Als älteste O.-Darstellung gilt ein Metopenrelief in Delphi (Mus.), vom Schatzhaus der Sikyonier (um 560 v. Chr.); der Sänger erscheint hier mit den Dioskuren an Bord der Argo. Berühmt ist das in mehreren röm. Repliken (Rom, GA · Neapel, MN · Louvre) überlieferte griech. Weiherelief vom Ende des 5. Jh., das die Entschleierung der von → Hermes geführten Eurydike durch O. zeigt. In der röm. Kunst hat offensichtlich der Gesang des O. vor den Tieren in Mosaiken und Gemälden den meisten Anklang gefunden (u. a. 4. Jh. n. Chr.; Arles, Mus.). Diese Szene erscheint auch auf spätantiken Sarkophagen, teils wohl schon in christlicher Deutung (s. unten). O. in der Unterwelt zeigen italiot. Vasen (Krater, um 320 v. Chr.; München, Ant). Seltener ist dagegen die Rückführung der Eurydike durch O.; sie erscheint im Zusammenhang mit der Totenbestattung in einer Wandmalerei von Ostia (1. Jh. n. Chr.). In der frühchristlichen Ikonographie tritt O., z. B. zwischen Lämmern die Lyra spielend, als Präfiguration Christi in Erscheinung (Anfang 3. Jh.; Rom, Callisto-Katakombe), in gleicher Bedeutung als Vorform des Bildes vom Guten Hirten (Anfang 4. Jh.; Rom, Priscilla-Katakombe · 5. Jh.; Domitilla-Katakombe). Die jüd. Tradition kennt O. in der Gleichsetzung mit König David (Mosaik, 508/509 n. Chr.; Jerusalem, Israel Mus., aus der Synagoge in Gaza). O. in der Unterwelt ist in L. SIGNORELLIS Fresken der S.-Brizio-Kapelle des Doms von Orvieto dem Bild Christi in der Vorhölle gegenübergestellt (1500–04). Drei herausragende Ereignisse des O.-Mythos hat dann MANTEGNA in Grisaillereliefs der Camera degli sposi des Palazzo Ducale von Mantua (1468–74) behandelt: Dem musizierenden O. lauschen zwei Frauen und ein Löwe; O. in der Unterwelt vor → Kerberos und einer → Erinye; schließlich die Tötung des O. durch die thrak. Frauen. Auf einem GIOV. BELLINI zugeschriebenen Gemälde (1513; Washington, NG) ruht O., die Lyra (hier ein Geigeninstrument) spielend inmitten einer von Tieren gesäumten Waldlichtung in Gesellschaft zweier Nymphen und eines → Fauns. Die Bezauberung der Tiere durch O. war ein Lieblingssujet des fläm. Malers R. SAVERY zur Demonstration seiner virtuosen Fähigkeiten in der Tierdarstellung: es sind ein Dutzend Fassungen des Themas von seiner Hand zwischen 1610 und 1628 bekannt (u. a. Berlin,

GG · Frankfurt a. M., SK · Louvre). Indessen wurden die Episoden mit Eurydike allgemein bevorzugt, z. B. von RUBENS (›Eurydikes Tod‹, 1636–38; Prado) und POUSSIN (›Landschaft mit O. und Eurydike‹, 1648–1650; Louvre). Die Heraufholung der Eurydike aus dem Hades gibt ein Bronzerelief von P. VISCHER D. J. wieder (um 1514; Berlin, Schloß Charlottenburg). Die Szene ist Teil von TIEPOLOS der Macht der Beredsamkeit gewidmetem Fresko im Palazzo Sandi, Venedig (um 1725), und Thema eines Leinwandbildes von A. FEUERBACH (1869; Wien, KM). G. MOREAU (1890; Paris, MM) und RODIN (›O. ruft die Götter an‹, Bronze, 1892; Paris, MR) haben dem Trennungsschmerz des O. Ausdruck verliehen. Kaum weniger oft ist der Tod des O. das Thema. So in Fresken B. PERUZZIS (1511/12; Rom, Villa Farnesina) und G. LAZZARINIS (1698; Venedig, Palazzo Rezzonico). Bei L. GIORDANO erscheinen die thrak. Frauen, Ovids Überlieferung entsprechend, als → Mainaden (um 1700; Prado). In einem Gemälde G. MOREAUS ist eine junge Frau in den Anblick des Hauptes und der Lyra des O. versunken, die sie aus den Fluten gerettet hat (1865; Paris, MO), ein Motiv, das O. REDON um 1904 (Paris, MO) aufgegriffen hat. Als Erfinder der Musik und als der Dichter und Musiker schlechthin ist O. vielfach betrachtet worden. DELACROIX hat ihn zum kulturstiftenden Heros verklärt bei der malerischen Ausstattung der Bibliothek im Pariser Palais Bourbon (1838–47; heute Chambre des Députés), wie vor ihm schon J. BARRY (1777–84; London, Society for the Encouragement of Arts). In gleichem Sinne vorbildlich erscheint O. auch in R. DUFYS Holzschnittillustrationen zum ›Bestiaire d'Orphée‹ von Apollinaire (1911) und in J. COCTEAUS Wandgemäldezyklus im Rathaus von Menton (1957/58). Denkmalhaft verklärt hat O. ZADKINE den mythischen Sänger in einer Bronze von 1948 (u. a. Duisburg, Lehmbruck-Mus.).

Quellen: Ovid, Metamorphosen 10,1–85, 11,1–84; Vergil, Georgica 4,453–527.
Lit.: Ausst.-Katalog Les métamorphoses d'Orphée, Tourcoing, 1994; A. Buck, Der Orpheus-Mythos in der italien. Renaissance, 1961.

Orpheus und die Thraker
Attischer Krater des Orpheusmalers, um 460 v. Chr. (Berlin, Antikensammlungen)

Pan
Bronzeskulptur aus Lusoi, 5. Jh. v. Chr. (Berlin, Antikensammlungen)

Pallas → Athena

Pan, der griech. Schutzgott der Hirten und ihrer Herden – weshalb er besonders in → Arkadien verehrt wurde –, ist der Sohn des → Hermes (oder des → Apollon) und einer → Nymphe oder aber des → Zeus und der Thymbris. Er gilt gleichermaßen auch als Gott der Felder, Wälder und Berge. Die Römer setzten ihn mit ihrem Faunus gleich. Mit seiner stumpfen Nase, Ziegenbockhörnern, -ohren und -beinen ist er im Mythos für seine Geilheit bekannt, wie die → Satyrn, in deren Gesellschaft er oft erscheint. Die Nymphe Syrinx floh vor seinen Nachstellungen und wurde, als sie am Fluß Ladon nicht weiter konnte, in Schilfrohr verwandelt. Davon brach P. eine Handvoll und setzte die Rohre zu dem *Flöteninstrument* zusammen, das ihren Namen trägt, der *Syrinx*. Er trat damit zum Wettkampf gegen Apollon und dessen Lyra an, unterlag ihm aber, wie → Marsyas, nach Schiedsspruch des Berggottes Tmolos. In Athen wurde der Kult des P. nach der Schlacht bei Marathon (490 v. Chr.) zum Dank für seinen Beistand eingeführt. Sein Erscheinen und sein wildes Geschrei hatten bei den Persern das ausgelöst, was seither mit »Panik« bezeichnet wird.

Eine Reihe att. Reliefs des 4. Jh. v. Chr. (Athen, NM) zeigt P. im Kreis von Nymphen in einer Felsgrotte, wohin die Anhänger seines Kults zu seiner Verehrung pilgerten. Auf einem att. Krater des PANMALERS (um 470 v. Chr.; Boston, MFA) verfolgt der ganz und gar bocksköpfige P. einen Hirten. Vom Ende des 5. Jh. an vervielfältigte sich seine Erscheinung, und die P.s reihten sich neben den Satyrn in das Gefolge des → Dionysos ein. Ein ganzes P.-Korps figuriert, zusammen mit einem Flötenspieler, auf einem zum Œuvre des NIOBIDENMALERS gezählten Krater (um 460

Pan verfolgt einen Hirten
Attischer Krater des Panmalers, um 470 v. Chr. (Boston, Museum of Fine Arts)

Die Schule des Pan
Luca Signorelli,
um 1490
(Ehemals Berlin,
Kaiser-Friedrich-
Museum; Kriegs-
verlust)

v. Chr.; London, BM). P. wird auch mit → Aphrodite und den Eroten gezeigt; so erscheint er oft in der hellenistischen Skulptur, z. B. in einer Gruppe aus Delos (um 100 v. Chr.; Athen, NM) mit Aphrodite, die den aufdringlichen P. mit einem Pantoffel abwehrt. In einer anderen, aus mehreren röm. Repliken (u.a. einer kaiserzeitlichen Kopie in Rom, MNR) bekannten Gruppe unterweist er → Daphne in der Musik. ›Das Reich des P.‹ oder ›Die Schule des P.‹ hieß ein 1945 zerstörtes Gemälde von L. SIGNORELLI (um 1490; ehemals Berlin, Kaiser-Friedrich-Mus.) mit dem thronenden P. als Zentrum einer Figurengruppe. RUBENS (mit F. SNYDERS) zeigte → Demeter/Ceres mit dem Füllhorn des Überflusses neben ihm als Gott der Feldfrüchte (um 1617; Prado). J. JORDAENS (um 1630–35; Amsterdam, RM) gab ihn als Flötenspieler, POUSSIN malte den ›Triumph des P.‹ in der Reihe seiner für Schloß Richelieu bestimmten Bacchanalien (um 1635; London, NG). Den musikalischen Wettstreit mit Apollon stellte H. GOLTZIUS in einem Kupferstich dar (1590). Im 19. Jh. hat A. BÖCKLIN das Thema mehrmals und in verschiedener Form behandelt: ›P. im Schilf‹ (1859; München, NP), ›Der panische Schrecken‹ (d. h. P. erschreckt einen Ziegenhirten, 1860; München, SG · Basel, KM), ›P. im Kinderreigen‹ (1884/85; Essen, MF).

Pan und Syrinx
Jakob Jordaens,
um 1620
(Brüssel, Musées
Royaux)

Quellen: Herodot, Historien 6,105–106; Ovid, Metamorphosen 1,689–712, 11,146–179 (Wettkampf mit Apollon).

Lit.: P. Borgeaud, Recherche sur le dieu Pan, 1979; R. Herbig, Pan, der griech. Bocksgott. Versuch einer Monographie, 1949.

Pandora. Nach griech. Überlieferung war P. die erste Frau. → Hephaistos hat sie (als Schönheit) gebildet, die anderen Götter verliehen ihr ver-

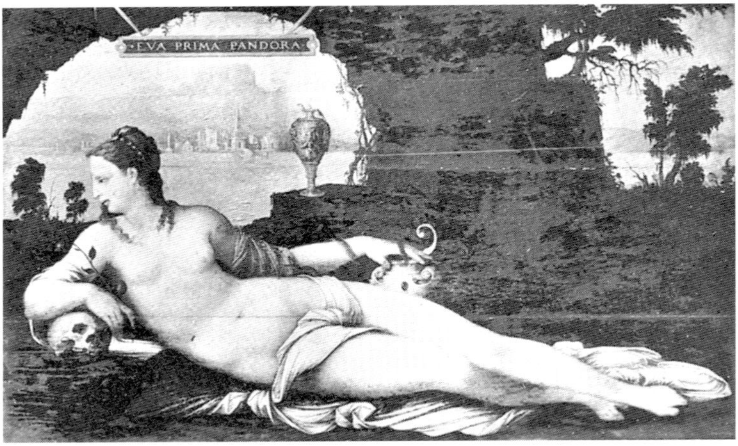

Pandora als erste Eva
Jean Cousin, 1549
(Paris, Louvre)

schiedene üble Eigenschaften, wie ihr Name andeutet: *pan(ta) dora*, »alle Geschenke« (oder *panton doron*, »Geschenk aller«). → Zeus gab dieses »schöne Übel« dem Epimetheus zur Frau, aus Rache dafür, daß dessen Bruder → Prometheus sich von Zeus ab- und den Menschen mit vielen guten Gaben zugewandt hatte. Nun sollte P. ihnen Unheil bringen. Sie hütete als Mitgift einen mit Unglück und Plagen gefüllten *Krug*, den sie unter allen Umständen geschlossen halten mußte. Doch ihre Neugier war stärker: Sie öffnete ihn und entließ aus ihm alle Übel der Welt. Was auf dem Boden des Kruges einzig zurückblieb, war die Hoffnung.

In der Antike wurde vor allem die Erschaffung der P. dargestellt. Auf einer weißgrundigen Schale des Tarquiniamalers (um 460 v. Chr.; London, BM) steht sie – als Anesidora, »Erlöserin«, bezeichnet – zwischen Hephaistos und → Athena, die ihr ein Gewand anpaßt. Auf einem Krater des Niobidenmalers (um 460 v. Chr.; London, BM) sieht man sie inmitten einer Vielzahl von Göttern. Pausanias berichtet, die Geburt der P. sei auch das Thema einer Darstellung an der Basis der Athena-Parthenos-Statue des Phidias im Athener Parthenon gewesen. Von der Renaissance an änderte sich die Ikonographie der P. unter dem Einfluß des Erasmus und infolge einer Verwechslung mit der Geschichte der → Psyche: Laut einer Beischrift zu J. Cousins Gemälde eines liegenden weiblichen Aktes im Louvre (1549) wurde P. mit Eva verglichen, der ersten Frau nach biblischer Überlieferung. Auf einer Zeichnung von Rosso Fiorentino (um 1530–40; Paris, EBA) hält sie dagegen, ganz wie bei Hesiod beschrieben, eine *Büchse* in der Hand, aus der die Übel entweichen. Im Barock war P. selten ein Thema der bildenden Kunst (bei N. Renieri, 1591–1667; Stuttgart, SG, ist sie von Attributen der Vanitas, der Eitelkeit des Irdischen, umgeben), erst wieder im Klassizismus, vor allem dem englischen. Auf einem großformatigen Bild von J. Barry (1791; Manchester, City Art Gallery) wird sie für ihre künftige Bestimmung hergerichtet. In einem Deckengemälde in John Soane's Museum, London

Geburt der Pandora aus der Erde
Attischer Krater,
um 450 v. Chr.
(Oxford, Ashmolean Museum)

(1834), griff H. HOWARD unter dem Einfluß der 1817 in den Nachstichen W. BLAKES erschienenen Hesiod-Illustrationen von J. FLAXMAN die drei wichtigsten Momente des Mythos auf: ›P. empfängt die Gaben der Götter‹ befindet sich zwischen ›Hermes geleitet P. zu Epimetheus‹ und ›Epimetheus (!) öffnet die Büchse der P.‹ in den flankierenden Lünetten. D. G. ROSSETTI hat das so frauenfeindliche Thema der Büchse der P. 1871 (in einem Bild unbekannten Standorts) nochmals aufgegriffen, P. KLEE schließlich ›Die Büchse der P. als Stilleben‹ (1920; Priv.) mit offenkundig sexuellen Konnotationen versehen.

Quellen: Hesiod, Erga 47–105, Theogonie 570–612; Pausanias, Periegesis 1,24,7. *Lit.:* D. und E. Panofsky, Pandora's Box. The Changing Aspects of a Mythical Symbol, 1956.

Parcae → Moiren

Paris. Der trojan. Prinz war ein Sohn von → Priamos und Hekabe/Hecuba. Von dem ungeborenen Kind hatte ein Wahrsager prophezeit, es werde den Untergang → Trojas herbeiführen. Deshalb wurde das Neuge-

Das Urteil des Paris
Lukas Cranach d. Ä., 1528 (Gemäldeausschnitt)
(Basel, Kunstmuseum)

Das Urteil des Paris
Michel Corneille, um 1685
(Lyon, Musée des Beaux-Arts)

borene auf dem Berg Ida ausgesetzt. Der Hirte, der dies zu tun hatte, Agelaos mit Namen, zog es aber bei sich auf. Dem Heranwachsenden gab er wegen dessen Tapferkeit den Namen Alexandros (»Verteidiger der Menschen«). Als junger Mann wurde P. von seiner Schwester Kassandra erkannt und von seinen Eltern anerkannt. Er war mit der Nymphe Oinone verbunden, zog ihr dann aber → Helena vor, die ihm → Aphrodite als Belohnung für die Zuerkennung des Schönheitspreises angeboten hatte. Bei der Hochzeit von → Peleus und → Thetis hatte nämlich Eris, die Göttin der Zwietracht, die als einzige nicht eingeladen worden war, einen *Apfel* »für die Schönste« unter die tafelnden Gäste – zu denen sonst alle olympischen Götter zählten – geworfen, den → Hera, Aphrodite und → Athena je sich selbst zugedacht glaubten. → Zeus hütete sich, Partei zu ergreifen; er bestimmte den schönen P. zum Schiedsrichter. Zu ihm führte → Hermes die drei Göttinnen, die nun P. zu bestechen versuchten: Hera versprach ihm Macht über die Welt, Athena Unbesiegbarkeit und Aphrodite die schönste Frau der Welt: Helena, die Gattin des Menelaos. P. entschied zugunsten der Liebesgöttin, raubte Helena und löste so den Trojanischen Krieg aus, in dem Hera und Athena selbstverständlich auf der Seite der Griechen standen und Aphrodite die Partei der Trojaner ergriff. P. kämpfte meist nicht an vorderster Front, sondern aus der Distanz, mit *Pfeil und Bogen*; einer seiner Pfeile könnte es gewesen sein, der (mit → Apollons Hilfe) → Achilleus an der Ferse verwundete und den Tod dieses griech. Helden herbeiführte. P. selbst starb an einem (vergifteten) Pfeil im Kampf mit → Philoktetes. Die zu Hilfe gerufene Oinone hatte sich zuerst geweigert, ihm mit ihren Kräutern zu helfen, und kam dann zu spät.

Das Urteil des P., mit den drei Göttinnen und Hermes, ist das meistgeschätzte Bildthema dieser Sage in Antike und Neuzeit gewesen. In der griech. Vasenmalerei erscheint P. manchmal als Hirte (Schale des MAKRON, um 480 v. Chr.; Berlin, Ant.), später, und besonders in der süditalien. Vasenkunst trägt er als Nichtgrieche die *phrygische Mütze*, dazu ein oriental. Gewand. Der Raub der Helena findet sich schon um 730 v. Chr. auf einem att. Krater im geometrischen Stil (London, BM), um 600 v. Chr. auf einer lakon. Elfenbeintafel (Athen, NM) und um 480 v. Chr. auf einem Skyphos von MAKRON (Boston, MFA). Das für P. tödliche Pfeil-und-Bogen-Duell mit Philoktetes wird auf einer Reihe etrusk. Graburnen des 2. Jh. v. Chr. geschildert (Volterra, ME). In der Neuzeit, als das Urteil des P. eines der beliebtesten mythologischen Themen überhaupt wurde, hat der Maler M. GERUNG es 1540 in einer ansehnlichen Gesamtdarstellung mit anderen Szenen des P.-Lebens kombiniert (›Das Urteil des P.‹ und ›Die Zerstörung Trojas‹; Louvre). Sehr oft haben es L. CRANACH D. Ä. und seine Söhne behandelt (dreizehn verschiedene Fassungen sind bekannt), auch L. GIORDANO (acht Fassungen, eine davon, um 1670, in Wien, KM). Ein verlorenes Werk RAFFAELS ist in einem Stich M. RAIMONDIS (um 1512) überliefert, ferner haben u. a. TINTORETTO (1543/44; Padua, Mus. Civico), RUBENS (um 1601; London, NG · 1605 und um 1632–35; beide Prado), F. BOUCHER (1754; London, WC) und J.-H. FRAGONARD (1773–76; Los Angeles, County Mus.) ihre Interpretation des Themas vorgelegt. DÜRER gab im Kupferstich der ›Discordia‹ (›Vier Hexen‹) von 1497 die drei Göttinnen – ohne P. – als Charitengruppe und dahinter Eris, vor deren üblen Folgen somit gewarnt wird. Im 19./20. Jh. sind Werke von A. FEUERBACH (1870; Hamburg, KH), M. KLINGER (1885–87; Wien, KM) und L. CORINTH (1907; Dresden, NM) zu nennen. Der Raub der Helena findet sich bei FRA ANGELICO (um 1450; London, NG) sowie in einer Landschaft von M. VAN HEEMSKERCK (1535/36; Baltimore, WG) und wurde von TINTORETTO (um 1580–85; Prado) zu einer Art Seeschlacht ausgeweitet. J.-L. DAVID wählte einen originellen Aspekt, indem er P. (mit einer Lyra) und Helena vor dem Brautbett zeigte (1788; Louvre). P. und Oinone wurden selten zusammen dargestellt, immerhin einmal von TIZIAN (um 1570; Wien, KM), als Nymphe und Schafhirt, später von W. VAN MIERIS (1698; London, WC) und, beim Einritzen ihrer Namen in die Rinde eines Baumes, von JAC. VAN LOO (um 1614–70) auf einem Bild in Dresden (AM).

Quellen: Apollodor, Bibliothek 3,12,5–6, Epitome 3,1–5, 5,8; Euripides, Troerinnen 920–932, Andromache 274–308, Helena 22–30; Homer, Ilias 3,15–112. 340–454, 11,358–395 und passim; Hygin, Fabeln 91, 92, 110; Vergil, Aeneis 1,27, 6,57.

Lit.: C. W. Clairmont, Das Paris-Urteil in der antiken Kunst, 1951; H. Damisch, Le jugement de Pâris, 1992; A. Friedrich, Das Urteil des Paris. Ein Bild und sein Kontext um die Jahrhundertwende, 1997; I. Raab, Zu den Darstellungen des Parisurteils in der griech. Kunst, 1972.

Parnassos. Der P. ist ein Bergmassiv in Phokis, unmittelbar nördlich von Delphi. Er galt als Sitz → Apollons und der → Musen, denen die auf ihm entspringende Kastalische Quelle ebenfalls heilig war, somit auch als der eigentliche Ort der Dichtkunst und der Musik. In der nachantiken Kunst diente er den Allegorien der Künste oft als schmückender Hintergrund.

Der Parnaß mit Apollon und den Musen
Raffael, 1510/11
(Freskenausschnitt)
(Rom, Vatikan, Stanza della Segnatura)

In der Antike nicht eigens dargestellt, war der Parnaß seit der Renaissance kein seltenes Bildthema. Bei MANTEGNA indessen ist er in einem für das Mantuaner Studiolo der Isabella d'Este bestimmten Bild unter das Regiment von Mars und Venus gestellt, mit Merkur, Vulkan und → Orpheus, der den → Nymphen zum Tanz aufspielt (vor 1497; Louvre). In RAFFAELS berühmtem Fresko in der Stanza della Segnatura des Vatikans (1510/11) ist es der musizierende Apollon, um den sich die Musen sowie antike und moderne Dichter auf dem P. und an seiner Quelle scharen. Im Sinne der frz. Barockklassik gab POUSSIN dem Thema vollendet Ausdruck (›Apollon und die Musen‹, um 1626–30; Prado), bei CLAUDE LORRAIN heißt es ›Landschaft mit dem Parnaß‹ (1652; Edinburgh, NG). Auch A. R. MENGS gestaltete Apollon mit den neun Musen auf dem P. in einem Fresko in der Villa Albani, Rom (1760/61), und E.-A. BOURDELLE im Relief an der Fassade des Théâtre des Champs-Elysées in Paris (1912). P. KLEE reduziert den Parnaß auf eine reine Pyramide (›Ad Parnassum‹, 1932; Bern, Kunstmus.).

Quellen: Ovid, Metamorphosen 1,316–317; Pausanias, Periegesis 10,8,9, 10,32, 1–33,5.
Lit.: M. Fumaroli, L'École du silence, 1994; E. Schröter, Die Ikonographie des Themas Parnass vor Raffael. Die Schrift- und Bildtraditionen von der Spätantike bis zum 15. Jh., 1977.

Pasiphae
Pompejanisches Wandbild, 1. Jh. n. Chr.
(Pompei, Haus der Vettier)

Parzen → Moiren

Pasiphae, die Tochter des Sonnengottes Helios und der Okeanide Perseis, war die Frau des Königs Minos von Kreta. Weil dieser ein dem → Poseidon versprochenes Opfer nicht vollzogen hatte, flößte der erzürnte Gott P. eine leidenschaftliche Liebe zu dem Stier ein, den Minos ihm hätte opfern sollen. P. bat → Daidalos um Beistand, und er baute für sie eine hohle *Kuh*, in die P. schlüpfte, um sich mit dem Stier zu vereinigen. Aus dieser monströsen Liebschaft ging der → Minotauros hervor.

Die Anfertigung der Kuh durch Daidalos, dem P. dabei zuschaut, erscheint in der pompejan. Malerei (1. Jh. n. Chr.; Haus der Vettier), auf einem kaiserzeitlichen röm. Relief (Rom, Palazzo Spada) und auf einem röm. Sarkophag (um 140 v. Chr.; Louvre). GIULIO ROMANO folgte beim gleichen, sonst seltenen Thema (um 1528; Mantua, Palazzo del Tè) der Beschreibung Philostrats. J. LEMAIRE, ein Freund Poussins, hat es im 17. Jh. in seinen Architekturlandschaften verwendet.

Quellen: Apollodor, Bibliothek 3,1,2–4, 3,15,1; Philostrat, Imagines 1,16.
Lit.: A. Blunt, Poussin Studies IX. Additions to the Work of Jean Lemaire, in: Burlington Magazine 101 (1959) S. 438–443.

Pasiphae
Gustave Moreau, um 1897
(Paris, Musée Gustave Moreau)

Patroklos wuchs bei König → Peleus in Phthia auf, weil er und sein Vater Menoitios aus ihrer Heimatstadt Opus in Lokris nach einem unbedachten Totschlag des P. hatten fliehen müssen. Mit dem Peleus-Sohn → Achilleus verband ihn bald eine untrennbare Freundschaft. Wie Homer in der ›Ilias‹ erzählt, stritt P. vor → Troja in der Rüstung und mit den Waffen des Achilleus, als dieser sich von → Agamemnon beleidigt fühlte und sich weigerte, am Kampf weiter teilzunehmen. P. konnte dem Angriff der Trojaner einige Zeit standhalten, fiel dann aber unter den Schwerthieben → Hektors. Um ihn zu rächen, kehrte Achilleus auf das Schlachtfeld zurück und tötete Hektor; P. ließ er feierlich beisetzen und mit Wettspielen ehren.

In der Regel wird P. nie ohne Achilleus gezeigt. Auf einer dem Maler und Töpfer SOSIAS zugeschriebenen Schale (um 500 v. Chr.; Berlin, Ant.) verbindet Achilleus den durch einen Pfeil verwundeten Arm des P. Ein Wagenrennen beim Leichenbegängnis des P. ist auf dem Fragment eines von SOPHILOS signierten Dinos (um 580 v. Chr.; Athen, NM) dargestellt. Mit Achilleus und Briseis zusammen erscheint P. auf einem Wandgemälde des 1. Jh. n. Chr. in der Casa degli Amorini dorati in Pompei. Eine seit der Renaissance unter dem Namen Pasquino bekannte Skulpturengruppe stellt in Wahrheit Menelaos beim Aufheben der Leiche des P. dar (röm.

Das Leichenbegängnis des Patroklos
Jacques-Louis David, 1779
(Dublin, National Gallery of Ireland)

Patroklos und Achilleus
Attische Schale,
um 510 v. Chr.
(Berlin, Antikensammlungen)

Kopien nach einem Original der Zeit um 240 v. Chr.; Rom, Piazza del Pasquino · Florenz, Loggia dei Lanzi). In nachantiker Zeit ist P. selten die Hauptperson des Geschehens, es sei denn als Toter. Von GIULIO ROMANO kennt man ein Fresko ›Kampf um den Leichnam des P.‹ (1538/39; Mantua, Palazzo Ducale, Trojasaal), von J.-L. DAVID ›Das Leichenbegängnis des P.‹ (1779; Dublin, NG). J. H. FÜSSLI hat in einem seiner visionären Bilder Homers Bericht ausgemalt, wie Achilleus im Traum nach dem Schatten des P. greift (1803; Zürich, KH).

Quelle: Homer, Ilias 11,599–848, 15,390–405, 16,1–18,355, 19,23–39, 23,8–23 (Traum des Achilleus und Leichenfeier).

Pegasos, ein *geflügeltes Pferd*, entsprang zusammen mit dem Riesen Chrysaor der Wunde der von → Poseidon schwangeren → Gorgo Medusa, als → Perseus ihr das Haupt abschlug. P. schwang sich später in den → Olympos empor und trug dort die Blitze des → Zeus. Bei der Befreiung der Andromeda diente er Perseus als Reittier und spielte eine wichtige Rolle im Mythos von → Bellerophon, der das wilde geflügelte Roß mittels eines von → Athena geschenkten Zaumzeugs zu zähmen vermochte, als es zur Tränke an die Quelle Peirene bei Korinth gekommen war. Nach einer anderen Überlieferung war P. ein Geschenk der Athena oder des Poseidon an Bellerophon zur (erfolgreichen) Bekämpfung der → Chimaira. Nach diesem Sieg und zwei weiteren über die Solymer und die → Amazonen wollte Bellerophon auf dem P. in den Olymp fliegen. Das war Zeus zuviel der Anmaßung: Eine Bremse stach P., Bellerophon wurde abgeworfen und überlebte den Sturz nur als Krüppel. P. taucht auch in der Sage von den Pieriden auf, den neun Töchtern des makedon. Königs Pieros in Pella, welche die → Musen zum Wettgesang herausforderten (was sie mit der Verwandlung in schwatzhafte Elstern büßen sollten). Darauf blies sich der Berg Helikon zum Spaß unmäßig groß auf, so daß Poseidon P. schicken mußte, um ihn zur Vernunft zu bringen. Das Pferd schlug mit dem Huf ein Loch in den Fels des Berges, und hervor sprang die Quelle Hippokrene. P. wurde schließlich als Sternbild an den Himmel versetzt. Über den Musenbergen Helikon oder → Parnassos schwebend, gilt er als Symbol der Inspiration, die den Poeten in olympische Geisteshöhen trägt.

Die Sage von P. wirkte seit je anziehend auf die Künstler, ihre Beliebtheit blieb ungebrochen. Sie ist in Bildzeugnissen bereits des 7. Jh. v. Chr. faßbar: Keramische Gefäße aus Korinth, Thasos und Melos zeigen Bellerophon auf dem Rücken des P. im Kampf mit der Chimaira, allein oder in Anwesenheit von Göttern. Im 6. Jh. wandelten sich die Themen und Bildträger vielfältig. Die Stadt Korinth machte (schon seit dem 7. Jh.) das geflügelte Pferd zum Münzbild, was es bis zum Ende der röm. Zeit blieb. Das Museum von Iraklion auf Kreta besitzt einen großartigen Bronzehelm aus Axos, der auf beiden Hauptseiten mit je einer Relieffigur des P. geziert ist (1. Viertel 6. Jh. v. Chr.). Die Bronzebildner der Zeit verzierten mit der Protome, der Vorderpartie des Flügelpferdes, ihre Erzeugnisse, gaben z. B. Kesselhenkeln diese Form (Schüssel aus Dodona, um 540 v. Chr.; Berlin, Ant.). Der steigenden Bedeutung von Abstammung und edler Geburt entsprechen die Denkmäler, welche die Herkunft des P. zeigen. Zu nennen sind eine Metope vom Tempel C in Selinunt mit der Enthauptung der den P. an ihre Brust drückenden Medusa durch Perseus (um 530 v. Chr.; Palermo, MA) und ein Sarkophag aus Golgoi auf Zypern (Anfang 5. Jh. v. Chr.; New York, MM), auf dem geschildert ist, wie P. und Chrysaor dem Hals der enthaupteten Gorgo entspringen, während Perseus ungehindert den Schauplatz verläßt, an einem Stock den Korb mit dem darin verborgenen Haupt der Medusa tragend. Auf einer weißgrundigen att. Lekythos sucht Perseus im Laufschritt das Weite und läßt dabei die geköpfte Gorgo zu Boden fallen. Hier taucht P. nicht aus, sondern neben der blutenden Wunde auf (um 480 v. Chr.; New York, MM). Das Bild des zum gestirnten Himmel aufsteigenden Flügelpferdes findet sich auf einer kleinen att. Hydria (um 440 v. Chr.; Paris, BN, Cabinet des médailles). Alle diese Themen halten sich durch den Hellenismus und die röm. Epoche hindurch, auch in der etrusk. Kunst. Eine große etrusk. Bronzeziste mit Ritzzeichnungen zeigt einen majestätischen, von Bellerophon am Halfter gehaltenen P. (um 300 v. Chr.; London, BM). Der Himmelsglobus, den der schon im 16. Jh. entdeckte ›Atlas Farnese‹ trägt, eine röm. Marmorkopie nach griech. Original (zw. 117 u. 138 n. Chr.; Neapel, MN), weist reliefierte Personifikationen der seit dem 4./3. Jh. v. Chr. von den Astronomen identifizierten Sternbilder auf; P. ist hier in seiner Protome dargestellt. Als Sternzeichen bleibt P. während des ganzen Mittelalters und der Neuzeit in den astronomischen Traktaten und Manuskripten präsent, z. B. in Sufis (903–986) Kompilation des antiken Wissens über die Fixsterne innerhalb seiner arabischen Ausgabe des ›Almagest‹, des Sternenkatalogs von Ptolemaios (der im 9. Jh. bereits übersetzt worden war; ins Lateinische wurde er erst Ende des 12. Jh. übertragen). Schon die christliche Spätantike hatte das Bild des die Chimaira bekämpfenden Bellerophon auf dem P. als Zeichen des Sieges des Guten über das Böse annektiert (Elfenbein, 5. Jh. n. Chr.; London, BM) und die z. B. auf antiken Öllampen mit der Figur des P. ausgedrückte Lichtsymbolik vom 4. Jh. bis in das Mittelalter tradiert. Zahlreiche mittelalterliche Miniaturen illustrieren die verschiedenen Legenden vom geflügelten Pferd. In einem Manuskript der ›Métamorphoses d'Ovide moralisées‹, die dem Chrétien Legouais de St-More zugeschrieben werden (um 1380; Paris, BN), wird der Betrachter Zeuge, wie beim Gesangswettstreit zwischen den Musen und den (schon in Elstern verwandelten) Pieriden P. mit dem Huf den Hippokrene-Quell aufschlägt und die neun nackten Musen darin baden. Apollon, als mittelalterlicher Fürst gekleidet, spielt dazu die Lyra. Auf MANTEGNAS ›Parnaß‹ (vor 1497; Louvre) führt → Hermes den P.; der Wettkampf der Pieriden ist hier nicht das Thema, das ganz individuell von der Auftraggeberin, Isabella d'Este, vor-

Pegasos
Attische Lekythos, um 480 v. Chr. (Oxford, Ashmolean Museum)

Pegasos
Odilon Redon, Zeichnung, 19. Jh. (Paris, Louvre, Cabinet des dessins)

gegeben worden war (vgl. dazu die Hinweise in der Einführung zu diesem Band). P. ist die Zentralfigur in der Skulpturengruppe des ›Parnaß‹ von F. DIETZ im Park von Schloß Veitshöchheim bei Würzburg (1765/66). Sein Bild wirkte weiter bis in das 19. Jh. (›Entführung der Andromeda auf P.‹, Relief von THORVALDSEN, um 1840; Berlin, Schinkelmus.) und bis in den Symbolismus (G. MOREAU, ›Der reisende Dichter‹, 1891; Paris, MM).

Quellen: Hesiod, Theogonie 276–286; Ovid, Metamorphosen 4,786, 5,254–263.
Lit.: S. Hiller, Bellerophon, 1969; N. Yalouris, Pegasus. The Art of the Legend, 1977 (dt. 1987).

Peleus flieht bei der Eberjagd auf einen Baum
Attische Lekythos, um 510 v. Chr. (New York, Metropolitan Museum)

Peleus, König von Phthia in Thessalien, war der Vater des → Achilleus. Er stammte aus Aigina. Mit seinem Bruder Telamon hatte er aus Neid auf den Halbbruder Phokos und dessen sportliche Fähigkeiten beschlossen, diesen umzubringen, und einer der beiden tötete Phokos mit einem Diskuswurf an seinen Kopf. Ihr Vater, der aiginet. König Aiakos, hatte sie deshalb des Landes verwiesen, und P. war an den Hof des Königs Eurytion in Phthia geflohen, der ihn von dem Mord gereinigt und ihm seine Tochter Antigone zur Frau gegeben hatte. Bei der Jagd auf den Kalydonischen Eber tötete P. versehentlich seinen Schwiegervater. Er mußte erneut ins Exil, diesmal nach Iolkos, zu König Akastos. Dessen Frau Astydameia (oder Hippolyte) suchte aus unerwiderter Liebe sein Verderben. Mit der vorgetäuschten Nachricht, P. wolle sich erneut verheiraten, stürzte sie erst Antigone in den Selbstmord, dann bezichtigte sie P. bei ihrem Gatten, er habe ihr Gewalt antun wollen. Akastos lud P. zur Jagd auf dem Pelion ein; er hoffte auf eine Gelegenheit, ihn dort zu töten. Doch die Götter und der weise → Kentaur → Cheiron kamen P. zu Hilfe und retteten ihn gegen alle Anschläge. Einer legendären Überlieferung zufolge soll es ihm dank → Iason und den Dioskuren gelungen sein, Iolkos zu erobern und das Königspaar zu töten. Nach Phthia zurückgekehrt, wurde er dort König; → Zeus und → Poseidon gaben ihm die schöne → Nereide → Thetis zur Frau, die sich die beiden Götter ihrerseits nicht länger streitig machten, seit ihnen geweissagt worden war, der künftige Sohn der Thetis würde mächtiger als sein Vater werden. Die Nymphe wollte aber von dieser Verbindung nichts wissen und nutzte alle ihre Verwandlungskünste, um ihrem künftigen Gemahl zu entkommen: sie wurde zu Feuer, Wind und Wasser, nahm die Gestalt eines Baumes, eines Vogels, einer Löwin, eines Tigers, einer Schlange und eines Tintenfisches an. Doch dank dem Rat des Cheiron gelang es P., sie in dem Augenblick festzuhalten, als sie sich in eine Gottheit und Frau zurückverwandelte, da gab sie auf. Die Hochzeitsfeier von P. und Thetis fand auf dem Pelion in Anwesenheit der Götter statt. Die → Musen sangen, und jede Gottheit übergab ein Geschenk; darunter waren die beiden unsterblichen Rosse Balios und Xanthos, Präsente des Poseidon, die später Achilleus vor seinen Wagen spannte, und eine Juwelenkrone für Thetis. Beim Festbankett warf Eris, die Göttin der Zwietracht, die nicht eingeladen worden war, einen goldenen Apfel unter die Gäste, auf dem »Für die Schönste« stand. Es entspann sich ein Zwist unter → Hera, → Athena und → Aphrodite, welcher von ihnen dieser Apfel gebühre. Kein anderer Gott wollte darüber entscheiden, daher bestimmte Zeus den → Paris zum Schiedsrichter – das Urteil des Paris bildete das Vorspiel zum Trojanischen Krieg. P. starb lange nach diesem Krieg in hohem Alter. Nach der einen Überlieferung vertrieben ihn die Söhne des Akastos aus Phthia, und er fand auf Kos (wo er seinem Enkel Neoptolemos wiederbegegnete) seinen Tod, nach der anderen befreite ihn Neoptolemos aus der Gefangenschaft der Akastos-Söhne und überließ ihm sein Königreich, wo P. in Frieden starb.

Den Kampf des P. mit Thetis haben korinth. wie att. Vasenmaler seit etwa 575 v. Chr. dargestellt. Um die Mitte des 6. Jh. begannen sie die Verwandlungen der Thetis auszumalen: Als kleiner Löwe steht sie auf den Schultern des einen oder anderen Protagonisten, die von Schlangen umzüngelt sein können, oder es schlagen Flammen aus dem Leib der Thetis (schwarzfigurige Amphora, um 540 v. Chr.; London, BM · besonders schöne, mit PEITHINOS signierte Schale, um 510 v. Chr.; Berlin, Ant. · Schale des DURIS, um 475 v. Chr.; Paris, BN, Cabinet des médailles). Die Vermählung von P. und Thetis erscheint auch schon im 6. Jh. auf Vasen, die bei Hochzeiten verwendet wurden: als Defilee der Götter, die im Wagen oder zu Fuß das Brautpaar geleiten oder von P. vor seinem Haus empfangen werden. Thetis hält sich meist bescheiden an der Seite. Die berühmtesten Beispiele bieten zweifellos die ›Françoisvase‹, ein riesiger Volutenkrater mit den Signaturen des Töpfers ERGOTIMOS und des Malers KLEITIAS (um 570 v. Chr.; Florenz, MA), und ein von SOPHILOS signierter Dinos (um 580 v. Chr.; London, BM). Themen der nachantiken Kunst sind hauptsächlich wieder das Hochzeitsfest und die Episode mit dem Streitapfel der Eris, wie zahlreiche Beispiele der Malerei in Deutschland und in den Niederlanden belegen (H. ROTTENHAMMER, 1600; Eremitage · J. BRUEGHEL D. Ä., mit H. VAN BALEN, 1608; Dresden, AM · A. BLOEMAERT, um 1595; München, AP ·1638; Den Haag, MH · J. WTEWAEL, nach 1587; München, AP · RUBENS, 1636–38; Prado). Beispiele finden sich auch im Werk von J. M. TURNER (1806; London, TG) und E. BURNE-JONES (um 1878; Birmingham, AG).

Quellen: Apollodor, Bibliothek 3,12,6–3,13,8; Catull, Carmina 64 (Hochzeit); Homer, Ilias 18,84 ff. und passim; Ovid, Metamorphosen 11,346–409.
Lit.: R. K. Davis, Peleus and Thetis, 1924.

Pelops, Sohn des → Tantalos, war der Vater von Atreus, Pitheus, Thyestes und Chrysippos. Tantalos hatte den jungen P. getötet und den Göttern als Speise gereicht, um ihre Allwissenheit zu prüfen. Doch die Götter merkten sehr wohl, was hinter dieser mörderischen Tat steckte, und erweckten P. zum Leben. Lediglich eine Schulter, die → Demeter gegessen hatte, mußte aus Elfenbein ersetzt werden. Als junger Mann gewann P. die Hand der Königstochter Hippodameia dank einer List. Ihr Vater Oi-

Pelops
Attische Amphora, um 410 v. Chr. (Arezzo, Museo Archeologico)

nomaos pflegte von jedem Freier seiner Tochter eine Probe zu verlangen, ein *Wagen*rennen von seiner Residenz Pisa in Elis bis zum Isthmos von Korinth, und die Verlierer – zwölf waren es schon – zu köpfen. P. bestach den Wagenlenker des Oinomaos mit dem Versprechen einer Nacht mit Hippodameia und der Hälfte des Königreiches. Dieser Myrtilos (den P. später ins Meer stürzte) manipulierte die Räder des Königswagens, so daß sie sich während des Rennens lösten und Oinomaos zu Tode geschleift wurde. Der siegreiche P. nahm Hippodameia zur Frau und regierte das Land Elis auf der Halbinsel, der er seinen Namen gab: Peloponnesos.

Da P. zur Sühne für seinen Mord an Myrtilos die Olympischen Spiele begründet haben soll, enthielt der Ostgiebel des um 457 v. Chr. vollendeten Zeustempels in Olympia eine Figurengruppe, welche die Hauptpersonen des Wagenrennens zwischen P. und Oinomaos bei der Vorbereitung zeigt (Olympia, Mus.). Die Wettfahrt selbst schildern süditalien. Vasen, dabei tritt manchmal auch → Niobe in Erscheinung, ebenfalls ein Kind des Tantalos (apul. Lutrophoros, um 350 v. Chr.; Malibu, GM). Auf röm. Sarkophagen hat man gern das Rennen und den Unfall, der Oinomaos das Leben kostete, dargestellt: Die Pferde bäumen sich hoch auf, der König ist auf die Erde gestürzt (um 230 – 240; Louvre). Von den äußerst seltenen P.-Bildern nachantiker Zeit ist eine Ölskizze von RUBENS zu nennen (um 1635; Brüssel, MR).

Quellen: Apollodor, Epitome 2,3–10; Pausanias, Periegesis 5,13,1–7; Pindar, Olympische Oden 1.

Penelope, eine Königstochter aus Sparta, war die überaus treue Gattin des → Odysseus und die Mutter des → Telemachos. Nach dem Fall von → Troja hielt eine zehnjährige Irrfahrt auf dem Mittelmeer ihren Mann noch einmal von seiner Heimat Ithaka fern. Viele Freier, die ihn für tot hielten, nisteten sich in seinem Palast ein und bedrängten P., sich einen

Penelope
Terrakottarelief aus Melos, 5. Jh. v. Chr. (New York, Metropolitan Museum)

neuen Gatten – und das hieß auch: einen neuen König – zu wählen. Aus Treue zu Odysseus, dessen Rückkehr sie als einzige noch erhoffte, wies sie Tag für Tag alle Bewerber um ihre Hand ab und gab vor, erst ein großes Leichentuch für Laertes, des Odysseus Vater, vollenden zu müssen. Indessen trennte sie unablässig im Dunkel der Nacht auf, was sie am Tage zuvor gewebt hatte. Gerade als Odysseus verkleidet heimlich zurückkam, hatte P. beschlossen, sich dem zu versprechen, der den Bogen des Odysseus spannen könne. Das gelang keinem. Odysseus, von niemand erkannt, erbat sich den Bogen: sein erster Pfeil traf und flog durch das Ziel, eine Reihe von zwölf Äxten. Das war das Signal zum Abschlachten der Freier, eines nach dem anderen. Erst danach gab sich Odysseus der P. zu erkennen.

In der antiken Kunst wird P. beim Weben gezeigt oder nachdenklich und melancholisch den Kopf in die Hand gestützt auf einem Stuhl vor dem *Webstuhl* sitzend; neben ihr der Sohn, Telemachos (Skyphos des PENELOPEMALERS, um 440 v. Chr.; Chiusi, Mus.). Die Freier werden bei einem Festmahl und dem Versuch, den Bogen des Odysseus zu spannen, gezeigt. In ganz Griechenland sind diese Themen in gleichen Formtypen einheitlich behandelt worden, in der att. wie der böot. Vasenmalerei, in der Glyptik, Goldschmiedekunst und auf ostgriech. Reliefs. Sie lebten fort in pompejan. Wandgemälden und in Bildern der Renaissance, z. B. von PINTURICCHIO, der P. umringt von ihren Freiern darstellte (um 1509; London, NG). D. G. ROSSETTI hat dieses Motiv in einer Zeichnung (1869; Priv.) aufgegriffen, ebenso J. W. WATERHOUSE (1912; Aberdeen, Art Gallery).

Quellen: Apollodor, Epitome 7,26–39; Homer, Odyssee 23 und 24; Hygin, Fabeln 126 und 127.
Lit.: O. Touchefeu, Thèmes odysséens dans l'art antique, 1968.

Penthesileia. Diese Königin der → Amazonen war eine Tochter des → Ares; ihre Mutter, eine Sterbliche, hieß Otrere. Sie stand im Trojanischen Krieg mit ihren Amazonen den Troern bei und maß sich mit → Achilleus im Zweikampf, den dieser gewann; doch verliebte er sich in sie im Augenblick, als er sie tötete.

Eine Amphora des EXEKIAS zeigt den Zweikampf von P. und Achilleus (um 540 v. Chr.; London, BM), eine att. Schale des PENTHESILEAMALERS (um 460 v. Chr.; München, Ant.) hält den dramatischen Moment fest, da sich ihre Blicke beim Todesstoß des Achilleus treffen. Auf einem röm. Sarkophag (um 225 – 250 n. Chr.; Vatikan) hebt Achilleus ihren Leichnam von der Erde auf. In der Neuzeit gibt es wenige Darstellungen, von CANOVA ein Tonmodell (1798/99; Possagno, Gipsoteca Canoviana), von THORVALDSEN ein Marmorrelief (1837) und ein Tonmodell (›Achilleus und P.‹, 1801; beide Kopenhagen, TM). KOKOSCHKA hat 1969 Kleists Tragödie ›P.‹ illustriert.

Quellen: Quintus Smyrnaeus, Posthomerica 1,538–629; Vergil, Aeneis 1,490–493.
Lit.: G. Méautis, Penthesilée, 1945.

Penthesileia und Achilleus
Schale des Penthesileamalers, um 460 v. Chr. (München, Antikensammlungen)

Pentheus, von den Mainaden in Stücke zerrissen
Attische Hydria, um 500 v. Chr. (Berlin, Antikensammlungen)

Pentheus. Zu der Zeit, als → Dionysos aus Asien zurückkehrte und heimlich nach Theben, der Heimat seiner Mutter → Semele (und vielleicht seinem eigenen Geburtsort) kam, um seinen Kult einzuführen und zu vergelten, was Semele dort angetan worden war, regierte P., ein Enkel des → Kadmos und Sohn der Agaue, über die Stadt. Von Dionysos in den Wahnsinn getrieben, folgten die theban. Frauen den → Mainaden auf den Berg Kitharon und nahmen an deren orgiastischen Riten teil. P. ließ diesen Kult verbieten und die Frauen und anderen Anhänger des Dionysos, darunter den Gott selbst, einsperren. Aber die Gefängnisse öffneten sich von selbst, und alle kamen frei. Als Fremder erschien der Gott vor P. und verleitete ihn dazu, sich heimlich selbst ein Bild vom Treiben der Frauen am Kitharon zu machen. Die Thebanerinnen entdeckten den als Frau verkleideten P., hielten ihn in ihrer Ekstase für einen wilden Löwen und zerrissen ihn, angeführt von Agaue, seiner eigenen Mutter, in Stücke. So wurde P. zur exemplarischen Verkörperung anmaßenden Unglaubens, den der unerbittliche Zorn des Dionysos getroffen hatte.

Antike Darstellungen zeigen meist den grausamsten Moment dieser Sage: die rasenden Mainaden mit zerstückelten Körperteilen des P. in den Händen (Psykter des EUPHRONIOS, um 510 v. Chr.; Boston, MFA· Wandgemälde im Haus der Vettier, Pompei, 1. Jh. n. Chr.). In der Neuzeit findet sich dieses Motiv selten, z. B. in einem Fresko von DANIELE DA VOLTERRA (1548–50; Rom, Palazzo Farnese). L. DE LA HYRE hat ›Die Geschichte des P.‹ in zwei Gemälden behandelt (um 1634; Montluçon, MBA · Chicago, Art Institute), C. GLEYRE die Verfolgung des P. durch die Mainaden (1864; Basel, KM).

Quellen: Euripides, Bakchen; Ovid, Metamorphosen 3,511–581. 692–733.
Lit.: L. Curtius, Pentheus, 1929 (88. Winckelmann-Programm); H. Philippart, Iconographie des Bacchantes d'Euripide, 1930.

Persephone, röm. **Proserpina.** Die auch einfach Kore, »Mädchen«, genannte Tochter der → Demeter und des → Zeus erregte die Liebe des Unterweltgottes → Hades, der sie beim Blumenpflücken, fernab von ihren Gefährtinnen, entführte. Im Jenseits brach sie ein selbst auferlegtes Gebot und aß den Kern eines *Granatapfels*, wodurch sie immer an die Unterwelt gebunden blieb. Ihre Mutter Demeter suchte lange nach ihr, bis sie von Zeus die Erlaubnis erhielt, daß P. wenigstens einen Teil des Jahres – ein bis zwei Drittel werden genannt – zu ihr auf die Erde zurückkehren dürfe. P.s Aufenthaltsdauer unter und auf der Erde entspricht dem Rhythmus der (drei!) Jahreszeiten und der Erneuerung der Vegetation.

Persephone und Hades
Lokrisches Relief, 470–460 v. Chr. (Neapel, Museo Archeologico Nazionale)

Ihrem zweiten Namen, Kore, entsprechend, hat P. fast immer ein jugendliches Aussehen. In Eleusis gehörte sie neben Demeter und → Triptolemos zur Dreiheit der vielfach dargestellten Mysteriengötter. Auf att. Vasen sieht man sie der Erde entsteigen oder zu ihr zurückkehren, von → Hermes geleitet und von erstaunten → Satyrn beobachtet. Ihre Entführung durch Hades zeigen Vasenfragmente um 500 v. Chr. (Oinochoe; Basel, Sammlung Cahn) und um 440 v. Chr. (Skyphos; Eleusis, Mus.), auch Tonreliefs aus dem Demeterheiligtum in Lokri (um 500–460 v. Chr.; Reggio di Calabria, Mus. Nazionale · Taranto, MN), später eine Reihe röm. Sarkophage (um 230 n. Chr.; Rom, MC). Auf den lokr. Tafeln thront sie auch neben Hades, einen Hahn und eine Spendenschale in Händen (um 500 – 460 v. Chr.; Reggio di Calabria, Mus. Nazionale · Taranto, MN). In nachantiken Bildern wird P. beim Tanz mit ihren Gefährtinnen (während Hades schon im Hintergrund lauert) oder bereits als Entführte auf dem Wagen des Gottes gezeigt; die Erde öffnet sich, um beide zu verschlingen. Die Entführung ist das Thema von Fresken T. ZUCCARIS im Palazzo Farnese in Caprarola (1560/61), L. GIORDANOS im Florentiner Palazzo Medici-Riccardi (1682/83) und TIEPOLOS im Palazzo Labia, Venedig (um 1745–50), ferner von Leinwandbildern REM-

Der Raub der Proserpina
Niccolo dell'Abbate, 16. Jh. (Paris, Louvre)

Der Raub der Proserpina
François Girardon, 1677–99
(Versailles, Musée National du château de Versailles)

BRANDTS (um 1631; Berlin, GG) und RUBENS' (1636–38; Prado, zugehörige Ölskizze in Bayonne, MB). BERNINIS Statue (1621/22; Rom, GB), Pendant zu seiner ›Daphne‹, zeigt das verzweifelte Sich-Sträuben der von Hades/Pluto hoch- und fortgerissenen jungen Frau.

Quellen: Apollodor, Bibliothek 1,5,1–3, 2,5,12; Hesiod, Theogonie 767–774, 908–911; Homerische Hymne auf Demeter; Hygin, Fabeln 141, 146, 147.

Lit.: C. Bérard, Anodoi. Essai sur l'imagerie des passages chthoniens, 1974; R. Lindner, Der Raub der Persephone in der antiken Kunst, 1984; A. Peschlow-Bindekat, Demeter und Persephone in der att. Kunst des 6. bis 4. Jh., in: Jb. des Dt. Archäologischen Instituts 87 (1972) S. 60–157.

Perseus. Der argiv. Heros war der Sohn des → Zeus und einer Sterblichen, → Danae. Weil ihrem Vater Akrisios, dem König von Argos, ein Orakel prophezeit hatte, Danaes Sohn werde ihn ums Leben bringen, schloß er sie in ein ehernes Gemach unter der Erde ein, wie Apollodor erzählt. Doch Zeus verwandelte sich in einen Goldregen, und sie empfing von ihm das Kind P. Als Akrisios von dessen Existenz erfuhr, sperrte er Tochter und Enkel in eine Kiste, die er im Meer aussetzte. Doch sie erreichten wohlbehalten die Insel Seriphos und wurden von einem Fischer namens Diktys aufgenommen; bei ihm wuchs P. auf. Als erwachsener Mann hatte er die tollkühne Idee, dem Tyrannen der Insel, Polydektes, der seine Mutter leidenschaftlich begehrte und ihn deshalb beseitigen wollte, das Haupt der → Gorgo Medusa zu bringen. Dazu überwand er als erstes die → Graien, Schwestern der Gorgonen, indem er ihnen das eine Auge, das sie abwechselnd benutzten, stahl. Dank der Hilfe und dem Rat von → Athena und → Hermes, der ihm seine geflügelten Sandalen und ein Schwert lieh, gelang es ihm dann mit einer List, das Monster zu enthaupten: Er vermied den direkten Anblick, der zu seiner Versteinerung geführt hätte, und schaute auf ihr Spiegelbild in seinem blanken Schild. So führte er sein *Sichelschwert*, die Harpe, von Athena unterstützt, erfolgreich gegen sie. Ihr Haupt, das seine ganze dämonische Macht behielt, steckte er in einen Beutel, um nicht von seinem Anblick versteinert zu werden. Mit den *Flügelsandalen* und einer *Tarnkappe* von → Hades (wenn es nicht → Nymphen waren, die ihm diese beiden Wunderdinge geschenkt hatten) enteilte er den beiden anderen Gorgonen, die unsterblich waren. Aus der Wunde der Medusa entsprangen → Pegasos und der Riese Chrysaor. Manche sagen, P. habe sich des geflügelten Pferdes ebenso wie des Medusenhauptes bedient, um auf dem Heimflug die an einen Felsen geschmiedete und einem Meeresungeheuer ausgesetzte äthiop. Königstochter Andromeda zu befreien. Die schöne Andromeda und ein Königreich wurden sein Lohn. Mit ihr kehrte er später nach Seriphos zurück, übte Rache an Polydektes, indem er ihn und seinen ganzen Hofstaat zu Stein werden ließ, und schenkte das Medusenhaupt der Athena, die es als apotropäisches Zeichen auf ihre Aigis bzw. auf ihren Schild setzte. Die geflügelten Sandalen, den Beutel und den Helm des Hades gab er

Perseus befreit Andromeda
Charles-Antoine Coypel, 1727
(Paris, Louvre)

Hermes, der sie den Nymphen (wieder) überließ. Dann schenkte er Diktys den Thron von Seriphos und ging mit Andromeda in seine Heimat Argos. Bei Spielen, die der König von Larissa ausrichtete, nahm P. am Diskuswerfen teil und verletzte dabei unwillentlich seinen Großvater Akrisios tödlich, so die Prophezeiung des Orakels erfüllend.

Die antiken Darstellungen des P.-Mythos sind überaus zahlreich und reichen weit zurück, bis in das 7. Jh. v. Chr. Sie finden sich in den verschiedensten künstlerischen Gattungen: Bauskulptur, Wand- und Vasenmalerei, Keramik, Bronzen, Münzen, Glyptik, Elfenbein usw. Meist sind sie mit Medusa- und Andromeda-Bildern verbunden. Auf einem Elfenbeinrelief aus Samos (um 630 – 620 v. Chr.; Athen, NM) sind P. und Medusa in Vorderansicht gegeben, damit sozusagen ihre Blicke sich nicht begegnen; das Medusenhaupt fällt gerade zu Boden. Zwei Bauskulpturen des 6. Jh. v. Chr. zeigen eine entsprechende Szene, der Giebel mit der Gorgo vom Artemistempel in Korfu (Mus.) vom Anfang des Jh. und eine Metope vom Tempel C in Selinunt (um 540 v. Chr.; Palermo, MA). Auf dem Bauch einer schwarzfigurigen att. Lekythos (um 530 v. Chr.; Paris, BN, Cabinet des médailles) entrollt sich die Geschichte der Enthauptung der Gorgo und der Flucht des P., der das blutüberströmte Haupt der Medusa in seinem Beutel birgt. Athena und Hermes stehen bereit, um ihm beim Entkommen vor den unsterblichen Medusa-Schwestern Stheno und Euryale zu helfen. Eine Kleinbronze des 5. Jh. v. Chr. (Hamburg, Mus. für Kunst und Gewerbe) stellt P. mit Sichelschwert und geflügeltem Helm dar, das Schreckenshaupt triumphierend vorzeigend. In einem Wandgemälde des 1. Jh. v. Chr. aus dem Haus der Dioskuren in Pompei (Neapel, MN) hält P. das Medusenhaupt hinter seinem Rücken versteckt, während er den ausgestreckten Arm der Andromeda ergreift. Die Kunst der Neuzeit hat die diversen Aspekte dieser Sage unzählige Male behandelt: P. und Medusa (ANN. CARRACCI, 1595–97; Rom, Palazzo Farnese),

Perseus mit dem Haupt der Medusa
Benvenuto Cellini, 1545–54
(Florenz, Loggia dei Lanzi)

P. bei der Befreiung der Andromeda (Rubens, um 1622; Berlin, GG · P. Mignard, 1679; Louvre), P. mit Phineus, dem Andromedas Hand versprochen war und der, als er sie mit Gewalt einforderte, von P. versteinert wurde (L. Signorelli, um 1495 – 1504; Orvieto, Dom · L. Giordano, um 1680; London, NG · Polidoro da Caravaggio, Zeichnung, um 1525; Louvre, mit dem das Medusenhaupt in einer aggressiven Geste an den Haaren hochhaltenden P.). Das bedeutendste Beispiel bleibt zweifellos die P.-Statue (1545–54) in der Loggia dei Lanzi in Florenz (Original im MB), mit der B. Cellini eine Synthese des ganzen Mythos gegeben hat. Eine der vier Nischenfiguren am Sockel, neben Zeus, Athena und Hermes, ist Danae mit P. als Kind. Ein Relief darunter, an der Brüstung der Loggia, zeigt die Befreiung der Andromeda. Canovas Marmor-P. im Vatikan (1797–1801) ist eine späte Nachfolgerin dieser Statue.

Quellen: Apollodor, Bibliothek 2,4; Ovid, Metamorphosen 4,611–803, 5,1–249. *Lit.:* J.-C. Boyer, L'Andromède de Pierre Mignard, 1990; W. Braunfels, Benvenuto Cellini. Perseus und Medusa, 1961; C. Gould, The ›Perseus and Andromede‹ and Titiaris Poesy, in: Burlington Magazine 105 (1963) S. 112–117; K. M. Philips, Perseus and Andromeda, in: American Journal of Archaeology 72 (1968) S. 1–23; K. Schefold, Die Urkönige Perseus, Bellerophon, Herakles und Theseus in der klassischen und hellenistischen Kunst, 1987; J. M. Woodward, Perseus. A Study in Greek Art and Legend, 1937.

Phaedra → Phaidra

Der Sturz des Phaethon
Jean Mignon, Stich, um 1545

Phaethon war der Sohn des → Titans und Sonnengottes Helios (Ovid nennt aber den später an die Stelle des Helios getretenen → Apollon als seinen Vater). Seine Mutter Klymene, eine → Okeanos-Tochter und → Nymphe, sagte ihm erst, als er erwachsen war, wer sein Vater sei. Ph. ging nach Osten zum Sonnengott, der ihm, um seine väterliche Gewogenheit zu beweisen, die Bitte gewährte, für einen Tag den Sonnenwagen lenken zu dürfen. Ph. führte den Wagen aber zu nahe an die Erde, so daß Länder und Menschen trocken und schwarz gebrannt wurden – → Zeus zerschmetterte ihn deshalb mit einem Blitz. Ph. fiel in den Eridanos (heute Po). Seine Schwestern, die Heliaden, beweinten ihn so lange, bis sie in Pappeln am Flußufer verwandelt wurden.

Das Relief auf einer röm. Terra-sigillata-Schale des 1. Jh. n. Chr. aus Arretium (Arezzo) zeigt den Sturz des Ph. und die Verwandlung der Heliaden (Boston, MFA). Die Ph.-Geschichte ist auch Gegenstand einer Reihe von röm. Sarkophagreliefs, z. B. auf einem Sarkophag des 3. Jh. n. Chr. (Kopenhagen, CG): Neben Ph., links, stehen hier die → Horai; in der Mitte ist der umgestürzte Wagen zu sehen, aus dem er kopfüber dem Flußgott Eridanos entgegenstürzt, rechts Hermes bei dem trauernden Helios, mit den drei Heliaden und anderen Personen. Von Michelangelo sind drei berühmte Zeichnungen mit dem Sturz des Ph. bekannt (1533; London, BM · Windsor Castle · Venedig, GA). Von Sebastiano del Piombo kennt man ein Fresko dieses Themas (um 1511; Rom, Villa

Farnesina), das GIULIO ROMANO in einem Deckenbild im Palazzo del Tè von Mantua behandelt hat (1527/28), RUBENS in einer Ölskizze (1636–38; Brüssel, MR, danach das von JAN EYCK ausgeführte Gemälde im Prado) und J. HEINTZ D. Ä. in einem Gemälde (um 1595; Leipzig, Mus.). Die Bitte Ph.s, ihm den Sonnenwagen zu überlassen, haben POUSSIN (um 1630–40; Berlin, GG) und E. LE SUEUR (1652–55; Louvre) als Motiv gewählt.

Quelle: Ovid, Metamorphosen 1, 751–779, 2,1–400.
Lit.: B. Jacoby, Studien zur Ikonographie des Phaëthonmythos, Diss. Bonn 1971; H. Sedlmayr, Michelangelo. Versuch über die Ursprünge seiner Kunst, in: H. S., Epochen und Werke, Bd. 1, 1959, S. 235–251; Ders., Michelangelo. Die Zeichnungen für Tommaso Cavalieri, ebd., S. 252–265.

Phaidra, röm. **Phaedra,** war die Tochter des kret. Königspaars Minos und → Pasiphae. Durch ihre Heirat mit → Theseus wurde sie die Stiefmutter des Hippolytos, des Sohnes aus seiner ersten Ehe mit der → Amazonenkönigin → Antiope (die bei manchen Hippolyte oder Glauke heißt). Hippolytos war ein scheuer, enthaltsam lebender junger Jäger, der nur → Artemis, nicht aber → Aphrodite huldigte. In ihrer Eifersucht flößte die Göttin der Liebe Ph. eine heftige Neigung zu ihrem Stiefsohn ein. Doch dieser wies ihre Annäherungsversuche zurück. Aus Verzweiflung brachte sich Ph. um, hinterließ aber die schriftliche Nachricht an Theseus, Hippolytos habe sie mißbrauchen wollen. Theseus verbannte seinen Sohn und rief den Fluch des → Poseidon über ihn herab. Als Hippolytos in seinem Wagen am Meeresufer entlangfuhr, scheuten seine Pferde vor einem plötzlich auftauchenden Meeresmonster (bei Ovid und Apollodor ist es ein Stier), er wurde aus dem Wagen geschleudert und zu Tode geschleift.

Phaidra
Alexandre Cabanel, 1880
(Montpellier, Musée Fabre)

Die Geschichte von Ph. und Hippolytos wird in ihren einzelnen Episoden besonders auf röm. Sarkophagen erzählt, z. B. auf einem Exemplar im Louvre (um 290 n. Chr.): Da ist die liebeskrank im Kreis ihrer Dienerinnen und einiger Eroten sitzende Ph., in der Mitte Hippolytos als Jäger, mit dem Brief der Ph. in der Hand, schließlich Theseus, der die Nachricht vom Tod seines Sohnes empfängt. Auf einem etwas älteren Sarkophag (um 200 n. Chr.), ebenfalls im Louvre, sind es nur zwei Szenen: links sitzt Ph., während eine Dienerin für sie mit Hippolytos spricht, rechts sieht man Hippolytos bei der Eberjagd. Die sog. ›Aldobrandinische Hochzeit‹, ein röm. Gemälde des 1. Jh. v. Chr. (Vatikan), versammelt die Protagonisten des Mythos. In nachantiker Zeit war der Tod des Hippolytos – wie schon auf pompejan. Wandgemälden – das bevorzugte, weil besonders dramatische Bildmotiv. RUBENS zeigte den umgestürzten Wagen und das beim Anblick des aus dem Meer auftauchenden Ungeheuers heftig scheuende Pferdegespann (1611/12; Cambridge, FM). Das Thema findet sich auch bei J. B. LEMOINE (1715; Louvre). Auf einem Gemälde von P. N. GUÉRIN steht Hippolytos vor den Seite an Seite sitzenden Ph. und Theseus (1802; Louvre).

Quellen: Apollodor, Epitome 1,18–19; Euripides, Hippolytos; Ovid, Metamorphosen 15,497–546; Seneca, Phaedra; Vergil, Aeneis 7,761–782.
Lit.: F. G. J. M. Müller, The Aldobrandini Wedding, 1994.

Philemon und Baukis. Eines Tages suchten → Zeus und → Hermes, in Menschengestalt unterwegs in Phrygien, eine Unterkunft. Doch alle Türen blieben ihnen verschlossen, bis auf die einer Hütte, die ein frommes altes Ehepaar bewohnte, Ph. und B. Sie luden die Götter an ihre bescheidene Tafel. Dafür wollten sie die einzige Gans, die sie besaßen,

Philemon und Baukis
Adam Elsheimer,
um 1605–10
(Dresden, Gemäldegalerie Alte Meister)

schlachten. Doch das Federvieh flüchtete und suchte seine Zuflucht bei den Gästen. Da gaben sich die Götter zu erkennen und führten die beiden Alten auf eine Berghöhe. Von dort sahen sie, daß alles hinter ihnen in einem Sumpf versunken, ihr Haus aber als einziges gerettet und in einen Tempel verwandelt worden war. Auf ihren Wunsch wurden Ph. und B. zu Hütern des Tempels bestellt. Beide fanden später zur gleichen Stunde den Tod; sie wurden in Bäume verwandelt.

Zu dieser Erzählung sind keine antiken Darstellungen bekannt. Erst um 1500 wird das Thema aufgegriffen (Bramantino, um 1498/1500; Köln, WRM). In der Barockmalerei gibt man es als eine Art Bauernmahlzeit wieder (A. Elsheimer, um 1605–10; Dresden, AM); J. Jordaens hat es in mehreren Fassungen behandelt (1642–51; u. a. Helsinki, Atheneum). Rubens wählte den Moment kurz vor der Überflutung des Landes und stellte Ph. und B. neben den Göttern in eine weite Gewitterlandschaft (um 1625; Wien, KM), Rembrandt (1658; Washington, NG) adelte das bäuerliche Interieur der Hütte durch die wie Christus in Emmaus als Lichtgestalten leuchtenden Götter.

Quelle: Ovid, Metamorphosen 8,621–724.
Lit.: W. Stechow, The Myth of Philemon and Baucis in Art, in: Journal of the Warburg and Courtauld Institutes 4 (1940/41) S. 103–113.

Philoktetes, Sohn des Königspaares Poias und Demonassa von Meliboia in Thessalien, hatte von → Herakles dessen *Bogen* und Gift*pfeile* als Lohn für das Anzünden des Scheiterhaufens erhalten, wie Homer erzählt. Weil er aber den Platz des Scheiterhaufens und damit den Sterbeort des Herakles verraten hatte, traf ihn eine schwere Strafe: Als Teilnehmer des Feldzuges gegen → Troja wurde er bei einer Zwischenlandung auf Tenedos oder Chryse während einer Opferhandlung von einer Schlange in den Fuß gebissen. Wegen des schrecklichen Gestanks seiner eiternden Wunde und seiner Schmerzensschreie setzten ihn die Griechen auf den Rat des → Odysseus und den Befehl → Agamemnons auf der Insel Lemnos aus. Dort lebte Ph. zehn Jahre lang völlig allein. Dank der Waffen des Herakles konnte er sich von der Jagd ernähren. In dieser Zeit belagerten die Griechen Troja, ohne daß es ihnen gelang, die Stadt einzunehmen. Von dem gefangengenommenen Trojaner Helenos, der wie seine Zwillingsschwester Kassandra mit der Gabe der Weissagung gesegnet war, erfuhren die Griechen dann, daß sie Troja nur mit den Pfeilen des Herakles besiegen könnten. Odysseus machte sich deshalb mit Neoptolemos oder → Diomedes nach Lemnos auf, um Ph. zur Rückkehr in das griech. Heer zu bewegen. Trotz dessen Widerstreben gelangte Odysseus an sein Ziel, entweder durch seine Überredungskunst oder mit einer List. Ph. wurde geheilt und nahm am Kampf teil. Dabei tötete einer seiner Pfeile den → Paris. Nach dem Fall Trojas kehrte er in seine Heimat zurück. Einer nachhomerischen Überlieferung zufolge soll er sich dagegen in Süditalien niedergelassen haben.

Der von der Schlange gebissene Philoktetes
Attischer Krater, um 470 v. Chr. (Paris, Louvre)

In einem Epigramm preist Glaukos von Nikopolis den griech. Maler Parrhasios (um 400 v. Chr.) als Schöpfer eines Bildes des Ph. Es ist vermutet worden, daß ein Reflex dieses berühmten, nicht erhaltenen Gemäldes in einem Silberbecher augusteischer Zeit überliefert ist, den ein Toreut namens Cheirisophos signiert hat (Kopenhagen, SM). Dieser einhenkelige Kantharos (dessen Pendant ein Becher mit → Achilleus und → Priamos bildet) wurde im dänischen Hoby auf Laaland gefunden; er zeigt Ph. auf einem Felsen sitzend und auf einen Stab gestützt, den bandagierten Fuß betont nach außen setzend. Er hat sein Gesicht von Odysseus abgewendet, der vor ihm sitzt, den Pylos auf dem Kopf, und ihn offensichtlich mit großer Gebärde zur Rückkehr zu überreden versucht. Auf der Gegenseite des Bechers waschen zwei junge Männer die Wunde des Ph. Bis auf dieses vorzügliche, auf jeden Fall ein griech. Original aus den letzten Jahrzehnten des 5. Jh. spiegelnde Werk hat sich wenig Antikes zur Ph.-Sage erhalten, so zwei att. Vasen aus der Mitte des 5. Jh. v. Chr. im Louvre und ein arretin. Terra-sigillata-Fragment des 1. Jh. n. Chr. aus St-Bertrand-de-Comminges. In der Neuzeit sind Gemälde von J. Barry (1770; Bologna, PN), N. Abildgaard (1774/75; Kopenhagen, SM) und A.-J. Gros (um 1830; Marseille, MBA) zu nennen, ferner ein Relief von J. Pradier (1831; Genf, MBA). Der schon auf antiken Vasen gezeigte heimliche Diebstahl des Herakles-Bogens durch Neoptolemos während Ph.s Gespräch mit Odysseus kehrt wieder in einem Gemälde von P.-P. Prudhon (1807; Ponce, Mus.) und einer Gipsskulptur A. v. Hildebrands (1886; Florenz, S. Francesco).

Quellen: Anthologia graeca 16,111 (Glaukos von Nikopolis); Apollodor, Epitome 3,14.27, 5,8, 6,15b; Homer, Ilias 2,716–725, Odyssee 3,190, 8,219; Ovid, Metamorphosen 13,46–55; Sophokles, Philoktetes.
Lit.: M. L. Milani, Il mito di Filottete nella letteratura e nell'arte figurata, 1879.

Phoinix
Mosaik aus Daphni bei Athen, 5. Jh. n. Chr. (Paris, Louvre)

Phönix. Dieses Fabeltier, ein Vogel, nährt sich von Weihrauch, und wenn es fünfhundert Jahre gelebt hat, verbrennt es sich, um aus der Asche neu zu erstehen. Nach Herodot – der von der Selbstverbrennung nichts weiß – war das Tier den Ägyptern heilig und erschien alle fünfhundert Jahre in Heliopolis, um dort seinen Vater (nach Ovid: das Nest seines Vaters) zu bestatten.

Auf antiken Darstellungen, besonders auf Münzen der Kaiserzeit (z. B. aus Alexandria, mit dem Bild des Antoninus Pius), ist der Ph., den Herodot als adlergleichen Vogel beschreibt, ein Flügeltier auf hohen Stelzen, mit einem Nimbus oder einer Art Aureole um den Kopf; er symbolisierte so den Wandel einer Ära. Aus der christlichen Kunst ist der Ph. im Zusammenhang mit Christus- und Paradiesbildern bekannt (Apsismosaik in SS. Cosma e Damiano, Rom, um 526–530), und bereits im 3. Jh. war der sich selbst verbrennende und erneuernde Ph. ein Symbol der Wiederauferstehung (Priscilla-Katakombe, Rom). »Auferstehung« und »Ewigkeit« blieben auch in der Renaissance Symbolgehalte dieses Fabeltiers. So erscheint es in einer frz. Tapisserie des 16. Jh. (›Allegorie der Himmlischen Liebe‹; Paris, Mus. des Arts Décoratifs) mit der Beischrift »Figura resurrectionis« (»Bild der Auferstehung«).

Quellen: Herodot, Historien 2,73; Ovid, Metamorphosen 15,391–407.
Lit.: R. van den Broek, The Myth of the Phoenix, 1972.

Phokion. Der athen. Feldherr, Staatsmann und Redner (um 400–317 v. Chr.) wies Züge einer widersprüchlichen Persönlichkeit auf. Ernst und streng, ein Mann von untadeliger Lebensführung, sprach er sich doch – in der Hoffnung auf Frieden – in der Auseinandersetzung Athens mit Makedonien für einige Zugeständnisse an den Feind aus, an Philipp und dann → Alexander. Damit setzte er sich in Opposition zu Demosthenes, der mit seinen Reden die Athener ständig zu Kampf und Widerstand aufstachelte. Nach der Niederlage der Athener bei Chaironeia 338 v. Chr. soll Alexander d. Gr. nur aus Achtung vor Ph. von der Zerstörung Athens abgesehen haben. Ph. wies gleichwohl alle seine Geschenke zurück. Weil er hingenommen hatte, daß einige athen. Festungen in makedon. Besitz gelangt waren, wurde er als Vaterlandsverräter verurteilt und mußte den Schierlingsbecher trinken. Ph. tat es ohne Aufbegehren, gab sich nur erstaunt darüber, daß er das Gift selbst bezahlen mußte – in Athen sei selbst der Tod nicht umsonst. Wie bei den solchermaßen Hingerichteten üblich, durfte sein Leichnam nicht bestattet werden; ein Mann und eine Frau taten es dennoch. Sie verbrannten ihn und bedeckten ihn mit Erde.

Ph.-Darstellungen aus der Antike fehlen ganz, aus der Neuzeit sind sie recht selten und auf drei Themen beschränkt: die Zurückweisung der Geschenke, mit denen ihn die Makedonier für sich einnehmen wollten (G. ASSERETO, um 1640; Genua, Palazzo Bianco), sein Tod, der 1804 Thema des Wettbewerbs der Pariser École des Beaux-Arts um den Rompreis war (mit J.-D. ODEVAERE als Sieger; sein Gemälde in Paris, EBA), schließlich die Überführung seiner sterblichen Hülle vor die Tore der Stadt (POUSSIN, 1648; Oakly Park/Shropshire, Earl of Plymouth) und das Bedecken seiner Asche durch die unbekannte Frau (POUSSIN, 1648; Prescott/Lancashire, Earl of Derby).

Quellen: Cornelius Nepos, Phocion 19; Diodorus Siculus, Bibliothek 16–18; Plutarch, Phokion.

Phrixos und Helle waren Sohn und Tochter des böot. Königspaares Athamas und Nephele. Ihr Vater wollte – auf Betreiben seiner zweiten Frau Ino – seinen Sohn oder beide Kinder dem → Zeus opfern, damit sein Land von einer Dürreperiode erlöst würde. Doch der Gott schickte einen *Widder* mit goldenem Vlies, der Ph. und H. aufnahm und durch die Lüfte in den Orient trug. H. stürzte unterwegs ins Meer und gab der Stelle den Namen Hellespont, Ph. aber gelangte sicher nach Kolchis am Schwarzen Meer, zu König Aietes. Den Widder, der ihn gerettet hatte, opferte er dem Zeus. Aietes weihte das Goldene Vlies, das → Iason später holen sollte,

Phrixos und Helle
Amphora,
um 440 v. Chr.
(Neapel, Museo Archeologico Nazionale)

dem → Ares. Nach anderen habe der Widder selbst sein Fell geopfert und sei zur Verwandlung in ein Sternbild zum Himmel aufgeflogen.

Auf einer Amphora (3. Viertel 5. Jh. v. Chr.; Neapel MN) wird Ph. von der die Doppelaxt schwingenden Ino verfolgt. Mel. Reliefs aus der Mitte des 5. Jh. v. Chr. (Athen, NM · Berlin, Ant.) und ein apul. Napf (um 330 v. Chr.; Berlin, Ant.) zeigen Ph. an der Flanke des Widders und an dessen Hörner geklammert hoch in der Luft über den Meereswellen, ein Motiv, das in einem Deckengemälde aus der Werkstatt PINTURICCHIOS für den Sieneser Palazzo des Pandolfo Petrucci (um 1509; New York, MM) wiederkehrt. Beide Kinder auf dem Widder stellt ein Krater aus Paestum dar (Mitte 4. Jh. v. Chr.; Neapel, MN). Auf einem pompejan. Wandgemälde (1. Jh. n. Chr.; Neapel, MN) und einem Mosaik (2. Jh. n. Chr.; Tivoli, Villa d'Este) streckt Ph. die Hand nach der in den Fluten versinkenden H. aus.

Quellen: Apollodor, Bibliothek 1,9,1; Apollonios Rhodios, Argonautika 1,256–259, 2,1140–56, 3,333–339.584–588.

Phryne. Die aus Thespiai in Böotien stammende Ph. war im 4. Jh. v. Chr. eine berühmte Athener Hetäre. Sie soll Praxiteles und → Apelles als Modell für ihre Aphroditestatuen und -gemälde gedient haben. Keiner konnte ihrer Verführungskunst widerstehen, den Philosophen Xenokrates ausgenommen. Man klagte sie wegen Schamlosigkeit vor dem Areopag an, doch dem Rhetor Hyperides gelang es, mit seinem Plädoyer einen Freispruch zu erwirken: Ph. sei nicht verantwortlich zu machen für das Verlangen, das sie in den Männern wecke, und folglich unschuldig; dabei enthüllte er den Körper (oder nur eine Brust) seiner Klientin vor dem ganzen Tribunal der Heliasten, dem Geschworenengericht.

In Thesiai stand eine Marmorstatue, in Delphi eine vergoldete Statue der Ph., beide von der Hand des PRAXITELES, wie Pausanias und andere

Phryne vor dem Areopag
Jean Gérôme, 1861
(Hamburg, Kunsthalle)

berichten. Ein Gemälde mit dem Prozeß gegen Phryne hat P.-A. Baudoin 1763 im Pariser Salon gezeigt. Ihr Verteidiger enthüllt hier eine Brust und die Schulter der jungen Frau, deren Haltung Schamhaftigkeit und sogar Schüchternheit ausdrückt (was Diderot in einem harschen Kommentar rügte). Bei J. L. Gérôme dagegen erscheint sie völlig nackt (1861; Hamburg, KH); auf den Gesichtern der Richter, es sind meist alte Männer, malen sich Überraschung und Bewunderung für einen so vollkommenen Körper. Die Schönheit der Hetäre verherrlichen auch Skulpturen von J. Pradier (1854; Grenoble, MBA), J.-B. Clésinger (1873 auf der Wiener Weltausstellung) und A. Falguière (1884; New York, Priv.). Die Standhaftigkeit des Xenokrates schilderte G. van Honthorst (1623; Den Haag, Priv.). W. Turner zeigte Ph. im öffentlichen Bad (1838; London, TG).

Quellen: Athenaios, Deipnosophistai (Das Gelehrtengastmahl) 13,585–591; Diogenes Laertios, De clarorum philosophorum vitis 4,23, 4,7 (Xenokrates); Pausanias, Periegesis 1,20,1–2 (Praxiteles), 9,27,5 (Thespiai), 10,14,7 (Delphi); Plinius d. Ä., Naturgeschichte 34,70.

Lit.: D. Diderot, Salons de 1759, 1761 et 1763. Texte établi par J. Seznec, 1967, S. 156–158; J. Heusinger v. Waldegg, Jean-Léon Gérômes ›Phryne vor den Richtern‹, in: Jb. der Hamburger Kunstsammlungen 17 (1972) S. 122–142; J. Seznec, Diderot et Phryné, in: Gazette des Beaux-Arts 37 (1950) S. 325–330.

Pleiaden heißen die sieben Töchter des → Atlas und der → Okeanide Pleione: Alkyone, Asterope (Sterope), Elektra, Kelaino, Maia, Merope und Taygete. → Zeus verwandelte sie in *Gestirne* (Sternbild der P.), damit sie dem Jäger → Orion entkämen, der sie unablässig mit Beteuerungen seiner Liebe verfolgte (am Himmel folgt er ihnen immer noch, wenn auch aus gebührender Distanz). Nach einer anderen Überlieferung war der Grund ihrer Metamorphose der Schmerz, den sie über Zeus' Verurteilung des Atlas zum Träger des Himmelsgewölbes empfanden. Ihre Schwestern, die Hyaden, die über dem Tod ihres Bruders Hyas gestorben waren, wurden ebenfalls in Sterne verwandelt. In der Antike bedeutete der Aufgang der P. den Beginn der Feldarbeit und der Saatzeit.

Homer erwähnt die P. in seiner Beschreibung des → Achilleus-Schildes, Euripides in seiner Schilderung einer gestickten Tapisserie. Bei beiden handelt es sich um das Sternbild, wie es auf einer Tierkreisgemme neben dem Stier erscheint (Eremitage). Ein Bronzespiegel aus Preneste (wohl um 300 v. Chr.; Brüssel, MR) zeigt es ebenfalls, vermutlich mit der Mutter Pleione und Orion. Eine Miniatur in einem Manuskript der ›Aratea‹ des Germanicus (9. Jh.; Leiden, Universitätsbibliothek) stellt die P. in der Form von sieben weiblichen Köpfen dar; sechs sind, mit je einem Stern über dem Kopf, im Kreis um die siebte angeordnet, die als einzige einen Schleier trägt: es ist wohl Merope, die auch als einzige einen Sterblichen zum Mann nahm und die bei der Flucht der P. vor Orion verlorenging (im Sternbild hat sie die geringste Leuchtkraft). Nachantike

P.-Bilder sind selten. J. FLAXMAN hat sie in seine Hesiod-Illustrationen aufgenommen (Nachstiche von W. BLAKE wurden 1817 veröffentlicht), auch gibt es ein Gemälde von W. BOUGUEREAU mit dem Titel ›Die verlorene Pleiade‹ (1884; USA, Priv.).

Quellen: Euripides, Elektra 468; Hesiod, Erga 383; Homer, Ilias 18,385; Ovid, Fasti 4,172, 5,83ff., Metamorphosen 13,293.

Pluto(n) → Hades

Polyphemos. Der Riese P., ein → Kyklop, Sohn des → Poseidon, lebte in einer Höhle auf Sizilien, der Insel der Kyklopen. Vergeblich beteuerte er der → Nymphe → Galateia mit heißen Schwüren seine Liebe, sie zog ihm den Akis vor. Am Ende zermalmte P. den Akis mit einem *Felsbrocken*, als er unerwartet auf das Liebespaar traf. Später nahm er → Odysseus und zwölf seiner Gefährten gefangen und machte sich daran, einen nach dem anderen aufzufressen. Odysseus gab ihm Wein, an dem er sich betrank, bis er tief in Schlaf fiel; dann stieß ihm Odysseus einen glühenden Pfahl in sein *einziges Auge*. Alle Überlebenden konnten entkommen, indem sie sich ins Fell der Widder klammerten, als P. seine Schafherde aus der Höhle auf die Weide hinaustrieb. P. warf ihrem Schiff noch einen Felsbrocken nach, traf aber nicht.

Beliebteste Bildthemen waren in der Antike die Blendung des P. und die Flucht der Odysseus-Gefährten im Fell der Widder. Sie finden sich bereits im 7. Jh. v. Chr. in der protoatt., im 6. Jh. und bis in den Beginn des 5. Jh. in der schwarzfigurigen att. Vasenmalerei. Werke der Glyptik, in Bronze und aus Ton verbreiteten nicht weniger diese beiden Episoden aus der Erzählung von den Irrfahrten des Odysseus. Dagegen scheint

Landschaft mit Polyphem
Nicolas Poussin, um 1649
(St. Petersburg, Eremitage)

die klassische Zeit den P. als Einzelfigur bevorzugt zu haben. Er trägt sein Auge oft sehr groß an der Stirn oder am Nasenansatz; die beiden anderen Augen sind gleichwohl an ihrem normalen Platz angedeutet (kleine Marmor- oder Tonfiguren der hellenistischen und ersten röm. Zeit). In der röm. Kaiserzeit wurde in erster Linie die Szene, wie Odysseus dem P. Wein reicht, als Sujet geschätzt, in zweiter die Blendung des P. In der Ausstattung der Villen waren sie lange präsent, wie die 1957 in Sperlonga entdeckte Skulpturengruppe aus einer Villa des Tiberius belegt, neben weiteren Beispielen im Ninfeo Bergantino der Villa Domitians in Castelgandolfo, im Haus des Kaisers Claudius in Baiae und in der Villa Hadrians in Tivoli. J. JORDAENS hat in seiner Kartonserie zur Geschichte des Odysseus (1630–35; Moskau, PM) die P.-Episode nicht ausgelassen. Bei RUBENS (1636–38; Prado) schleudert P. den Felsbrocken blind in Richtung des Odysseus-Schiffes. In einer der heroischen Landschaften POUSSINS verspottet Odysseus den P. (um 1649; Eremitage). W. TURNER hat das gleiche Thema 1829 behandelt (London, NG).

Quellen: Euripides, Kyklops; Homer, Odyssee 1,68–75, 9,106–565; Ovid, Metamorphosen 13,738–897.
Lit.: O. Touchefeu-Meynier, Thèmes odysséens dans l'art antique, 1968.

Polyxena. Nach dem Fall → Trojas forderte der Geist des → Achilleus von den Griechen die Opferung der → Priamos- und Hekabe-Tochter P. an seinem Grab. Neoptolemos, auch Pyrrhos genannt, der Sohn des Achilleus, vollstreckte dieses Opfer. Spätantike Autoren, wie Hygin, lieferten die Begründung für diesen unerhörten Vorgang: Achilleus habe sich in P. verliebt gehabt und im Tod mit ihr vereinigt werden wollen. Er sei ihr begegnet, als er ihrem Bruder Troilos auflauerte und ihn tötete.

Polyxena wird von Neoptolemos über der Leiche des Achilleus geopfert
Pio Fedi, 19. Jh. (Florenz, Loggia dei Lanzi)

Auf den antiken Vasenbildern, in denen Troilos an der Quelle, aus der er seine Pferde tränkt, hinterlistig von Achilleus belauert wird, ist P. bei ihrem Bruder; sie flieht mit ihm, als Achilleus aus seinem Versteck hervorstürzt, dabei fällt ihr ein *Wasserkrug* zu Boden. Die Szene findet sich nicht selten auf Vasen im schwarzfigurigen Stil (Hydria, um 520 v. Chr.; Berlin, Ant.) und auf frühen rotfigurigen Keramiken (Pelike, um 470 v. Chr.; Louvre). In Bildern der Opferung der trojan. Königstochter führt Neoptolemos sie an der Hand zum Grabhügel (Hydria, um 520 v. Chr.; Berlin, Ant.) oder, seltener, er stößt ihr auf einem Opferaltar das Schwert in die Kehle (Amphora, um 560 v. Chr.; London, BM). Das in der Neuzeit meistbehandelte Thema der Opferung durch Pyrrhos/Neoptolemos läßt sich in Werken von PRIMATICCIO (1541–47; Schloß Fontainebleau, Galerie d'Ulysse), PIETRO DA CORTONA (um 1625; Rom, MC) und, mehrfach, von G. B. PITTONI (um 1730–35; Louvre · um 1740–50; Stuttgart, SG) nachweisen.

Quellen: Euripides, Hekabe, Troerinnen; Hygin, Fabeln 90, 110; Ovid, Metamorphosen 13,441–483.

Vertumnus und Pomona
François Boucher,
Stich nach Watteau,
18. Jh.

Pomona war eine → Nymphe von großer Schönheit. Sie wachte über Gärten und Früchte. So galt sie als röm. Göttin des Baumobstes. Vertumnus, der Gott der im Lauf der Jahreszeiten wechselnden Vegetation und damit auch der Obstbäume und der Reben, warb um sie in wechselnder Gestalt, als Landmann, Winzer, Schnitter, Fischer usw., kam aber erst ans Ziel, als er, um kein Mißtrauen zu wecken, in der Verkleidung als alte Frau eine Rebe, die sich an einer Ulme emporrankte, zum Anlaß und Gleichnis nahm, die Liebe (und Vertumnus) zu preisen und sich zuletzt in eigener, schöner Person zu offenbaren.

Als junge, robuste Frau im langen Gewand, dessen Falten manchmal *Früchte* bergen, tritt P. in Erscheinung, vor allem in der niederl. Malerei des 17. Jh. Sie hält oft Früchte in der Hand, oder ein *Fruchtkorb* steht neben ihr. Dieser Bildtypus wird bis ins 20. Jh. beibehalten, bis zu den Skulpturen von A. Maillol (›Pomona mit Draperie‹, 1921; Paris, MO) und G. Marcks (Marmor, 1932; Boston, MFA). In der Begegnung von P. und Vertumnus wird meist seine letzte Metamorphose gezeigt: Zwei Frauen nebeneinander in üppiger Natur, die alte sich zur jungen beugend und ihr ins Ohr flüsternd; so auf einem Gemälde aus der Werkstatt von F. Francken d. J. (um 1620–30; Louvre), und so auch bei C. de Vos (um 1631–35; Hazebrouck, Mus.) und F. Boucher (1763; Louvre). Weitere Beispiele finden sich im Œuvre von D. Teniers d. Ä. (1638; Wien, KM), C. Berchem (um 1650; Braunschweig, AUM) und C. Netscher (1681; Berlin, GG). Fresken des gleichen Themas – das auch im Kunsthandwerk behandelt wurde – schufen u. a. Pontormo (1521; Poggio a Caiano, Villa Medici) und L. Giordano (1682/83; Florenz, Palazzo Medici-Riccardi).

Quelle: Ovid, Metamorphosen 14,623–771.

Pọrcia. Die Tochter des → Cato Uticensis heiratete im Jahr 45 v. Chr. M. Iunius Brutus, den späteren → Caesar-Mörder. Von vorbildlich ehrenhafter und republikanischer Gesinnung, gab sie sich selbst den Tod, als ihr Mann nach der Niederlage bei Philippi, 42 v. Chr., gegen Marcus Antonius und Octavianus (→ Augustus) sich in sein Schwert gestürzt und damit die republikanische Partei ihre Führung verloren hatte. Ihre nächste Umgebung soll noch alle Waffen aus ihrer Reichweite weggeschafft, sie aber durch Einatmen giftiger Kohlendämpfe sich dennoch umgebracht haben.

Dieses eindrucksvolle Beispiel ehelicher Treue und der Entschlossenheit bis zum Tode war seit Ende des 15. Jh. für viele Künstler eine Inspirationsquelle. Das Thema bot Gelegenheit, mit der Darstellung des Selbstmordes einer Frau sowohl Bewunderung als auch Grauen zu erregen (Cassonibilder von Jacopo del Sellaio und Michele da Verona, Ende 15. Jh.; Paris, Mus. des Arts Décoratifs). F. Mosca (gest. 1578) hob in einem Relief (Venedig, Mus. Archeologico) weniger den körperlichen Schmerz als die Entschlossenheit P.s hervor.

Quellen: Plutarch, Brutus 53, Cato minor; Valerius Maximus, Facta et dicta 3,2,15, 4,6,5.

Poseidon, röm. **Neptunus.** Dem Sohn des → Kronos, Bruder von → Zeus und → Hades, fiel bei der Auslosung des Universums das Meer als Herrschaftsbereich zu. Er gebot über die Wellen, löste die Stürme aus, ließ, da er unter Zeus auch Macht über die Erde hatte, Quellen sprudeln und die Erde beben. So war er vornehmlich der Herrscher über alle salzigen Wasser. Ihm wurden gern Stiere geopfert, und man bewunderte ihn als Rossebändiger. Mit seiner Gattin, der → Nereide → Amphitrite, hatte er den Sohn → Triton, mit Thoosa, einer anderen Meeresnymphe, den → Polyphemos, mit Medusa die Söhne Chrysaor und → Pegasos, mit Eurynome, der Frau des Korintherkönigs Glaukos, den → Bellerophon, mit der Danaos-Tochter Amymone, die sich ihm hingab, als er sie vor den Verfolgungen eines → Satyrs rettete, den Seefahrer Nauplios, mit Aithra den → Theseus usw. Eine andere junge Frau, Koronis, Tochter des Königs Koroneus von Phokis, entkam P. nur, indem sie → Athena um Hilfe anflehte und von ihr in eine Krähe verwandelt wurde. P. baute mit → Apollon für König Laomedon eine Mauer um → Troja. Als Laomedon ihnen aber den vereinbarten Lohn verweigerte, schickte P. ein Meeresungeheuer, das die Stadt so lange heimsuchte, bis → Herakles es erlegte. P. war Athenas Rivale im Kampf um den Besitz Attikas: Mit einem Schlag auf die Erde ließ er eine Salzwasserquelle auf der Athener Akropolis sprudeln, doch Athena ließ den viel nützlicheren Ölbaum wachsen und wurde so Schutzgottheit des Landes und der Stadt, die von ihr dann den Namen erhielten.

Neptun und Amphitrite
Jan Gossaert,
Anfang 16. Jh.
(Berlin, Gemäldegalerie)

P. erscheint immer in der Gestalt eines bärtigen Mannes mit langem Lockenhaar. Er hält meist einen *Dreizack* und wird von Tritonen und Nereiden, *Delphinen* und *Fischen* begleitet. Seinen *Wagen* ziehen *Meerespferde*, die Hippokampen. Auf einer Amphora des AMASISMALERS (um 540 v. Chr.; Paris, BN, Cabinet des médailles) steht der inschriftlich benannte P. in langem Gewand und mit Dreizack Athena gegenüber. Ohne den Dreizack ist er nicht immer von Zeus zu unterscheiden, wie im Falle der Bronzestatue des ›Gottes aus dem Meer‹ bei Kap Artemision

Poseidon/Neptun und Amphitrite
Mosaik, 3. Jh. n. Chr.
(Nea Paphos, Zypern)

Meerfahrt von Neptun und Amphitrite
Edmé Bouchardon, Zeichnung, 18. Jh. (Paris, Louvre, Cabinet des dessins)

(um 460 v. Chr.; Athen, NM), deren Gestus mit weit ausholenden Armen sowohl auf den Blitze schleudernden Zeus wie auf den mit dem Dreizack zustoßenden P. schließen läßt. In der gleichen Haltung erscheint P. auf Münzen von Poseidonia (Paestum). Beim Kampf mit den → Giganten benutzte er den Dreizack als Waffe (att. Schale des Töpfers ERGINOS und des Malers ARISTOPHANES, um 420 v. Chr.; Berlin, Ant.), der Insel Nisyros bediente er sich dabei als Wurfgeschoß (att. Schale, um 480 v. Chr.; Berlin, Ant.). Als einer der ersten Olympier tritt P., mit Amphitrite an seiner Seite, in der Götterversammlung (Dinos des SOPHILOS, um 580 v. Chr.; London, BM) oder bei seinen Meerestriumphzügen auf (Relief der sog. ›Domitia-Ara‹, um 100 – 70 v. Chr.; München, Ant. · röm. Mosaik aus Utica, 3. Jh. n. Chr.; Tunis, Bardo-Mus.), die oft in Mosaiken dargestellt wurden, zumal in Badeanlagen wie den Thermen in Ostia. Der Zwist mit Athena um Attika war Thema der zerstörten Westgiebelgruppe am Parthenon und u. a. auf einer Kertscher Hydria (Mitte – Ende 4. Jh. v. Chr.; Eremitage). Die Episode mit Amymone und dem Satyr findet sich verschiedentlich sowohl in der Vasenmalerei (Lekythos des DRESDENMALERS, um 480 – 470 v. Chr.; Zürich, Priv. · Glockenkrater in der Art des DINOSMALERS, um 420 – 410 v. Chr.; Wien, KM · att. Glockenkrater, um 390 v. Chr.; Würzburg, WM) als auch in Mosaiken. Originale Standbilder (Bronzestatuette, um 110 v. Chr.; München, G) zeigen den Gott ausschreitend, mit Dreizack und, wie den ›P. von Melos‹ (Marmor, um 125 v. Chr.; Athen, NM), mit einem Delphin. In der Neuzeit wird P./N. zum zentralen Element von Brunnen (GIOVANNI DA BOLOGNA, 1566; Bologna, Piazza del Nettuno · B. AMMANATI, um 1560–75; Florenz, Piazza della Signoria) und Wasserbecken (L.-S. ADAM, Hauptgruppe des ›Bassin de Neptune‹, um 1740; Park von Versailles). Der Barock hat das Thema geschätzt, besonders die Meerfahrt des P. (POUSSIN, um 1634; Eremitage ·

C. LE BRUN und G. POPLETON, Dekor der Galerie d'Apollon im Louvre, nach 1661). Nur selten wird dargestellt, wie P. den Sturm beschwichtigt, der Aineias bedroht (RUBENS, ›Quos ego‹, 1634/35; Dresden, AM). Den Zwist zwischen P. und Athena malte N. HALLÉ (1748; Louvre). Als politische Allegorie diente P. zur Darstellung der Seemacht, z. B. Venedigs (VERONESE, ›Mars und N. als Schutzherren Venedigs‹, 1575–77; Venedig, Dogenpalast, Decke der Sala del Collegio). Unter P.s Liebesaffären rangiert die Geschichte der Amymone auch in der Neuzeit an erster Stelle (N. COYPEL, 1720; Schloß Compiègne · F. BOUCHER, 1764; Versailles, Grand Trianon). In diesen Zusammenhang gehören ein Stich von J. SADELER (1580) mit der Entführung der Kainis nach Zeichnung von B. SPRANGER und ein Gemälde G. CARPIONIS (›N. verfolgt Koronis‹, 1665–70; Uffizien). In einem symbolistischen Gemälde W. CRANES, ›Die Rosse des N.‹ (1892; München, Staatsgemäldesammlungen), sind die Schaumköpfe einer breiten Meereswoge als galoppierende Pferde gebildet.

Quellen: Hesiod, Theogonie 278–281, 453–506; Ovid, Metamorphosen 2,569–595 (Koronis), 8,189–207 (Kainis); Vergil, Aeneis 1,124–147, 5,779–821, 9,145.

Priamos war der König von → Troja, zu dessen Regierungszeit der Trojanische Krieg stattfand. Da er schon sehr betagt war, konnte er selbst nicht an dem Kampf teilnehmen, er überließ alle wichtigen Entscheidungen seinem Sohn → Hektor. Die Überlieferung schreibt ihm an die fünfzig Söhne von seinen beiden Frauen und von Konkubinen zu. Mit seiner zweiten Frau Hekabe (oder Hekuba) hatte er die Kinder mit den klangvollsten Namen: Hektor, → Paris, Kassandra und Troilos. Sämtliche Kinder wurden Opfer des langen Krieges. Nach dem Tod Hektors bat P. den → Achilleus um die Herausgabe des Leichnams und mußte dafür ein sehr hohes Lösegeld zahlen. Als die Griechen die Stadt einnahmen, soll er sich mit Hekabe zu einem Altar im Hof des Palastes geflüchtet und

Priamos erbittet von Achilleus den Leichnam Hektors
Schale, um 510 v. Chr. (München, Antikensammlungen)

Priamos übergibt Achilleus das Lösegeld für die Leiche Hektors
Jean Mignon, Stich, um 1545

die Götter um ihren Schutz angefleht haben. Doch Neoptolemos habe ihn von der geheiligten Stätte weggezerrt, niedergestochen und seine Leiche unbestattet liegengelassen, wie eine nachhomerische Tradition wissen will.

Aus der griech. und süditalien. Vasenmalerei sind die Auslösung von Hektors Leichnam und der Tod des P. – dieser schon seit Mitte des 6. Jh. v. Chr. – als Bildthemen bekannt. Auf der Außenseite einer rotfigurigen Schale des Brygosmalers (um 480 v. Chr.; Louvre) sitzt der weißhaarige P. beim Altar, die Hände gegen Neoptolemos abwehrend ausgestreckt. Auf einer etwas jüngeren rotfigurigen Strickhenkelamphora (um 440 v. Chr.; Vatikan) führt der von vorn und mit einem Diadem in seinem weißen Haar gezeigte alte König voll Würde seine linke Hand zum Auge als Zeichen der Trauer; neben ihm rüstet sich Hektor zum Kampf. Ein hellenistisches Marmorrelief mit dem Tod des P. (Boston, MFA) gibt die Grausamkeit des Neoptolemos wieder, der unter den Entsetzensschreien Hekabes Priamos vom Altar wegzerrt, um ihm sein Schwert in den Leib zu bohren (eine lat. Inschrift zeigt an, daß das Relief in röm. Zeit zweitverwendet wurde). Die Übergabe des Lösegelds ist als Aufwiegen der Leiche Hektors auf einer augusteischen Silberkanne (Paris, BN, Cabinet des médailles) dargestellt. Wie in der Antike sind P.-Bilder in der Neuzeit selten. Einige Gemälde aus dem 17. und 18. Jh. mit dem Bittgang des Königs zu Achilleus kennt man nur noch aus Berichten, Werke von Tiepolo, C. Lebrun und (für die Grande Galerie des Pariser Palais-Royal) N. Coypel. Thorvaldsen hat das Thema in einem Marmorrelief behandelt, als eines von mehreren Antikensujets, in denen es dem klassizistischen Bildhauer darum ging, durch archaisierende Stilisierung der Figuren einen besonderen Grad der idealen Abstraktion zu erreichen (1815; Kopenhagen, TM).

Quellen: Homer, Ilias 22,408–430, 24,145–804; Vergil, Aeneis 2,506–562 (Tod des P.).

Priapos. Dieser im mys. Lampakos am Hellespont seit alters, in Griechenland erst seit hellenistischer Zeit verehrte Fruchtbarkeitsgott galt als Sohn der → Aphrodite und des → Dionysos (oder eines anderen Gottes). Er war mit einem *Phallos* von grotesker Übergröße ausgestattet. Sein Bild soll gegen den bösen Blick gewirkt haben, wachte deshalb über Gärten, Weinberge und Quellen. Auch Ziegen- und Schafherden soll er beschützt haben. Seine obszöne Erscheinung rückt ihn in die Nähe der → Satyrn und des ganzen Dionysos-Gefolges. Manchmal begleitet ihn ein *Esel*, in Anspielung auf das Mißgeschick, das ihm widerfuhr, als er sich der schlafenden → Nymphe Lotis zu nähern versuchte: In dem Augenblick, als er sie überrumpeln wollte, begann sein Esel Iah zu schreien und weckte damit die Nymphe. Nach einer anderen Version der Geschichte ging es nicht um Lotis, sondern um → Hestia.

Priapos
Römische Bronzestatuette, 2.–3. Jh. n. Chr. (Augsburg, Römisches Museum)

In der hellenistischen und röm. Kunst wurde P. als bärtige Figur gegeben, die ihr Gewand lüpft, um das immer erigierte Geschlecht vorzuweisen. So erscheint er auf Münzen aus Lampsakos (2. Jh. n. Chr.). In den Falten seines Gewandes trägt er oft eine Fülle von *Früchten* (Marmorstatue, 2. Jh. n. Chr.; Vatikan). In GIOV. BELLINIS ›Götterfest‹ (1514; Washington, NG) ist es Hestia/Vesta, der sich P. nähert. POUSSIN hat in einer Zeichnung (um 1620–23; Schloß Windsor) die Geburt des P. geschildert, von PICASSO gibt es eine Bronzefigur dieses kraftstrotzenden Gottes (1952; Genf, Sammlung Grantz). Die in der Antike verbreitete Erscheinungsform des P. als Wächter in Gestalt einer Herme mit seinem Kopf und (meist) aufgerichtetem Phallos kehrt in den Bildern der Neuzeit verschiedentlich immer wieder.

Quellen: Hygin, Fabeln 160; Ovid, Fasti 1,391–440 (Lotis), 6,319–348 (Vesta), Metamorphosen 9,346–348 (Lotis); Pausanias, Periegesis 9,31,2.
Lit.: E. Wind, Bellini's Feast of the Gods. A Study in Venetian Humanism, 1948.

Junge Frau vor einer Priapos-Kultstatue
Römische Gemme, etwa 1. Jh. n. Chr. (Berlin, Antikensammlungen)

Prometheus war einer der → Titanen, Sohn von Iapetos und Themis (oder Klymene oder Asia, zwei → Okeanos-Töchtern), also ein Vetter des → Zeus. Sein Name, »der Vorausbedenkende«, »Vorauswissende«, deutet auf seine Geistesschärfe und Listigkeit. Er galt bei einigen als Schöpfer des Menschen, den er aus Ton geformt habe, war jedenfalls ein Wohltäter der Menschheit, weil er ihre Interessen gegen die Götter vertrat. Bei der Aufteilung der Opferstiere zwischen Göttern und Menschen steckte er die besten Fleischteile in ein Ochsenfell, die mageren samt Knochen in ein anderes, das er mit Fett rundum prall füllte, und dieses zweite wählte Zeus. Wütend über diese Täuschung wollte Zeus den Menschen das *Feuer* verweigern, doch P. stahl es für sie vom Sonnenwagen

Prometheus
Cornelis Cort,
Kupferstich, 1566

oder, nach anderer Überlieferung, aus der Schmiede des → Hephaistos. Nun schuf Zeus als Strafe für die Menschheit die erste Frau, → Pandora, das »unheilvoll Böse«, und schickte sie dem Bruder des P., Epimetheus (»der zu spät Bedenkende«). P. wurde auf Befehl des Zeus von Hephaistos an einen Felsen im Kaukasus geschmiedet, und ein *Adler* fraß jeden Tag seine nachts nachwachsende Leber. Als → Herakles den Raubvogel getötet und P. befreit hatte, kam es zwischen dem Titan und Zeus zu einer Schlichtung, denn P. allein konnte dem Göttervater das Orakel enthüllen, wonach es dem Sohn, den (Zeus mit) → Thetis haben werde, bestimmt sei, bedeutender als sein Vater zu werden. Je nach der Auffassung der Zeit verkörperte P. den aufrührerischen Stolz gegen die olympischen Götter, wie bei Hesiod, oder die schöpferische Intelligenz, ja den Geist der Freiheit, wie ihn die Romantiker auffaßten.

Die älteste sicher bezeugte P.-Darstellung ist die seiner Befreiung. Auf einer etrusk. Amphora (um 550 v. Chr.; Florenz, MA) schießt Herakles mit seinen Pfeilen den auf P. zufliegenden Adler ab; an einen Pfosten gekettet, sitzt der Titan am Boden. Die Erschaffung des Menschen ist so früh noch kein Bildthema. Ein Steinschnitt (Ende 3. Jh. v. Chr.; London, BM) zeigt P. beim Zusammenfügen eines Skeletts, ein Motiv, das sich in entwickelter Form in der röm. Kunst, besonders auf Sarkophagen, wiederfindet. Ein Exemplar im Louvre (um 220 n. Chr.) enthält drei Ereignisse nebeneinander: die Erschaffung des Menschen (P. modelliert im Sitzen eine Statue, unter Mithilfe der → Athena), der Tod des Menschen (die Seele entweicht aus dem Körper unter den Blicken des → Hermes und der → Moiren) und der Raub des Feuers (P. verläßt die Schmiede des Hephaistos/Vulcanus mit einer *Fackel* in der Hand). Ein anderer Sarkophag (Anfang 4. Jh. n. Chr.; Rom, MC) zeigt, wie P. den Menschen bildet und ihm Leben einhaucht; auf einer Hauptseite befreit Herakles den P., auf der anderen stiehlt P. das Feuer in der Schmiede des Vulcanus. In einer Rahmenleiste sind Adam und Eva zu erkennen – eines der ersten Beispiele der Verbindung von griech.-röm. mit frühchristlich-biblischen Bildinhalten, hier mit dem ersten Menschenpaar. In der Renaissance hat Piero di Cosimo dem P.-Mythos zwei Bilder (um 1510) gewidmet. Auf dem einen (München, AP) werden der Disput zwischen P. und Epimetheus, die Standfigur des ersten Menschen und P.s Aufstieg in den Himmel unter Athenas Führung gezeigt, auf der anderen (Straßburg, MBA) stiehlt P. das Feuer vom Sonnenwagen, belebt den Menschen und wird von Hermes an einen Baum gebunden. Berühmte P.-Darstellungen sind Gemälde von Tizian (1549; Prado), J. de Ribera (1632; Prado) und J. Jordaens (um 1640; Köln, WRM). Die Bitte um Versöhnung, die P. an Zeus richtet, ist das Thema bei Rubens (um 1610/11; Philadelphia, MFA) und S. Rosa (1665; Rom, PC). Eine Skulptur von N. S. Adam (1762; Louvre) zeigt den gefesselten P. Die beigegebene Fackel beugt jeder Verwechslung mit der Sage von → Tityos vor, an dem Geier fraßen. Domenichino hat im Palazzo Farnese in Rom 1602 zwei Fresken, ›P. und

Athena‹ sowie ›Herakles befreit P.‹, gestaltet. Die Erschaffung des Menschen ist auf L. GIORDANOS ›Allegorie des Menschenlebens‹ (um 1680; Florenz, Palazzo Medici-Riccardi) dargestellt. Für das 19. Jh. war P. ein »Großer, der sich für die Menschheit geopfert hat«, wie G. MOREAU schrieb; seinem ›Zerschmetterten P.‹ verlieh er das Aussehen eines heidnischen Christus (um 1869; Paris, MM). A. BÖCKLIN zeigte ihn in einer hochaufgetürmten, etwas von oben gesehenen Berglandschaft über dem Meer liegend, eins mit Felsen und Wolken (1882; Florenz, Priv., 2. Fassung in Darmstadt, HL). In einem Triptychon mit → Hades, → Persephone und dem Jüngsten Gericht von KOKOSCHKA (1950; London, Priv.) symbolisiert P. die bestrafte Anmaßung.

Quellen: Aischylos, Der gefesselte Prometheus; Apollodor, Bibliothek 1,2,3, 1,3,6, 1,7,1–2, 2,5,4, 2,5,11, 3,13,5; Hesiod, Theogonie 507–616, Erga 47–105.
Lit.: O. Raggio, The Myth of Prometheus. Its Survival and Metamorphosis up to the 18th Century, in: Journal of the Warburg and Courtauld Institutes 21 (1958) S. 44–62.

Proserpina → Persephone

Psyche, »Seele«, ist der Name der jüngsten und schönsten von drei Töchtern eines Königs, der darüber fast verzweifelte, daß er P. nicht verheiraten konnte, weil ihre außerordentliche Schönheit alle Bewerber um ihre Hand verzagen ließ. Weil die Menschen über ihrem Anblick tatsächlich vergaßen, der → Aphrodite/Venus die gebührende Ehre zu erweisen, wurde die Göttin eifersüchtig und befahl ihrem Sohn → Eros/Amor, auch Cupido genannt, er solle P. mit irgendeinem minderwertigen Freier verbinden. Der König befragte das Orakel in Milet, und das befahl ihm, seine Tochter auf dem hohen Felsen eines Berggipfels auszusetzen, wo ein schreckliches Monster von ihr Besitz ergreifen werde. Dort allein zurückgelassen, fühlte sich P. plötzlich in die Lüfte emporgehoben und von → Zephyros, dem Westwind, zu einem unbekannten Ort getragen, wo sie erschöpft in Schlummer fiel. Beim Erwachen erblickte sie einen prächtigen Palast, der allem Anschein nach ihr allein offenstand. Im Abenddunkel spürte sie dann im Schlafgemach die Gegenwart einer geheimnisvollen Person neben sich – den Gatten, von dem das Orakel gesprochen hatte. Der Geheimnisvolle verbot ihr, ihn jemals anzusehen, sonst wäre er für immer verschwunden. P. war glücklich in der Erwartung seiner Ankunft jede Nacht und genoß es, von unsichtbaren Händen und Stimmen bedient zu werden. Doch nach geraumer Zeit empfand sie Bedauern, ihre beiden Schwestern nicht mehr sehen zu können, und bat so inständig darum, daß der Wind sie auf die Bergspitze zurücktrug. Sie kam sogar mehrmals zu ihnen zurück, brachte ihnen Geschenke und erzählte so viel von ihrem Glück, daß sich in den Herzen der Schwestern der Neid zu regen begann. Sie setzten ihr mit guten Ratschlägen zu und überredeten sie, das Gebot des geheimnisvollen Unbekannten zu

Amor und Psyche
Jean-Honoré Fragonard, Stich, 18. Jh.

Amor und Psyche
Antonis van Dyck, um 1640 (London, Buckingham Palace)

mißachten und seine wahre Erscheinung mit einer List zu enthüllen. Zurück im Palast, entzündete P. eines Nachts eine *Lampe* und entdeckte neben sich einen wohlgestalten Jüngling: Cupido. Überwältigt von der Schönheit des jungen Gottes, ließ sie einen Tropfen Öl auf ihn fallen – Cupido erwachte und verschwand. Die verzweifelte P. lief durch die ganze Welt auf der Suche nach ihrem Geliebten, von dem sie ein Kind, die schöne Voluptas (»Lust«), empfangen hatte. Dabei mußte sie viel von Venus erdulden, die erzürnt war über die Art und Weise, wie Cupido ihren Befehl ausgeführt hatte. Die Göttin erlegte ihr schwierige Arbeiten auf; P. mußte riesige Mengen von Getreide sortieren, Wolle von menschenmordenden Schafen besorgen, ja sogar aus der Unterwelt einen Krug mit Wasser des Flusses Styx und ein Flakon mit einem Schönheitsmittel der → Persephone heraufholen. Gegen das Gebot der Göttin öffnete P. das Fläschchen und fiel sofort in tiefen Schlaf. Cupido, der noch immer heftig in sie verliebt war, stach sie mit seinen Pfeilspitzen wach. Dann flog er zum → Olymp und erhielt von → Zeus/Iuppiter die Erlaubnis, die Sterbliche zu heiraten. Und Venus versöhnte sich mit P. Diese nur von Apuleius im 2. Jh. n. Chr. komplett überlieferte profane Sage ist im Mittelalter als Gleichnis der Abenteuer und Fährnisse der menschlichen Seele christlich gedeutet worden; der Eros, den sie sucht, ist die Gottesliebe, die Verbindung von Eros und P. die Liebe zwischen Gott und Menschenseele. Der doppelte Wortsinn von »P.« erlaubte diese Übertragung aus der heidnisch-antiken Legendenwelt in den christlichen Symbolschatz. Die P.-Erzählung erwies sich als enorm fruchtbar für die bildende Kunst. Außerdem fand sie ihr Echo in literarischen Texten, die ihrerseits wieder anregend auf die Sprache der Bilder wirkten. So hat z. B. La Fontaines Vers- und Prosaerzählung der ›Amours de Psyché et de Cupidon‹ von 1669 die Apuleische Überlieferung um einige Handlungselemente in halb preziösem, halb ironischem Ton bereichert.

In der att. Vasenmalerei finden sich mitunter auf Bildern gefallener Krieger kleine bewaffnete und manchmal geflügelte Figürchen als Darstellungen der Seele des Toten. Auf einer Hydria im Landesmuseum Münster i. W. steht bei einer solchen Figur »Psyche«. Auf weißgrundigen Grablekythen tummeln sich kleine, geflügelte Schattenbilder um eine Grabstele oder den Nachen des → Charon (att. Lekythos, um 440 v. Chr.; Athen, NM). In den Wechselfällen ihrer Liebe zu Cupido wird sie als hübsches junges Mädchen, oft mit *Schmetterlingsflügeln*, wiedergegeben. Die pompejan. Wandmalerei bietet dafür mehrere Beispiele; P. spielt da auch mit gleichfalls geflügelten Amoretten. Hier ist ihre allegorische Bedeutung im Zusammenhang mit dem Glauben der Römer, ein Sterbender hauche seine Seele in der Gestalt eines Schmetterlings aus, nicht zu übersehen. Im gleichen Sinn sind zweifellos auch die P.-Themen auf röm. Sarkophagen zu verstehen. Die Kapitolinischen Museen in Rom besitzen eine seit ihrer Entdeckung im 18. Jh. berühmte Marmorgruppe von einem sich umarmenden und sich mit den Lippen berührenden jungen Paar. Diese als ›Amor und P.‹ bekannte Gruppe, eine röm. Kopie des 2. Jh. n. Chr. nach einem Original der Zeit um 200 v. Chr., wird manchmal als eine Darstellung der »Erfindung des Kusses« bezeichnet. In weiteren Repliken des gleichen Originals (Uffizien · Ostia, Mus. usw.) tragen beide Figuren *Flügel*. Im übrigen lassen sich spätantike Darstellungen von Eros/Amor und P. in größerer Zahl nachweisen. Aus frühchristlicher Zeit finden sie sich in Katakomben (Domitilla-Katakombe, Rom, 1. Hälfte 3. Jh.) und auf Sarkophagen, meist als Kußszene. Die Tradition setzt sich über die Renaissance bis in das 20. Jh. fort, charakteristisch sind dabei erzählende Bildzyklen. So hat RAFFAEL mit seinen Schülern in der Villa Farnesina in Rom um 1508–11 die Decke und die zehn Zwickel der Gartenloggia mit der Geschichte von Amor und P. ausgemalt, und zwar in folgender Aufteilung der Szenen: Venus weist Amor auf P. hin; Amor zeigt P. den Grazien; Venus zieht sich von Iuno und Ceres zurück, weil sie sich für P. ausgesprochen haben; Venus steigt zum Olymp empor, um von Iuppiter die Bestrafung P.s zu verlangen; Venus bittfällig vor Iuppiter; Merkur steigt vom Olymp herab, um Iuppiters Befehle zu verkünden; P. bringt das Fläschchen mit dem Schönheitsmittel aus der Unter-

Psyche wird in die Lüfte emporgetragen
Glasmalerei, 16. Jh. (Chantilly, Musée Condé)

Amor und Psyche
Antonio Canova,
1787–93
(Paris, Louvre)

welt; P. überreicht das Fläschchen der Venus; Iuppiter gibt sein Einverständnis zur Vermählung von P. und Amor; P. wird von Merkur zum Olymp getragen. In einem Saal der Engelsburg in Rom hat Perino del Vaga zwischen 1543 und 1548 einen Bildzyklus gleichen Themas, doch etwas anderer Gliederung ausgeführt: P. betrachtet Amor; Venus tadelt Amor; Venus gibt P. den Auftrag, in die Unterwelt zu gehen; P. wird von den Dienerinnen der Venus gequält; P.s Hochzeitszug; P.s Hochzeitsfest. Ein dritter Zyklus, wieder aus Raffaels Schulkreis, ist der des Giulio Romano im Palazzo del Tè in Mantua (1528). Der Glasmalereizyklus eines unbekannten frz. Künstlers im Musée Condé von Chantilly (aus Schloß Écouen) enthält in Kartuschen unter den Darstellungen die zugehörigen Legendentexte in Kurzfassung. Schließlich ist M. Klingers Folge von Radierungen (1880) zum Text des Apuleius zu nennen. P. in Betrachtung des schlafenden Amor malten u. a. Rubens (1636–38; Prado), van Dyck (um 1639/40; London, Buckingham Palace) und G. M. Crespi (1707–09; Uffizien). Das P.-Thema lebte in der Staffeleimalerei des 17. und 18. Jh. seit Erscheinen von La Fontaines Dichtung wieder auf und führte zu einer ganzen Reihe animierter, mitunter elegant-mondäner und freizügiger Schilderungen. Mit Einsetzen des Klassizismus erneuerte sich die Symbolkraft der Legende: die Seele bemächtigte sich wieder des Mythos von der Seele. In F. Gérards Bild von 1798 (Louvre) neigt sich Amor zu P., um ihr einen keuschen Kuß auf die Stirn zu hauchen. Canova hat sechs verschiedene Fassungen von Amor und P. geschaffen, dem jugendlichen Paar dabei zierlich-züchtige Körper verliehen, die sich in anmutigen Arabesken einander zuwenden (u.a. 1787–93; Louvre · 1794–96; Eremitage), wie überhaupt Amor und P. als Liebespaar und Allegorie der Vereinigung von Körper und Geist (Seele) ein Thema der Bildhauer wurde,

J. H. DANNECKERS (Gipsmodell, 1789; Stuttgart, SG), THORVALDSENS (um 1807; Kopenhagen, TM) und schließlich RODINS (vor 1886; Paris, MR · 1893; Louvre). Diese neuplatonische, gänzlich metaphysische Sicht des Mythos trieb der Bildhauer A.-D. CHAUDET (1763–1810) auf die Spitze, indem er Amor allein darstellte, wie er vor einem *Schmetterling* kniet und ihn an den Flügeln ergreift. In einem Spätwerk (1817; Cleveland, Mus. of Art) hat J.-L. DAVID dagegen das Thema wieder in die galante Atmosphäre von einst zurückversetzt; er pointierte den Moment, da Amor im Morgengrauen seine Gefährtin, ohne sie zu wecken, verläßt. Sein Cupido ist ein knabenhafter Jüngling, der sich mit verschwörerischem Lächeln dem Betrachter zuwendet, während noch der schlafenden P. Arm auf seinem Schenkel ruht.

Quelle: Apuleius, Der goldene Esel 4,28–6,26.

Lit.: U. de Maria, La favola di Amore e Psiche nella letteratura e nell'arte italiana, 1899; E. Pfeifer, Eidola und andere mit dem Sterben verbundene Flügelwesen in der att. Vasenmalerei, 1989; R. Schneider, Le mythe de Psyché dans l'art français depuis la Révolution, in: Revue de l'art ancien et moderne 32 (1912) S. 241–254, 363–378; L. Vertova, The Tale of Cupid and Psyche in Renaissance Painting before Raphael, in: Journal of the Warburg and Courtauld Institutes 42 (1979) S. 104–121.

Pygmalion. Dieser sagenhafte König von Zypern war Bildhauer. Aus Elfenbein bildete er eine Frauenstatue von vollendeter Schönheit und verliebte sich in sie. Er bat → Aphrodite, ihm eine ebenso schöne Frau wie das von ihm geschaffene Bildwerk zu schenken. Da erweckte die Göttin die *Statue* zum Leben, und P. heiratete sie. Erst in nachantiker Zeit erhielt sie den Namen Galatea, ohne daß eine Verbindung mit der → Nymphe gleichen Namens bestände. Beide hatten einen Sohn, Paphos.

Pygmalion
Meister L D, Kupferstich, 16. Jh.

Daß diese Sage die antiken Vasenmaler und Bildhauer zur Gestaltung angeregt hätte, ist nicht bekannt. Beispiele finden sich dagegen in der Renaissance, bei BRONZINO (1529/30; Florenz, PP) als Gemälde, bei H. GOLTZIUS (1593) als Kupferstich. Auf einem Gemälde von C. VAN LOO (1705–65; Warschau, NM) sieht man den Bildhauer kniend bei der Arbeit; in einer Wolke ruhend, legt Aphrodite/Venus von oben ihre Hand auf das Haar der Frauenfigur. J.-B. H. DESHAYS (1729–65; Tours, MBA) zeigt die Statue auf hohem Sockel hell im Licht und von einer Vielzahl von Amoretten und Nymphen aus Aphrodites Gefolge umgeben; P. hat bewundernd Hammer und Meißel beiseite gelegt. F. BOUCHER schildert die Szene ganz ähnlich; P. blickt mit überraschtem Staunen zur Statue auf, die eben von Aphrodite zum Leben erweckt wird (›Der in seine Statue verliebte P.‹, 1742; Eremitage). Vergleichbare Bildfindungen gibt es von F. LEYMONE (1729; Tours, MBA), J.-H. FRAGONARD (1732–1806; Bourges, MBA), L. J.-F. LAGRENÉE (1725–1805; Helsinki, Atheneum) und J.-B. REGNAULT (1785; Louvre). In E.-M. FALCONETS Skulpturengruppe von 1763 (Baltimore, WG) neigt sich die Statue leicht zum Bildhauer, der vor ihr auf den Knien liegt und vor Entzücken die Hände zusammengeschlagen hat. E. BURNE-JONES hat 1869–79 einen Gemäldezyklus zur Geschichte P.s geschaffen (Birmingham, AG), RODIN 1908 eine Marmorskulptur ›P. und Galathea‹ (New York, MM).

Quellen: Apollodor, Bibliothek 3,14,3; Ovid, Metamorphosen 10,243–297.
Lit.: A. Blühm, Pygmalion. Die Ikonographie eines Künstlermythos zwischen 1500 und 1900, 1988; J. L. Carr, Pygmalion and the »philosophes«. The animated statue in the 18th century France, in: Journal of the Warburg and Courtauld Institutes 23 (1960) S. 239–255; M. Schneider, Pygmalion, Mythos des schöpferischen Künstlers. Zur Aktualität eines Themas in der frz. Kunst von Falconet bis Rodin, in: Pantheon 45 (1987) S. 111–123.

Pyramos und Thisbe waren ein Liebespaar in Babylon, dem die Väter die Heirat verboten. Sie sprachen heimlich miteinander durch eine Ritze in der gemeinsamen Mauer ihrer benachbarten Häuser. Eines Nachts wollten sie sich vor den Toren der Stadt bei einer Quelle treffen, an der ein Maulbeerbaum und ein Grabmal standen. Th. kam zuerst, floh aber beim Anblick einer *Löwin* mit blutigem Maul, die hier ihren Durst stillte. In der Hast verlor Th. ihren Mantel. Das Raubtier fand ihn und zerfetzte ihn. Als P. das blutbefleckte Kleidungsstück und Th. nicht am vereinbarten Ort fand, glaubte er seine Geliebte von Raubtieren zerfleischt und stieß sich auf der Stelle sein *Schwert* aus Verzweiflung in den Leib. Th. kam zurück und fand ihren Geliebten tot. Sie nahm das Schwert und stürzte sich ebenfalls hinein. Wie Th. gewünscht hatte, trug der Maulbeerbaum fortan dunkle Früchte als Zeichen des Blutes von P. und Th.

In der Antike ist diese unglückliche Geschichte außer in der pompejan. Wandmalerei des 1. Jh. n. Chr. so gut wie nie dargestellt worden, im Mittelalter selten (Tympanon, 12. Jh.; Cambrai, Mus., mit Tod und Ver-

Pyramus und Thisbe
Lukas van Leyden, Stich, 1514

wandlung von P. und Th. in Maulbeerbäume · Kapitell, Ende 12. Jh.; Basel, Münsterchor), dagegen war sie ein beliebtes Thema auf Minne- und Hochzeitskästchen, wie sie u. a. von der venezian. Familie der EMBRIACHI (tätig zw. 1396 u. 1433) angefertigt wurden. Diese kleinen Kästen schmücken geritzte oder reliefierte Bildplättchen aus Bein (u. a. Paris, BN). In der Malerei ist der Tod von P. und Th. das bevorzugte Motiv: Th.s Rückkehr zum Ort des Rendezvous und ihre Entdeckung des sterbenden P. oder ihr eigener Tod, wie in Werken von L. CRANACH D. Ä. (um 1520–25; Bamberg, Staatsgalerie), N. MANUEL DEUTSCH (um 1520; Basel, KM) und H. BALDUNG GRIEN (1530/31; Berlin, GG), ferner in einem Holzschnitt von A. ALTDORFER (1531). Bei TINTORETTO ist noch die Löwin im Hintergrund zu sehen (um 1541; Modena, GE). POUSSIN zeigte den Moment unmittelbar vor Th.s Freitod (1650/51; Frankfurt a. M., SK), REMBRANDT in einer Zeichnung (um 1652/53; Berlin, Kupferstichkabinett) Th.s Trauer um P.

Quellen: Hygin, Fabeln 242, 243; Ovid, Metamorphosen 4,55–166.
Lit.: O. Bätschmann, Nicolas Poussin. Landschaft mit Pyramus und Thisbe, 1987.

Pyrrhos → Neoptolemos

Quos ego. Im 1. Gesang der ›Aeneis‹ erzählt Vergil von der Ranküne der Iuno (→ Hera), die den Aeolus (→ Aiolos) bestach, damit er die Winde gegen Aeneas (→ Aineias) und seine Trojaner entfessle, bis ihre Schiffe zerschellt und sie untergegangen wären. Neptunus (→ Poseidon), der Herr der Winde, war darüber so erbost, daß er den Winden drohte: »Ich werde euch … « (»quos ego … «), ohne vor Wut sagen zu können, was er mit ihnen machen werde, wenn sie noch einmal ohne seine Befehle handelten.

Quos ego
Peter Paul Rubens, 1634/35 (Gemäldeausschnitt) (Dresden, Gemäldegalerie Alte Meister)

Dieses berühmt gewordene Beispiel für das Delikt des Verschweigens und Hintergehens diente gelegentlich als Bildtitel für Darstellungen, in denen Poseidon den Sturm stillt (RUBENS, 1634/35; Dresden, AM).

Quelle: Vergil, Aeneis 1,135(50–156).

Romulus und Remus. Die Entstehung Roms ist mit der Sage von → Troja durch einen Winkelzug der mythischen Genealogie verbunden, der aus Ro., dem Gründer und ersten König der Stadt, einen Nachkommen des → Aineias machte. Nach der Vernichtung Trojas ließ das Schicksal Aineias schließlich an der Küste Italiens landen. Bei seinem Tod gründete sein Sohn Ascanius Alba Longa, die Hauptstadt Latiums. Zehn Generationen später kam es zu einem Bruderzwist zwischen den Königssöhnen Numitor, dem älteren, und Amulius. Der Jüngere verjagte seinen Bruder und tötete dessen Söhne; Rea Silvia, Numitors Tochter, weihte er dem Dienst der Göttin Vesta, was sie zur Keuschheit verpflichtete. Doch empfing sie von Mars (→ Ares) ein Zwillingspaar, Ro. und Re. Beide Kinder wurden, wie ihre Mutter, auf Befehl des Amulius auf dem Tiber ausgesetzt, aber die Wellen des Flusses trugen sie zurück zu einem Feigenbaum am Fuß des Palatinhügels. Und eine *Wölfin* kam aus den Bergen herab und säugte die Neugeborenen. Der oberste Hirte des Königs, Faustulus, wurde Zeuge dieses Wunders. Er brachte die Zwillinge seiner Frau Larentia (auch Acca Larentia oder Acca Larentina genannt), die sie aufzog, nachdem die Wölfin sich in die Höhle Lupercal am Palatin zurückgezogen hatte. Mit achtzehn Jahren erfuhren Ro. und Re. ihre wahre Herkunft. Sie töteten Amulius und verhalfen Numitor wieder auf den Thron von Alba Longa. Danach faßten sie den Entschluß, eine eigene Stadt zu gründen, und wählten dafür die Stelle am Palatin, wohin die Tiberwellen sie hatten

Romulus und Remus werden von der Römischen Wölfin gesäugt Römische Bronzeskulptur, um 500 v. Chr. (Romulus und Remus von Antonio Pollaiuolo, zw. 1473 u. 1510) (Rom, Musei Capitolini)

treiben lassen. Die Entscheidung, wer von ihnen der König dieser neuen Stadt werden solle, wollten die beiden Brüder den Göttern überlassen und deren Urteil aus dem Flug der Vögel lesen. Livius berichtet, Re. habe als erster sechs Geier gesehen, Ro. kurz darauf aber zwölf. Es kam zum Streit, ob nun der gewonnen habe, der die Vögel zuerst, oder der, der die meisten gesehen habe. Dabei wurde Re. getötet. So gab Ro. als erster König der Stadt seinen Namen. Nach einer anderen Überlieferung hat Ro. das »pomerium«, den Maueranger und -graben um die künftige Stadt, mit der Pflugschar abgesteckt, so den geheiligten rituellen Akt der Stadtgründung (die für das Jahr 753 v. Chr. angenommen wurde) vollziehend. Dabei soll der verärgerte Re. die Götter herausgefordert und seinen Bruder damit beleidigt haben, daß er über die frische Furche (oder Mauer) sprang, wofür ihn Ro. ohne zu zögern getötet habe.

Ro.-Darstellungen kennt die röm. Kunst sehr zahlreich und in allen Gattungen. Auf Münzen, geschnittenen Steinen, Skulpturen und Reliefs findet sich das Bild der berühmten säugenden Wölfin, darunter als zweifellos bekanntestes die vermutlich etrusk. Bronzegruppe des 5. Jh. v. Chr. mit den beiden im 15. Jh. wohl von den Brüdern Pollaiuolo hinzugefügten Kindern (Rom, MC). Berichte von Cicero und Livius über die Aufstellung einer solchen Plastik auf dem Kapitolshügel führten die Historiker lange in die Irre und trugen zu der hohen Bekanntheit des Bronzewerks bei, das ursprünglich von anderer Bedeutung und Bestimmung gewesen sein dürfte und erst in der Renaissance als »die röm. Wölfin« betrachtet wurde. Fragmente eines Frieses aus der Basilica Aemilia auf dem Forum (1. Jh. v. oder 1. Jh. n. Chr.; jetzt im Antiquario Forense) lassen noch eine Szenenfolge aus dem Leben des Ro. erkennen. An der ›Ara Pacis‹ des → Augustus fehlt die Auffindung von Ro. und Re. durch Faustulus nicht (12–9 v. Chr.). Die ungewöhnliche Darstellung der Wölfin und der Zwillinge unter dem Kreuz Christi auf einem Elfenbein des 9. Jh. (Vatikan) ist als emblematisches Zeichen des Bandes gedeutet worden, das Rom mit der Kirche historisch verknüpft. In der Neuzeit sind gerade die Entdeckung der Zwillinge und ihre Nährung durch die Wölfin das Hauptthema aus der Sage. Manchmal kommen weitere Personen dazu, wie bei Rubens (1618; Rom, MC) Rea Silvia und der Flußgott Tiberinus, der Rea aus den Fluten gerettet und geheiratet haben soll. Weitere Bildthemen waren der Mord des Ro. an Re. und herausragende Ereignisse aus den ersten Jahren nach der Gründung Roms, so der Raub der → Sabinerinnen, zu dem Ro. das Signal gibt. Nachdem Ro. die darauf folgenden Vergeltungsangriffe der umliegenden Völker zurückgeschlagen hatte, stiftete er einen Iuppitertempel und weihte dem Gott darin die Rüstung des besiegten feindlichen Oberbefehlshabers Acron. Ingres hat diese Szene als Triumph des Ro. inszeniert (1812; Paris, EBA).

Quellen: Livius, Ab urbe condita 1,3,10–1,16,8; Ovid, Fasti 2,381–422.

Lit.: D. Dulière, Lupa Romana. Recherches d'iconographie et essai d'interprétation, 1979; P. Zanker, Augustus und die Macht der Bilder, 1987.

Raub einer Sabinerin
Giovanni da Bologna, 16. Jh.
(New York, Metropolitan Museum)

Sabinerinnen. Livius, Plutarch und Ovid schildern fast übereinstimmend, mit geringen Abweichungen nur, eines der folgenreichsten Ereignisse in der legendären Gründungsgeschichte Roms: Um ihrem jungen Land die Zukunft zu sichern, luden die Römer die benachbarten Sabiner, eine ital. Urbevölkerung im Nordwesten Latiums, zu einem Fest ein, das sie dazu benutzten, ihnen die Frauen zu rauben und die Männer zu verjagen. Drei Jahre später schlugen die Sabiner zur Vergeltung des Raubs gegen Rom los. Als sich die beiden Heere kämpfend gegenüberstanden, warfen sich die S. zwischen ihre Väter und Gatten. So erzwangen sie den Frieden und begründeten die Vereinigung beider Völker in einem Staat.

Das seit der Renaissance wegen der Gelegenheit zur Schilderung von Massenszenen und -konfrontationen besonders beliebte Bildthema des Raubs der S. ist schon in Friesfragmenten aus der Basilica Aemilia auf dem Forum Romanum (1. Jh. v. oder 1. Jh. n. Chr.; Rom, Antiquario Forense) zu erkennen. Die beiden Geschlechter stehen sich als Antagonisten gegenüber: die Gewalttätigkeit, mit der die Männer aufeinander losschlagen, wird konfrontiert mit dem Leid der Frauen, die Opfer sein oder sich zur Wehr setzen müssen. In Freskenzyklen zur Frühgeschichte Roms von L. CAMBIASO (um 1565; Terralba, Villa Imperiale), den CARRACCI (1589; Bologna, Palazzo Magnani) und dem CAVALIERE D'ARPINO im Konservatorenpalast in Rom (1595–99) fehlt die Raubszene nicht. Sie findet sich auch in Gemälden des PIETRO DA CORTONA (um 1629; Rom, MC), L. GIORDANOS (um 1680–90; Escorial), TIEPOLOS (um 1722; Eremitage) und RUBENS' (um 1635; London, NG). In zwei Bildern POUSSINS (um 1634/35; New York, MM · um 1637/38; Louvre) gibt Romulus das Zeichen zu grausamen und bewegenden Szenen; die S. sind hin- und hergerissen zwischen den röm. Räubern und ihren sabin. Verteidigern. Die

Der Raub der Sabinerinnen
Nicolas Poussin, um 1637/38
(Paris, Louvre)

Die Sabinerinnen zwischen den kämpfenden Heeren
Jacques-Louis David, 1799
(Paris, Louvre)

spätere Auseinandersetzung zwischen den beiden Völkern ist selten dargestellt (GUERCINO, 1645; Louvre), aber durch ein Gemälde J.-L. DAVIDS berühmt geworden (›Die Sabinerinnen‹, 1799; Louvre), auf dem die Frauen sich zwischen die Kämpfenden stellen. Im Vordergrund trennt Hersilia – die Romulus zur Gattin genommen hatte und der Plutarch eine Friedens- und Versöhnungsrede in den Mund legt – den Anführer der Sabiner, Tatius, von Romulus; der eine läßt das gezückte Schwert sinken, der andere hält mit dem erhobenen Speer inne. Andere Frauen halten ihren Säugling wie einen Schild den Angreifern entgegen, die davor ihre Waffen senken.

Quellen: Livius, Ab urbe condita 1,9,1–1,10,6; Ovid, Fasti 3,167–258; Plutarch, Romulus.
Lit.: ›L'enlèvement des Sabines‹ de Poussin, 1979 (Catalogue du Musée du Louvre).

Sappho. Über die griech. Dichterin, die in Mytilene auf der Insel Lesbos am Ende des 7. und Beginn des 6. Jh. v. Chr. lebte, gibt es fast keine gesicherten Kenntnisse. Herodot in seinen ›Historien‹, Aristoteles in der ›Rhetorik‹ und die Inschrift des hellenistischen ›Marmor Parium‹, der ›Marmorchronik‹ von Paros (3. Jh. v. Chr.), berichten, daß S. eine Heirat mit dem Dichter Alkaios verschmäht habe und wegen der Teilnahme (ihrer Familie wohl) am Kampf gegen den Tyrannen Pittakos von Lesbos verbannt worden sei. Bis um 570 v. Chr. soll sie in Sizilien gelebt haben, dann zurückgekehrt und auf Lesbos gestorben sein. Von ihrem literarischen Werk sind nur kurze Fragmente und zwei annähernd vollständige Oden erhalten, ein Hymnus an → Aphrodite und eine Huldigung an eine geliebte Frau namens Lesbia, die Catull in drei Strophen seines Car-

Sappho, Phaon und Eros
Jacques-Louis David, 1809
(St. Petersburg, Eremitage)

men 51 lateinisch wiedergegeben hat. Die Griechen selbst, die das Talent der Dichterin sehr hoch schätzten, scheinen keine genaueren Angaben zu ihrer Biographie besessen zu haben, denn schon im 5. Jh. v. Chr. bildeten sich Legenden über sie, die vor allem durch Komödien verbreitet wurden. Die berühmteste dieser Legenden will wissen, sie habe sich aus unerwiderter Liebe zu einem Schäfer namens Phaon von einem Felsen auf der Insel Leukas gestürzt. Eher aber äußert sich in S.s Werken eine besondere Vorliebe für junge Frauen aus einem Kreis von Schülerinnen, der sich um sie gebildet zu haben scheint.

Sappho
Théodore Chassériau, 1849
(Paris, Louvre)

Die Antike hat offenbar die Bedeutung der S. als schöpferische Musikerin vor allem erinnert. Auf einem Mischgefäß des Brygosmalers (um 480 v. Chr.; München, Ant.) steht sie, auf dem Barbiton musizierend, dem Alkaios gegenüber; beide sind inschriftlich mit Namen genannt. Darstellungen einer Frauenfigur mit Schreibtäfelchen oder *Schriftrolle* (*volumen*), wie in einem Wandgemälde aus Herculaneum (Neapel, MN) und als röm. Skulptur (Vatikan), können vielleicht als S.-Bilder gedeutet werden. In der Neuzeit hat S. ihren festen Platz in allem, was die Dichtung der Antike zum Gegenstand hat. Sie zählt zu den Poeten um → Apollon auf Raffaels ›Parnaß‹ (um 1509/10) in der Stanza della Segnatura des Vatikanpalasts und findet sich neben → Apelles und Raffael in Ingres' ›Apotheose Homers‹ (1827; Louvre). Seit dem 18. Jh. nahm ihre Beliebtheit noch zu. Mit *Lyra* und Volumen bleibt sie weiterhin eine Inkarnation dichterischer Schöpfungskraft: von J.-H. Fragonard (1732–1806) gibt es mehrere Fassungen der ›Von Amor inspirierten S.‹, auf denen ein

Putto der zum Schreiben ansetzenden, elegant dekolletierten Dichterin ins Ohr flüstert. Nicht selten sind auch die Schilderungen ihres Freitods; melancholisch sitzt sie auf den Felsen von Leukas oder liegt schon zerschmettert im Abgrund, in den sie sich gestürzt hat. Manche versuchten, beide Bildtraditionen in eins zu fassen. So nimmt die S. des Bildhauers J. Pradier (1852; Paris, MO) ausdrücklich den Selbstmordtypus auf (mit Wellenlinien des Meeres am Sockel), aber ihrer wesentlichen Erscheinung nach ist die Dichterin das Gleichnis der gedankenschweren, eng mit allem Schöpferischen verbundenen Melancholie nach der Auffassung der Romantik. Dasselbe gilt für mehrere Werke G. Moreaus (1826–98) mit S.s Tod; sie verklären ihn zur Erlösung der aus Liebe Verzweifelten: statt in den Abgrund zu fallen, scheint sie von einer Aufwärtsbewegung ergriffen zu werden, aufgesogen von der Macht ihrer Lyra (Paris, MM). Es mußten dann erst das 20. Jh. und Werke mit eindeutig erotischer Tendenz kommen, um schließlich diese Tradition mit homosexuellen Konnotationen zu überlagern.

Sappho und Alkaios
Attischer Kalathos des Brygosmalers, um 480 v. Chr. (München, Antikensammlungen)

Quellen: Aristoteles, Rhetorik 1367 a; Herodot, Historien 2,135; Marmor Parium, Ep. 36.
Lit.: H. v. Heintze, Das Bildnis der Sappho, 1966.

Sarpedon. Der Mythos kennt drei Helden dieses Namens. Im kret. Sagenkreis ist S. ein Riese, Sohn des → Poseidon, der von → Herakles getötet wird, und ein anderer S. gilt als Sohn des → Zeus und der → Europa; von seinem Bruder Minos vertrieben, floh dieser S. nach Kleinasien und wurde König von Lykien. Der dritte S. schließlich führte im Trojanischen Krieg das lyk. Heer als Verbündeter der Troer. Nach Homer war er ein Sohn des Zeus und der → Bellerophon-Tochter Laodameia. Er zeichnete sich im Kampf gegen die Griechen aus, wurde aber von → Patroklos getötet. Zeus ließ über den Tod seines Lieblingssohnes Blut regnen und befahl → Apollon, den Leichnam zu waschen und mit Ambrosia zu salben, den Zwillingen → Hypnos und Thanatos aber, ihn nach Lykien zur Bestattung in einem Hügelgrab zu bringen.

Zwischen dem 6. Jh. und dem Ende des 4. Jh. v. Chr. zeigen unteritalien. Vasenbilder den Abtransport des blutigen S.-Leichnams vom Schlacht-

Sarpedon wird von Hypnos und Thanatos weggetragen
Krater des Euphronios, um 510 v. Chr. (New York, Metropolitan Museum)

feld durch die geflügelten Genien Schlaf (Hypnos) und Tod (Thanatos). Eben diese Szene zeigt auch ein riesiger Krater des Euphronios (um 510 v. Chr.; New York, MM); hier wird die Bergung des Toten unter der Anleitung des → Hermes vorgenommen, alle Personen sind namentlich benannt. Unter den wenigen nachantiken Darstellungen ist ein Gemälde von J. S. Berthélemy zu nennen, in dem, ganz so, wie Homer es erzählt, Apollon als lenkender Helfer auftritt (1770; Langres, Mus. St-Didier).

Quelle: Homer, Ilias 2,876, 5,471–493, 6,198, 16,419–683 (Kampf und Tod des Sarpedon) und passim.

Saturnus → Kronos

Satyr entleert einen Weinschlauch in einen Krug
Attische Schale, um 500 v. Chr. (München, Antikensammlungen)

Satyrn sind Mischwesen, halb Mensch, halb Tier, und gehören meist zum Gefolge des → Dionysos. Ihre Häßlichkeit ist sprichwörtlich, nicht weniger ihre Trunksucht. Mit unstillbarem sexuellen Appetit und oft aufgerichtetem Glied sind sie unablässig auf der Suche nach jemand, mit dem sie kopulieren können, ob Mensch, ob Tier. Beharrlich stellen sie den → Nymphen und → Mainaden nach und versuchen sie im Schlaf zu überwältigen. Oft führen sie sich wie Kinder auf; ihr Anführer ist der Älteste unter ihnen, → Seilenos/Silenos, auch Papposilenos (»Opa Silen«) genannt. Abgesehen von Seilenos und → Marsyas spielen die S. als Waldgeister in der griech. Mythologie nur eine untergeordnete Rolle. Immerhin legten bei den Dramenwettbewerben die Dichter zu ihren Tragödien auch Satyrspiele vor, in denen ein Chor von S. neben den Helden auftrat und so den aus dem Mythos nachgespielten Begebenheiten eine derbkomische Note verlieh.

Dargestellt werden die S. mit *Pferdeschwänzen*, *spitzen Ohren* und oft mit *Pferde-* oder *Bockshufen*. Die Anteile eines *Ziegenbocks* gleichen ihr Aussehen dem → Pan an, besonders in der röm. Kunst, wo sie den → Faunen durchaus entsprechen. In der griech. Bildwelt besorgen die S. des

Satyr und Mainaden im Gefolge des Dionysos
Attische Amphora, um 500 v. Chr. (München, Antikensammlungen)

Der Satyr beim Bauern
Jakob Jordaens, um 1620 (Kassel, Staatliche Museen, Schloß Wilhelmshöhe)

Dionysos-Gefolges die Weinernte, tragen die Gerätschaften zum Gelage herbei (*Krüge*, *Weinschläuche*, *Trinkgefäße*) und werden überhaupt mit Wein und Weinseligkeit in Verbindung gebracht. Sie sind ununterbrochen in Bewegung, tanzend und gestikulierend. Alles, was sie tun, zielt auf die spöttische Nachahmung menschlicher Handlungen, und nie halten sie das rechte Maß ein. Das neugierige Wesen der S. wird oft dadurch verdeutlicht, daß sie lauschend und spähend wie Voyeure zu sehen sind. In nachantiker Zeit symbolisieren sie die rauhe, nicht domestizierte Seite der Natur und den Triumph des Paganen, verkörpern zudem die viehische Roheit und Geilheit. Ihr Bild ist dem des Teufels oft nahe, des Bösen an sich, dessen Typus davon abgeleitet wurde. Das Voyeuristische in ihrem Verhalten reizte zur Darstellung, weil es die Schilderung weiblicher Akte erlaubte, daher die vielen ›Satyr belauert‹ oder ›überrascht eine Nymphe‹ und ihre Variante ›Iuppiter und Antiope‹. Ein Thema besonders der niederl. Kunst ist ›Der Satyr beim Bauern‹ bzw. ›in der Bauernfamilie‹ (J. Jordaens, um 1620; Kassel, SM · G. van den Eeckhout, 1653; Oldenburg, Landesmus.), frei nach einer Fabel des Aesop: Das Menschenwesen wird dem Satyr unheimlich und verdächtig, als er sieht, wie es mit dem gleichen Atem einmal seine kalten Hände wärmt, ein andermal die heiße Suppe kühlt.

Quelle: Aesop, Fabeln 192.

Lit.: F. Brommer, Satyroi, 1937; Ders., Satyrspiele, 1959; G. Hedreen, Silens, 1993; A. Schöne, Der Thiasos. Eine ikonographische Untersuchung über das Gefolge des Dionysos in der att. Vasenmalerei des 6. und 5. Jh. v. Chr., 1987.

Schimäre → Chimaira

Schlange. Die Sch. ist ein chthonisches, mit unterirdischen Mächten, wie → Demeter, oder mit Personen, die aus der Erde geboren wurden, wie → Erichthonios, verbundenes Tier. Als Zeichen der Lebenskraft ist sie ein Attribut des → Asklepios. Als gefährliches Tier verwundet sie → Philoktetes und wird von → Kleopatra zum Selbstmord benutzt, dagegen gehen die → Mainaden gefahrlos mit ihr um. Den Caduceus des → Hermes/Mercurius bilden zwei verschlungene Sch.n, die er einst mit einem Stab zu trennen versucht hatte. Gewisse Sch.n des Mythos sehen schaudererregend aus, wie die von → Apollon erlegte Python von Delphi oder der theban. Drache, den → Kadmos erschlug. Vgl. auch: Athena · Erinyen · Gorgo · Herakles · Iason · Laokoon · Okeanos.

Scipio Africanus (Scipio Maior). Publius Cornelius S. (235?–183 v. Chr.) bewies schon in jungen Jahren außergewöhnliches militärisches Talent. Mit einundzwanzig wurde er Aedil, ohne an den vorgeschriebenen zehn Feldzügen teilgenommen zu haben. Im Jahr 211 v. Chr. erhielt er den Oberbefehl in Spanien. Die Niederlage der Karthager besiegelte er mit der Eroberung der Stadt Carthago Nova (Karthagena) im Jahr 206. Dabei bewies er ungewöhnliche Großmut, indem er auf eine junge Frau von außergewöhnlicher Schönheit, die ihm unter den versklavten Gefangenen als Beute zugeführt wurde, verzichtete; sie wurde ihrem Verlobten Allucius zurückgegeben. 205 Consul geworden, verlagerte er den Kriegsschauplatz nach Afrika und besiegte 202 in der den 2. Punischen Krieg entscheidenden Schlacht bei Zama das Heer → Hannibals, wofür er den Beinamen Africanus erhielt. Später zum Ersten des Senats und 194 v. Chr. nochmals zum Consul gewählt, führte er im Jahr 190 ein röm. Heer in Asien. Von → Cato d. Ä. angefeindet und in Prozesse verwickelt, zog er sich bald danach aus dem politischen Leben zurück.

Als Tugendbeispiel der Großmut und Selbstbeherrschung wurde die ›Enthaltsamkeit des S.‹ vor allem im Barock und mit einer gewissen Vorliebe gerade in der Epoche Ludwigs XIV. von Frankreich gefeiert. Die gefangene Karthagenerin und S. selbst beherrschen dabei die Szene, der röm. Feldherr gewöhnlich auf einem erhöhten Sitz, die junge Frau stehend vor ihm. Ihr Verlobter Allucius, der sie aus S.s Händen zurückerhält, bezeugt ihm seine Dankbarkeit; auf POUSSINS Bild (1643–45; Moskau, PM) legt er zum Zeichen dafür die Hand auf sein Herz. Manchmal wird Allucius von Angehörigen begleitet. Die Mienen der – ihrer geringeren Bedeutung entsprechend ins zweite Glied hinter die Hauptpersonen gestellten – Soldaten drücken meist Bewunderung für die Großherzigkeit ihres Feldherrn aus. Die Liste der Beispiele in der Malerei ist lang und enthält große Namen: VERONESE (um 1565; London, NG), J. BRUEGHEL D. Ä. (1609; München, AP), VAN DYCK (um 1620; Ox-

Scipio
Giovanni Battista Tiepolo, 1731 (Mailand, Palazzo Casati-Dugnani)

ford, Christ Church College), J. JORDAENS (um 1650–60; Rotterdam, MBB), C. CARLONE (um 1725–30; Wien, Österreichische Galerie), G. B. PITTONI (um 1730–37; München, AP · Louvre), TIEPOLO (Fresko, um 1743; Vicenza, Villa Cordelina), J. REYNOLDS (1789; Eremitage). Ein zweites Thema ist der ›Triumph des Scipio‹, ein weiteres Ereignis aus dem 2. Punischen Krieg, etwa vom Jahr 204. Hannibal war in Italien gelandet, und ein Orakel hatte geweissagt, er könne nur zum Abzug gezwungen werden, wenn das in Pergamon aufbewahrte Kultbild der → Kybele nach Rom gebracht würde, und nur der würdigste Mann der Stadt dürfe es in Empfang nehmen. Dafür wurde S. ausersehen, der aber seinen Vetter Scipio Nasica benannte. Diesen feierlichen Empfang der Kultbüste zeigen die Bilder. Auf seinen Adoptivenkel Scipio Africanus Minor (186–129 v. Chr.), den Sieger über die Karthager im 3. Punischen Krieg, bezieht sich ›Scipios Traum‹, eine von Cicero im 6. Buch von ›De re publica‹ beschriebene Vision, in der dem jüngeren S. sein Großvater erscheint und ihn über rechte Lebensführung und Persönlichkeitsbildung, die ein Nachleben im Jenseits versprechen, belehrt. Ein wahrscheinlich für Scipione Borghese gemaltes Bild von RAFFAEL (1500/01; London, NG) gilt als Illustration dieses S.-Traumes, wird aber auch auf den älteren S. bezogen: Ein junger Krieger, in voller Rüstung, liegt schlafend unter einem Lorbeerbaum. Zu seiner Rechten steht eine Frau, die ihm ein Schwert und ein Buch hinhält, zu seiner Linken eine zweite mit einem blühenden Myrtenzweig – in der Deutung der Renaissance drei Symbole für die Vita activa, die Vita contemplative und die Vita voluptaria.

Quellen: Livius, Ab urbe condita 21–38; Ovid, Fasti 4; Polybios, Historien 10,34–40, 14,1–10, 15,1–19; Valerius Maximus, Facta et dicta 4,3,1.
Lit.: E. R. D'Astier de la Vigerie, La belle tapisserie du roy (1532–1797) et les tentures de Scipion l'Africain, 1907; E. Wind, Pagan Mysteries in the Renaissance, ²1968, S. 81ff.

Seilenos vor König Midas
Attischer Stamnos, um 460 v. Chr. (London, British Museum)

Seilenos, röm. **Silenus.** Von allen → Satyrn ist S., neben → Marsyas, der einzige, der als Person mit eigenem Namen auftritt. Allerdings kann er diesen Vorzug auch verlieren und in die Anonymität zurücktreten, wenn er in der Mehrzahl erscheint. S. ist älter als alle seine Gefährten im Gefolge des → Dionysos, dessen Pflegevater er gewesen sein soll. Weil man glaubte, er besitze das Geheimnis der Wahrheit und könne wahrsagen, fing ihn König → Midas ein, indem er ihn an einen weinhaltigen Quell lockte (bei Ovid sind es phryg. Bauern, die ihn einfingen und zu Midas brachten, der zu Ehren des S. zehn Tage und Nächte lang eine Feier ausrichten ließ und ihn danach dem Dionysos zurückbrachte).

Griech. Vasenmaler haben die Gefangennahme und die Präsentation des Silens vor König Midas dargestellt (att. Stamnos, um 460 v. Chr.; London, BM). In der nachantiken Kunst wird er oft wankend zu Fuß oder auf einem *Esel* reitend als betrunkener alter Fettwanst geschildert, der sich nur mit der Hilfe seiner Gefährten, der Satyrn und → Mainaden,

Trunkener Silen
Peter Paul Rubens, um 1618 (Werkstatt-Kopie)
(Kassel, Staatliche Museen, Schloß Wilhelmshöhe)

im Gleichgewicht halten kann (Werkstattkopie nach RUBENS, um 1618; Kassel, SM · M. WOUTIERS, ›Das Gefolge des Bacchus‹, Mitte 17. Jh.; Wien, KM).

Quellen: Herodot, Historien 8,138; Ovid, Metamorphosen 11,90–99; Vergil, Eklogen 6.

Semele. Die Tochter von König → Kadmos, dem Gründer Thebens, und von Harmonia empfing von → Zeus einen Sohn, worauf die eifersüchtige → Hera ihr riet, sie solle Zeus bitten, sich einmal in der ganzen herrlichen Erscheinung eines Gottes ihr zu zeigen. Weil er sich von vornherein verpflichtet hatte, ihr jeden Wunsch, den sie äußern wolle, zu erfüllen, mußte Zeus sich ihr gegen seinen Willen offenbaren: Der Glanz seiner Blitze und die Gewalt seiner Donnerkeile töteten sie allein durch den Anblick auf der Stelle. → Hermes barg das Kind, das sie trug, den → Dionysos, und nähte es in einen Schenkel des Zeus, der es austrug bis zur Geburt. S.s Schwestern Agaue, Autonoe und Ino behaupteten später, der Vater des Dionysos sei ein Sterblicher, nicht Zeus, gewesen. Dionysos holte dann seine Mutter aus dem → Hades in den → Olymp, wo sie unter dem Namen Thyone weiterlebte.

Zeus/Jupiter und Semele
Gustave Moreau, 1895
(Gemäldeausschnitt)
(Paris, Musée Gustave Moreau)

In der antiken Kunst wird der Tod der S. auf einigen röm. Sarkophagen und pompejan. Wandgemälden geschildert, mit Hermes, der das Dionysos-Kind aus ihrem Leib holt. In der Neuzeit ist eher die glanzvolle Epiphanie des Zeus vor der meist auf den Boden niedergestreckten S. das Thema (B. PERUZZI, Fresko, 1511/12; Rom, Villa Farnesina · TINTORETTO, um 1541; Modena, GE · 1543/44; London, NG). G. MOREAU hat diese Szene bedeutungsschwer mit religiösem Symbolismus aufgeladen (1895; Paris, MM).

Quellen: Apollodor, Bibliothek 3,4,3; Ovid, Metamorphosen 3,259–315.

Semiramis. Die assyr. Königin gilt in der legendären Überlieferung als kämpferische und baulustige Frau, die – in der Gleichsetzung mit der historischen Königin Sammuramat – um 800 v. Chr. gelebt habe. Wie andere mythische Begründer einer Dynastie, → Oidipus oder → Romulus z. B., soll sie als Kind einer Göttin in der Wüste ausgesetzt und von einem Hirten gefunden und aufgezogen worden sein. Von den Tauben, die sie bis dahin mit Nahrung versorgt hätten, soll sie ihren Namen haben, der im Assyr. »Taube« bedeutet. Zur Frau des Königs Ninos geworden, tötete sie ihren Gatten und wurde die Alleinherrscherin über das assyr. Reich. Ihre glänzenden Eroberungsfeldzüge, die sie erfolgreich durch ganz Asien führte, wurden legendär. Auf dem Höhepunkt ihrer Macht gründete sie Babylon auf beiden Ufern des Euphrat und baute es zu einer märchenhaft schönen Stadt aus. Die Hängenden Gärten, eine ihrer weiteren Großtaten auf diesem Gebiet, wurden unter die Sieben Weltwunder gezählt. Legendär war auch die Schönheit der Königin. Als es in ihrer Stadt zu Unruhen kam und sie bei der Toilette davon überrascht wurde, soll,

Semiramis beim Bau von Babylon
Edgar Degas, um 1860–62 (Paris, Musée d'Orsay)

einer Anekdote zufolge, ihr Erscheinen, halb entblößt und mit aufgelöstem Haar, genügt haben, die Aufständischen vor Staunen zu lähmen. Die übliche Version dieser Anekdote vermerkt indessen lediglich, die Königin habe beim Empfang der Nachricht ungekämmt ihre Toilette unterbrochen und sie erst nach der Teilnahme am erfolgreichen Kampf zu Ende gebracht.

Nach Valerius Maximus, der diese Episode berichtet, stand in Babylon eine ungewöhnliche Statue der S. mit halb frisiertem, halb offenem Haar als anschauliches Bild dieses Vorgangs. A. R. Mengs hat die antike Überlieferung in zwei Gemälden der S. bei der Toilette aufgegriffen und in ihren Zügen außergewöhnliche Schönheit mit bemerkenswerter Selbstbeherrschung verbunden, ganz im Gegensatz zu den erschreckten Mienen ihrer Entourage bei der Meldung des Aufstandes durch einen Soldaten (1755; Bayreuth, Neues Schloß · Ajaccio, Mus. du Palais Fesch). Bei A. Tiarini (1577–1668) kämmt eine Dienerin das volle Haar der Königin, die bereits ein Schwert am Griff faßt und sich von einer zweiten Dienerin die Rüstung bringen läßt (Rom, GDP; dieses Bild gilt allerdings auch als → Kleopatra-Bildnis). Auf zahlreichen Wandgemälden und Tapisserien erscheint S. als kriegerische Heroine in der Reihe der Neun Heldinnen (→ Tugendhelden) neben → Tomyris u. a. als einfache Frau oder in Waffen zu Pferd, wie übrigens auch in zwei Einzelbildern von L. Giordano (1689; München, AP · Escorial). Eine Tasse mit Limousiner Emailmalerei der Familie Laudin (17./18. Jh.; Paris, Mus. Cluny) trägt ihr Bild in einem Medaillon (neben dem Medaillonbild der → Zenobia). Die Vorbereitung der S. zur Schlacht schilderten u. a. Guercino (Dresden,

AM) und J. A. BACKER (1669; Haarlem, HM). Eine Radierung von G. DE LAIRESSE (1640–1711) zeigt S. bei der Löwenjagd, ein Gemälde G. RENIS (um 1631; Dresden, AM) ihre Krönung durch König Ninos, der auf einem Gemälde G. B. (oder G. A.) CARLONES im Palazzo Reale von Genua einen Vorhang lüpft, hinter dem S. erscheint. ›Tod der S. am Eingang zum Grab des Ninos‹ lautet der Titel eines Gemäldes von P.-J. LORDON (um 1822; Dijon, MBA). Im 19. Jh. hat DEGAS an die Sage von S. als Erbauerin von Babylon angeknüpft (um 1860–62; Paris, MO) und sich dabei formal von assyr. Reliefs anregen lassen, die damals gerade für den Louvre erworben worden waren.

Quellen: Diodorus Siculus, Bibliothek 2,4–20; Iustinus, Epitoma 1,1,10–2,13; Valerius Maximus, Facta et dicta 9,3, ext. 4.

Sẹneca. Lucius Annaeus S. wurde zwischen den Jahren 4 v. Chr. und 1 n. Chr. in Córdoba geboren und starb im April 65 bei Rom. Eine zentrale Figur der Philosophie und Literatur des 1. Jh. n. Chr., hinterließ er ein Werk, das ihn als Moralisten und Vertreter der stoischen Philosophie ebenso glänzend ausweist wie als Tragödiendichter. Seine wechselhafte und von den röm. Historikern unterschiedlich beurteilte politische Laufbahn, hauptsächlich unter → Nero, zu dessen Erzieher er neben dem Gardepräfekten Burrus berufen worden war, stand trotz Verbannungen unter einem guten Stern und brachte ihm ein großes Vermögen ein; ein ausgleichendes Schicksal bescherte ihm dafür einen Tod, der in exemplarischer Weise den Überzeugungen der Stoiker entsprach. Tacitus und Dio Cassius berichten über die Umstände, die zur Anklage der Mittäterschaft an der Verschwörung des Gaius Calpurnius Piso gegen Nero führten und zu dem von Nero befohlenen, mit dem Gleichmut des Philosophen vollzogenen Selbstmord S.s. Im Kreis seiner Freunde gab er seinen stoischen Überzeugungen Ausdruck, ehe er sich die Adern öffnete. Seine junge Frau Pompeia Paulina tat es ihm gleich, wurde aber auf Befehl Neros gerettet. S. erlitt eine lange, qualvolle Agonie, er nahm Gift, das aber nicht wirkte, stieg in ein Bassin mit heißem Wasser und mußte seinen Tod schließlich in einem erstickenden Dampfbad herbeiführen.

Der Tod des Seneca
Peter Paul Rubens, um 1611 (München, Alte Pinakothek)

Mehrere antike Bildwerke glaubte man als S.-Porträts identifizieren zu können, so eine Bronzebüste in Neapel (MN) und eine Marmorbüste in den Vatikanischen Museen. Jedenfalls wollte man darin als übereinstimmende Merkmale die Hakennase, die von der Anstrengung des Denkens gerunzelten Augenbrauen und den ernsten Ausdruck des Stoikers erkennen. Doch war der Ausgangspunkt für eine Reihe antiker und neuzeitlicher S.-Bilder die Darstellung des sterbenden Philosophen: eine Statue aus braun-schwarzem Marmor im Louvre, eine röm. Kopie nach hellenistischem Original, die seit dem 17. Jh. als ›Sterbender S.‹ oder ›S. Borghese‹ galt, heute dagegen völlig anders, als alter Fischer, interpretiert wird. Dieser sog. S. ist ein in sich zusammensinkender Greis, der im Stehen zu wanken scheint, als ob er gleich fallen würde; seine Adern treten stark hervor, sein Blick ist zum Himmel gerichtet. Ein (frei ergänztes) Wasserbecken aus rötlichem Marmor unter ihm bezeichnet das Bassin, in das sein Blut fließen sollte. RUBENS hat diese Statue gezeichnet (Eremitage · Mailand, Biblioteca Ambrosiana), sein ›Tod des S.‹ (um 1611; München, AP) gibt diesen antiken Prototyp wieder. Hier wird der Philosoph mit den Füßen in einem *Becken* stehend und den Blick nach oben richtend gezeigt, während ein Arzt den eben vorgenommenen Aderlaß beobachtet und ein junger Adept die letzten Worte seines Meisters notiert; im Hintergrund erkennt man zwei Soldaten Neros. Für die Gesichtszüge S.s verwendete RUBENS hier und nochmals in einem Freundschaftsbild (›Justus Lipsius und seine Schüler‹, 1611/12; Florenz, PP) eine Büste aus eigenem Besitz, die als S.-Bildnis galt. Die Szene des S.-Todes findet sich ferner bei G. VAN HONTHORST (um 1627; Utrecht, Mus.), GUERCINO (1643; Rom, PB) und, brutal realistisch, bei L. GIORDANO (um 1650–53; München, AP · 1684/85; Louvre · um 1695; Dresden, AM), im 18. Jh. u. a. bei JAN. ZICK (wohl 1755–60; Karlsruhe, KH). »Der Tod des S.« lautete die Aufgabe im Rompreiswettbewerb der Pariser Akademie 1773; die Skizze und das ausgeführte Gemälde, mit dem sich J.-L. DAVID – erfolglos – bewarb, befinden sich heute im Pariser Musée du Petit Palais.

Quellen: Dio Cassius 60–61; Tacitus, Annalen 13,2, 14,52–56, 15,60–65.

Die Sibylle von Delphi
Michelangelo,
um 1509
(Rom, Vatikan,
Sixtinische Kapelle)

Sibyllen sind von Göttern, u. a. → Apollon, inspirierte prophetische Frauen meist oriental. Herkunft, die ihre Weissagungen in einem Zustand ekstatischer Entrückung äußern. Zu den berühmtesten gehörten die Sibylle von Erythrai im kleinasiat. Lydien bzw. von Erythrea in Äthiopien und die Sibylle von Cumae bei Neapel, bei der Aeneas (→ Aineias) vor dem Gang in die Unterwelt Rat suchte. Es heißt, Apollon habe der Cumäischen Sibylle die Erfüllung jedes Wunsches versprochen, wenn sie ihn zum Geliebten nähme, worauf sie sich wünschte, so viele Jahre leben zu dürfen, wie sie Sandkörner in einer Hand fassen könne; leider vergaß sie, um bleibende Jugend zu bitten, und so alterte sie tausend Jahre lang, schrumpfte zur Größe einer Grille und wünschte sich zuletzt nur noch den Tod. Ihre Weissagungen bildeten die Grundlage der ›Sibyllinischen Bücher‹, die im Tempel des Kapitolinischen Iuppiter am Forum Romanum aufbewahrt und bei Bedarf konsultiert wurden. Eine jüdisch-christliche Sammlung von Weissagungen entstand als ›Oracula Sibyllina‹ in der Zeit zwischen dem 2. Jh. v. und dem 4. Jh. n. Chr. Die Sibylle von Tibur (Tivoli) kündigte dem Kaiser → Augustus die Geburt Christi an. Die Kirchenväter, besonders Augustinus, sahen in den Prophetien der S. verschiedentlich Hinweise auf die Ankunft Christi, ganz wie die Voraussagen der Propheten; so hatte die heidnische Welt teil an der Verkündung des Messias. Im 1. Jh. v. Chr. wird die Zahl der S. mit zehn angegeben.

Antike Darstellungen der S. sind sehr selten, ein Beispiel bietet ein pompejan. Wandgemälde. In der christlichen Ikonographie des Mittelalters und danach werden sie oft Propheten oder heidnischen Philosophen in der Zehn- oder Zwölfzahl gegenübergestellt (PERUGINO, 1496–1500; Perugia, Collegio di Cambio · D. GHIRLANDAIO, 1483–86; Florenz, S. Trinita, Sassettikapelle), in typologischer Entsprechung den Aposteln, Evangelisten und Kirchenvätern (Fußbodenintarsien, nach 1369; Siena, Dom · Chorgestühl, 1469–74; Ulm, Münster). Vier S. zeigt RAFFAEL in S. Maria della Pace in Rom (1514), fünf MICHELANGELO an der Decke der Capella Sistina im Vatikan (1508–12). Die Kennzeichnung der einzelnen S. und ihre Attribute wechseln, doch gibt es etwas wie einen ungefähren Darstellungskanon seit dem Mittelalter:

Persische Sibylle: mit *Laterne* und oft einer *Schlange*; Libysche Sibylle: mit *Lorbeer-* oder *Rosenkranz*, *Fackel* oder *zerrissener Kette*; Delphische Sibylle: mit *Füllhorn* oder *Dornenkrone*; Cimmerische Sibylle: mit *Blumenkranz* im Haar, *Buch* und *Lorbeerzweig*; Erythräische Sibylle: in asketischem Gewand, den Fuß auf dem *Himmelsglobus*, mit *Schwert* und einem *Lamm* in den Händen; Samische Sibylle: auf ein *Schwert* tretend, mit *Rosen* und *Dornen* in den Händen; Sibylle von Cumae: in *goldenem Gewand*, mit einem *Buch* in der Hand und einem zweiten auf den Knien, oder die *Krippe* Christi tragend; Hellespontische Sibylle: im *Purpurgewand*, mit einem *Rosen-* oder *Blütenzweig* in der Hand; Phrygische Sibylle: in *rotem Gewand*, einen *Griffel* oder eine *Lampe* haltend, manchmal eine *Fahne*; Sibylle von Tibur: in *Tiger-* oder *Ziegenfell* gekleidet, mit einem *Rohrstock* in der Hand; Europäische Sibylle: als Fürstin gekleidet, mit einem *Schwert*; Aggripinische Sibylle: als Schwarze, in *Purpurkleid*, mit einer *Fackel*.

Die S. von Erythrai und Cumae verkünden die Ankunft Christi auf dem 1432 vollendeten ›Genter Altar‹ von H. und J. VAN EYCK . Nach einem Bild der Tiburtinischen Sibylle, die Kaiser Augustus das gleiche Ereignis voraussagt (um 1480; Frankfurt a. M., SK), ist der anonyme MEISTER DER TIBURTINISCHEN SIBYLLE genannt; Christus erscheint selbst in dieser Szene bei A. CARON (um 1575; Louvre). Die Begegnung von Aeneas und der Sibylle von Cumae malten J. BRUEGHEL D. Ä. (1600; Budapest, NM · nach 1600; Wien, KM) und G. M. CRESPI (um 1700; Wien, KM); bei CLAUDE LORRAIN (um 1646/47; Eremitage) und S. ROSA (um 1650; London, WC) zeigt die Cumäische Sibylle Apollon ihre Hand voll *Sand*.

Quellen: Augustinus, Gottesstaat 18,23; Ovid, Metamorphosen 14,101–153; Vergil, Aeneis 6,1–235.

Lit.: L. Freund, Studien zur Bildgeschichte der Sibyllen in der neueren Kunst, Diss. Hamburg 1936; A. Rossi, Le Sibille nelle arti figurative italiane, in: L'Arte 18 (1915) S. 209–221, 272–285, 427–458; W. Vöge, Jörg Syrlin d. Ä. und seine Bildwerke, 1950.

Sieben gegen Theben → Amphiaraos

Silenus → Seilenos

Sine Cẹrere et Baccho friget Venus, »ohne Ceres und Bacchus friert die Venus«, d. h., ohne Brot und Wein bleibt die Liebe kalt – ein lat. Sprichwort (im ›Eunuchus‹ des Terenz heißt es: »Sine Cerere et Libero friget Venus«). Drei Bilder von Rubens tragen diesen Titel; auf zweien davon, im Antwerpener Museum (1614) und in der Wiener Akademie der Künste (etwa gleichzeitig), sieht man eine fröstelnde Venus allein, auf dem dritten (1612/13; Kassel, SM) feiern und tafeln Bacchus, Ceres und Venus fröhlich zusammen. Bei B. Spranger kauert die frierende Liebesgöttin hinter dem forteilenden Paar Ceres und Bacchus an einem Feuer (um 1590; Wien, KM).

Sirenen sind weibliche Ungeheuer, deren lockend süßer Gesang die Seeleute unwiderstehlich anzog und an den Klippen zerschellen oder auf dem Eiland verkommen ließ, wo die S., nahe der Meerenge von Messina, hausten. Als → Odysseus mit seinen Gefährten auf der Rückkehr von → Troja an dieser Stelle vorbeifuhr, ließ er sich, von → Kirke gewarnt, am Schiffsmast anbinden und befahl seinen Männern, sich die Ohren mit Wachs zu verstopfen, damit sie dem tödlichen Gesang nicht verfielen (den er selbst genießen wollte); sie sollten sich kraftvoll in die Riemen legen, um dem Bannkreis der S. rasch zu entfliehen. Als die → Argonauten dort vorbeisegelten, verhinderte → Orpheus mit der Macht seines alles übertönenden Spiels und Gesangs, daß sie die S.-Klänge vernahmen.

Homer beschreibt die S. nicht genau, aber in der gesamten antiken Überlieferung sind sie Mischwesen mit *Vogelleib* und *Frauenkopf*. So werden sie auch in der att. Vasenmalerei seit dem 6. Jh. v. Chr. geschildert (rotfiguriger Stamnos, um 480 v. Chr.; London, BM, mit dem Schiff des Odysseus, der mit den Händen auf dem Rücken an den Mast gebunden ist, seinen Kopf zu den S. emporrichtet und sich von ihrem Gesang be-

Odysseus und die Sirenen
Attischer Stamnos, um 480 v. Chr. (London, British Museum)

tören läßt). Daneben gibt es mehr ornamental aufgefaßte S.-Figuren in der Form von keramischen Gefäßen, auf Gemmen und an Henkeln von Bronzegefäßen. Bis zum Ende des 5. Jh. v. Chr. steigt die Zahl der Darstellungen von Odysseus und den S., dann nimmt sie erheblich ab, und die S. beginnen auf att. Grabdenkmälern zu erscheinen, hier nicht als Monstren, sondern als Seelenbegleiter, wie ursprünglich in den älteren oriental. Mythen. Die Odysseus-Szene selbst findet sich später, im 3. und 2. Jh. v. Chr., in der etrusk. und röm. Kunst auf Sarkophagen und in Mosaiken wieder. Im Mittelalter haben die S. hin und wieder die Gestalt von *Fischen* (Fußboden der Kathedrale von Otranto, nach 1165), sie symbolisieren in jeder Gestalt die weibliche Verlockung zur bösen Lust. Eine volkstümliche Tradition näherte sie den Meerweibchen oder anderen Wasserwesen, wie Melusine und Lorelei, an. Romanische Kapitelle zeigen die S. als Vogelfrauen (Paris, St-Julien-le-Pauvre, um 1170 · S. Domingo de Silos, Kreuzgang, Ende 11. Jh.) wie als Fischfrauen (Brioude/Auvergne, St-Julien, Mitte 12. Jh.). Mit *Musikinstrumenten* in der Hand verkörpern die S. die himmlische Sphärenmusik, wie schon bei Platon. ›Odysseus und die S.‹ ist in der Neuzeit thematisiert worden von ANN. CARRACCI (um 1596; Rom, Camerino des Palazzo Farnese), H. MAKART (um 1865; Wien, A), A. BÖCKLIN (1875; Berlin, GG), G. MOREAU (1882; Cambridge/Mass., MFA), PICASSO (1947; Antibes, Mus. Grimaldi) u. a.

Quellen: Apollonios Rhodios, Argonautika 4,891–921; Homer, Odyssee 12,39–54.158–200.

Sisyphos, König von Ephyra, wie Korinth anfangs hieß, war der für seine Schlauheit und Skrupellosigkeit bekannte Sohn des thessal. Königs Aiolos. Er ent- und verführte Antikleia, bevor sie den Laertes heiratete, und soll so der wahre Vater des → Odysseus sein. Als → Zeus die Aigina entführte, verriet S. ihrem Vater, dem Flußgott Asopos, den Namen des Räubers. Zeus rächte sich dafür (oder für eine andere Untat), indem er S. dazu verdammte, auf den Gipfel eines steilen Berges in der Unterwelt ewig einen *Felsbrocken* zu wälzen, der immer wieder hinunter rollt.

Sisyphos
Attische Lekythos, um 500 v. Chr. (San Antonio/Texas, Museum of Art)

S. und sein Stein sind, neben → Tantalos, in der att. wie in der apul. Vasenmalerei des 5. Jh. v. Chr. präsent (Amphora, um 540/30 v. Chr.; München, Ant.). Die nachantike Kunst folgte Ovid, der S. mit → Tityos, Tantalos und → Ixion an einer »Stätte der Frevler« in der Unterwelt versammelte. Bei TIZIAN trägt S. den Stein auf seinen Schultern (1549; Prado). Wie S. zum Vater des Odysseus wurde, zeigt ein Krater des SISYPHOSMALERS (um 420 v. Chr.; München, Ant.).

Quellen: Apollodor, Bibliothek 1,9,3; Homer, Odyssee 11,593–600; Ovid, Metamorphosen 4,456–463.

Sokrates. Der berühmteste Philosoph des Altertums (469–399 v. Chr.) hatte sich im Peloponnesischen Krieg durch Tapferkeit ausgezeichnet, vermied es danach aber weitgehend, sich in die Politik einzumischen. Er prak-

Sokrates
Römische Büste nach griechischem Original (Neapel, Museo Archeologico Nazionale)

tizierte seine Philosophie im Gespräch lehrend und hütete sich, seine vielen Schüler, von denen er sich nicht bezahlen ließ, schulmäßig zu unterrichten. S. machte großen Eindruck auf sein Auditorium durch seine Methode, allgemein akzeptierte Ansichten durch Fragen in Zweifel zu ziehen und seine Aufgabe weniger im Vortrag gesicherter Wahrheiten zu sehen als in der Hilfe, sie aus sich selbst zu entdecken. Seine Art zu leben und zu lehren rief viele Feinde auf den Plan; S. wurde angeklagt, an die vom Staat der Athener anerkannten Götter nicht zu glauben, andere einführen zu wollen und die Jugend zu verderben, schließlich zum Gifttod durch den Schierlings*becher*, die für Kapitalverbrechen übliche Todesart, verurteilt.

Über sein Aussehen berichten Platon und Xenophon, er habe einem Silen geglichen mit platter Nase und wulstigen Lippen. Dem entsprechen zahlreiche röm. Porträtskulpturen nach griech. Originalen, die inschriftlich als S.-Bildnisse beglaubigt sind (nach Original um 340 v. Chr.; Neapel, MN · Doppelherme mit → Seneca; 1. Hälfte 3. Jh. n. Chr.; Berlin, PM). Ein zweiter, stärker idealisiert wirkender Typus soll auf eine Sitzstatue des LYSIPP zurückgehen (röm. Replik; Kopenhagen, CG). Die mittelalterliche Kunst zeigte ihn als Vertreter der Philosophie und der Weisheit neben anderen, z. B. in der Reihe der Freien Künste (HERRAD VON LANDSBERG, ›Hortus deliciarum‹, um 1175–90). So tritt S. auch als Einzelperson in RAFFAELS ›Schule von Athen‹ in den Stanzen des Vatikan (1508–10) auf. Zum Zeichen seines Lehrprinzips des »Erkenne dich selbst« wird er als betagter Mann im Kreis junger Leute gezeigt, von denen einer einen Spiegel hält (D. FETI, um 1610–20; Uffizien). Seine wahrscheinlich zu Unrecht als keifender Hausdrache hingestellte Frau Xan-

Der Tod des Sokrates
Charles-Alphonse Dufresnoy, 17. Jh. (Florenz, Uffizien)

XXV **Triumph von Neptun und Amphitrite.** Römisches Mosaik aus Constantine, 3. Jh. n. Chr. (Paris, Louvre)

XXVI **Prometheus.** Tizian, 1549 (Madrid, Prado)

XXVII **Die Auffindung von Romulus und Remus durch Faustulus.** Pietro da Cortona, 1643 (Paris, Louvre)

XXVIII **Sabinerinnen.** Gemäldeausschnitt aus ›Die Sabinerinnen zwischen den kämpfenden Heeren‹. Jacques-Louis David, 1799 (Paris, Louvre)

XXIX **Satyr belauscht Venus und Cupido.** Correggio, 1528 (Paris, Louvre)

XXX **Die Enthaltsamkeit des Scipio.** Niccolo dell'Abbate, um 1560–70 (Paris, Louvre)

XXXI **Der Tod des Seneca.** Peter Paul Rubens, um 1611 (München, Alte Pinakothek)

XXXII **Das Rad der Fortuna.** Edward Burne-Jones, 1883
(Paris, Musée d'Orsay)

thippe soll einmal im Zorn das Spülwasser über S. ausgegossen, er das aber mit Gleichmut hingenommen haben (O. VAN VEEN, Stich, 1607 · M. F. DANDRÉ-BARDON, Zeichnung, 1754; Stuttgart, SG); ein andermal soll sein Freund Alkibiades, dem S. in einer Schlacht das Leben gerettet hat (CANOVA, Gipsrelief, um 1790–92; Possagno, Gipsoteca Canoviana), von ihm getadelt worden sein, weil er eine junge Frau im Arm hielt (M. J. SCHMIDT, 1786; Graz, Mus.). Der Tod des Philosophen im Kreis seiner Schüler wurde im Barock, seit etwa 1600, und besonders dann Ende des 18. Jh. ein beliebtes Thema (C.-A. DUFRESNOY, um 1690; Uffizien). Der Hauptakzent liegt in diesen Bildern oft auf dem Ausdruck der Gefühle, von denen die Umstehenden bewegt werden, nachdem ihr Lehrmeister den letzten Atemzug getan hat, wie z. B. bei G. CIGNAROLI (1706–70) in einem Bild des Nationalmuseums Budapest, oder auf der übernatürlichen Gelassenheit des Weisen, mit der S. bis zum letzten Augenblick zu philosophieren fortfährt, wie in J.-L. DAVIDS Bild von 1787 (New York, MM). In dieser Gefühlsspanne sind weitere Werke dieser Zeit zum Thema gehalten, von CANOVA (Marmor- und Gipsreliefs, 1787–92; Possagno, Gipsoteca Canoviana), N. ABILDGAARD (1784; Kopenhagen, SM), J. H. TISCHBEIN (1785; Kassel, SM), E. WÄCHTER (1806/07; Karlsruhe, KH) u.a.

Quellen: Diogenes Laertios, De clarorum philosophorum vitis 2,19ff.; Platon, Apologie des Sokrates, Phaidon (mit Tod des Sokrates) und andere Dialoge; Xenophon, Memorabilia, Apologia.

Lit.: O. Gigon, Sokrates. Sein Bild in Dichtung und Geschichte, 1947; R. Kekulé v. Stradonitz, Die Bildnisse des Sokrates, 1908; S. A. Nash, David, Socrates and Caravaggism. A Source for Davids ›Death of Sokrates‹, in: Gazette des Beaux-Arts 91 (1978) S. 202–206; G. Oberreuter-Kronabel, Der Tod des Philosophen. Untersuchungen zum Sinngehalt eines Sterbebildtypus der frz. Malerei in der 2. Hälfte des 18. Jh., 1986.

Sophonisbe (235–203 v. Chr.). Die Tochter des karthag. Feldherrn Hasdrubal war Masinissa, dem Führer der Maesulier, versprochen, mußte aber den numid. König Syphax heiraten, weil dieser den Karthagern ein zuverlässigerer Bundesgenosse zu sein schien. Und in der Tat schlug sich Masinissa auf die Seite der Römer; er besiegte Syphax in der Schlacht von Utica, vernichtete die numid. Truppen in der Ebene bei Cirta und wurde später König von ganz Numidien. S. wandte sich nach der Schlacht von Cirta an den siegreichen Masinissa mit der Bitte, sie nicht an die Römer auszuliefern; er verliebte sich in sie und heiratete sie. Da → Scipio die Intelligenz und die Fähigkeiten S.s, der nunmehr numid. Königin, fürchtete, forderte er ihre Auslieferung als Sklavin der Römer. Um sie vor diesem entehrenden Schicksal zu bewahren, ließ Masinissa ihr einen Gift*becher* reichen. Sie nahm ihn mit den berühmt gewordenen Worten: »Ich nehme das Brautgeschenk an, das mir nicht unwillkommen ist, wenn der Mann seiner Frau nichts Größeres gewähren konnte. Doch [. . .] wäre es besser gewesen, wenn ich gestorben wäre, ohne bei meinem

Sophonisbe
Bartholomäus Spranger, um 1610 (Prag, Nationalgalerie)

Tode noch geheiratet zu haben.« Diese Episode bezeichnet das Ende des 2. Punischen Krieges.

Vor dem Barock sind Darstellungen des Freitodes der S. in der Malerei selten. Eine MANTEGNA zugeschriebene Grisaille (um 1500; London, NG) zeigt sie als einsame Figur vor einem Baum mit dem Giftbecher in der Hand, ebenso Stiche von G. PENCZ (1539) und H. ALDEGREVER (1553). Zahlreicher sind die Darstellungen ihres Todes im 17. Jh. (B. SPRANGER, um 1610; Prag, NG), vor allem in Italien (PIETRO DA CORTONA, Fresko, 1641/42; Florenz, PP, Sala di Venere) und Frankreich (S. VOUET, um 1623; Kassel, SM · Potsdam, Neues Palais), später u. a. von TIEPOLO (1731; Mailand, Palazzo Dugnani) und G. A. PELLEGRINI (1700–10; München, Residenz · Pommersfelden, Schloß Weißenstein). Der Mut und die Schicksalsergebenheit dieser Fürstin, die ihr eigenes Wohl dem Staat opferte, machten S. zur tragischen Heldin auch in der Literatur, schon bei Boccaccio (›De claris mulieribus‹, 1356–64), dann in dramatischen Dichtungen u. a. von J. de Mairet (1629), Corneille (1663), D. C. v. Lohenstein (1669), Voltaire (1774) und V. Alfieri (1789). Bei REMBRANDT (1634; Prado) und seinem Schüler G. VAN DEN EECKHOUT (1664; Braunschweig, AUM) steht S. vor einem aufgeschlagenen Folianten, während ihr der Giftbecher gereicht wird. Bei M. PRETI (um 1680; Lyon, MBA) scheint sie ihn bereits getrunken zu haben, wie ihre fahle Gesichtsfarbe und die verkrampfte Gebärde, mit der sie die Hand an ihre Brust führt, andeuten. Auf all diesen Bildern fällt der Kontrast zwischen der tragischen Entschlossenheit S.s und dem Ausdruck bedrückten Kummers bei den Frauen ihrer Umgebung auf.

Quellen: Livius, Ab urbe condita 29,23,3–10, 30,7–9, 30,12,11–22, 30,13,11–14, 30,15,1–15.

Lit.: D. de Chapeaurouge, Selbstmorddarstellungen des Mittelalters, in: Zschr. des Dt. Vereins für Kunstwissenschaft 14 (1960), S. 135–146.

Statue. In nicht wenigen Erzählungen des Mythos spielen Götterstatuen, von denen ein schützender Bann ausgeht, eine wichtige Rolle. Bei der Einnahme → Trojas flüchtete sich Kassandra vor → Aias zu einer → Athena-S., und → Diomedes raubte das Palladion, eine uralte, Troja vor der Zerstörung bewahrende Kultbild-S. der gleichen Göttin. Um von der Verfolgung durch die → Erinyen verschont zu werden, mußte → Orestes die taurische S. der → Artemis – deren Priesterin seine Schwester → Iphigenie war – nach Athen schaffen. In anderen Fällen sind S.n mit Schöpfermythen verbunden, wie in der → Prometheussage mit der Erschaffung des Menschen oder bei → Pygmalion, der sich in das Geschöpf seiner eigenen Hand verliebte. Umgekehrt gibt es Metamorphosen von Lebewesen in S.n, z.B. bei den Versteinerungen durch den Anblick des Medusenhauptes, mit dem → Perseus operierte, oder bei der Verwandlung der → Niobe in einen Felsen am Grab ihrer Kinder. Vgl. auch: Claudia Quinta.

Stier. In den mythologischen Erzählungen haben S.e oft eine besondere Bedeutung. Flußgötter, wie → Acheloos, nahmen die Gestalt eines S.s an, auch → Dionysos, und selbst → Zeus tat es, um → Europa über das Meer zu entführen. Dem → Poseidon, der ein besonders schönes Tier dieser Art nach Kreta schickte, damit es ihm geopfert würde, das dann aber mit → Pasiphae den → Minotauros zeugte, wurden vorzugsweise S.e zum Opfer dargebracht. Der S. kann als gefährlich aggressives Tier auftreten; ungewöhnlich mächtigen S.n begegneten → Herakles auf Kreta und → Theseus in Marathon.

Tantalos. Die Überlieferungen zu T. widersprechen sich in vielem. Übereinstimmend gilt er aber als Sohn des → Zeus und der → Kronos-Tochter Pluto. Er war König von Sipylos in Lydien, und zu seinen Kindern zählten → Pelops und → Niobe. Den Zorn der Götter zog T. auf sich, entweder weil er die Speise der Götter, Nektar und Ambrosia, stahl oder weil er einige ihrer Geheimnisse den Menschen verriet oder aber weil er, fast wie der arkad. König Lykaon, seinen zerstückelten Sohn Pelops den Göttern bei einem Festmahl als Speise servierte, um ihre Allwissenheit auf die Probe zu stellen. Er wurde zu einer ewigen Strafe in der Unterwelt verurteilt: Bis zum Kinn im Wasser stehend, vermochte er nie davon zu trinken, weil es bei jedem Versuch zurückwich, und von den Baumfrüchten, die über ihm wuchsen, konnte er nie eine erreichen, weil der Wind sie weghob. Zudem hing ein gewaltiger *Felsbrocken* über ihm, der ihn zu zermalmen drohte.

Auf einem apul. Krater mit Szenen aus der Unterwelt (um 330 v. Chr.; München, Ant.) ist T. neben → Sisyphos, wie in Homers ›Odyssee‹, dargestellt. Mit ihm und anderen Unterweltbüßern (→ Tityos, → Ixion) erscheint T. oft in nachantiker Zeit, z. B. in Stichen von G. Sanuto (nach Tizian, 1553) und H. Goltzius (nach C. van Haarlem, um 1588). Auf Blatt 9 seiner Radierfolge ›Caprichos‹ (1799) hat Goya dem Bild eines vor der Leiche seiner schönen jungen Frau schmerzerfüllt klagenden Mannes den Titel ›Tantalo‹ beigelegt.

Quellen: Homer, Odyssee 11,582–592; Hygin, Fabeln 82 und 83; Ovid, Metamorphosen 4,458–459.

Teiresias, röm. **Tiresias,** war ein hochberühmter Seher aus Theben. Nach der geläufigsten Überlieferung sah er als junger Mann eines Tages auf einem Spaziergang zwei kopulierende Schlangen, die er getrennt oder, wie andere sagen, von denen er das Weibchen getötet habe, worauf er sogleich in eine Frau verwandelt wurde. Sieben Jahre später hatte er an genau der gleichen Stelle ein ähnliches Erlebnis und reagierte wie das erste Mal, erschlug jetzt aber vielleicht das männliche Tier. Jedenfalls nahm er sofort wieder sein früheres Geschlecht an. Als es nun zwischen → Zeus und → Hera eines Tages zum Streit kam in der Frage, wer bei der Liebe intensiver Lust empfinde, Mann oder Frau, einigten sie sich, den T. zu fragen,

Teiresias und Odysseus
Lukanischer Krater des Dolonmalers, um 370 v. Chr. (Paris, Bibliothèque Nationale, Cabinet des médailles)

weil er Erfahrung als Mann wie als Frau habe. Ohne zu zögern erklärte T., das Lustgefühl der Frau übertreffe das des Mannes beträchtlich, es sei neunmal größer. Diese Enthüllung eines Geheimnisses ihres Geschlechts erregte Heras Zorn: sie schlug T. mit *Blindheit*. Nach anderen widerfuhr ihm dieses Schicksal durch → Athena, weil er sie im Bade gesehen hatte. Zeus verlieh ihm zum Trost langes Leben (siebenmal länger als ein Menschenleben, heißt es) und die Gabe der Weissagung, sogar über seinen Tod hinaus. Im theban. Sagenkreis spielt T. eine bedeutende Rolle. Er ist es, der Amphitryon über den Besuch des Zeus bei Alkmene aufklärt, der → Oidipus seine Verbrechen enthüllt und Kreon davor warnt, Antigone hinzurichten. Und → Odysseus begab sich auf den Rat der Zauberin → Kirke in das Land der Kimmerier, um den Schatten des T. anzurufen und von ihm zu erfahren, auf welche Weise er in die Heimat zurückgelangen werde.

Trotz der Bedeutung, die T. in der literarischen Überlieferung der Mythen besitzt, erscheint er fast nie in der bildenden Kunst. Für die Antike sind hauptsächlich nur zwei Werke zu nennen, ein großer lukan. Krater (Dolonmaler, um 370 v. Chr.; Paris, NB, Cabinet des médailles) und ein röm. Marmorrelief aus dem 1. oder 2. Jh. n. Chr. (Louvre). Auf dem Krater ist Odysseus zu sehen; er sitzt auf Felssteinen mit zwei seiner treuen Gefährten, wahrscheinlich Perimedes und Eurylochos, zu seinen Füßen taucht der bärtige Kopf des T. mit geschlossenen Augen aus der Erde auf. In der Darstellung des Reliefs sitzt der Seher, in einen unförmigen Mantel gehüllt und auf ein Skeptron gestützt, Odysseus gegenüber.

In der nachantiken Kunst ist es von einer gewissen Kuriosität, daß einer der wenigen Künstler, die sich dieses Sujets angenommen haben, G. Carpioni (1613–79), es gleich dreizehnmal in seinem Gesamtwerk getan hat, und zwar immer nur des einen Themas der Prophetie des T. über die Zukunft des → Narkissos: Als die → Nymphe Leiriope ihn fragte, ob ihr Sohn Narkissos lange leben werde, antwortete T. ihr: »Wenn er sich nie selbst kennt« (wohl 1660–65; Besançon, MBA · um 1671; Wien, KM).

Quellen: Apollodor, Bibliothek 2,4,8, 3,6,7, 3,7,3, Epitome 7,17; Homer, Odyssee 10,488–495, 11,90–151; Ovid, Metamorphosen 3,320–348; Sophokles, Antigone, König Oidipos.
Lit.: L. Brisson, Le mythe de Tirésias. Essai d'analyse structurale, 1976.

Telẹmachos, der Sohn von → Odysseus und → Penelope, war noch ein Kind, als sein Vater am Trojanischen Krieg teilnahm. Um nicht in diesen Krieg ziehen zu müssen, hatte Odysseus vorgetäuscht, wahnsinnig zu sein; er spannte einen Esel und einen Ochsen vor den Pflug, pflügte und säte Salz in die Erde. Doch der schlaue Palamedes, der ihn abholen sollte, durchschaute die List: Er riß den kleinen T. vor die Pflugschar (oder von Penelopes Brust, als ob er ihn mit dem Schwert töten wollte). Odysseus hielt sofort an und bewies so, daß er sehr wohl klaren Kopf bewahrt hatte. Sein alter Freund Mentor wurde T.s Erzieher. Als junger Mann versuchte T. die auf die Wiederverheiratung Penelopes drängenden Freier daran zu hindern, den Besitz seines Vaters auszuplündern, und wollte sie verjagen, erwies sich aber als noch zu jung dafür. Auch reiste er zu → Nestor nach Pylos und zu Menelaos nach Sparta, um etwas über den Verbleib seines Vaters nach Kriegsende zu erfahren. Als er heimkehrte, fand er Odysseus in seiner Tarnung als greisen Fremden schon vor. An seiner

Telemachos und Penelope
Attischer Skyphos, um 440 v. Chr. (Chiusi, Museo Nazionale Etrusco)

Seite tötete er die ganze Schar der Freier. Die Geschichte des T. wird in den ersten vier Büchern der ›Odyssee‹ erzählt, im wesentlichen jedenfalls; sie werden deshalb manchmal als ›Telemachie‹ bezeichnet. Da er im Epos dennoch nur eine nachgeordnete Rolle spielt, ist seine Legende so, wie Homer sie berichtet, nicht kanonisch geworden, es blieb Raum für manche spätere Ausschmückung.

T.-Darstellungen gibt es nicht sehr zahlreich. Meist tritt er neben Penelope oder Odysseus auf, wie auf einem rotfigurigen att. Skyphos des PENELOPEMALERS (um 440 v. Chr.; Chiusi, Mus.), wo er vor seiner in tiefer Melancholie trauernd am Webstuhl sitzenden Mutter steht. Zwei große antike Gemälde, auf denen der kleine T. von Palamedes vor den Pflug seines Vaters gesetzt wird, sind leider nur in Beschreibungen überliefert; das eine stammte von dem aus Ephesos gebürtigen, aber in Athen wirkenden PARRHASIOS (Ende 5. – Anfang 4. Jh.), das andere, einst in Ephesos, von dem korinth. Maler und Bildhauer EUPHRANOR (4. Jh. v. Chr.). Fénelons berühmter Erziehungsroman ›Les aventures de Télémaque‹ hat seit seinem Erscheinen 1699 (dt. bereits 1700) die Maler und Stecher des 18. Jh. inspiriert; C.-J. NATOIRE (1700–77) hat danach fünf Gemälde geschaffen (drei in der Eremitage, zwei im Museum von Troyes). Die Brüsseler Teppichmanufaktur arbeitete Gobelins nach einem Karton von C.-A. VAN LOO (1719–95). Auch A. KAUFFMANN (1741–1807) hat das T.-Thema in zwei Werken behandelt. Nach Fénelon malte J.-L. DAVID T.s Abschied von seiner Geliebten Eucharis, bevor er sich zur Suche nach seinem Vater aufmachte (1818, Wiederholung 1822; beide Priv.).

Quellen: Apollodor, Epitome 3,7; Homer, Odyssee 2,6 ff., 4,1 ff., 16,234 ff., 21,120 ff., 22,108; Plinius d. Ä., Naturgeschichte 35,129 (Euphranor); Plutarch, De audiendis poetis 18b (Parrhasios).

Tereus, ein Sohn des → Ares, war König von Thrakien und hatte vom athen. König Pandion zum Dank für geleistete Militärhilfe dessen Tochter Prokne zur Frau erhalten. Beider Sohn hieß Itys. T. stellte seiner Schwägerin Philomele nach, die aber nichts von ihm wissen wollte. Er nahm sie mit Gewalt und schnitt ihr die Zunge heraus, damit sie nichts davon verraten könne. Sie enthüllte die Wahrheit dennoch, indem sie die Beschreibung des Vorfalls in Lettern in einen Stoff wob. Prokne tötete daraufhin in einem ekstatischen Rausch der Rache ihren eigenen Sohn und setzte ihn dem treulosen Gatten zum Mahl vor; Philomele warf ihm den Kopf des Itys ins Gesicht. Dann flohen die beiden Schwestern. T. machte sich wild entschlossen mit gezücktem *Schwert* auf zu ihrer Verfolgung. In Phokis holte er sie ein, dort aber erbarmten sich die Götter der zwei Frauen und verwandelten Prokne in eine Nachtigall, Philomele in eine Schwalbe. Aus T. machten sie einen Wiedehopf.

Darstellungen dieser blutigen Geschichte sind in Antike und Neuzeit selten. Einige Vasenbilder erzählen davon. Das Thema ist der die beiden Frauen verfolgende T., er schwingt statt des Schwertes auch manchmal eine *Streitaxt*. Auf dem Fragment einer rotfigurigen Hydria ist der Kopf des Königs (und ein Rest seiner Namensinschrift) zu erkennen, obenauf sitzt ein kleiner Vogel zum Zeichen seiner Verwandlung (um 460 v. Chr.; Taranto, MN). Unter den wenigen, meist aus dem 17. Jh. stammenden Gemälden ragt ein Bild von RUBENS heraus (›Das Mahl des T.‹, 1636–38; Prado), auf dem vor einer Palastarchitektur zwei halb entblößte Frauen wie Furien alles niederstoßen; eine von ihnen (Philomele) zeigt dem sichtlich von Entsetzen gepackten König das Haupt seines Kindes.

Quellen: Apollodor, Bibliothek 3,14,8; Ovid, Metamorphosen 6,424–674.

Theseus. Unter den att. Helden ist Th. der größte. Nach einer Überlieferung war er der Sohn des Königs → Aigeus von Athen und der Aithra, einer Tochter des Königs Pitheus von Troizen, dessen Gast Aigeus auf einer Reise gewesen war. Nach einer anderen Tradition war → Poseidon sein Vater, der in der gleichen Nacht mit Aithra geschlafen hatte. Th. wuchs in Troizen auf. Dort hatte Aigeus sein *Schwert* und seine Sandalen unter einem schweren Stein versteckt, einem Orakel folgend, wonach Th. seinem Vater nachfolgen werde, sobald er in der Lage sei, den Stein wegzuwälzen. Als Th. erwachsen geworden war, nannte ihm Aithra den Namen seines Vaters und zeigte ihm das Versteck. Th. ging nach Athen. Un-

Die Taten des Theseus
Attische Schale des Kodrosmalers, um 420 v. Chr. (London, British Museum)

Theseus erschlägt einen Kentauren
Antonio Canova, 1804–19
(Wien, Kunsthistorisches Museum)

terwegs bestand er viele Abenteuer, er kämpfte gegen Monstren und Briganden: gegen den Räuber Sinis, der Reisende an herabgebogenen Fichten in die Luft schleuderte und zerriß – Th. tötete ihn auf die gleiche Weise; gegen die von einer alten Frau gehütete Sau von Krommyon, die das Land verwüstete; gegen den Räuber Skeiron, der Vorüberkommende ins Meer warf, wo eine fleischfressende Schildkröte sie zerfleischte; gegen König Kerkyon von Eleusis, der mit Passanten zu ringen und sie dabei zu töten pflegte; gegen Prokrustes (»Dehner«), der seine Gäste zur Nachtruhe in ein Bett zwang und, wenn sie zu klein waren, auf die Länge des Bettes streckte oder, waren sie zu groß, ihnen Glieder abhackte. Von diesen Morden ließ er sich reinigen, bevor er in Athen einzog. Aigeus stand damals ganz unter dem Einfluß seiner Gattin → Medeia, die in Th. sogleich den möglichen Rivalen ihres eigenen Sohnes erkannte. Um ihn aus dem Weg zu räumen, stiftete sie Aigeus dazu an, Th. gegen den Stier von Marathon kämpfen zu lassen. Th. blieb Sieger, der Stier wurde dem → Apollon geopfert. Nach der geläufigsten Version der Überlieferung hat Medeia dann versucht, Th. bei einem Mahl zu vergiften, doch als Th. dabei das Fleisch mit seinem Schwert teilen wollte, erkannte Aigeus die Waffe als seine eigene. Er hieß ihn als seinen Sohn willkommen und schickte Medeia in die Verbannung. Th. machte sich dann zum Anführer der jungen Athener, die dem → Minotauros von Kreta ausgeliefert werden mußten: alle neun Jahre wurden so sieben junge Frauen und sieben Jünglinge in den Tod geschickt. Mit der Hilfe der Minos-Tochter → Ariadne, die sich in ihn verliebt hatte, gelang es Th., den Minotauros zu töten und, geleitet von einem Faden, den er vom Eintritt in das Labyrinth an abgespult hatte, daraus zu entkommen. Auf der Rückfahrt nach Athen ließ er die schlafende Ariadne auf der Insel Naxos zurück. → Dionysos hat sich dann ihrer angenommen. Als Th. sich Athen näherte, vergaß er, weiße Segel zu setzen, wie es mit seinem Vater für den Fall eines guten Ausgangs der Expedition vereinbart war; sowie Aigeus das Schiff mit schwarzen Segeln, dem Zeichen des Mißerfolgs, in der Ferne ausmachte, stürzte er sich in das Meer, das seither nach ihm das »Ägäische« genannt ist. Th. wurde König von Attika, das er aus einem in Einzelgemeinden zersplitterten Land zu einer politischen Einheit formte. Er begleitete → Herakles auf dessen Feldzug gegen die → Amazonen und kehrte mit → Antiope als seiner Gefangenen zurück. Darauf fielen die Amazonen in Attika ein, um sie zu befreien, doch schlug Th. sie zurück. Nach Antiopes Tod heiratete Th. die Minos-Tochter → Phaidra, die sich in ihren Stiefsohn Hippolytos, ein Kind von Th. und Antiope, verliebte. Weil dieser sie zurückwies, denunzierte sie ihn bei seinem Vater, er habe ihr Gewalt anzutun versucht, und tötete sich. Th. verbannte Hippolytos und ließ ihn durch Poseidon bei einem Unfall mit seinem Wagen umkommen. Die Th.-Sage, die einige Ähnlichkeiten mit dem → Herakles-Mythos aufweist, enthält viele weitere Episoden. So hat Th. auch am Zug der → Argonauten und an der Jagd auf den Kalydonischen Eber teilgenommen. Bei der Hochzeit seines

Freundes Peirithoos, des Königs der Lapithen, kämpfte er gegen die → Kentauren, die versucht hatten, die Braut Hippodameia zu entführen. Sein Ende war wenig ehrenvoll, offenbar wurde er zum Verlassen Athens gezwungen und flüchtete sich auf die Insel Skyros, wo er infolge eines Unglücksfalls oder durch Mörderhand starb, je nach den Quellen. In der Epoche der Klassik erhob man ihn zum Symbol der politischen Einheit Athens und machte ihn in Attika zum Gegenstand besonderer Verehrung. 475 v. Chr. ließ Kimon die sterblichen Überreste des Th. nach Athen überführen und zu einem Emblem der athen. Demokratie erheben.

Von Th. werden zumeist die Ereignisse auf seiner Fahrt nach Kreta dargestellt, besonders oft die Tötung des Minotauros. Der Siegestanz danach ist am Hals der ›Françoisvase‹ (um 570 v. Chr.; Florenz, MA) geschildert, auf der auch der Kentauren- und Lapithenkampf bei der Hochzeit des Peirithoos zu sehen ist. In der rotfigurigen att. Vasenmalerei finden sich auch die anderen Taten des Th., die Entdeckung der Waffen seines Vaters unter dem Stein und der Kampf mit den vielen Widersachern auf dem Weg von Troizen nach Athen. Wie die Taten des Herakles sind sie oft in der Form von Bildzyklen behandelt, besonders auf Trinkschalen. So zeigt eine Schale des KODROSMALERS (um 420 v. Chr.; London, BM) im Innenbild, wie Th. aus dem Labyrinth tritt, den toten Minotauros hinter sich herziehend, darum herum in durchgehender Folge die Jagd auf die Sau von Krommyon, Kerkyon, das Prokrustesbett, Skeiron, den Stier von Marathon und Sinis; außen auf der Schale sind die gleichen Themen unter einem anderen Blickwinkel wiederholt. Die Parallelen zwischen dem panhellen. Heros Herakles und dem athen. Helden Th. werden offensichtlich auf den – stark fragmentierten – Met-

Theseus und Ariadne
Jean-Baptiste Regnault, um 1800 (Gemäldeausschnitt) (Rouen, Musée des Beaux-Arts)

openreliefs vom Schatzhaus der Athener in Delphi (um 490 v. Chr.; Delphi, Mus.) geschildert. Beider Taten stehen sich auch in Metopenreliefs am Athener Hephaistostempel (um 430–420 v. Chr.) gegenüber. Beliebte Bildthemen waren ferner die Entführung der Antiope (Amphora, um 490 v. Chr.; Louvre) und der Kampf gegen die Amazonen, besonders in klassischer Zeit (Krater des Achilleusmalers, um 450 v. Chr.; Ferrara, MA). Seltener wird gezeigt, wie Th. die schlafende Ariadne verläßt, unter den Augen der → Athena (rotfigurige Lekythos, um 480 v. Chr.; Taranto, MN), oder wie er auf den Grund des Meeres zu seinem von der Gattin → Amphitrite begleiteten Vater Poseidon taucht (Schale des Onesimos, um 490 v. Chr.; Louvre). Die wichtige Rolle, die Th. in der att. Vasenmalerei eingeräumt wird, erklärt sich natürlich aus seiner Bedeutung als Heros Athens, doch begegnet man ihm auch andernorts. Ein hellenistisches Relief zeigt ihn beim Heben des Steins, der die Waffen seines Vaters verbirgt (2. Jh. v. Chr.; Rom, GA). Die Minotauros-Geschichte blieb die ganze Antike hindurch populär. Sie findet sich z. B. auf einem bedeutenden, bei Salzburg gefundenen Mosaik des 4. Jh. n. Chr. (Wien, KM), in dem nicht nur das Labyrinth eingezeichnet ist, sondern auch die Strecke, die Th. durchlaufen mußte, um zum Ein- und Ausgang zurückzufinden; im Zentrum dieses Labyrinthes tötet Th. den Minotauros, auf drei seitlichen Bildfeldern ist Ariadne mit Th. und einmal allein und trauernd dargestellt. Dieser Motivschatz blieb auch in nachantiker Zeit präsent, unter vielen andern bei Poussin (›Th. entdeckt die Waffen seines Vaters‹, um 1630–35; Chantilly, MC), bei V. Carpaccio (›Hippolytos vor Th., vor 1525; Paris, Mus. Jacquemart-André) und Rubens (›Amazonenschlacht‹, um 1615; München, AP – die Figur des Flußgottes Thermodon zeigt an, daß es sich um den Kampf mit Th. und den Athenern, nicht etwa um die Schlacht vor → Troja handelt). Ein bedeutendes Bild von C. Van Loo (1745; Nizza, Mus. Jules-Chéret) zeigt Th. im Kampf mit dem Stier von Marathon; ein Altar, links im Bild, dient als Hinweis auf das nahe Schicksal des Tieres. A. E. Michallon hat 1821 ein Landschaftsgemälde mit der Verfolgung der Kentauren durch Th. staffiert (Louvre). 1832 errang H. Flandrin den Rompreis der Pariser Akademie im Fach Historienmalerei mit dem Bild ›Th. wird von seinem Vater erkannt‹.

Quellen: Apollodor, Bibliothek 3,16,1–2, Epitome 1,1–24; Bakchylides, Lieder und Fragmente 17, 18; Ovid, Metamorphosen 7,404–452, 8,172–176 und passim; Plutarch, Theseus.

Lit.: F. Brommer, Theseus. Die Taten des griech. Helden in der antiken Kunst und Literatur, 1982; J. Neils, The Youthful Deads of Theseus, 1987; K. Schefold, Die Urkönige Perseus, Bellerophon, Herakles und Theseus in der klassischen und hellenistischen Kunst, 1987.

Thetis und Peleus
Attische Schale, um 510 v. Chr. (Berlin, Antikensammlungen)

Thetis. Die Tochter von Nereus und Doris war die Mutter des → Achilleus. Als Meeresgöttin und Unsterbliche wurde sie von → Hera aufgezogen, mit der sie tiefe Zuneigung verband. → Zeus war prophezeit worden, wenn er (oder ein anderer Gott) mit Th. einen Sohn haben würde, werde dieser einmal mehr Macht im → Olymp haben als sein Vater. Die Götter beeilten sich also, ihr einen Sterblichen zum Gatten zu geben; die Wahl fiel auf → Peleus. Aber Th. versuchte sich diesem irdischen Freier zu entziehen und verwandelte sich mehrfach in eine andere Gestalt – Peleus gelang es dennoch, sie zu gewinnen. Aus der Verbindung dieser beiden stammte Achilleus, den Th. im Feuer unsterblich zu machen versuchte; Peleus überraschte sie dabei und gab das Kind in die Obhut und Erziehung des → Kentauren → Cheiron. Als → Patroklos beim Kampf um → Troja in der geliehenen Rüstung des Achilleus fiel, erbat Th. von → Hephaistos eine neue für ihren Sohn. Später mußte sie, im Kreis der → Nereiden, den Tod des Achilleus selbst beweinen.

Die Verwandlungen der Th. und die Versuche des Peleus, sie zu fassen, schildern nicht wenige att. Vasenbilder. Auf einer schwarzfigurigen Amphora verwandelt sie sich in ein *Einhorn* und in *Feuer* (um 510 v. Chr.; München, Ant.). Andere Vasen zeigen sie mit den *Waffen* des Achilleus (um 540 v. Chr.; Boston, MFA) oder weinend am Totenbett ihres Sohnes (korinth. Hydria, um 560 v. Chr.; Louvre). In der Neuzeit war, wie in der Antike, die Hochzeit von Th. und Peleus, an der die olympischen Götter teilnahmen, ein recht oft behandeltes Thema (A. BLOMAERT, 1638; Den Haag, MH). Th. erscheint auch in der Schmiede des Hephaistos (RUBENS, um 1631; Paris, EBA), wie die häufiger dargestellte → Aphrodite, die ihrerseits für den Sohn → Aineias um Waffen bittet; Eroten wie im Gefolge der Liebesgöttin gibt es bei Th. natürlich nicht.

Quellen: Apollodor, Bibliothek 3,13,5–6; Hesiod, Theogonie 240, 1003; Homer, Ilias 18,369–617 (Thetis bei Hephaistos); Ovid, Metamorphosen 11,217–265.
Lit.: X. Krieger, Der Kampf zwischen Peleus und Thetis in der griech. Vasenmalerei, 1975; F. G. J. M. Müller, The so-called Peleus and Thetis Sarcophagus in the Villa Albani, 1994.

Zeus/Jupiter und Thetis
Jean-Dominique Ingres, 1811 (Gemäldeausschnitt) (Aix-en-Provence, Musée Granet)

Thyone → Semele

Titanen waren ein Göttergeschlecht, das zwei Generationen älter ist als die olympischen Götter. Es handelt sich um die Kinder des Uranos (Himmel) und der Gaia (Erde), nach Hesiod insgesamt zwölf, und zwar sechs Söhne, darunter → Okeanos und → Kronos, und sechs Töchter, darunter die Erdgöttinnen Rhea und Themis (Ordnung) sowie Mnemosyne (Gedächtnis), die Mutter der → Musen. Einige von deren Kindern werden ebenfalls noch als T. betrachtet, z. B. → Prometheus und → Atlas. → Zeus, ein Sohn von Kronos und Rhea, führte den erbitterten Kampf gegen die T. an und begründete auf dem → Olymp die Herrschaft von Ordnung und Gerechtigkeit.

Quelle: Hesiod, Theogonie 132–138, 207–210, 389–396, 617–735, 807–814.

Tityos, von Apollon bedroht, und Leto Schale des Penthesileamalers, um 460 v. Chr. (München, Antikensammlungen)

Tịtyos, Vater der → Europa, war ein Riese, der → Leto Gewalt anzutun versuchte. Ihre beiden Kinder → Artemis und → Apollon töteten ihn dafür mit ihren Pfeilen. T. wurde zu einer ewigen Strafe in der Unterwelt verdammt: Zwei *Geier* (oder *Schlangen*) fraßen seine allmonatlich nachwachsende Leber (oder sein Herz).

Wie Apollon den Riesen bedroht, zeigt eine rotfigurige Schale des PENTHESILEAMALERS (um 460 v. Chr.; München, Ant.). In nachantiker Zeit wurde T. oft zusammen mit den anderen berühmten Verdammten der Unterwelt, mit → Ixion, → Tantalos und → Sisyphos, dargestellt, wie bei Ovid beschrieben (TIZIAN, 1549; Prado). Das Bild des T., dem Geier die Leber fressen, gleicht dem des → Prometheus, doch sind Verwechslungen eigentlich nicht möglich, denn Prometheus ist an den kaukas. Felsen geschmiedet, und nicht ein Geierpaar, sondern ein Adler frißt an ihm.

Quellen: Apollodor, Bibliothek 1,4,1; Homer, Odyssee 11,576–581; Hygin, Fabeln 55; Ovid, Metamorphosen 4,456–461.

Tomyris regierte im 6. Jh. v. Chr. über die Massageten, ein Kriegervolk am Kaspischen Meer. Der Perserkönig → Kyros d. Gr. wollte sich dieses Volk unterwerfen und bat deshalb → Kroisos um Rat. Dieser riet zu einer List: Kyros solle einen kleinen Teil seines Heeres mit einem Übermaß an Proviant und Getränken ausrüsten und diese Truppe von den Massageten kurzerhand besiegen lassen; das Heer der Feinde würde sich über die Vorräte hermachen und sich betrinken, dann hätte Kyros mit der Hauptmacht seiner Armee leichtes Spiel, es vernichtend zu schlagen. Spargapises, der Sohn der Königin T., der bei dieser Schlacht in Gefangenschaft geraten war, brachte sich aus Scham darüber um, als er aus seiner Trunkenheit erwacht war. T. setzte sich darauf selbst an die Spitze ihres Heeres, und in einer zweiten Schlacht wendete sich das Kriegsglück auf ihre Seite. Als sie auf dem Schlachtfeld den Leichnam des Kyros fand, befahl sie seine Enthauptung. Sie tauchte seinen *Kopf* in einen *Schlauch* voll Menschenblut und rief: »Ich will dich sättigen mit Blut, wie ich dir angedroht!«

T. wird gewöhnlich unter den Neun Tugendheldinnen (→ Tugendhelden) und mit entsprechenden Attributen gezeigt. Im ›Speculum humanae salvationis‹ von 1324 ist sie neben Maria (die den Satan überwindet), Judith (die Holofernes, den Feind der Israeliten, tötet) und Jael (die gleicherweise Sisara ermordet) aufgeführt. In der Reihe der Neun Heldinnen erscheint sie in Bilder- und Skulpturenzyklen, auch in Teppichfolgen, z. B. in Fresken (um 1420–30) des Kastells La Manta bei Saluzzo (Piemont) und neben Esther und der → Sibylle von Cumae in Fresken A. CASTAGNOS (aus der Villa Pandolfini in Legnaia, um 1450; Uffizien), ferner auf Brüsseler Teppichen der 1. Hälfte des 16. Jh. (Boston, GM). T. allein, das Haupt des Kyros haltend, ist das Sujet eines Gemäldes von F. FRANCKEN D. J. (um 1620; Dijon, MBA). Dieses Motiv kann leicht zur Verwechslung mit Judith und Holofernes oder Salome mit dem Haupt

Johannes' des Täufers führen. Auf einem Bild von Rubens (1618/19; Boston, MFA) berührt die Königin das Haupt des Kyros nicht selbst, sondern läßt es von einem Adjutanten in ein Becken voll Blut tauchen.

Quellen: Herodot, Historien 1,201–214; Valerius Maximus, Facta et dicta 9,10, ext. 1.

Lit.: R. W. Berger, Rubens' ›Queen Tomyris with the head of Cyrus‹, in: Bulletin of the Museum of Fine Arts Boston 77 (1979) S. 4–35; T. L. de Bruin, Die Rache Tomyris', in: Das Münster 18 (1965) S. 187–191; A. Wilson und J. Lancaster Wilson, A Medieval Mirror. Speculum humanae salvationis 1324–1500, 1984.

Trajan. Dem 52 n. Chr. im span. Italica (beim heutigen Sevilla) geborenen röm. Kaiser Marcus Ulpius Traianus (98–117 n. Chr.) gelang es, den Erfolg seiner Eroberungen, u. a. in Syrien, Mesopotamien, Dakien und Armenien, mit einer umfassenden Friedenspolitik und Modernisierung der Verwaltung im ganzen Röm. Reich zu verbinden. Schmeicheleien und allem Prunk abhold, erwarb er sich den Ruf eines maßvollen, zugänglichen und gerechten Herrschers. Eine Begebenheit wurde von der Nachwelt aus dem Zusammenhang seiner Biographie gelöst und zur Legende erhoben: Als das Pferd seines Sohnes während eines seiner Feldzüge mit einem Huftritt das Kind einer armen Witwe tötete, bestimmte der Kaiser seinen eigenen Sohn zum Fürsorger der Frau, wie das röm. Gesetz dies vorsah. Papst Gregor d. Gr. soll beim Anblick eines Marmorreliefs mit dieser Szene zu Tränen gerührt worden sein. Er habe Gott gebeten, T. in das Paradies gelangen zu lassen. Diese Legende war im Mittelalter in

Trajan und der Sohn der Witwe
Eugène Delacroix, 1840 (Gemäldeausschnitt) (Rouen, Musée des Beaux-Arts)

Trajan, mit den Zügen Napoleons, verleiht die Zepter Asiens
Paul Duqueylar, um 1812
(Rom, Quirinal)

Hunderten von Versionen im Umlauf. Im 13. Jh. setzten die Zisterzienser T. ihrem Ordensgründer Bernhard von Clairvaux gleich. Dante hielt die Erinnerung an diese Christianisierung des röm. Kaisers wach; im Purgatorio seiner ›Divina Commedia‹ hielt er den für ihren Hochmut Bestraften drei mahnende Marmorbilder mit Werken der Demut von Maria, David und T. vor Augen; dargestellt sind hier wieder der Kaiser und die weinende Witwe.

Neben vielen antiken Statuen, Porträtbüsten und Münzen ist eines der bedeutendsten Monumente Roms T. gewidmet, die nach ihm benannte Triumphsäule aus den Jahren 107–117. Ihre Reliefs, die T.s Siege über die Daker verherrlichen, stellen eine opulente Quelle für die Geschichte und die Darstellungsformen ihrer Zeit dar. Seit dem Mittelalter galt T. als Inbegriff des gerechten Richters (Gobelin nach ROGIER VAN DER WEYDEN, um 1450; Bern, Mus., ehemals im Gerichtssaal des Bischofspalais von Lausanne). So wird er bei öffentlichen Audienzen geschildert (N. COYPEL, Deckengemälde in der Salle des Gardes de la Reine des Versailler Schlosses, 1676–81), ebenso als Wohltäter der Armen, hauptsächlich aber in Bildern mit der armen Witwe unter dem Titel ›Die Gerechtigkeit des T.‹ (DELACROIX, 1840; Rouen, MBA).

Quellen: Plinius d. J., Briefe 6,31, Panegyricus in Traianum; Dante, Divina Commedia: Purgatorio 10,73–96.

Lit.: P. Boesch, ›Kaiser Trajan und die Witwe‹ auf schweizer. Glasgemälden, in: Zschr. für schweizer. Archäologie und Kunstgeschichte 12 (1951) S. 218–220; F. Coarelli, Rom. Ein archäologischer Führer, 1975; J. Seznec, Diderot and ›The Justice of Trajan‹, in: Journal of the Warburg and Courtauld Institutes 20 (1957) S. 106–111.

Triptolemos war der Sohn des Königspaares Keleos und Metaneira von Eleusis. Zum Dank für die gastfreundliche Aufnahme, die → Demeter beim König gefunden hatte, schenkte sie T. einen von geflügelten *Drachen* gezogenen *Wagen* und betraute ihn mit der Aufgabe, die Welt zu

Demeter, Triptolemos und Persephone
Griechisches Relief aus Eleusis, 4. Jh. v. Chr. (Eleusis, Museum)

durchfahren, um den Menschen den Getreideanbau beizubringen. Die Göttin stand ihm bei, sooft er auf Widerstand traf, z. B. gegen König Lynkos von Skythien, der T. nach dem Leben trachtete – Demeter verwandelte ihn in einen Luchs. Nach Hause zurückgekommen, folgte T. seinem Vater auf dem Thron von Eleusis nach. Als er starb, wurde er einer der Richter in der Unterwelt. Mit Demeter und → Persephone bildete T. eine Trias bei den Initiationsriten des eleusin. Mysterienkults.

Die nicht sehr zahlreichen Darstellungen des T. finden sich hauptsächlich in rotfigurigen att. Vasenbildern der Klassik, die mehr oder weniger dem gleichen Schema folgen: Der junge Mann sitzt auf einem Thron oder aufbruchbereit in einem geflügelten Wagen; in der Hand hält er die *Getreidekörner*, die Demeter ihm gegeben hat. Der aufwendige Skyphos des Malers MAKRON (um 480 v. Chr.; London, BM) bietet dafür ein Beispiel. Das berühmteste klassische Werk ist ein großes eleusin. Relief mit der Sendung des T. aus der 2. Hälfte des 5. Jh. v. Chr. (Athen, NM), auf dem der junge Fürst, eine Aktfigur zwischen Demeter und Persephone, die Getreidekörner entgegennimmt. Es spricht alles dafür, daß dieses Relief das Werk eines Bildhauers aus dem Phidias-Kreis ist. In den Gesichtern spiegelt sich der Ernst der religiösen Handlung mit gesteigerter Intensität. Zu Beginn des folgenden Jh. wird T. auf den Vasenbildern ganz in den Kontext der eleusin. Mysterienfeiern einbezogen (Kertscher Pelike, um 375 v. Chr.; Eremitage). Aus nachantiker Zeit gibt es so gut wie keine Darstellungen, sieht man von der Begegnung des T. mit König Lynkos von Skythien ab, der ihn im Schlaf zu töten versucht; diese Szene findet sich bei G. QUAGLIO (1668–1751) in Udine (Palazzo della Porta).

Quellen: Apollodor, Bibliothek 1,5,2; Ovid, Metamorphosen 5,642–661, Fasti 4,549 ff.; Pausanias, Periegesis 1,14,1–3.
Lit.: G. Schwarz, Triptolemos. Ikonographie einer Agrar- und Mysteriengottheit, 1987.

Triton, eine Meeresgottheit, war ein Sohn des → Poseidon und der →Amphitrite. Er hatte den Oberkörper eines Mannes und als Unterkörper einen *Fischschwanz*. Nach Ovid besänftigte er wilde Flüsse und Meere durch sein Blasen auf seinem *Muschelhorn*. Als die → Argonauten am See Tritonis in Libyen strandeten, zeigte er ihnen den Weg zurück in das offene Meer. Unter den Monstren, mit denen → Herakles zu kämpfen hatte, soll auch T. gewesen sein, der Herakles den Weg zum Garten der Hesperiden weisen mußte. Als (meist freundliches) Ungeheuer tritt der T. auch in der Mehrzahl auf. So bilden T.e und ihre weibliche Entsprechung, die → Nereiden – oder gar T.innen –, als Volk von Fabelwesen oft das Gefolge des Poseidon.

T. wurde in der schwarzfigurigen att. Vasenmalerei einige Male im Handgemenge mit Herakles dargestellt; der Heros hält ihn dabei im Klammergriff eng umschlungen (att. Schale, um 560 v. Chr.; Tarquinia, MN). Das bärtige Ungetüm hat wirklich den Rumpf eines Menschen und einen von Schuppen bedeckten Fischschwanz. Manchmal ist Nereus Zeuge des Kampfes. Die besonderen körperlichen Merkmale des T., sein langer gewundener Leib, machten ihn zu einem höchst beliebten, im Gefolge der Meerwesen mit den Nereiden vielfach wiederholten Schmuckmotiv in der röm. Kunst (Sarkophag, Anfang 3. Jh. n. Chr.; Vatikan). In der Neuzeit wurde der T. oft an Brunnen und Bassins als Ornamentmotiv verwendet. GIOVANNI DA BOLOGNA setzte es an seinem Modell für einen Bronzebrunnen ein (1562–65, gegossen 1598; New York, MM). BERNINIS T.-Marmorbrunnen von 1642/43 bildet die künstlerische Mitte der Piazza Barberini in Rom. Aus Marmor bildete auch RODIN seine Gruppe ›T. und Nereide auf einem Delphin‹ (um 1900; Paris, MR). Unter den nicht wenigen Bildern A. BÖCKLINS mit T.en und Nereiden ist das

Triton
Attische Amphora, um 530 v. Chr. (Würzburg, Martin-von-Wagner-Museum)

Gemälde in der Münchner Schack-Galerie (1873/74) besonders bemerkenswert; der T., eine Rückenfigur, bläst auf der *Meermuschel*, und die auf einen Felsen hingestreckte Nereide spielt mit einer Meerschlange.

Quellen: Hesiod, Theogonie 930–933; Ovid, Metamorphosen 1,330–347; Pausanias, Periegesis 9,20,4–21,2.
Lit.: G. Ahlberg-Cornell, Heracles and the Sea-Monster in Attic Black-Figure Vase-Painting, 1984; A. Rumpf, Die Meerwesen auf den antiken Sarkophagreliefs, 1939; K. Shepard, The Fish-Tailed Monster in Greek and Etruscan Art, 1940.

Trivia → Hekate

Troja (auch **Ilion**), die Stadt des → Priamos, war Schauplatz eines langen Krieges zwischen den Griechen unter → Agamemnon und den Troern unter → Hektors Führung. Die Götter waren gespalten: → Aphrodite und → Zeus bedachten die Trojaner mit ihrer Gunst, → Hera, → Athena und → Poseidon standen auf der Seite der Griechen. Homers Epos ›Ilias‹ berichtet nur über ein einziges der zehn Jahre, die der Krieg dauerte. Unvergeßliche Höhepunkte in der Folge der Ereignisse sind u. a. der Zorn des → Achilleus gegen Agamemnon, die Freilassung der Briseis aus dem Zelt des Achilleus, die Verwundung der Aphrodite durch → Diomedes, Hektors Abschied von → Andromache, die Schleifung von Hektors Leiche am Wagen des Achilleus, der Bittgang des Priamos zu Achilleus, die Klage der Andromache und das Leichenbegängnis des → Patroklos. Den Fall Trojas schildert Aeneas der Königin → Dido in Vergils ›Aeneis‹. Die Einnahme der Stadt nach der zehnjährigen Belagerung gelang, weil die Griechen so taten, als ob sie abzögen. Dabei hinterließen sie am Strand ein anscheinend dem Poseidon gewidmetes hölzernes Pferd, das in Wahrheit griech. Krieger barg, die darauf lauerten, herauszuspringen, sobald man dieses tückische Geschenk in die Stadt gebracht hätte. Die Troer waren mißtrauisch, zogen aber schließlich doch das von den Griechen hinterlassene Präsent in ihre Mauern, weil ihnen ein angeblicher Überläufer namens Sinon weisgemacht hatte, das Riesenpferd sei ein Weihgeschenk an Athena, und sei es erst in T., werde es die Stadt unbesiegbar machen. Das war für die hinterhältigen griech. Kämpfer der geeignete Moment, aus dem Pferd zu steigen, die Tore der Stadt für ihre Waffengenossen zu öffnen und die Verheerung T., die Iliupersis, ins Werk zu setzen. Es kam zu blutigen Geschehnissen: der Vergewaltigung Kassandras durch → Aias, den Sohn des Oileus, dem Raub des Palladions durch Diomedes, dem Massaker an Kindern wie → Astyanax und der Einäscherung der ganzen Stadt. → Aineias gelang die Flucht, mit seinem Vater → Anchises auf den Schultern.

Das Trojanische Pferd zeigen ein reliefierter Pithos aus Mykonos (um 675–650 v. Chr.; Mykonos, Archäologisches Mus., mit der Andeutung kleiner Öffnungen, welche die griech. Kämpfer im Innern erkennen lassen) und ein pompejan. Fresko (1. Jh. v. Chr.; Neapel, MN), auf dem die

Die Einnahme Trojas Biagio di Antonio, 15. Jh. (Gemäldeausschnitt) (Cambridge, Fitzwilliam Museum)

Troer es in ihre Stadt ziehen. Die Iliupersis erscheint in der att. Vasenmalerei am Ende des schwarzfigurigen und Anfang des rotfigurigen Stils. Auf einer dem Kleophradesmaler zugewiesenen Hydria (um 490 v. Chr.; Neapel, MN) sind in einer Folge Aineias mit Anchises auf den Schultern, die Vergewaltigung der Kassandra, der Tod des Priamos und des Astyanax, Andromaches (?) Angriff auf einen Griechen und die Rettung von → Helenas alter Magd Aithra durch die → Theseus-Söhne Demophon und Akamas zu sehen. Bereits in der Antike waren dem Geschehen vor und in T. ganze Bildzyklen gewidmet worden. Einzelszenen enthalten die ›Tabulae Iliacae‹, kleine Tragetäfelchen aus hellenistischer und röm. Zeit mit Reliefs und Inschriften, die den Inhalt jedes Gesangs der ›Ilias‹ resümieren; sie dienten vielleicht als Gedächtnisstützen beim Memorieren des Epos (Beispiele u. a. in Rom, MC). Ebenso finden sich in den ältesten Manuskripten der ›Ilias‹ Illustrationen in der antiken Bildtradition (sog. ›Ilias Ambrosiana‹, 5. Jh. n. Chr.; Mailand, Biblioteca Ambrosiana). Auch in der Neuzeit bildete Homers Heldengedicht eine Quelle der künstlerischen Inspiration. Giulio Romano und seine Mitarbeiter haben damit den T.-Saal im Palazzo Ducale von Mantua (1538) gestaltet, ebenso Tiepolo zwei Jahrhunderte später (um 1757) die Stanza dell'Iliade in der Villa Valmarana bei Vicenza. Textillustrationen boten Gelegenheit zur Erweiterung des Bilderkreises: J. Flaxman hat dazu 1792 eine Serie von 39 Szenen gezeichnet. Vom Grafen Caylus gibt es eine 1757 veröffentlichte kleine Themensammlung von ›Tableaux tirés de l'Iliade, de l'Odyssée d'Homère et de l'Énéide de Virgile‹ zur Nutzanwendung durch die Maler. In einer sehr inhaltsreichen und komplexen Bildkomposition hat M. Gehrung Anfang und Ende der Geschichte in der Gegenüberstellung von ›Das Urteil des Paris‹ und ›Die Zerstörung T.s‹ (1540; Louvre) zusammengefaßt. A. Elsheimer machte aus dem Untergang T.s eine dramatische, von Feuerbränden erhellte Nachtszene, mit dem hölzernen Pferd im Mittelpunkt und vorne links Aineias mit Anchises auf den Schultern, seiner Frau, der Priamos-Tochter Kreusa, und seinem Sohn Askanios/Iulus (um 1600; München, AP). Den gleichen Bildinhalt hat ›Das brennende Troja‹ von J. Brueghel d. Ä. (um 1595; München, AP). G. Rochegrosse (›Andromache‹, 1883; Rouen, MBA) steigerte die Schreckensszene durch den Anblick der in einem Meer von Blut ertrinkenden Bewohner der Stadt am Fuß einer mit einem seltsamen Hakenkreuz markierten Treppe.

Quellen: Homer, Ilias, Odyssee 8,492–516; Quintus Smyrnaeus, Posthomerica; Vergil, Aeneis 2.

Lit.: R. Bianchi Bandinelli, Hellenistic Byzantine Miniatures of the Iliad, 1955; K. Friis Johansen, The Iliad in Early Greek Art, 1968; J.-M. Moret, L'Ilioupersis dans la céramique italiote, 1975; A. Sadurska, Les Tables iliaques, 1964; D. Wiebenson, Subjects from Homer's Iliad in Neo-Classical Art, in: Art Bulletin 46 (1964) S. 23–37.

Tugendhelden. Mittelalterliche Epen- und Liederdichter haben eine besondere Reihe von Heroen zusammengestellt und besungen, Helden, denen ungewöhnliche Beweise von Tapferkeit und ritterlichem Mut gemeinsam waren. Ihre Zahl und ihre Namen variieren, meist sind es neun: die »Neun Helden«, drei antike (→ Hektor, → Alexander d. Gr., → Caesar), drei jüdisch-biblische (Josua, David, Judas Makkabäus) und drei christliche (Karl d. Gr., König Artus, Gottfried von Bouillon). In Festen und Zeremonien wurden Ereignisse aus ihren Legenden gefeiert, die vornehmsten Rittergeschlechter gefielen sich darin, ihre Herkunft von einem dieser Helden abzuleiten. In einigen höfischen Dichtungen gibt es dazu die weibliche Entsprechung, neun Heldinnen, allesamt kriegerische Frauen der Antike, darunter mehrere → Amazonen. In der frz. Tradition sind das → Tomyris, Deifemme, Lampredo, Hippolyte, → Semiramis, → Penthesilea, Tancqua, Deisilla und Menelippe, im dt. Spätmittelalter → Lucretia, Veturia und Virginia, dazu Esther, Judith und Jael sowie Helena, Elisabeth von Thüringen und Birgitta von Schweden.

Dargestellt werden die T. einzeln je nach dem Bekanntheitsgrad ihrer Heldentaten. Auf Spielkarten erscheinen sie schon im 15. Jh. Die Gewohnheit, königliche und allgemein aristokratische Wohnsitze mit einer Porträtgalerie auszustatten, machte sich das Gesetz der Serie zu eigen, das z. B. in dem (nach 1857 neu errichteten) Schloß Pierrefonds (Oise) genutzt wurde, in einem Salle des Preuses, Saal der Tugendheldinnen, genannten Empfangsraum; hier schmücken die Statuen von neun legendären Frauen die Kaminverkleidung – als Entsprechung zum Saal der Tugendhelden (Salle des Preux) und dem der Tugendheldinnen im benachbarten Schloß Coucy (Aisne) vom Ende des 14. Jh. Die Neun Helden sind u. a. dargestellt in einer Miniatur zum ›Chevalier errant‹ des Tommaso di Saluzzo (1394; Paris, BN), in Kupferstichen des V. Solis d. Ä. (1. Hälfte 16. Jh.), in Wandgemälden auf der Valeriaburg in Sitten (um 1450), in Skulpturen im Hansasaal des Kölner Rathauses (14. Jh.) und in Glasfenstern der Gerichtslaube des Lüneburger Rathauses (1420), jeweils als Garanten des Rechts. Die Pariser Handschrift des ›Chevalier errant‹ enthält auch ein Bild der neun Heldinnen, die ferner in Wandgemälden der Burg Runkelstein bei Bozen (1400–13) und zwei Holzschnittfolgen von H. BURGKMAIR D. Ä. (1519) präsent sind.

Quellen: Sébastien Mamérot, L'histoire des neufs Preux et des neuf Preuses, Ms. Wien, Nationalbibliothek (um 1463).
Lit.: R. L. Wyss, Die neun Helden, in: Zschr. für schweizer. Archäologie und Kunstgeschichte 17 (1957) S. 73–106.

Tyche
Bronze
(Neapel, Museo Archeologico Nazionale)

Tyche, röm. **Fortuna.** Die röm. F. – eher eine allegorische als eine göttliche Figur – verteilt ihre Wohltaten nach dem Zufall, mit dem sie oft gleichgesetzt wird. Sie entspricht etwa der griech. Göttin T., der Schutzherrin von Städten, die in hellenistischer Zeit mit der ägypt. Göttin Isis in eins gesetzt wurde.

Dargestellt wird T./F. als Gewandfigur mit dem *Horn des Überflusses* bzw. des Glücks, aus dem sie ihre Gaben streut, und einem *Steuerruder* in den Händen. Tatsächlich sah man sie in Verbindung mit den Unwägbarkeiten der Seefahrt. Auch eine *Kugel* gehört zu ihren Attributen, die als Isis-Kennzeichen dann besonders zahlreich werden (*Schlange*, *Mond* u. a.). Seit → Alexander d. Gr. erscheint T. auf Münzen der griech. Städte im Osten als Schutzgottheit. Sie trägt eine *Krone* in der Form eines *Mauerkranzes* oder *Turms*; bekanntester Typus ist die T. von Antiochia, die auf eine aus einer röm. Kopie im Vatikan bekannte Statue des Bildhauers EUTYCHIDES zurückgeht. Seit dem Mittelalter tritt sie oft mit *Glücksrad* und *Globus* in Erscheinung, Zeichen der Instabilität, des Auf- und Abstiegs im Schicksal des Menschen. Auch trägt sie als Zeichen ihrer *Blindheit* oft eine *Augenbinde* (GIOV. BELLINI, um 1495; Venedig, GA). Mitunter wird das Thema der Seefahrt aufgegriffen und die Göttin nackt auf einer *Muschel* stehend gezeigt, mit einem *Schleier* als geblähtem *Segel*, der → Aphrodite und → Galateia vergleichbar, bis auf das Symbol der Ungesichertheit, die Kugel (Stich nach J. DE GHEYN II, Ende 16. Jh.). Zwei Stiche DÜRERS zeigen sie als nackte, auf der Kugel balancierende Frau, auf dem einen (›Das kleine Glück‹, B 78, um 1496) hält sie ein Eryngium mit drei Blüten, Symbol des Liebesglücks, in der Hand, der andere (›Das große Glück‹, B 77, um 1501/02) ist in Wahrheit eine Darstellung der Nemesis, der Göttin der Vergeltung und göttlichen Gerechtigkeit, nach einem Gedicht des Florentiner Humanisten Poliziano, in dem F. und Nemesis gleichgesetzt werden: *Geflügelt* schwebt die Göttin über der Menschenwelt, den *Pokal*, der Ehre und Reichtum enthält, und *Zaumzeug* als Zügel der Maßlosen und Unbeherrschten in den Händen. RUBENS hat den weit verbreiteten Typus der nackten T./F., die mit dem Schleiersegel auf einer Kugel über die Wellen gleitet, aufgegriffen (1636–38; Prado). E. BURNE-JONES interpre-

Waffen. Dem hohen Symbolwert, den W. bei den antiken Helden zu haben pflegen, entspricht oft ihre besonders eingehende Darstellung in den Künsten. Nicht selten sind sie ja göttlicher Herkunft: Die W. des → Achilleus wurden auf Bitten der → Thetis von → Hephaistos geschmiedet, ebenso die des → Aineias, dessen Mutter → Aphrodite ihren Gatten bezirzt hatte, damit er die komplette Rüstung anfertigte. Um die W. des Achilleus kam es nach seinem Tod zu harschem Streit zwischen → Aias und → Odysseus, der sie schließlich von den Griechen zugesprochen bekam und sie dann Neoptolemos, dem Sohn des Achilleus, überließ. Die Weitergabe der W. als Vermächtnis kam etwas wie der Anerkennung als Heldensohn gleich, wie im Falle des → Herakles, der seinen Bogen vor dem Tod auf dem Scheiterhaufen dem → Philoktetes anvertraute. Die identitätsstiftende Beziehung zwischen Waffe und Held tritt ganz deutlich bei der Rückkehr des → Odysseus nach Ithaka zutage: Er ist der einzige, der den Bogen aus seinem Besitz zu spannen und damit die den Freiern auferlegte Probe zu bestehen vermag. Vgl. auch: Ares · Athena · Hektor · Penelope · Penthesilea · Theseus.

Zaleukos war im 7. Jh. v. Chr. Gesetzgeber der Lokrier, der als sittenstrenger Vertreter einer unnachgiebigen Moralauffassung galt. Seine Gesetzestexte sind nicht erhalten, bekannt wurde er durch den folgenden legendären Bericht: Nach seinem Gesetz stand auf Ehebruch der Verlust beider Augen als Strafe. Als sein eigener Sohn bei diesem Delikt in

Zaleukos
Antonio Fantuzzi,
Stich, um 1542

flagranti ertappt wurde, blieb Z. unbeugsam, obwohl sich viele für eine milde Strafe aussprachen. Im Widerstreit zwischen väterlicher Neigung und seiner Pflicht als oberster Richter ließ er sich selbst ein Auge ausstechen, um seinem Sohn eines zu erhalten.

Meist wird das Opfer des Vaters als beispielhafte, vorbildliche Tat eines staatlichen Würdenträgers dargestellt, z. B. von D. Beccafumi um 1525 im Palazzo Bindi Sergardi und 1529–35 im Palazzo Pubblico in Siena, von Giulio Romano im Palazzo del Tè in Mantua zwischen 1525 und 1535 und von J. de Bray 1676 im Schöffenzimmer des Rathauses von Haarlem, hier im Anschluß an ein Relief des A. Quellinus mit dem gleichen Thema im Gerichtssaal desselben Gebäudes (nach Mitte 17. Jh.).

Quellen: Ailianos, Varia historia 13,24, 2,37; Valerius Maximus, Facta et dicta 6,5, ext. 3.

Zenobia. Ein Volksaufstand der Armenier vertrieb um die Mitte des 1. Jh. n. Chr. den hiber. Usurpator Rhadamistos und seine kurz vor der Niederkunft stehende Frau Z. aus Artaxata, der Hauptstadt Armeniens. Von Geburtswehen ergriffen, bat sie ihren Gatten auf der Flucht, sie eher zu töten als den Händen der Feinde zu überlassen. Rhadamistos stach sie mit seinem Dolch nieder und stieß sie in den Fluß Araxes. Doch die Königin überlebte, wurde von Hirten geborgen und in Artaxata von der Bevölkerung wie vom Throninhaber Tiridates ehrenvoll aufgenommen.

Die Auffindung der verwundeten jungen Frau am Ufer des Flusses durch die Hirten, die »aus ihrer würdevollen Gestalt auf edle Abkunft schlossen« (Tacitus), ist in der bildenden Kunst der Neuzeit einige Male

Zenobia wird am Ufer des Araxos von Schäfern geborgen
Adolphe Bouguereau, 1850 (Gemäldeausschnitt)
(Paris, École des Beaux-Arts)

dargestellt worden. Ein nur aus einer eigenhändigen Zeichnung (Windsor Castle) und einer Kopie von Dufresnay (Eremitage) bekanntes Gemälde von Poussin (um 1657–60) behandelte dieses Sujet. Das Thema des Wettbewerbs für den Rompreis der Pariser Akademie lautete 1850: »Z. wird von Hirten am Ufer des Araxes gefunden«; einer der Preisträger war A. W. Bouguereau (Paris, EBA).

Quellen: Dio Cassius, Römische Geschichte 58,26,3–4; Tacitus, Annalen 12,51.

Zephyros ist die göttliche Personifizierung des sanften Westwindes. Die für die Schiffahrt wichtigen, in Höhlen hausenden Winde wurden nach antiker Auffassung von den großen olympischen Göttern gelenkt, auch von Zauberinnen und → Nymphen wie → Kirke und → Kalypso. Nach der Überlieferung Homers sind sie Vermittler zwischen Oberwelt und Unterwelt (→ Hades). Wie Ovid erzählt, erblickte Z. eines schönen Früh-

Zephyr bringt Psyche zu ihren Schwestern
Gobelin, 17. Jh.

lingstages die → Nymphe Chloris und verliebte sich sterblich in sie; er verfolgte sie, ergriff und heiratete sie. Das Reich der Blumen machte er ihr zum Geschenk, und so wurde sie → Flora. Manche sagen, er habe den Tod des → Hyakinthos aus Eifersucht herbeigeführt.

Aus der Antike sind nur wenige Darstellungen des Z. überkommen. Die att. Vasenmaler interessierten sich mehr für die Entführung der Oreithyia durch seinen Bruder → Boreas. Pausanias berichtet von einem Z.- (oder Südwind-?)Altar an der Heiligen Straße von Athen nach Eleusis, doch ist nichts davon erhalten. Auf jeder der acht Seiten des Turms der Winde in Athen (Mitte 1. Jh. v. Chr.) erscheint je einer in Menschengestalt; vier sind gute, vier andere schlechte Winde. Z. gehört zu den guten, er hält eine *Blüte*. Ein zweites, ebenfalls den Winden geweihtes, etwas jüngeres Monument, ein Altar (1.–2. Jh. n. Chr.) in Carnuntum, einem alten kelt. Siedlungsplatz, an dem die Römer ihr erstes festes Lager an der Donau unweit von Wien angelegt hatten, zeigt vier nackte Figuren mit *Flügeln* an den Köpfen, die in eine Art *Trompete* blasen. Der sanfte, wohltätige Z. erscheint hier mit den Zügen eines jungen Mannes, halb auf einem Stein kniend; er richtet den Schalltrichter seines Instruments zum Himmel. Im Mittelalter wurde die Figur des Windes oft auf seinen Kopf reduziert. Mit geblähten Backen pustet er die Luft aus dem Mund oder bläst in ein *Muschelhorn*. Vom 15. Jh. an griffen die Künstler mehr und mehr auf die antike Überlieferung zurück, vorzugsweise auf die Begegnung von Z. und Chloris/Flora. Auf BOTTICELLIS berühmtem ›Frühling‹ (um 1478; Uffizien) sind beide rechts im Bild zu sehen. Geflügelt und mit wehenden langen Haaren drängt sich Z. durch zwei blühende und zugleich Früchte tragende Orangenbäumchen hindurch in das Bild – das Blaßblau seines Inkarnats und Gewands hebt sich deutlich von der farbigen Erscheinung der anderen Figuren ab –, und im gleichen Augenblick, da er die verfolgte Nymphe zu fassen bekommt, sprießt ein Blütenzweig aus Chloris' Mund – sie beginnt sich in Flora zu verwandeln, die bereits als dritte Person dieser Gruppe in voller Figur zu sehen ist. Künstler, die im 17. Jh. Schloß Versailles ausgestaltet haben, entwickelten eine gewisse Vorliebe für dieses Thema, z. B. N. COYPEL bei der Ausmalung des Grand Trianon, L. LECOMTE in seiner Skulpturengruppe am Eingang zur Orangerie, L. ROGER bei seinen Fassadenfiguren vor dem Südparterre oder P. BERTRAND und R. FRÉMIN bei ihrer Marmorgruppe für den Trianonpark. Zu nennen ist ferner die herrliche Tonplastik von CLODION, ein 1799 datiertes Werk in der Frick Collection, New York: Z. und Flora, beide kaum dem Jugendalter entwachsen, halten sich in einer Tanzbewegung umfangen und wirbeln sich küssend im Kreis herum. Der junge Gott trägt *Schmetterlingsflügel*, die Nymphe eine Blumengirlande. Über ihren Kopf hält er einen Blütenkranz, den seine andere Hand vor dem Leib faßt. Drei Amoretten bilden die Begleitung.

Quellen: Hesiod, Theogonie 378–380; Homer, Ilias 16,148–151, 23,194–195; Ovid, Fasti 5,200–206; Pausanias, Periegesis 1,37,2, 3,19,5.

Lit.: A. Warburg, Sandro Botticellis ›Geburt der Venus‹ und ›Der Frühling‹, 1893; E. Wind, Botticelli's Primavera, in: E. W., Pagan Mysteries in the Renaissance, ²1968, S. 113–127.

Zeus, röm. **Iụppiter,** ist der Sohn der Rhea und des → Kronos, der aus Furcht, von einem seiner Kinder entthront zu werden, sie gleich nach ihrer Geburt auffraß. Z. zu retten gelang Rhea dadurch, daß sie Kronos einen in Windeln gewickelten Stein statt des Kindes gab; er schlang ihn in einem Bissen hinunter. Z. wuchs auf Kreta, bei den → Nymphen des Berges Dikte oder des Idagebirges, auf; genährt wurde er von der Ziege (oder Nymphe) Amaltheia. Erwachsen geworden, gelang es Z. mit der Hilfe

Die Geburt der Athena aus dem Haupt des Zeus im Beisein Heras und anderer olympischer Götter
Attische Pyxis, um 570 v. Chr.
(Paris, Louvre)

der Göttin Metis, einer → Okeanos-Tochter, Kronos ein Brechmittel einzugeben, worauf er alle Kinder, die er verschlungen hatte, ausspie. Gemeinsam stürzten die Geschwister Kronos und die → Titanen in den Tartaros und schlossen sich zur Gemeinschaft der olympischen Götter zusammen, mit Z. als ihrem Herrscher. Er führte den Kampf gegen den monströsen, die Weltherrschaft anstrebenden Gaia- und Tartaros-Sohn Typhon und gegen die → Giganten an. Z. verkörpert den Glauben der Griechen an eine höchste überirdische Macht; er gebietet über die Blitze, über Regen und Gewitter, Recht und Gesetz im Olymp wie auf Erden. Wechselvoll und verwickelt waren seine Liebesbeziehungen. Mit seiner Gattin und Schwester hatte er die Kinder → Ares, Eileithyia, → Hephaistos (wahrscheinlich) und → Hebe, dazu aber aus der Verbindung mit Göttinnen und Sterblichen eine Unzahl weiterer Nachkommen. Er verschlang – aus gleichen Gründen wie sein Vater – die schwangere Metis und gebar selbst (aus seinem Haupt) deren Tochter → Athena. Mit Themis, der Göttin der Ordnung, zeugte er die → Horai (Jahreszeitengöttinnen) und die → Moiren (Schicksalsgöttinnen), mit der Titanin Mnemosyne (»Gedächtnis«) die → Musen, mit der Okeanide Eurynome die → Chariten. Die Titanen-Tochter → Leto gebar ihm → Apollon und → Artemis, eine andere Titanin (oder Okeanos-Tochter) namens Dione die → Aphrodite, wie Homer berichtet, seine Schwester → Demeter schließlich die → Persephone. Um die vielen Sterblichen, die er verführte, vor → Heras Eifersucht zu verbergen, verwandelte er oft seine Gestalt: in einen *Goldregen* bei → Danae, in eine *Wolke* bei → Io, in einen *Schwan* bei → Leda; als Adler entführte er → Ganymedes. Bisweilen lieh er sich die Erscheinung anderer: die eines → Satyrs für → Antiope, die der Artemis (oder des Apollon) für → Kallisto, die des Amphitryon für Alkmene. Als er gezwungen wurde, sich in seiner wahren Gestalt → Semele, der

Hermes übergibt den Nymphen das Zeuskind
Jacques-François Courtin, 18. Jh. (Arras, Musée des Beaux-Arts)

Mutter des → Dionysos, zu zeigen, wurde sie bei seinem Anblick vom *Blitz*strahl niedergestreckt.

Antike Darstellungen des Z. gab es in großer Zahl, vornehmlich in seinen Heiligtümern Dodona und Olympia in der Form des Gottes, der den Blitz zum Wurf auf seine Feinde zückt (Bronzestatuetten des sog. ›Z. von Dodona‹, 5. Jh. v. Chr.; Athen, NM · Berlin, Ant.). Er wird als Einzelfigur auch im Kampf gegen Typhon (chalkid. Hydria, um 550 v. Chr.; München, Ant.) oder gegen die Giganten (Dinos des Lydos, um 570 v. Chr.; Athen, NM) gezeigt. Neben diesem kämpfenden Z. gibt es das Bild des inmitten der Götter thronenden (Schale des Oltos, um 510 v. Chr.; Tarquinia, MN) oder beim Gelage auf der Kline hingestreckten Z. (Schale des Kodrosmalers, um 440 v. Chr.; London, BM). In der Mitte der Götter sitzt er auch bei der Geburt der Athena, die in voller Rüstung seinem Haupt entspringt; bei ihm stehen zwei Eileithyias als die Geburtshelferinnen, Hephaistos, der mit seinem Beil den Schädel des Zeus gespalten hat, → Poseidon und andere (att. Pyxis des Malers C, um 570 v. Chr.; Louvre). Auf einer Schale des Töpfers Phrynos (um 570 v. Chr.; London, BM) ist der olympische Herrscher zweifach präsent: bei der Geburt der Athena und, auf der anderen Seite, bei der Aufnahme des von Athena geleiteten → Herakles in den → Olymp. Seine Liebesaffären sind natürlich nicht weniger oft Bildthema. Zwar zeigen u. a. eine Metope vom Tempel E in Selinunt (um 470 v. Chr.; Palermo, MA) und ein Relief des Phidias vom Ostfries des Parthenon (zw. 447 u. 438 v. Chr.; London, BM) die Entschleierung der Hera durch Z. im »hieros gamos«, der »Heiligen Hochzeit«, doch seine außerehelichen Abenteuer fanden weit mehr

Interesse (Näheres findet sich in den Einzelartikeln zu den genannten Geliebten). Unter den Nymphen, denen er nachstellte, ist Aigina, die Tochter des Flußgottes Asopos, eigens zu erwähnen; von ihr gibt es einige Darstellungen auf att. Vasen (Stamnos des KOPENHAGENER MALERS, um 470 v. Chr.; Rouen, Mus. Départemental d'Archéologie). Die berühmte Gold-Elfenbein-Statue des thronenden Z., um 450 v. Chr. von PHIDIAS für den Tempel des Z. in Olympia geschaffen, ist leider nur noch durch kleinere Nachbildungen und literarische Äußerungen der Bewunderung als eines der Sieben Weltwunder bekannt. Der hoheitsvolle Typus wurde vorbildlich für die Statue des ›Kapitolinischen I.‹ in Rom, den Hera und Athena flankieren; er findet sich auch auf röm. Münzen der Kaiserzeit. Zu den in der Nachantike, vor allem im 16. bis 18. Jh. aufgegriffenen Themen zählt die Kindheit des von der Ziege Amaltheia genährten Z. (Gemälde von A. SCHIAVONE, 1542–44; Wien, KM · J. JORDAENS, 1630–35; Louvre · POUSSIN, um 1635; Berlin, GG · eine Skulptur von BERNINI, um 1615; Rom, GB). Vor allem aber lieferten die Liebschaften des Z. Stoff zur Darstellung, oft in Zyklen, z. B. von CORREGGIO (für Federico Gonzaga in Mantua, 1527–31; heute Berlin, GG · Louvre · Rom, GB · Wien, KM), von C.-J. NATOIRE (für Schloß La Chapelle-Godefroy bei Nogent-sur-Seine, 1731–35; jetzt Troyes, MBA) und von A.-L. GIRODET (1825 edierte Lithographieserie). GIULIO ROMANO hat um 1533 einen Zyklus von zwölf Gemälden der Kindheit, den Amouren und den Nachkommen des Z. gewidmet (sechs sind erhalten in Hampton Court und in London, NG). Ebenfalls von GIULIO ROMANO stammen die Fresken mit Opfern zu Ehren des Z. im Palazzo del Tè in Mantua (um 1527–30). Das gleiche Sujet behandelte N. COYPEL in der Salle des Gardes de la Reine in Versailles Ende des 17. Jh. Der Göttervater tritt außerdem in vielen anderen Zusammenhängen mit Olympiern und Sterblichen in Erscheinung, auch in Allegorien, wie D. DOSSIS ›I., Merkur und die Tugend‹ (um 1525; Wien, KM) und VERONESES ›I. verscheucht die Laster‹ (1553–56; Louvre).

Quellen: Apollodor, Bibliothek; Hesiod, Theogonie; Homer, Ilias 14,312–328 und passim; Ovid, Fasti 5,121–124, Metamorphosen 6,103–115 und passim.

Lit.: Ausst.-Kat. Amour des Dieux, Paris, 1991; A. B. Cook, Zeus, 3 Bde., 1914–40; F. M. Godfrey, Paintings of the Legends of Jove, in: Apollo 54 (1951) S. 122–127, 55 (1952) S. 9–13, 128–132; S. Kaempf-Dimitriadou, Die Liebe der Götter in der att. Kunst, 1979; W. Schiering, Die Bronzestatuette des Zeus von Dodona, 1969; E. Verheyen, Corregio's ›Amori di Giove‹, in: Journal of the Warburg and Courtauld Institutes 29 (1966) S. 160–192.

Zeuxis, einer der berühmtesten griech. Maler, lebte im späten 5. Jh. v. Chr. Sein Ruhm gründet zu einem guten Teil auf drei Anekdoten, die seine Nachwelt literarisch verewigt hat, weil sie für bestimmte ästhetische Gesichtspunkte der Antike erhellend sind. So habe sich Z. für ein Bild der Iuno Lacinia in ihrem Tempel zu Agrigent (nach anderen: für ein

→ Helena-Porträt, das die Bürger von Kroton in Auftrag gegeben hatten) die fünf schönsten jungen Frauen der Stadt nackt (im Gymnasion) vorführen lassen. Weil keine seinem Anspruch genügte, soll er von jeder die schönsten Partien gewählt und aus diesen Teilstücken eine ideale Aktfigur zuammengefügt haben. Eine zweite Anekdote bringt einen weiteren berühmten Maler ins Spiel, Parrhasios. Z. hatte eine *Weintraube* mit so täuschender Ähnlichkeit gemalt, daß Vögel angelockt wurden und an ihr pickten. Darauf malte Parrhasios einen Vorhang als Verhüllung vor einem Bild. Z. hob die Hand, um ihn zur Seite zu ziehen, und bemerkte erst dann, daß er nur gemalt war. Parrhasios durfte sich als Sieger fühlen. Die dritte Anekdote knüpft an die zweite an: Z. hatte ein Kind mit Trauben in der Hand gemalt, die ebenfalls Vögel anlockten – worauf er bemerkte, wenn er das Kind ebenso gut dargestellt hätte wie die Trauben, hätten sich die Vögel gar nicht erst zu nahen gewagt.

Die Geschichte mit dem Vorhang des Parrhasios hat G. VASARI (1511–74) in einen Zyklus von Grisaillebildern aufgenommen, mit denen er sein Haus in Arezzo ausstattete; er pointierte sie auf die Überraschung des Z. bei der Entdeckung der Augentäuschung. Größter Beliebtheit erfreute sich indessen die Erzählung von den fünf jungen Frauen aus Agrigent oder Kroton bei den Künstlern des Mittelalters und der Neuzeit. Gotische Miniaturen als Illustrationen zu Ciceros ›Rhetorik‹ schildern sie im 13. Jh., frz. und fläm. Buchillustrationen vom Anfang des 15. Jh. zeigen den Künstler bei der Arbeit vor den fünf Schönen. In einem Manuskript vom Ende der 1480er Jahre in der Universitätsbibliothek von Gent hat der Illustrator die Nacktheit der Frauen, von denen im Text die Rede ist, unterschlagen und läßt sie lediglich eine Debatte führen über ihre unterschiedlichen Gesichtspunkte in Fragen der Mode und Eleganz.

Zeuxis
Gerard de Jode, Stich, 16. Jh.

Der ›Roman de la Rose‹ von Jean de Meung und anderen (um 1270–80) enthält in einer Ausgabe von 1665 auch diese Erzählung von Z. in Kroton; die Illustrationen dazu zeigen fünf nackte Jungfrauen, doch lassen sie auf ein nicht ganz ausreichendes Textverständnis schließen, denn es sieht so aus, als handle es sich um fünf Bilder, nicht um ein einziges. In einem Gemälde von VINCENT (›Z. wählt die schönsten Mädchen von Kroton als Modelle‹, 1789; Louvre) ist besonderer Nachdruck auf die Schamhaftigkeit der jungen Frauen und auf den Ernst, mit dem der Maler seinen Auftrag wahrnimmt, gelegt. Im 19. und 20. Jh. scheint man von dem Thema abgekommen zu sein.

Quellen: Cicero, Rhetorik 2; Plinius d. Ä., Naturgeschichte 35,61–66.
Lit.: P. Georgel / A.-M. Lecoq, La Peinture dans la peinture, 1987 (Kap. 2: Fables et héros).

Register

Götter, Heroen, mythische und historische Personen ohne eigenen Artikel

Attribute und Kennzeichen

Sachartikel

Abgekürzt verzeichnete Museen

Amsterdam, RM (Rijksmuseum)
Athen, AM (Akropolismuseum)
Athen, NM (Archäologisches Nationalmuseum)

Baltimore (Md.), WG (Walters Art Gallery)
Basel, KM (Kunstmuseum)
Bayonne, MB (Musée Léon-Bonnat)
Berlin, GG (Staatliche Museen Preußischer Kulturbesitz, Gemäldegalerien)
Berlin, KK (Kupferstichkabinett)
Berlin, NG (Nationalgalerie)
Berlin, PM (Pergamonmuseum)
Birmingham, AG (Birmingham Museum and Art Gallery)
Bologna, PN (Pinacoteca Nazionale)
Boston (Mass.), GM (Isabella Stewart Gardner Museum)
Braunschweig, AUM (Herzog Anton Ulrich-Museum)
Brüssel, MR (Musées Royaux des Beaux Arts de Belgique)
Budapest, MBK (Museum der Bildenden Künste)
Budapest, NM (Ungarisches Nationalmuseum)

Cambridge, FM (Fitzwilliam Museum)
Chantilly, MC (Musée Condé)

Darmstadt, HL (Hessisches Landesmuseum)
Den Haag, MH (Mauritshuis)
Dresden, AM (Staatliche Kunstsammlungen, Gemäldegalerie Alte Meister)
Dresden, NM (Staatliche Kunstsammlungen, Gemäldegalerie Neue Meister)
Dublin, NG (National Gallery of Ireland)
Düsseldorf, KM (Kunstmuseum)
Düsseldorf, KNW (Kunstsammlung Nordrhein-Westfalen)

Edinburgh, NG (National Gallery of Scotland)
Eremitage (St. Petersburg, Staatliche Eremitage)
Essen, MF (Museum Folkwang)

Ferrara, MA (Museo Nazionale Archeologico)
Florenz, MA (Museo Archeologico)
Florenz, MB (Museo Nazionale del Bargello)
Florenz, PP (Palazzo Pitti)
Frankfurt a. M., SK (Städelsches Kunstinstitut)

Haarlem, HM (Frans Hals Museum)
Hamburg, KH (Kunsthalle)
Hannover, NL (Niedersächsisches Landesmuseum)

Karlsruhe, SK (Staatliche Kunsthalle)
Kassel, SM (Schloß Wilhelmshöhe, Staatliche Museen)
Köln, WRM (Wallraf-Richartz-Museum)
Kopenhagen, CG (Ny Carlsberg Glyptotek)
Kopenhagen, NM (Nationalmuseet)
Kopenhagen, SM (Statens Museum for Kunst)
Kopenhagen, TM (Thorvaldsens Museum)

Liverpool, WG (Walker Art Gallery)
London, BM (British Museum)
London, NG (National Gallery)
London, TG (Tate Gallery)
London, VA (Victoria and Albert Museum)
London, WC (Wallace Collection)
Louvre (Paris, Musée du Louvre)

Malibu (Calif.), GM (The J. Paul Getty Museum)
Modena, GE (Galleria Estense)
Montpellier, MF (Musée Fabre)
Moskau, PM (Staatliches Puschkin-Museum)
München, AP (Alte Pinakothek)
München, G (Glyptothek)
München, NP (Neue Pinakothek)
München, SG (Schack-Galerie)

Neapel, MC (Museo Nazionale di Capodimonte)

Neapel, MN (Museo Archeologico Nazionale)
New York, MM (Metropolitan Museum of Art)
Nürnberg, GN (Germanisches Nationalmuseum)

Olympia, AM (Archäologisches Museum)
Oxford, AM (Ashmolean Museum of Art and Archeology)

Palermo, MA (Museo Archeologico)
Paris, BN (Bibliothèque Nationale de France)
Paris, EBA (École des Beaux-Arts)
Paris, MM (Musée Gustave Moreau)
Paris, MO (Musée d'Orsay)
Paris, MR (Musée Rodin)
Philadelphia (Pa.), MA (Philadelphia Museum of Art)
Prado (Madrid, Museo Nacional del Prado)
Prag, NG (Nationalgalerie)

Rom, GA (Galleria Albani e Collezione Archeologica)
Rom, GB (Museo Galleria Borghese)
Rom, GDP (Galleria Doria Pamphilj)
Rom, MC (Museo Capitolini)
Rom, MNR (Museo Nazionale Romano)
Rom, PB (Galleria Nazionale d'Arte Antica, Palazzo Barberini)
Rom, PC (Galleria Nazionale d'Arte Antica, Palazzo Corsini)
Rom, VG (Museo Etrusco di Villa Giulia)
Rotterdam, MBB (Museum Boymans-van Beuningen)

Stockholm, NM (Nationalmuseum)
Stockholm, SM (Statens Museum)
Stuttgart, SG (Staatsgalerie)

Taranto, MN (Museo Archeologico Nazionale)
Tarquinia, MN (Museo Nazionale Archeologico)
Toulouse, MA (Musée des Augustins)

Uffizien (Florenz, Galleria degli Uffizi)

Vaduz, SL (Sammlungen des Regierenden Fürsten von Liechtenstein)
Vatikan (Rom, Vatikanischer Palast, Vatikanische Museen)
Venedig, GA (Galleria dell'Accademia)
Volterra, ME (Museo Etrusco Guarnacci)

Warschau, NM (Nationalmuseum)
Washington (D.C.), NG (National Gallery of Art)
Wien, A (Graphische Sammlung Albertina)
Wien, KM (Kunsthistorisches Museum)
Würzburg, WM (Martin-von-Wagner-Museum)

Zürich, KH (Kunsthaus)

Außerdem werden folgende Abkürzungen verwendet:

Ant.	Antikenmuseum, Antikensammlung(en)
Coll.	Collection
MBA	Musée des Beaux-Arts
MFA	Museum of Fine Arts
Mus.	Musée, Museet, Museo, Museu, Museum
Priv.	Privatbesitz, Privatsammlung

Literaturhinweise

Handbücher und Lexika

Avery, Catherine B.: The New Century Handbook of Greek Mythology and Legend. New York 1972.

Bell, Robert E.: Dictionary of Classical Mythology. Symbols, Attributes and Associations. Santa Barbara / London 1982.

Bonnefoy, Yves (Hrsg.): Dictionnaire des mythologies et des religions des sociétés traditionelles et du monde antique. 2 Bde. Paris 1981.

Daniel, Howard: Encyclopaedia of Themes and Subjects in Painting. London 1971.

Enciclopedia dell'arte antica, classica e orientale. 7 Bde. Rom 1958–66.

Grimal, Pierre: Dictionnaire de la mythologie grecque et romaine. Paris 1951 [u. ö.].

Henkel, Arthur / Schöne, Albrecht (Hrsg.): Emblemata. Handbuch zur Sinnbildkunst des 16. und 17. Jahrhunderts. Stuttgart 1967. Suppl.-Bd. Stuttgart 1976.

Hunger, Herbert: Lexikon der griechischen und römischen Mythologie. Mit Hinweisen auf das Fortwirken antiker Stoffe und Motive in der bildenden Kunst, Literatur und Musik des Abendlandes bis zur Gegenwart. Wien 1953 [u. ö.].

Kerényi, Karl: Die Mythologie der Griechen. 2 Bde. Zürich 1958–64 [u. ö.].

Der Kleine Pauly. Lexikon der Antike. Hrsg. von Konrat Ziegler und Walther Sontheimer. 5 Bde. Stuttgart 1964–75 [u. ö.].

Lexicon iconographicum mythologiae classicae. Zürich/München 1981–97.

Lexikon der Kunst. Hrsg. von Ludger Alscher [u. a.]. 5 Bde. Leipzig 1968–78 [u. ö.].

Lücke, Hans-Karl und Susanne: Antike Mythologie. Ein Handbuch. Der Mythos und seine Überlieferung in Literatur und bildender Kunst. Reinbek bei Hamburg 1999.

Moormann, Eric M. / Uitterhoeve, Wilfried: Lexikon der antiken Gestalten. Mit ihrem Fortleben in Kunst, Dichtung und Musik. Stuttgart 1995.

Der Neue Pauly. Enzyklopädie der Antike. Hrsg. von Hubert Cancik und Helmuth Schneider. 15 Bde. Stuttgart 1996ff.

Paulys Realencyclopädie der Classischen Altertumswissenschaft. Neue Bearbeitung. Stuttgart 1893.

Ranke-Graves, Robert von: Griechische Mythologie. Quellen und Deutung. Neuausgabe. Reinbek bei Hamburg 1984.

Reallexikon zur deutschen Kunstgeschichte. Hrsg. von Otto Schmitt. 20 Bde. Stuttgart 1937 ff. [In Lieferungen seit 1935.]

Reid, Jane Davidson: The Oxford Guide to Classical Mythology in the Arts, 1300–1990 s. 2 Bde. New York / Oxford 1993.

Roberts, Helene E. (Hrsg.): Encyclopedia of Comparative Iconography. 2 Bde. Chicago/London 1998.

Roscher, Wilhelm Heinrich (Hrsg.): Ausführliches Lexikon der griechischen und römischen Mythologie. 11 Bde. Leipzig 1884– 1936.

Werke zur Mythologie und Ikonographie in der Kunst der Antike und der Neuzeit

Adhémar, Jean: Influences antiques dans l'art du Moyen Age français. Recherches sur les sources et les thèmes de l'inspiration. London 1939.

Les amours des dieux. La peinture mythologique de Watteau à David. Ausst.-Kat. Paris, Grand Palais 1991–1992. Paris 1991.

Bardon, Henry: Le festin des dieux. Essai sur l'humanisme dans les arts plastiques. Paris 1960.

Bernen, Satia und Robert: Myth and Religion in European Painting, 1270–1700. The Stories as the Artists knew them. London 1973.
Bezold, Friedrich von: Das Fortleben der antiken Götter im mittelalterlichen Humanismus. Bonn/Leipzig 1922.
Boardman, John: Schwarzfigurige Vasen aus Athen. Ein Handbuch. Mainz 1977. – Erstausg.: Athenian Black Figure Vases. A Handbook. London 1974 [u. ö.].
– Rotfigurige Vasen aus Athen. Die archaische Zeit. Ein Handbuch. Mainz 1981. – Erstausg.: Athenian Red Figure Vases. A Handbook. London 1979 [u. ö.].
Bober, Phyllis Pray / Rubinstein, Ruth: Renaissance Artists and Antic Sculpture. A Handbook of Sources. London 1986.
Briganti, Giuliano / Chastel, André / Zapperi, Roberto: Gli amori degli dei. Nuove indagini sulla Galleria Farnese. Rom 1987.
Brommer, Frank: Denkmälerlisten zur griechischen Heldensage. 4 Bde. Marburg 1971–76.
– Vasenlisten zur griechischen Heldensage. Marburg 1973.
Carpenter, Thomas H.: Art and Myth in Ancient Greece. London 1991.
Chance, Jane: Mediaeval Mythography. From Roman North Africa to the School of Chartres, A. D. 433–1177. Gainesville (Fla.) 1994.
L'Ecole de Fontainebleau. Ausst.-Kat. Paris, Grand Palais 17.10.1972–15.1.1973. Paris 1972.
Focillon, Henri: La peinture au 19ᵉ siècle. Le retour de l'antique. Le Romantisme. Paris 1927.
Grunchec, Philippe: Les concours des Prix de Rome, 1797 à 1863. 2 Bde. Paris 1986–89.
Himmelmann, Nikolaus: Antike Götter im Mittelalter. Mainz 1986.
Kestner, Joseph A.: Mythology and Mysogyny. The Social Discourse of Ninteenth-Century British Classical-Subject Painting. Madison (Wis.) 1989.
Kilinski, Karl: Classical Myth in Western Art. Dallas (Tex.) 1985.
Marle, Raimond van: Iconographie de l'art profane au Moyen-Age et à la Renaissance et la décoration des demeures. 2 Bde. Den Haag 1931.
Martindale, A. (Hrsg.): Ovid Renewed. Ovidian Influences on Literature and Art from the Middle Ages to the Twentieth Century. Cambridge 1988.
Mossé, C.: L'antiquité dans la Révolution française. Paris 1989.
Mrazek, Wilhelm: Ikonologie der barocken Deckenmalerei. 2 Bde. Wien 1953.
Néraudau, Jean-Pierre: L'Olympe du Roi-Soleil. Mythologie et idéologie royale au Grand Siècle. Paris 1986.
Panofsky, Erwin: Sinn und Deutung in der bildenden Kunst. Köln 1975. – Erstausg.: Meaning in the Visual Arts. Garden City / New York 1955 [u.ö.].
– Studien zur Ikonologie. Köln 1980. – Erstausg.: Studies in Iconology. Humanistic Themes in the Art of the Renaissance. New York 1939 [u.ö.].
Pigler, Andor: Barockthemen. Eine Auswahl von Verzeichnissen zur Ikonographie des 17. und 18. Jahrhunderts. 3 Bde. Budapest ²1974.
Schefold, Karl: Götter- und Heldensagen der Griechen in der spätarchaischen Kunst. München 1978.
– Die Göttersage in der klassischen und hellenistischen Kunst. München 1981.
Schefold, Karl / Jung, Friedrich: Die klassischen und hellenistischen Bilder der Sagen von den Argonauten, von Theben und Troja. München 1989.
Scherer, Margaret Roseman: The Legends of Troy in Art and Literature. New York / London 1964.
Seznec, Jean: La survivance des dieux antiques. Essai sur le rôle de la mythologie dans l'humanisme et l'art de la Renaissance. London 1940 [u.ö.].
Shapiro, A.: Myth into Art. Poet and Painter in Classical Greece. London 1994.
Siefert, Helge: Themen aus Homers Ilias in der französischen Kunst (1750–1831). München 1988.
Simon, Erika: Die Götter der Griechen. München 1969 [u.ö.].
– Die Götter der Römer. München 1990.
Sprigath, Gabriele: Themen aus der Geschichte der römischen Republik in der französischen Malerei des 18. Jahrhunderts. 2 Bde. München 1968.
Tervarent, Guy de: Attributs et symboles dans

l'art profane, 1450–1600. Dictionnaire d'un langage perdu. 2 Bde. Genève 1958–59.

Triumph und Tod des Helden. Europäische Historienmalerei von Rubens bis Manet. Ausst.-Kat. Köln, Wallraf-Richartz-Museum 30.10.1987–10.1.1988. Köln 1987.

Virgilio nell'arte e nella cultura europea. Ausst.-Kat. Roma, Biblioteca Nazionale Centrale 24.9.1981–24.11.1981. Rom 1981.

Walther, Angelo: Von Göttern, Nymphen und Heroen. Die Mythen der Antike in der bildenden Kunst. Leipzig 1993.

Weitzmann, Kurt: Greek Mythology in Byzantine Art. Princeton (N. J.) 1951.

Wind, Edgar: Heidnische Mysterien in der Renaissance. Frankfurt a. M. 1981. – Erstausg.: Pagan Mysteries in the Renaissance. Princeton (N. J.) 1958 [u. ö.].

Abbildungsnachweis

Schwarzweißabbildungen: A.C.L., Brüssel: 56. – Agraci, Paris: 93. – Alinari-Giraudon, Paris: 18, 43 oben, 55 oben, 60, 87, 95, 126, 216 unten, 221 oben, 241, 245 unten, 255, 308. – Anderson-Giraudon, Paris: 26, 55 unten, 83, 102 oben, 109, 145, 179, 187, 193. – Bibliothèque Nationale, Paris: 75 unten, 127, 135, 206, 256, 292. – Boiron, Paris: 199 oben. – Boudot-Lamotte, Paris: 51 unten, 72 oben, 108, 125, 205, 226 oben, 234 unten. – Bulloz, Paris: 67 unten, 158, 250. – École nationale supérieure des Beaux-Arts, Paris: 81. – Flammarion, Paris: 15, 20, 24, 36 unten, 45, 91, 98, 104, 111, 155, 178 unten, 186 oben, 207, 208 unten, 209, 210, 243 unten, 272, 273, 274 unten, 316. – Gerondal, Lille: 47. – Giraudon, Paris: 61, 75 oben, 100, 115, 160 oben, 174 unten, 175, 265, 267. – Lauros-Giraudon, Paris: 102 unten. – Réunion des musées nationaux, Paris: 27, 29 oben, 63, 77, 85, 113, 119, 129, 138, 146, 150, 169, 170 oben, 178 oben, 182, 194 oben, 201, 213, 215, 221 unten, 226 unten, 235 oben, 266, 281. – Savio, Rom: 270. – Taranti, Arezzo: 37. – © 1999 VG Bild-Kunst, Bonn: 98, 172.

Farbtafeln: Artothek, Preissenberg: IV, IX, XXXI. – Bibliothèque Nationale, Paris: XIX. – Bulloz, Paris: VI, VII, XIV, XXIV, XXVIII. – Dagli Orti, Paris: II, XXVI. – Giraudon, Paris: I, V, XVI, XVII, XXIII. – Metropolitan Museum of Art, New York: XXI. – Réunion des musées nationaux, Paris: III, VIII, XIII, X, XI, XII, XIII, XV, XVIII, XX, XXII, XXV, XXVII, XXIX, XXX, XXXII.

Umschlag: Réunion des musées nationaux, Paris (vorn). – Bibliothèque Nationale, Paris (hinten).